Mit dem Zehnten fing es an

Eine Kulturgeschichte der Steuer

Mit dem Zehnten fing es an

Eine Kulturgeschichte der Steuer

Herausgegeben von Uwe Schultz

Verlag C. H. Beck München

Das Buch ist hervorgegangen aus der Sendereihe
‹Mit dem Zehnten fing es an. Kleine Kulturgeschichte der Steuer›
des Hessischen Rundfunks.

Mit 22 Abbildungen

Die Deutsche Bibliothek – CIP-Einheitsaufnahme

Mit dem Zehnten fing es an : e. Kulturgeschichte
d. Steuer / hrsg. von Uwe Schultz. – 3., unveränd. Aufl. –
München : Beck, 1992
ISBN 3 406 31311 6

NE : Schultz, Uwe [Hrsg.]

ISBN 3 406 31311 6

Dritte, unveränderte Auflage 1992

Satz: Hieronymus Mühlberger GmbH, Augsburg
Druck und Bindearbeiten: Kösel, Kempten
Gedruckt auf alterungsbeständigem (säurefreiem) Papier,
gemäß der ANSI-Norm für Bibliotheken
Printed in Germany

Inhalt

Vorwort

Das Gebot vom Sinai und der Steuerbetrug von Friedrichsruh

> «Alle Zehnten im Lande, beides vom Samen des Landes und von den Früchten der Bäume, sind des Herrn und sollen dem Herrn heilig sein.» *3. Mose 27,30*

> «Das würde ihn [Bismarck] entsetzlich aufregen. Sie wissen, wie er über Steuerzahlen denkt. Warum soll man auf einen Mann wie ihn nicht diese Rücksicht nehmen. ‹Oben› ist man damit übrigens auch einverstanden».
> *Hellmuth von Gerlach, der für Bismarcks Steuererklärungen dienstlich zuständige Regierungsassessor, den sein Landrat anwies, die Steuererklärungen Bismarcks, so unrichtig sie auch sein mochten, in keinem Fall zu beanstanden*

Der biblische Gott begnügte sich auf dem Berge Sinai nicht damit, Mose seinen religiösen Alleinvertretungsanspruch («Du sollst keine anderen Götter haben neben mir») zu diktieren, sondern war auch wirtschaftlich weitsichtig genug, dessen feierliche Aufrechterhaltung in Form finanziellen Unterhalts zu sichern – eben durch «Heiligung». Zweifelhaft ist einzig das geistige «Erstgeburtsrecht» an dieser Kombination, denn vor den Autoren der Bibel hatten schon die frühesten Herrscher der Antike mit derselben Zuverlässigkeit erkannt, daß nicht ihre Abkunft von den Göttern allein ihnen physische Unantastbarkeit gewährleisten könnte, sondern die feierliche Erhöhung im Götterkult auch des finanziellen Aufwandes bedurfte, der folgerichtig ebenfalls im «Opfer» zu heiligen war. Bereits in ihrer Herkunft aus dem historischen Halbdunkel des Kultopfers und in der biblischen Ausformung des «Zehnten» war zur Begründung der Steuer nichts Geringeres notwendig als ihre Erhöhung zum Heiligen – ein untrügliches Indiz für ihren höchst profanen Charakter. Denn der banal-archaische Trieb des Menschen, ohne Gegenleistung an das Geld des Mitmenschen zu gelangen, um die eigene Herrschaft und so die Abhängigkeit des anderen mit dessen Geld zu finanzieren, verlangte zumindest in der Antike der religiösen Verschleierung, die mit dem

Christentum in Europa für weitere anderthalb Jahrtausende aufrechterhalten wurde.

Den fränkischen Freien des frühen Mittelalters und den englischen Kaufleuten der frühen Neuzeit war dagegen der Charakter der Steuer als eines Signums ihrer Unterwürfigkeit gleichermaßen offenkundig. Um dem Makel der Untertänigkeit zu entgehen, boten sich zwei Auswege an: das geforderte Geld wurde freiwillig gegeben und wandelte sich zum Geschenk, das der freie fränkische Adlige in und um seiner Freiheit willen seinem König in der Huldigung darbrachte, oder es wurde in freier Parlamentsrede verweigert und geriet zur gefährlichen Waffe im Machtkampf, an dessen Ende der konstitutionell siegreiche englische Bürger seinem König dessen eigenen Kopf zu Füßen legte. Die politisch-finanzielle Gleichung Etat (Staat) = Etat (Budget) machte unverhohlen im Frankreich der Generalstände von 1614 und 1789, im England des Langen und Kurzen Parlaments unter Karl I., in den Neu-England-Staaten der Bosten-Tea-Party und noch im Preußen Bismarcks während des Verfassungskonflikts historisch Karriere. Spätestens nach dem Ersten Weltkrieg und der Verabschiedung der Monarchie von der politischen Bühne ist der Budget-Staat zum mächtigsten Staat im Staat aufgestiegen, was – negativ – die Weltwirtschaftskrise von 1929 brutal offenlegte und – positiv – die bundesdeutsche Wohlstandsgesellschaft der Nachkriegszeit selbstgefällig demonstrierte, deren politischer Wille nicht zufällig defizitär blieb.

Folgerichtig ist die Steuer, die im Altertum mit dem «Zehnten» begann, zur Zeit der Bauernkriege schon bis zur Hälfte des bäuerlichen Einkommens verschlang, nach der Französischen Revolution aber auch die privilegierten Klassen des Adels und der Geistlichkeit in die Gleichheit des Zahlens für den Staat zwang, schon rein quantitativ in eine stetige Progression geraten. Sie hat in einem stillen Triumphzug inzwischen eine Höhe erreicht, die den Staat, der sich heute so selbstherrlich-unangefochten auf sie stützt wie einst der Feudalismus auf das Gottesgnadentum, in seiner Substanz, zumindest in seiner Entwicklung bedrohen kann.

War es im 19. Jahrhundert noch der finanziell privat-anarchistische Preuße Otto von Bismarck, dessen Pflichtgefühl als Steuerzahler gegenüber dem von ihm selbst geschaffenen Staat so fatal versagte, so erreicht der gezielte Steuerbetrug in der bundesrepublikanischen Gesellschaft über einzelne große Kapitaleigner auch die einfachen und einige «erste» Bürger dieses Staates, denn von der Aura, die das antike Kultopfer noch mit der «Patriotischen Gabe» des 19. Jahrhunderts verband, hat die Steuerpflicht den Charakter des Numinosen restlos eingebüßt und ist seltsam «ehrlich» geworden; eine antimetaphysische Ehrlichkeit, der logisch die Unehrlichkeit des «aufgeklärten» Steuerzahlers entspricht. Doch mag die Steuermoral vieler Bürger und auch einzelner hoher Staatsdiener zu Bruch gehen, der Steuerstaat, der seine wirtschaftliche Bedeutung und politische Handlungsfreiheit aus der Steuerkraft seiner Bürger schöpft und sogar seine demokratische Stabilität weitgehend über die Steuer-Steuerung gestaltet, herrscht heute unangefochten.

Derartige Gedanken, die der Steuer und ihrer wenig offenkundigen «Allgegenwärtigkeit» in der Geschichte bis zur Gegenwart nachfragen, waren Anstoß zu der Sendereihe «Mit dem Zehnten fing es an – Kleine Kulturgeschichte der Steuer», deren jeweils halbstündige Beiträge vom 22. April bis 9. September 1984 im Hessischen Rundfunk ausgestrahlt wurden. Es galt, die qualitative Vielfalt der Steuerarten sowie den quantitativen Aufstieg der Steuer zu dokumentieren, also ein systematisches Prinzip mit einem chronologischen zu verbinden. Überschneidungen und Ergänzungen der systematischen Analyse – etwa bei der Finanzierung der Kreuzzüge oder der Erhebung von Judensteuern – mit der chronologischen Darstellung – etwa der Erzbergerschen Reichsfinanzreform – waren nicht zu vermeiden und sind als gezielte Auffächerung der Thematik beabsichtigt. Lediglich *ein* Begriff bedarf der Erklärung und beschönigenden Aufwertung; denn die *Kultur*geschichte, wie sie die Steuer geschrieben hat, ist zumindest zu gleichen Teilen die Geschichte ihrer *Unkultur.* Die «Kultur» der katholischen Kirchen und Klöster Europas war eben zugleich und gleichwertig der keineswegs freiwillig entrichtete Preis, den der geschundene Bauernstand über Jahrhunderte zu zahlen hatte, und die architektonischen Glanzleistungen der feudalen Burgen und Schlösser waren zunächst das Resultat aristokratischer Rücksichtslosigkeit, sublim oder rabiat ausgeübt als Besteuerung des Dritten Standes, zu leisten in zweierlei Gestalt: als Frondienst und durch bares Geld. «Kultur» darf deshalb, wird sie in die ungewöhnliche und doch unvermeidliche Nähe der Steuer gerückt, nicht zu eng gefaßt werden; sie umfaßt vielmehr das ganze und ambivalente Spannungsfeld der menschlichen Macht- und Verteilungskämpfe durch die Geschichte.

Doch sorgt der Begriff «Kulturgeschichte» auch für eine sinnvolle Abgrenzung. Denn Absicht der Sendereihe und Zielsetzung dieses Buches war eben nicht eine Geschichte der Steuer – die Auflistung ihrer peniblen Gesetze in der Vollständigkeit eines kunstvoll-komplizierten Regelwerks –, sondern eine *Kultur*geschichte der Steuer. Kultur konkretisiert sich hier als jener kritische Grenzwert, der ein finanztechnisches Detail oder eine abstrakte Steuerverordnung über sich selbst hinausführt und im Geflecht der sozialen, militärischen, religiösen und nicht zuletzt politischen Fakten kenntlich macht – als Symptom für den Zustand einer Epoche. Kritik als die Freiheit und Notwendigkeit, Steuern im historischen Prozeß sowohl ihres unbegrenzten Mißbrauchs bei der Drangsalierung der Individuen wie zugleich ihrer auch sinnvollen Verwendung für den Fortschritt in Wissenschaft, Architektur, Verkehr, Medizin, sozialer Gerechtigkeit, kurz Zivilisation, sichtbar werden zu lassen, – eine solche Kritik legt im positiven Sinn ein Stück Kultur in der Geschichte frei.

Folgerichtig kommt die Steuer jeweils dann in den Blick, wenn eine neue Steuerart im sozialen Umfeld – es kennzeichnend und verändernd – wirksam wird (vom «Gemeinen Pfennig» des Jahres 1495 bis zum «Notopfer Berlin» der frühen Nachkriegszeit) oder ein verändertes Steuersystem direkter Ausdruck, ja unmittelbare Manifestation eines neuen politischen Wollens (von der Kreuzzugssteuer bis zur «Judenvermögensabgabe») ist. Kontinuität und Vollständigkeit in der Darstellung der historischen Steuerentwicklung waren nicht das Ziel, wohl aber eine exemplarische Vorführung dessen, was der Mensch an kaum absehbarer Artenvielfalt aus dem zunächst noch «einzelligen» Kultopfer im Laufe der Steuergeschichte zu erfinden wußte und bis zu welcher «Höhe» die Steuer als direkter Machtfaktor aufstieg.

Die einzelnen Essays sind diesem Kriterium des Exemplarischen verpflichtet und stehen deshalb als je eigene thematische und argumentative Einheit für sich. Die Lektüre dieses Buches kann in jedem Kapitel so unmittelbar und voraussetzungslos begonnen werden, wie der Hörer des Hessischen Rundfunks an jedem Sonntag frei von der Kenntnis der vorausgegangenen Sendungen ein neues und geschlossenes Kapitel der «Steuer-Kultur» zur Kenntnis nehmen konnte. Zugleich rückten die einzelnen Beiträge, deren Abfolge der historischen Chronologie in großen Etappen folgt, hier jedoch enger zusammen – der signifikante Prozeß der Steuerentwicklung als ganzer zeichnet sich nun schärfer ab. Lücken und Überschneidungen waren ebensowenig zu vermeiden wie die jeweils individuell gewählten Aspekte und die stilistischen Eigenheiten der einzelnen Autoren, ganz abgesehen von ihrer höchst eigenständigen steuerpolitischen Position bis hin zur Polemik. Eine nachträgliche Vereinheitlichung war weder sinnvoll noch zumutbar, doch wurden dem Buch zusätzlich ein Anhang mit Anmerkungen und Literaturhinweisen sowie einiges Bildmaterial mit auf den Weg gegeben. Der Historiker wie Finanzwissenschaftler findet so den Zugang zur wissenschaftlichen Diskussion erleichtert, und auch der interessierte Laie kann mühelos zu einer gewissen Anschaulichkeit der Steuer gelangen, deren welthistorische Kraft zunächst in abstrakten Zahlen und spröden Gesetzestexten verborgen liegt, obwohl sie doch in ihrer Fernwirkung noch fördernd im militärischen Forschungsprogramm den Himmel erreicht und fordernd selbst bis zu jenem stillen öffentlichen Ort vordringt, dessen Gestank den römischen Kaiser Vespasian nicht abhielt, von jedem Benutzer einen Obulus zu fordern, womit die gesetzliche Geldbeschaffung schon früh von jedem Ruch befreit wurde – dem des Anstößigen wie dem des Heiligen.

Frankfurt a. M., Januar 1986
Uwe Schultz

Opfer und Steuer

Von der Antike zur Gegenwart

Von Karl Häuser

Steuern und Opfer müssen uns heutigen Menschen so unversöhnlich erscheinen wie Zwang und Freiwilligkeit. Doch Steuer und Opfer haben viele Gemeinsamkeiten und waren über Jahrtausende recht häufig ein und dasselbe, nämlich Abgaben, die einer Gottheit, einem Tempel, den Priestern, dem König oder einem Herrscher dargebracht wurden. Beide, Opfer und Steuer, sind uralte Erscheinungen menschlicher Kultur und Zivilisation, und es gibt kaum eine bessere Quelle, um dies zu belegen, als die Bibel und das Leben Jesu.

Auch wer nicht bibelfest ist, kennt wohl die berühmten Sätze, mit denen das Lukas-Evangelium den Bericht über die Geburt Christi einleitet. In der kraftvollen Sprache der Lutherschen Übersetzung lauten sie: «Es begab sich aber zu der Zeit, daß ein Gebot von dem Kaiser Augustus ausging, daß alle Welt geschätzt würde. Und diese Schätzung war die allererste und geschah zu der Zeit, da Cyrenius Landpfleger in Syrien war. Und jedermann ging, daß er sich schätzen ließe, ein jeglicher in seine Stadt.»[1]

Die erste bekannte Volkszählung, die hier Lukas beschreibt, dürfte wohl weniger der römischen Statistik als dem Steuerkataster gedient haben, d. h. einem Verzeichnis, nach dem die römischen Provinzen zur Besteuerung herangezogen werden sollten – andere Quellen bestätigen diese steuerpolitische Zielsetzung.[2] Auch Luther erkannte den Doppelcharakter des ersten Zensus als Volkszählung und als steuerliche Registrierung und übersetzte deshalb nicht, «daß alle Welt gezählt würde», sondern mit Bedacht, «daß alle Welt geschätzt würde», also eingeschätzt, veranlagt werden sollte. Die Steuer galt demnach spätestens zur Zeit der Geburt Christi als eine bekannte Methode, Geld einzutreiben für den Staat oder für die Obrigkeit, und war überdies schon vorzüglich organisiert, wenn man bedenkt, daß es das Römische Reich, vielmehr sein Kaiser im fernen Rom war, der ein Steuerdekret erließ, dessen Ausfertigung wenigstens zwei bis drei Wochen unterwegs gewesen sein dürfte, um den römischen Landpfleger Cyrenius in Judäa zu erreichen, der für die Provinz Syria zuständig gewesen ist.

Die Bibel bietet noch eine ganze Reihe weiterer Belegstellen für die

Existenz und auch schon für die Unbeliebtheit von Steuern. Am bekanntesten ist wohl die Geschichte vom Zins, in der Jesus die verfängliche Frage gestellt wird, ob es denn überhaupt gerechtfertigt sei, Steuern zu zahlen. Verfänglich war die Frage deshalb, weil die verhaßten Steuern an die römische Besatzung, jedoch nicht an den eigenen jüdischen Staat oder etwa an den Tempel bezahlt werden mußten – Klaus Bringmann stellt die historische Situation dieser politischen Fangfrage in seinem Beitrag ausführlich dar. Jesus gab die berühmte Antwort: «So gebt dem Kaiser, was des Kaisers ist, und Gott, was Gottes ist!»[3]

Sein Verweis auf das Münzbild zur Begründung mag uns heute unverständlich oder zumindest kryptisch erscheinen. Aber für die damalige Zeit dürfte es eine klare Antwort gewesen sein. Zwei Umstände sind zum Verständnis wichtig. Erstens besaß zu jener Zeit nicht jedermann Geld, Jesus zum Beispiel nicht, daher erbat er sich, bevor er antwortete, eine Münze. Wer jedoch Geld besaß, gehörte nicht zu den Armen, sondern zu jenen, die Steuern in Geld entrichten konnten, die also besteuerbar waren. Denn wo nichts ist, hat der Kaiser sein Recht verloren, sagt noch heute das Sprichwort. Zweitens besaß das Bildnis auf der Münze einen Symbolwert, der für die Juden negativ besetzt war. Sie durften weder Bilder von Menschen noch von anderen Lebewesen anfertigen, denn dies war allein dem Schöpfer vorbehalten. Auch die Römer bildeten bis zur Zeit Cäsars nur Gottheiten und Staatssymbole auf ihren Münzen ab. Cäsar war der erste Römer, der erste Mensch, der es gewagt hatte, sein Bildnis auf eine Münze setzen zu lassen; eine Ungeheuerlichkeit, die bestraft werden mußte und dazu geeignet war, seine Ermordung zu betreiben.[4] Erst der Übergang zum Kaisertum schuf die legalen Voraussetzungen dafür, daß nun, seit Augustus, das Bild des Herrschers auf Münzen gesetzt werden konnte, offensichtlich, um ihn damit sichtbar über alle anderen Menschen zu stellen. Die Münze bot zudem die fast einzige und willkommene Möglichkeit, das Bild eines Kaisers überall hinzutragen und zeigen zu können, ihn symbolhaft und im Wert der Münze allgegenwärtig zu machen. Sein Bildnis bürgte dafür, daß ein kleines Metallstück etwas galt, somit Geld war, auch wenn das Münzmetall, zunächst meist Silber, allmählich durch Kupfer oder Bronze ersetzt wurde und sein Wert nicht mehr dem Verkehrswert der Münze entsprach.

Aber zurück zum «Zins» der Bibel. Obwohl dabei vom Zins gesprochen wird, ist doch die Steuer gemeint. Es überrascht nicht, wenn Luther Zins und Steuer gleichsetzt. Denn er verwarf das Zinsnehmen als ungerechtfertigt und sündhaft, übrigens in Übereinstimmung mit den damaligen Vorstellungen und mit der Lehre der katholischen Kirche, die das Zinsverbot sogar kanonisiert, also in das Kirchenrecht übernommen hatte. Für Luther galt der Zins als eine Steuer, nämlich als Oktroi, also als etwas, das zwangsweise auferlegt wird. Deshalb setzte er, als er die Geschichte vom Zinsgroschen aus dem Griechischen ins Deutsche übertrug, sowohl im Markus- wie im Matthäus-Evangelium, das Wort Zins an die Stelle von Steuer. Er dürfte durchaus gewußt haben, warum er das tat, denn im Unterschied zu den beiden ersten Evangelisten läßt er Lukas nicht vom Zins, sondern vom Schoß reden; das ist eine altertümliche, in der Lutherzeit gebräuchliche Bezeichnung für eine öffentliche Abgabe und also eine Art von Steuer.

Damit ist die grundsätzliche Frage gestellt: Was ist eigentlich eine Steuer? Seit wann gibt es Steuern, wie und wo sind sie entstanden? Diese Fragen reichen weit zurück in das Dunkel der Geschichte, denn die Steuer kommt von weit her, es gab sie sozusagen «schon immer», wenigstens in geschichtlich überschaubarer Zeit. Freilich waren die Formen und auch die Bezeichnungen so verschieden, daß oft schwer zu entscheiden ist, ob es sich um eine Steuer, eine Pacht, einen Anteil am Ertrag oder einfach um Tribut, Strafe oder Erpressung handelte. Wir dagegen haben es leicht mit der Definition dessen, was eine Steuer ist, denn in der Abgabenordnung, unserem Steuergrundgesetz, und dort in § 3 hat sie der Staat selbst den Steuerpflichtigen präzise mitgeliefert: «Steuern sind Geldleistungen, die nicht eine Gegenleistung für eine besondere Leistung darstellen und von einem öffentlich-rechtlichen Gemeinwesen zur Erzielung von Einnahmen allen auferlegt werden, bei denen der Tatbestand zutrifft, an den das Gesetz die Leistungspflicht knüpft; die Erzielung von Einnahmen kann Nebenzweck sein.»[5]

Das ist die bekannte Umständlichkeit – nicht Ungenauigkeit – der Steuerexperten. Die Antwort läßt sich dahingehend vereinfachen, daß als Steuer jene gesetzlich festgelegten, von jedermann an den Staat zu leistenden Zahlungen verstanden werden, die keinerlei Anspruch auf eine bestimmte Gegenleistung begründen. Also: Zahlungen auf Grund eines Gesetzes, an den Staat, ohne Gegenleistung. Aber, was oder wer ist der Staat und seit wann gibt es den Staat?

Als die Steuer oder eben das entstand, was heute allenfalls als Steuer zu bezeichnen ist, gab es den «Staat» in unserem Sinne noch nicht, sondern nur Vor- und Frühformen staatlicher Organisation, z. B. patriarchalisch organisierte Stammesverbände bei den germanischen Völkern, oligarchisch geführte Stadtstaaten in der griechischen Welt und auf der italienischen Halbinsel, theokratisch begründete Herrschaft in Ägypten und in Vorderasien. Folglich kann für die Anfänge nicht so einfach von *dem* Staat und noch weniger von *der*

Steuer oder von einer einheitlichen Entwicklung der Besteuerung gesprochen werden, sondern bestenfalls von einigen typischen Formen von Abgaben, Gaben oder auch Diensten, die dem Gemeinwesen, dem Herrscher oder dem Gott dargebracht wurden oder zu leisten waren.

Eine dieser archaischen Frühformen der Besteuerung war das Opfer. Theoretisch beruht zwar das Opfer auf Freiwilligkeit, aber man weiß, wie schnell die Freiwilligkeit endet und zum Zwang, zum ungeschriebenen Gesetz werden kann, wenn ein Opfer erwartet wird, d.h. wenn seine Verweigerung übel vermerkt oder gar den Zorn der Götter erregen würde. Einer der bedeutendsten Forscher auf dem Gebiet der Geschichte der Besteuerung, der 1953 gestorbene Wilhelm Gerloff, hat diesen Zusammenhang in den Satz gefaßt: «. . . aus der *Dargabe* wird die *Hergabe* oder Abgabe».[6] Ein Weih- oder Huldigungsgeschenk konnte also zu einem unumgänglichen Opfer werden, und ein religiöses Opfer wurde keineswegs immer auf dem Altar verbrannt, sondern ebenso als Gabe für den Tempel oder für die Diener des Tempels oder für das Heiligtum gespendet.

Opfer oder Steuer? Diese Frage läßt sich für die Frühzeit nicht eindeutig beantworten. Da es den Staat in der modernen Ausformung nicht gab, versahen zum Beispiel Religionsgemeinschaften der Tempel und ihre Dienerschaft zu einem nicht geringen Teil jene Aufgaben, die heute durch kommunale Behörden wahrgenommen werden. Der Tempel, als Staat im Staate, konnte sich, lange bevor es den modernen Staat gab, auf eine ständige, oft schon fest angestellte Dienerschaft, die Priester, also gewissermaßen auf loyale und dienstbeflissene Beamte, stützen. Dieser Staatsapparat, die Tempelanlage und ihre Diener, bedurften regelmäßig fließender Mittel, eben der Opfer und Spenden, von denen heute schwer zu sagen ist, ob sie als Steuern oder als Opfer zu klassifizieren sind. Ein gewisses Kriterium der Steuern mag sein, ob sie einem unverkennbaren öffentlichen Zwang unterlagen und an eine öffentliche Institution gingen, die durchaus staatliche Eigenschaften besaß.

Am vollkommensten gelang die Identifikation zwischen Staat und Religionsgemeinschaft jeweils dort, wo der Herrscher über die weltliche Gewalt zugleich der oberste Priester war, also in den Theokratien, wie sie z.B. in Ägypten, im biblisch-jüdischen Staat oder auch im fundamentalistischen Islam bestanden. Dort war es vollends unmöglich, Opfer und Steuer voneinander zu unterscheiden. Aber auch im klassischen Griechenland, als es schon Stadtstaaten mit demokratischen Verfassungen gab, und ebenso im republikanischen Rom war das Opfer für die Tempel und Gottheiten die bei weitem wichtigste, wenn nicht die einzige direkte Abgabe der Bürger überhaupt.

Die Tempel waren meist reich, verfügten über beträchtliche Vermögen und Einkünfte, ganz ähnlich wie eineinhalb Jahrtausende später die Klöster, die ebenfalls zu einem beträchtlichen Teil von Abgaben lebten, deren Charakter sowohl diesseits wie jenseits der Grenzlinie zwischen Opfer und Steuer gesucht werden kann. Auch heute noch kann nur der einzelne in seinem Glauben entscheiden, ob er die eigentlich nur so genannte Kirchensteuer entweder als einen Vereinsbeitrag, als ein regelmäßiges Opfer oder als eine Steuer einordnet, denn niemand braucht diese Steuer zu bezahlen, sofern er sich dazu entschließen kann, aus seiner Kirche auszutreten. Aber ein solcher Austritt mag in früheren Zeiten auch bei uns unmöglich, da gefährlich oder doch mit erheblichen Nachteilen verbunden gewesen sein und ist es heute noch in so manchen Teilen der Welt. In diesem Fall wird eher von einer Steuer, einer direkten Steuer, als von einem Opfer zu sprechen sein. Dagegen mag uns seltsam erscheinen, daß im klassischen Altertum, von Notzeiten abgesehen, in Rom wie in Athen, in Sparta oder in Theben nur selten direkte Steuern erhoben wurden. Zwar war es üblich, persönliche Dienste für den Staat zu leisten, besonders in Kriegszeiten, aber es wäre zu einfach, darin eine Form realer direkter Besteuerung zu sehen. Denn der Staat war, zumindest in den republikanischen Zeiten Athens und Roms, die gemeinschaftliche Angelegenheit, das Ergebnis gemeinsamen Tuns. Die öffentliche Sache, die res publica, das besorgten die Bürger selbst. Der Staat wurde noch nicht durch Behörden und Ämter mit besoldeten Staatsdienern regiert. Staatsämter waren Ehrenämter, für die der dazu Verpflichtete, d.h. Gewählte, sogar seine eigenen Mittel einsetzte. Größere Aufgaben, Bauten und dergleichen wurden entweder von allen Bürgern gemeinsam oder auch durch Sklaven ausgeführt. Infolgedessen erforderte das Gemeinwesen, von Kriegszeiten abgesehen, noch wenig finanzielle Mittel. Man brauchte die Bürger deshalb nicht zu besteuern. Eher war das Gegenteil zu beobachten, daß nämlich die Bürger von ihrem Staat sogar etwas erhielten. In Athen z.B. wurden dem Bürger regelmäßig die Erträge der attischen Silberminen ausbezahlt, solange sie ertragreich waren. In Rom spendeten die siegreichen Feldherren aus ihrer Beute für das Gemeinwesen, und selbstverständlich hatten zuvor die Soldaten ihren Anteil erhalten. Der Staat erwartete in der klassischen Zeit von seinen Bürgern zwar unmittelbare Dienstleistungen für das Gemeinwesen, aber kein Geld, denn eine solche Forderung wäre einer Erpressung gleichgekommen. Direkte Abgaben in Geld wurden von Besiegten oder von Abhängigen, aber nicht von den Staatsbürgern erhoben. Die Steuer galt geradezu als Ausdruck der Abhängigkeit, nämlich als Tribut an den Sieger. Nur in Zeiten äußerster Bedrängnis, wenn das Überleben des Gemeinwesens davon abhing, konnte der Staat von seinen Bürgern direkte materielle Opfer fordern. Waren es nur Opfer? Gleichviel, Opfer und Steuer erscheinen hier wiederum als ein und dasselbe.

Anders stand es mit Zöllen und sonstigen indirekten Abgaben, die von einlaufenden Schiffen in den Häfen oder an den Stadttoren und auf den Märkten von Händlern und Kaufleuten erhoben und auf die hereinkommenden oder die gestapelten und feilgebotenen Waren gelegt wurden. Wiederum ging es dabei meist um die Besteuerung von Fremden oder doch von fremden Gütern, also von importierten Waren und Leistungen. Diese indirekten Steuern, d.h. Steuern, die auf Güter und Leistungen gelegt werden und nicht primär Personen belasteten, gehörten in vielen Kulturen zu den ältesten Abgaben, die historisch überliefert sind. Und die Personen, die diese Steuern vereinnahmten, die Zöllner, zählten zu den Ungeliebten; im Neuen Testament werden sie mehrfach in einem Atemzug mit den Sündern genannt.[7]

Von großer Bedeutung ist also die Einteilung in direkte und indirekte Steuern. Während es bei den direkten Steuern darum geht, eine steuerliche Leistungsfähigkeit unmittelbar zu erfassen, d.h. eine Person, eine Unternehmung oder eine Einrichtung direkt zu belasten, wird mit einer indirekten Steuer versucht, auf eine schlauere, eben auf eine indirekte Weise zum selben Ziel zu gelangen, indem diese Steuer Güter belastet, die von Personen erhoben werden, die als belastbar gelten, da sie diese Güter zu erwerben vermögen. Bildlich ausgedrückt: indirekte Steuern schlagen den Sack, aber meinen den Esel, während die direkten Steuern direkt auf den Esel einschlagen, der die Golddukaten liefern soll. So trifft z.B. heute die Biersteuer den Biertrinker, die Tabaksteuer den Raucher und die Umsatz- oder Mehrwertsteuer den Verbraucher. Dabei weiß dieser häufig noch nicht einmal annähernd, in welcher Höhe er zur Kasse für den Staat gebeten wird, wenn er derartige Güter erwirbt, weil die Steuer im Preis enthalten ist und auf diese Weise eigentlich versteckt und für den Käufer zumindest in ihrer Höhe nahezu unmerklich wurde. Die Unmerklichkeit der indirekten Steuern wird häufig sogar als ein besonderer Vorzug ausgegeben, denn diese verursachen so meist weniger Steuerwiderstand als direkte Steuern, die dem Steuerzahler unmittelbar auferlegt werden.

Die Unterscheidung zwischen direkten und indirekten Steuern kommt nicht von ungefähr und ist in mannigfacher Hinsicht bedeutsam. Sie durchzieht die Finanzwissenschaft und die Steuerlehre wie ein roter Faden und wurde keineswegs nur, wie einmal boshaft bemerkt wurde, von Professoren eigens dafür erfunden, um Studenten damit prüfen und plagen zu können. Daß Opfer und Steuer in ihren Anfängen bisweilen identisch gewesen sind, gilt nur für die direkten Steuern, niemals für die indirekten, denn diese sind von ganz anderer Art und Herkunft. Während sich direkte Steuern letztlich immer an einer persönlichen Leistungsfähigkeit orientieren – eben dies ist auch die Quelle des Opfers –, bleiben indirekte Steuern dagegen indifferent; sie halten sich statt an Personen an Sachen. Sie heften sich an vorhandene Güter, an die Herstellung oder den Tausch von Waren und Leistungen, sogar an die Kontrahierung von Verträgen und an ähnliche Vorgänge. Indirekte Steuern werden daher fast immer bei Produzenten, Händlern, Kaufleuten, Lagerhaltern oder Transporteuren erhoben, aber letztlich von den Erwerbern und Konsumenten bezahlt. Der Ursprung indirekter Steuern ist daher auf antiken Märkten, in Häfen, an Stadttoren, Straßen, Pässen und an anderen Engpässen des Verkehrs zu suchen.

Noch heute gehören die sogenannten indirekten, also die auf Güter und Leistungen gelegten Steuern in vielen Ländern zu den bevorzugten Abgaben. Im Gegensatz zu den direkten, den auf die steuerliche Leistungsfähigkeit von Personen zielenden Steuern, wie z. B. die Einkommen-, die Vermögen- oder die Erbschaftsteuer, sind die indirekten Steuern zwar grobschlächtiger und primitiver, aber eben darum auch einfacher und leichter zu verordnen, zu handhaben und zu erheben. Wer dagegen jemals versucht hat, ein Einkommen- oder auch ein Vermögensteuerformular auszufüllen, wird eine Vorstellung davon besitzen, wie kompliziert direkte Steuern sein können und heutzutage fast immer sind und welche Anforderungen dabei nicht nur an den Steuerzahler, sondern auch an die Steuerverwaltung gestellt werden. Verglichen damit sind fast alle indirekten Steuern ein Kinderspiel, denn tatsächlich könnte schon ein Pennäler z. B. die Zahl der Bier- oder Sektflaschen oder die Anzahl von Zigarettenpackungen feststellen und darauf pro Flasche oder pro Packung die jeweils fällige Bier-, Sekt- oder Zigarettensteuer erheben.

Das galt auch schon in der Antike. Die Steuereinnehmer, die Zöllner, mußten nicht einmal lesen und schreiben, sondern nur zählen können, um ihre Aufgabe zu erfüllen. Analogien zum mittelalterlichen Steuerwesen in Europa und zu dem der heutigen Entwicklungsländer lassen sich leicht herstellen. Man braucht nur die Steuerstruktur eines Landes zu kennen, um erraten zu können, in welchem Entwicklungsstand es sich befindet. Bestehen z. B. zwei Drittel der gesamten Steuereinnahmen oder gar mehr aus Verbrauch- und Verkehrsteuern einschließlich Zöllen, so wird es sich fast immer um ein noch wenig industrialisiertes Land handeln. Daher läßt sich als Regel festhalten, daß eine noch wenig entwickelte Wirtschaft vorwiegend auf indirekte Steuern angewiesen ist, während die direkten Steuern erst in entwickelten Wirtschaften und bei zunehmendem Bildungsgrad der Bevölkerung an Bedeutung gewinnen.

So die Regel. Aber der Mensch und sein Gemeinwesen lassen sich nicht einfach in das Joch einer immerwährenden Regel spannen. Darum keine Regel ohne Ausnahme. Eine der bekanntesten bildete der Zehnte, eine direkte Abgabe, die gelegentlich auch als Zwölfter oder in einer noch anderen Ordnungszahl auftrat und auf ein biblisches Alter zurückblickt. Vermutlich, jedenfalls in Deutschland, kann der Zehnte auf die Grundherrschaft zurückgeführt werden, wonach er ursprünglich eine Art von Pacht für das dem Grundherrn gehörende, aber zur Nutzung den ansässigen Bauern überlassene Land gewesen ist, wobei diese Pacht in Gestalt des zehnten Teils der geernteten Früchte abzuliefern war, zumal die Bauern meist nur eine Subsistenzwirtschaft betrieben und noch wenig oder überhaupt keine Geldeinkünfte hatten. Auch dort, wo sich die rechtlichen Verhältnisse allmählich änderten, wurde entweder die Abgabe selbst oder doch ihr Name, «der Zehnte», beibehalten. Nicht selten gab es ihn sowohl als «weltlichen» Zehnten, der an den Landesherrn abzuführen war, wie auch als Kirchenzehnten zur Entlohnung des Pfarrers oder für den Unterhalt der Kirche.

Der Zehnte wurde zum Teil noch im vorigen Jahrhundert eingetrieben.[8] Der Pfarrer Christ, von 1786 bis 1813 Pfarrer in Kronberg im Taunus, übrigens ein bedeutsamer Pomologe und Obstveredler – eine Birne mit dem Namen Williams-Christ erinnert an ihn –, wußte davon zu berichten, daß seine Bauern gelegentlich nachts einen Teil der Ernte einbrachten, um so den bei Licht besehenen Teil und damit den der Kirche geschuldeten Zehnten kleiner zu halten, als er rechtmäßig hätte sein müssen. Der Zehnte, der in vielen Ländern und in verschiedenen historischen Epochen vorkam, im alten Ägypten ebenso wie im mittelalterlichen Deutschland – noch heute zeugen Namen und Gebäude davon, zum Beispiel die imposante Zehntscheuer in Schwäbisch-Hall –, hatte also oftmals den Charakter einer Vergütung für empfangene Dienste oder aber einer Pacht, durch die der Landesherr als ursprünglicher Besitzer des Bodens abgefunden wurde. Wiederum stoßen wir dabei auf die Schwierigkeit, nicht mehr zwischen Steuer, Opfer, Entgelt oder Pacht unterscheiden zu können.

So gilt eben doch als Regel, daß direkte Steuern, sofern es sich wirklich um Steuern im heutigen Wortsinne handelt, bis in die Neuzeit hinein, ja bis zum Anfang des vorigen Jahrhunderts, meist eine geringe Rolle gespielt haben. Mehr noch, sie waren nicht nur im Altertum, sondern sogar im Zeitalter des Absolutismus nur in Ausnahmefällen zumutbar. Das drückt sich gelegentlich auch in der Bezeichnung derartiger Steuern aus. Denn die am meisten verbreitete,

Bauern bei der Ablieferung des Zehnten; Holzschnitt von Hans Drämler, Augsburg 1479.

allerdings in verschiedenen Formen erhobene mittelalterliche Steuer hieß *bede*. Das Wort kommt von Bitte, und die Steuer hatte tatsächlich den Charakter von etwas Erbetenem; gewiß: von etwas dringend Erbetenem. Verblüffend ähnlich lautet die Bezeichnung für eine in Frankreich erhobene mittelalterliche Steuer, die *aide*, die demnach als Hilfe deklariert wurde. Sogar unser Wort Steuer, das manchem martialisch, jedenfalls nicht nach Bitte klingen mag, leitet sich vom mittelalterlichen *stiura* ab, was soviel wie Stütze, Pfeiler, Unterstützung bedeutet. Eine gewisse Freiwilligkeit und Nähe zum Opfer ist demnach auch im ursprünglichen Sinne des Wortes Steuer noch enthalten, wenngleich es beim Eintreiben dieser sogenannten Hilfen nicht immer zimperlich zugegangen sein mag.

Selbst dort, wo diese Steuern, namentlich die *bede*, eindeutig als direkte Steuern klassifiziert werden können, etwa in den mittelalterlichen Städten Deutschlands und Italiens, behalten sie doch ein beträchtliches Maß an Freiwilligkeit oder Selbsteinschätzung und nähern sich dadurch wiederum dem Opfer, freilich einem recht weltlichen Opfer. So war z. B. der sogenannte Steuereid, der von den städtischen Bürgern gefordert wurde und durch den sie ihre Steuerschuld aufgrund ihres Vermögens deklarieren mußten, mehr ein Gelöbnis, eine Erklärung guten Willens, als ein Offenbarungseid.

Viele städtische Urkunden aus jener Zeit können Zeugnis von dem augenzwinkernden Verständnis für eine nachsichtige Behandlung der steuerlichen Pflichten geben.[9]

Nach *bede, aide* und *stiura* dauerte es noch Jahrhunderte, bis sich der Staat allmählich ausbreitete, mit seiner Verwaltung das Land überzog und das Leben, die Wirtschaft, den Verkehr, die Gewässer, das Bauwesen, die Kultur, die Bildung und schließlich sogar Einkünfte und Vermögen zu regulieren begann und dafür immer mehr Institutionen, immer mehr Mittel und immer mehr Steuern benötigte. Am Anfang dieses Jahrhunderts machten die Steuern und Abgaben im Deutschen Reich noch ungefähr ein Zwölftel des Sozialprodukts, also der gesamten wirtschaftlichen Leistungen der Nation aus. Heute, da die Vierzig-Prozent-Grenze fast erreicht ist, wenn man die Sozialversicherungsabgaben einbezieht, nähern wir uns dem Fünffachen davon. Diese gewaltige Zunahme wäre nicht möglich gewesen ohne eine entsprechende Steigerung des wirtschaftlichen Wohlstandes. Dagegen müssen die Menschen in armen Ländern sich zuerst selbst am Leben erhalten, ehe sie etwas in Form von Abgaben für den Staat erübrigen können.

Erst allgemeiner Wohlstand konnte dem Staat die Mittel zuführen, die ihn zu jenen Leistungen befähigten, die wir Wohlfahrtsbürger von ihm erwarten: ein gut ausgebautes Straßennetz, eine ordentliche Verwaltung, eine umfassende und funktionierende Rechtsordnung, soziale Leistungen und öffentliche Fürsorge, Schulen und Krankenhäuser und vieles mehr. Erst allgemeiner Wohlstand konnte auch die Vorstellung entstehen lassen, daß normalerweise jedermann über ein hinreichendes Einkommen verfügt, das zur wichtigsten Steuerquelle gemacht werden konnte. Es wird dabei offenkundig, daß sowohl die Steuerkraft als auch das Steuersystem, d. h. die Ergiebigkeit und die Art der Steuern, die es in einem Lande gibt, aufs engste mit seinem wirtschaftlichen Niveau verbunden sind und daß beide voneinander abhängen, das Steuersystem und der wirtschaftliche Wohlstand. Oder anders gewendet: In einer noch einfachen Gesellschaft von Bauern und Dienstleuten, die notdürftig von den Früchten ihrer Felder und ihres Fleißes leben, wie es noch vor zwei Jahrhunderten in unserem Lande überall der Fall gewesen ist, wird es eine allgemeine Besteuerung, sei es eine Besteuerung des Einkommens, des Umsatzes oder auch nur des Verbrauchs, kaum geben können. So lange das Gebet «Unser täglich Brot gib uns heute» noch mit Inbrunst gesprochen wurde, gab es nicht einmal die Vorstellung und den Begriff des Einkommens und folglich auch noch nicht eine allgemeine Steuerbasis dieser Art, sondern meist nur jene zahlreichen, kümmerlichen Einzelabgaben von Waren oder Diensten, mit denen sich die Vorstellung

Beim Steueradvokaten; niederländischer Stich nach einem Gemälde von Pieter Breughel d.J., 1618.

von einem besonderen Aufwand verband. Der Staat jener Zeit konnte daher auch noch nicht ein sogenannter Steuerstaat sein.

Der Steuerstaat, ein Staat, der sich im wesentlichen aus Steuern finanziert, ist demnach eine Erscheinung der Neuzeit, eigentlich eine Erscheinung der letzten hundert Jahre, denn noch vor eineinhalb Jahrhunderten wurden in einer ganzen Reihe damaliger deutscher Staaten weniger als die Hälfte der Staatsausgaben durch Steuern finanziert. Die noch kleinen öffentlichen Verwaltungen, Gerichte und Ämter konnten vornehmlich aus Einkünften staatlicher Domänen, aus Verwaltungseinnahmen und sonstigen Erträgnissen, d.h. aus Gebühren, Rechten und entgeltartigen Abgaben bestritten werden und erforderten erst darüber hinaus noch Steuern zu ihrer Finanzierung.

Die gewaltigen Ausgabensteigerungen, die den Staat des 19. und 20. Jahrhunderts kennzeichnen, wären jedoch ohne den Ausbau des heutigen Steuersystems mit seinen großen, ertragreichen Zentralsteuern, der Umsatz- oder Mehrwertsteuer und den Steuern vom Einkommen, undenkbar. Die Entwicklung zum modernen Staat erzwang den Steuerstaat und mit ihm die Ausbreitung der direkten Abgaben, vor allem der Einkommen- und Körperschaftsteuer und der Abgaben für die Sozialversicherung. Damit stand der Staat aber auch unvermeidlich vor dem Problem der gleichen oder gerechten Besteuerung, denn wenn anstelle von Gütern, wie bei den indirekten Abgaben, unmittelbar Personen auf Grund ihres Einkommens oder Vermögens zur Besteuerung herangezogen werden, dann müssen Gleiche gleich und Ungleiche ungleich behandelt werden. Aber wie ungleich?

Unversehens kommt damit wieder das Opfer in den Blick, wenn auch in einem anderen als dem ursprünglichen Sinne, nämlich als Problem der gerechten Besteuerung, d. h. eines gleichen Steueropfers.

Tatsächlich nimmt in der zeitgenössischen Finanzwissenschaft, in der Theorie von der gerechten Besteuerung, die Lehre vom gleichen Steueropfer einen bedeutenden Rang ein. Anhand komplizierter Überlegungen wird dabei versucht, die Grundlage für eine gerechte Verteilung der Steuerlast, d. h. für ein gleiches Steueropfer zu finden und damit auch das schwierige Problem einer angemessenen Progression der Besteuerung zu lösen. Aber der Grundgedanke ist schon von biblischem Alter und kann wiederum belegt werden mit den Worten Christi. Das gerechte Opfer, von dem er spricht, zeigt er am Beispiel vom Scherflein der armen Witwe, das der Apostel Markus in der Lutherschen Übersetzung mit den folgenden Worten berichtet:

«Und Jesus setzte sich gegen den Gotteskasten und schaute, wie das Volk Geld einlegte in den Gotteskasten; und viele Reiche legten viel ein. Und es kam eine arme Witwe und legte zwei Scherflein ein; die machen einen Heller. Und er rief seine Jünger zu sich und sprach zu ihnen ‹Wahrlich, ich sage Euch: diese arme Witwe hat mehr in den Gotteskasten gelegt denn alle die eingelegt haben. Denn sie haben alle von ihrem Überfluß eingelegt; diese aber hat von ihrer Armut alles, was sie hatte, ihre ganze Nahrung eingelegt›.»[10] Dies ist die antike Begründung der heutigen Theorie des gleichen und gerechten Steueropfers.

Wie die Athener ihr Gemeinwesen finanzierten

Die Anfänge der Steuerpolitik in der griechischen Antike

Von Christian Meier

Die Finanzierung eines Gemeinwesens hängt zu eng mit dessen Charakter zusammen, als daß man beide isoliert betrachten – oder gar verstehen – könnte. Es kann nicht nur finanzwirtschaftliche Gründe haben, wenn Gemeinwesen – wie die griechischen – ihre Bürger kaum zu regelmäßiger Einkommen- und nur ausnahmsweise zur Vermögensteuer heranziehen, wenn sie keine zentrale Staatskasse haben, sondern in verschiedenen Kassen bestimmte Einnahmen für bestimmte Zwecke sammeln und wenn sehr viele Ausgaben für das Gemeinwesen überhaupt nicht durch öffentliche Kassen laufen, sondern von einzelnen Bürgern oder Bürgergruppen direkt bestritten werden.

Wie die Gemeinwesen sich finanzieren, ist offenbar eine Funktion dessen, wie sie aufgebaut, wozu sie da sind, wie sich die Aufgaben, die Gewichte zwischen dem Einzelnen und dem Ganzen verteilen. Es hängt davon ab, wie weit die Bürger etwa auf das Gemeinwesen angewiesen sind, wie weit sie spezialisiert, wie weit sie mediatisiert, vermittelt, aufgehoben sind als Teile eines Ganzen, das weit über sie hinausgeht – oder wie weit etwa das Ganze kaum mehr ist als die Summe der Teile, also den Bürgern nicht als Zentrum von eigener Kraft und Schwere gegenübertritt, sondern von ihnen ausgemacht wird, von Bürgern vielleicht, die für die meisten Aufgaben allein aufkommen können.

Es geht dabei nicht nur um die Organisation des Finanzwesens selbst, also etwa von Einnahmen und Ausgaben, sondern zugleich darum, wieviel von den finanziellen Leistungen für das Gemeinwesen überhaupt durch öffentliche Kassen läuft, ja, noch elementarer: wieviel von dem, was die Bürger für das Gemeinwesen leisten, überhaupt finanzieller Natur ist.

Bei den Griechen war jedenfalls alles ganz anders als bei uns heute. Ihr Finanzwesen ist nicht zu verstehen, wenn es nicht als Ausdruck ihrer Weise, Bürger und Gemeinwesen zu sein, genommen wird. Das soll hier für die archaische Zeit für die Griechen allgemein und für das 5. und 4. Jahrhundert speziell für Athen geschehen.

Als erstes ist in diesem Zusammenhang festzustellen, daß die griechischen Gemeinwesen nicht von Monarchen aufgebaut worden sind.

Wohl gab es zu Anfang Könige, aber ihre Herrschaft war sehr schwach, und als die griechische Welt um 750 v. Chr. in einen Prozeß starker Bewegung und Veränderung geriet, versagte sie vollends: Die Gewinne der ausgreifenden, neuen Unternehmungen kamen vielen Adligen zugute, schließlich wurde die Monarchie fast überall abgeschafft. Damit fehlt in der prägenden Phase der griechischen Geschichte etwas unter anderen Umständen sehr Wesentliches: Monarchen haben, wenn sie Macht in ihren Händen konzentrieren, Bedarf an Geld, sie verewigen sich gern in großen Taten, die gleichfalls etwas kosten, sie pflegen also Mittel an sich zu ziehen und auszugeben. Das tendiert leicht zu einer Zentralisierung des Finanzwesens.

Eine Analogie dazu gab es während des 7. und 6. Jahrhunderts bei den Griechen. Als nämlich an verschiedenen Orten einzelne Adlige eine Tyrannis begründeten, da führten sie regelmäßige Ertragsteuern ein: den Zehnten oder Zwanzigsten, und sie gaben das Geld für Söldner und eventuell für Befestigungen, für den Bau von Tempeln und Stadtmauern, Wasserleitungen und Brunnenhäusern, Säulenhallen, Straßen, die Ausrichtung von Festen, schließlich für gewisse Investitionen aus. Einiges davon war zum Nutzen der Stadt, und vielfach hat die Tyrannis einen wichtigen Beitrag zu deren wirtschaftlicher und urbanistischer Konsolidierung geleistet.

Allein, die Tyrannis konnte nirgends wirklich Wurzeln schlagen. Zahlreiche Bürger mochten ihre Vorteile zu schätzen wissen, mindestens auf die Dauer erschien die Herrschaft der Tyrannen gleichwohl nicht als legitim. Und sie verschwand spurlos. In der europäischen Geschichte der Neuzeit konnten die absolutistischen Herrscher durch ihre Schöpfung, den Staat, überlebt werden. Die Demokratien konnten ihn übernehmen, und überall zeigt noch der moderne Staat Reste dieser Herkunft; nicht zuletzt in der Finanzverwaltung. Von den Tyrannen dagegen blieb nichts greifbar außer ihrer architektonischen Hinterlassenschaft und religiösen Neuerungen. Bei den Griechen stärkte sich nicht nur die Überzeugung, daß keinem Einzelnen das Recht zukäme zu herrschen, sondern sie lehnten eine Regierung von oben her (wie immer sie besetzt sei) ab. Sie wollten die öffentlichen Dinge möglichst unvermittelt unter sich abmachen, ob nun unter den Adligen oder – wie später – innerhalb der ganzen Bürgerschaft. Da sollte es keine Instanzen geben, die über ihnen waren, keine Spezialisten für das Allgemeine, keinen Staat. Ihre politische Einheit, die Polis, war nichts anderes als sie selbst alle zusammen. Das war unter den Bedingungen ihrer Geschichte die Voraussetzung dafür, daß sie schließlich – als erste in der Weltgeschichte – Demokratien hervorbrachten. Es prägte zugleich ihr Finanzwesen.

Wie die Griechen dazu kamen, einen so besonderen Weg der Kulturbildung zu gehen, kann hier nicht dargelegt werden. Aber bestimmte Gegebenheiten, die sich dabei auswirkten und befestigten, scheinen für das Verständnis ihrer Gemeinwesen und folglich auch der Weise, wie sie von den Bürgern unterhalten wurden, notwendig zu sein. In erster Linie ist das Ideal der Autarkie, der Eigenständigkeit, zu nennen, das die Adligen der Frühzeit (ca. 800 v. Chr.) bestimmte. Sie wollten in ihren Häusern (und Gütern) für sich selbst aufkommen, wollten nicht über sich verfügen lassen. Freilich lebten sie mit anderen zusammen. Aber die Gesellschaften, die sie bildeten, waren klein und überschaubar und bestanden aus ihnen und ihresgleichen (denn auch die anderen gehörten nur ihren Häusern an). Sie waren, wenn man das so ausdrücken darf, unvergleichlich groß im Verhältnis zu dem Geschehen, an dem sie teilnahmen.

Das Eigenartige der frühen griechischen Geschichte bestand nun darin, daß diese relative Eigenständigkeit der Einzelnen und der Gemeinwesen nicht gebrochen wurde. Kulturbildung ist Differenzierung, und die besteht in aller Regel in einer Zentralisierung von Kompetenzen und Sinngebungen in der Hand von Monarchen, das heißt sie beschneidet, vereinseitigt die Einzelnen, nimmt sie in ihren Dienst, zieht gleichsam einen künstlichen Boden ein, auf dem sie nicht mehr eigenständig sind. Die Begründung dauerhafter, legitimer Herrschaft pflegt zugleich das Weltbild in einer Weise zu formen, daß der Einzelne bestenfalls noch vermittelt an ihrer Größe teilnehmen kann. Hier liegen wesentliche Unterscheidungen, die auch heute von hoher Aktualität sind.

Die Differenzierung, der die griechische Kultur entsprang, verlief dagegen in eigentümlichen Scheidungen, die in ihrer Mitte keinen Monarchen, sondern eine solidarische Gruppe entstehen ließen. Frei trennte sich hier außerordentlich klar von Unfrei, Männer von Frauen, Bürger von Nichtbürgern, auch vollberechtigte Bürger von nicht vollberechtigten. Im Kreis der Vollberechtigten, zunächst der Adligen, dann auch der Bauern, mochten zwar heftige Konflikte Platz greifen, es mochte gar zu Bürgerkrieg und Tyrannis kommen. Aber bestimmend blieb die Gleichheit und Eigenständigkeit der Zugehörigen. Das bedeutete eine weitere Scheidung: die zwischen Haus und Polis. Spezielle Interessen mußten im Hause verbleiben, im öffentlichen Bereich war man nur Bürger. Das aber bedeutete, daß im Politischen geradezu eine Despezialisierung eintrat: Jeder wollte alles sein, für Haus und Polis einschließlich des Kriegswesens gleichermaßen zuständig und befähigt.

Diese, hier nur kurz und idealtypisch skizzierte Gesellschaft hatte wenig öffentliche Geschäfte. Man brauchte Gerichte, eine gewisse Wahrung von Ordnung, Marktaufsicht, eine militärische Organisation sowie Vorkehrungen zur Regelung auswärtiger Beziehungen. Durch Opfer und Feste mußte man die Götter freundlich stimmen, vielleicht noch das eine oder andere zum Ausbau der Stadt oder des Hafens leisten, viel mehr war es nicht. Und es sollte so wenig wie möglich sein. Denn die Adligen liebten die Abgaben vom eigenen Grund und Boden nicht. Die Bauern können kaum anders gedacht haben.

Später heißt es, es gehöre zum freien Bürger, daß er keine direkten Steuern zahlt. Das bezog sich auf Athen und bezeichnete auch dort nur die Regel. Denn in vielen Städten kann man um solche Abgaben kaum herumgekommen sein. Sie sind auch ausdrücklich bezeugt. Nur fragt es sich, wie regelmäßig sie erhoben wurden (wie weit nach festen Prozentsätzen und unabhängig von den jeweiligen Ausgaben) und wie hoch sie waren. Der regelmäßige Zehnte oder Zwanzigste war für Tyrannen typisch, begegnete aber auch sonst (freilich vor allem in den weniger wohlhabenden Städten).

Insgesamt läßt sich jedenfalls feststellen, daß die Bürger auf verschiedenste Weise und nur zum Teil durch Steuern für die Gemeinwesen aufkamen. Das begann mit dem Kriegswesen: Alle Bürger, von einem bestimmten Vermögen an, hatten nicht nur zu dienen, sondern sich auch auszurüsten, jeder von eigenem Geld. Auch die militärische Ausbildung wird kaum Kosten verursacht haben. Aus gemeinsamer Kasse wurde höchstens der Unterhalt während der Feldzüge gezahlt; wenn sie lange dauerten, was sehr selten war. Sofern Beute erzielt wurde, hatten dafür wohl auch alle irgendeinen Anteil daran. Etwas anders stand es mit den Schiffen, die man eventuell zum Küstenschutz benötigte. Da teilte man in Athen die Bürger oder, wahrscheinlich, nur die Wohlhabenden unter ihnen in Gruppen (sogenannte Naukrarien) ein, die je für ein Schiff aufzukommen hatten.

Wenn größere Ausgaben anstanden, etwa zum Bau oder zur Ausbesserung einer Stadtmauer oder von Tempeln, und das Geld nicht aus außerordentlichen Einnahmen oder Spenden kam, wird man sich ebenfalls mit Umlagen, wahrscheinlich einmaligen prozentualen Abgaben vom Vermögen beholfen haben. Falls das Geld gebraucht wurde, konnte man das beschließen. Das war etwas anderes als eine regelmäßige Zahlung von Steuern. Man zahlte nicht in eine allgemeine Kasse, sondern man berappte, was in Rat oder Volksversammlung jeweils als notwendig angesehen wurde.

Die Verwaltung kostete wenig. Die Ämter waren zugleich Ehren, wurden also unentgeltlich von den Adligen bekleidet und implizierten zum Teil die Verpflichtung zu Aufwendungen für das Gemeinwesen. Höchstens das niedere Personal, Herolde also und Schreiber, vielleicht auch gewisse Kräfte für die Straßenreinigung, mußte gekauft und/oder unterhalten werden. Vermutlich gab es einige Sklaven in öffentlichem Besitz, für deren Unterhalt übrigens mitunter die jeweiligen Amtsinhaber aufzukommen hatten. Erziehung kostete gar nichts, weil die Gemeinde sich darum nicht kümmerte. Vielleicht hielt man sich allerdings einen Arzt, engagierte auch einen Sänger. Die Stadt Athen pflegte Prämien für die Erlegung von Wölfen zu zahlen. Den größten Teil bildeten die Ausgaben für den Kult, für die Ausrichtung von Opfern (die anschließend von der Gemeinde verzehrt wurden), Festen, Festgesandtschaften und dergleichen.

Die Mittel für die öffentlichen Ausgaben kamen zum guten Teil aus Gemeindeeigentum, etwa Grund und Boden, gelegentlich aus Bergwerken, ferner aus Zöllen, aus den Abgaben, die man Fremden auferlegte, aus Verkaufsteuern, Gerichtsgebühren und Strafen. Wenn diese Einkünfte nicht reichten, zog man Ertragsteuern ein, zumal auf die Einnahmen aus der Landwirtschaft. Sie mögen auch von Fall zu Fall beschlossen worden sein.

Jedenfalls wurden gewisse Ertragsteuern vielfach den Heiligtümern geschuldet. Diese hatten zugleich Einkünfte aus eigenem Vermögen, aus dem Verkauf der Felle von Opfertieren und anderem. Adlige Priester bestritten verschiedene Ausgaben für den Kult; für manche Funktionen wurden eigens die reichsten Bürger bestellt. Die Einzelheiten sind uns so gut wie alle unbekannt. Die Tempel hatten jedenfalls ihre eigenen Kassen.

Insgesamt ist der Anteil der Stiftungen wohlhabender Familien zugunsten von Festen, Aufführungen, Bauten nicht zu unterschätzen. Reichtum war damals nicht mit schlechtem Gewissen verbunden, im Gegenteil: man trug ihn gern zur Schau. Gerade auch in Griechenland finden sich viele Beispiele für demonstrative Verschwendung. Eben deswegen gab es verschiedene Bemühungen, den privaten Luxus einzuschränken. Damit sollte öffentliches Ärgernis verhütet, wirtschaftliche Rationalität vergrößert, aber auch wohl der Ehrgeiz der Wohlhabenden umgelenkt werden: daß sie nämlich ihren ostentativen Reichtum den Göttern und der Stadt zugute kommen ließen. Die Baugesinnung der Tyrannen mag als Vorbild mitgewirkt haben. Im Wettbewerb unter den Einzelnen und Familien konnten jedenfalls am ehesten Leistungen für das Gemeinwesen erbracht werden. Es gab einen Zusammenhang zwischen Eigenständigkeit und Wettbewerb. Neben dem Streben nach Macht war das Bemühen, die andern zu übertreffen, relativ stark ausgebildet.

Als die Gemeinwesen in der zweiten Hälfte des 6. Jahrhunderts vielfach neue Ordnungen erhielten, grob gesagt: von den breiten Schichten der Bauern her neu gegründet und in Ordnung gebracht wurden, änderte sich vieles. Aber eines blieb sich gleich: weiterhin war es die Summe der Beteiligten, die das Gemeinwesen ausmachte. Künftig hatten sich nur eben breitere Schichten wesentlich stärker in der Politik zu engagieren. Also änderte sich die Kostenstruktur nicht. Weiterhin lief nur ein kleiner Teil dessen, was für das Gemeinwesen aufgewandt wurde, durch zentrale Kassen. Übrigens konnte es durchaus vorkommen, daß die Einnahmen der Stadt die Ausgaben überstiegen. Der Rest wurde dann in der Regel an die Bürger verteilt. Daß in solchen Gemeinwesen viele Ansprüche nicht befriedigt wurden, daß sie gar nicht erst aufkamen, liegt auf der Hand. Aber man wollte eben mehr das Gemeinwesen sein als etwas von ihm haben.

Eine weitere, wesentlich einschneidendere Änderung erfolgte in Athen zu Anfang des 5. Jahrhunderts. Um 483 wurde dort eine große Flotte gebaut. Kurz darauf wurde der Seebund gegen die Perser gegründet, aus dem wenig später ein Reich wurde, das zu sichern war. Seit etwa 461 kam die radikale Demokratie auf. Schließlich beschloß man eine großartige Baupolitik zum Schmuck der Stadt und als Ausweis ihrer Größe. Dies alles brachte völlig neue, grundsätzlich andere finanzielle Ansprüche mit sich. Es gab freilich auch neue Mittel.

Der Flottenbau wurde möglich durch die Entdeckung neuer Silbervorkommen im Bergwerksbezirk von Laureion. Auf den Rat des Themistokles hin wurde beschlossen, die relativ großen Erträge von dort nicht zu verteilen, sondern je ein Talent an die hundert reichsten Bürger zu geben, damit sie je eine Triëre, also eines der damals modernen Kriegsschiffe erstellten. Das Geld reichte vielleicht dazu, das Schiff zu bauen, aber nicht, es auszustatten. Die Bauherren hatten also zuzuzahlen. Andererseits erhielten sie das Kommando über ihr Schiff, was übrigens insofern erstaunlich war, als sie dazu auch entsprechende technische Fähigkeiten benötigten. Diese Institution hieß Triërarchie, sie spielte in der Folgezeit eine große Rolle in Athen. In unregelmäßigen Abständen, je nach Bedarf, oft aber Jahr für Jahr, meldeten sich reiche Bürger oder – was sich schließlich immer mehr als notwendig erwies – sie wurden herangezogen, um die Instandsetzung und Ausstattung (vielleicht auch den Bau) von Schiffen zu übernehmen, nicht ganz, aber zu beträchtlichen Teilen auf eigene Kosten.

Die Triërarchie war nur eine von zahlreichen Liturgien, die seit dem Ende des 6. oder Anfang des 5. Jahrhunderts zunahmen und zunehmend organisiert und bewußt auf die Bedürfnisse der Polis ausgerichtet wurden. Liturgie heißt wörtlich «öffentliche Leistung», «Dienst an der Allgemeinheit». Dazu zählten die Übernahme der Finanzierung von Festzügen, kultischen Fackelläufen, Chören, Komödien, Tragödien, von Bauten und nach wie vor von zahlreichen Aufwendungen für einzelne Opfer (das heißt öffentliche Speisungen) und Kult. Die relativ genauen Erwartungen an die Wohlhabenden, daß sie bei vielen Gelegenheiten mit ihrem Geld für das Gemeinwesen einstünden, verschränkten sich in einer für uns nicht mehr erkennbaren Weise mit dem alten Adels-Ehrgeiz, sich hervorzutun und das eigene Vermögen durch ostentative Großzügigkeit, wenn nicht Verschwendung, zu demonstrieren. Die Liturgien waren gleichsam das Komplement der persönlichen Eigenständigkeit der Bürger, die sich andererseits im Fehlen regelmäßiger direkter Steuern ausdrückte. Übrigens konnte sich die Erwartung, daß die Adligen zahlten, bei der Überschaubarkeit der räumlichen Verhältnisse – Attika war kleiner als Luxemburg – und der Öffentlichkeit des Lebens recht spürbar auswirken. Die Stadt, die sich dann in wenigen Jahrzehnten zu einer Vormacht Griechenlands und zum Zentrum einer glanzvollen Kultur entfaltete, schien aber auch des Einsatzes wert zu sein. Und: wer nicht in einen großen Topf einzahlt, über den dann andere verfügen (um gar noch Dank dafür zu ernten), sondern sein Geld für eine eigene Sache aufwendet, bemüht sich eher, es besonders gut zu machen, Ehre einzulegen, andere zu übertreffen. Für die athenische Flottenexpedition nach Sizilien, 415, wird berichtet, die Triërarchen hätten «ihre Schiffe mit prächtigen Schilden und Gerät ausstaffiert und sich um die Wette bemüht, es den andern an glanzvoller Ausschmückung der Schiffe . . . zuvorzutun». Das war in diesem Ausmaß die Ausnahme. Aber der Wetteifer selbst wird für die Regel stehen. Er wurde auch eigens gefördert, etwa durch vielfache Ehrungen und Preise. Im 5. Jahrhundert scheint das System ohne große Schwierigkeiten funktioniert zu haben, obwohl eine Voraussetzung dafür nurmehr bedingt gegeben war: daß nämlich Spenden und politische Führung einander korrespondierten. Es trat dafür eine andere ein: daß man sich um den herrschenden Demos gern verdient machte. Wie das Liturgienwesen im einzelnen organisiert war, ist unbekannt. Schon damals aber gab es gewisse Auflagen, vielleicht gar Gesetze darüber. Die Erfüllung der Liturgien war nicht unbedingt freiwillig.

Es könnte sein, daß die Triërarchen in den Jahren vor dem Perserkrieg nicht nur zur Ausstattung der Schiffe wesentlich beigetragen haben, sondern zugleich zur Bezahlung der Ruderer. Athen hatte kein Geld, um eine entsprechende Zahl von Sklaven zu kaufen. Denn man brauchte 170 Ruderer pro Schiff; weit mehr als 100 Schiffe waren zu bemannen. Zudem hatte die Stadt vermutlich die notwendigen Werftanlagen zu bestreiten, schon vorher war mit dem Ausbau des Hafens in Piräus begonnen worden. Jedenfalls war man genötigt, zahlreiche Athener als Ruderer anzuwerben oder geradezu zu verpflichten. Es waren zumal die ärmeren Teile der Bürgerschaft, aus denen sich die Ruderer rekrutierten. Man mußte ihnen folglich nicht nur Unterhalt, sondern Sold zahlen.

Nach dem Sieg über die Perser konnte die Flotte zum guten Teil von Athens neuen Bundesgenossen unterhalten werden. Denn der Bund griechischer Städte, der sich damals gegen Persien bildete, sah vor, daß die Mitglieder entweder Schiffe stellten oder einen Beitrag an Athen zahlten, von dem es die eigene Flotte unterhielt, vergrößerte und einsetzte. Die meisten wählten den Beitrag. Das Geld reichte gut für Flotte und Ruderer, auch für die weiteren notwendigen Zurichtungen, etwa die Anlage von Schiffshäusern (denn die Schiffe durften nicht zu lang im Wasser liegen). Es reichte oft noch darüber hinaus.

Spätestens um die Mitte des 5. Jahrhunderts erwies es sich als notwendig, auch den Fußtruppen in größerem Maße Unterhalt und wohl auch Sold zu zahlen, jedenfalls wenn sie zu längeren Feldzügen, etwa mehrmonatigen Belagerungen, eingesetzt wurden. Man rekrutierte dann auch Spezialtruppen aus Söldnern. Obwohl die Griechen, soweit es ging, den Krieg durch den Krieg, also durch Requirierungen, finanzierten, verursachte diese Seite des Militärwesens große Ausgaben. Wenn Krieg geführt wurde, nahmen die Kriegsausgaben zusammen mit denen für die Flotte den Löwenanteil der zur Verfügung stehenden Gelder in Anspruch. Einen besonderen Posten, als Folge der Kriege, stellte die Versorgung der zahlreichen Kriegswaisen dar. Sie bekamen Unterhalt und, wenn sie erwachsen wurden, eine volle Rüstung von der Stadt.

Ein zweiter sehr beachtlicher Ausgabenkomplex entstand, als die unterste Schicht der Bürger stärker an der Politik beteiligt wurde. Demokratie war unter antiken Verhältnissen nur als direkte Demokratie herzustellen. Die breiten Schichten konnten sich nicht vertreten lassen. Wenn sie ihr Recht wahren wollten, mußten sie sich selbst stark engagieren, zumal in der Volksversammlung, in den Volksgerichten und im Rat der Fünfhundert, dessen Personal jährlich völlig ausgewechselt wurde: Man durfte nur zweimal im Leben Ratsherr sein. Die regelmäßige Beteiligung zahlreicher Bürger an der Politik litt oder scheiterte aber daran, daß sie nicht die Zeit erübrigen konnten, die dafür nötig war. Daraufhin führte man die Zahlung von Diäten ein. Etwa gleichzeitig wurde auch das Ämterwesen umorganisiert: Deren Zahl wurde stark vermehrt, jede Stelle zumeist mehrfach besetzt; man bestellte die Beamten durch das Los und honorierte sie. Ferner wurde bei den großen Theateraufführungen jedem Bürger ein Betrag gezahlt, der ihm die Teilnahme ermöglichen sollte.

Diese Gelder waren Verwaltungskosten besonderer Art: Es wurde damals gleichsam in neuer Situation eine neue Konsequenz aus dem Charakter der griechischen Gemeinwesen gezogen, denn auch die außerordentlich gewachsenen Aufgaben der griechischen Vormacht, der Weltmacht Athen, sollten so weit wie möglich von der Bürgerschaft erledigt werden. Wenn die unteren Schichten jetzt voll dazu gerechnet wurden, mußten sie sich ebenfalls daran beteiligen. Folglich mußten sie honoriert werden. Erst die Diäten machten sie praktisch zu Bürgern. Übrigens waren sie nicht hoch. Aber es ist unklar, ob sie wirklich von Anfang an, wie gegen Ende des 5. Jahrhunderts, nur gerade für den Lebensunterhalt des Einzelnen gereicht haben. Denn das Geld entwertete sich in dieser Zeit stark, während die Diäten gleich geblieben zu sein scheinen. Vielleicht ließ sich mit ihnen anfangs auch eine Familie in etwa ernähren.

Durch diese Diäten wurde der Charakter der Stadt grundlegend verwandelt. Während Adlige und Bauern gleichsam aus eigener Unabhängigkeit gegebenenfalls auch als Bürger fungiert hatten, waren die ärmeren Bürgerschichten nun weitgehend vom Gemeinwesen abhängig. Zugleich aber beteiligten sie sich so stark daran, daß sie das Gemeinwesen in ganz neuer Weise ausmachten. Und außerdem sorgten sie in irgendeiner Weise auch für die Beschaffung des Geldes.

Politiker, Ämter, Öffentlichkeit bedeuteten für sie nicht weniger als einst für den Adel. Adlige Ideale bestimmten sie. Da sie aber nicht auf eigene Kosten lebten, waren sie für das Gemeinwesen anspruchsvoller. Und da es eine Weltmacht war, konnten diese Ansprüche auch erfüllt werden. Solange es dauerte.

Diese Ansprüche fanden um die Mitte des 5. Jahrhunderts ihren Ausdruck in einem dritten sehr teuren Komplex von Ausgaben: im Ausbau der Akropolis, der praktisch einer Demonstration der Stadt Athen, ihrer Macht, ihres Reichtums, ihrer Siege diente – gewiß auch ihrer Kultur, denn für das demokratische Athen kam sehr viel darauf an, zu zeigen, daß es auch darin mit dem Adel wetteifern konnte. Der große Fries des Parthenon diente überdies der Selbstdarstellung der Bürgerschaft in ihrer frommsten, glänzendsten, anmutigsten Form: als Prozession am Fest der Panathenäen.

Daneben gab es im 5. Jahrhundert noch zahlreiche weitere neue Ausgaben. Man unterhielt etwa eine Polizei von 300 skythischen Sklaven, hatte verschiedene Aufwendungen für die Versorgung der Stadt mit Getreide und Holz (für den Schiffbau), für diplomatische Missionen, für die Gesetze (die in Stein gemeißelt wurden), auch für den Sport. Man baute die langen Mauern zwischen Athen und dem Piräus, brachte die Agora, den politischen Markt, in neue, glänzende Form, errichtete Amtslokale. Man legte auch die Stadt Piräus nach einem Entwurf des Philosophen Hippodamos ganz neu an. Wie weit die Sportanlagen und Bäder, die damals für die Allgemeinheit entstanden, öffentlich finanziert wurden und wie weit es einen öffentlichen Schulunterricht gab, dies und vieles andere bleibt unklar.

Offensichtlich ist, daß die Ausgaben von Jahr zu Jahr stark

schwankten. Maßgebend dafür war die militärische Belastung. Kriege waren zwar außerordentlich häufig, verteilten sich aber nicht gleichmäßig in der Zeit. In der Mitte des Jahrhunderts waren sehr große Teile der Einnahmen im Parthenon thesauriert, um Vorsorge zu treffen für größere Ernstfälle.

Die Einnahmen der Stadt kamen während des 5. Jahrhunderts zur knappen Hälfte aus den Beiträgen der Bündner. Die Erträge aus den Bergwerken von Laureion spielten weiterhin eine große Rolle. Ein beachtlicher Anstieg läßt sich bei Zöllen, Markt- und Fremdensteuern erschließen. Jeder Fremde, der sich in Athen niederließ, hatte eine Kopfsteuer zu zahlen, und aufgrund der Bedürfnisse der Rüstung, aufgrund des Reichtums der Stadt und ihrer Möglichkeiten kamen sehr viele. Der Piräus wurde aus dem gleichen Grunde zum wichtigsten Umschlagplatz der Ägäis. Einfuhr- und Ausfuhrzoll betrugen zunächst ein Prozent, stiegen später auf zwei Prozent. Eine größere Steigerung mußten aber auch die Einnahmen aus dem Gerichtswesen erfahren. Es wurden zahlreiche Prozesse aus dem Seebund vor athenische Gerichte gezogen, innerhalb der Bürgerschaft mehrten sich die gerichtlichen Auseinandersetzungen, und die Strafen waren zum Teil sehr hoch. Eine Reihe von weiteren Steuern, unter anderem für das älteste Gewerbe der Welt – nicht freilich für andere – kamen hinzu, direkte Steuern gab es im damaligen Athen, so weit wir sehen, nicht.

Genauere Angaben lassen sich nicht machen. Man weiß, daß Athen um 430 jährlich ca. tausend Talente einnahm, es ist nur kaum zu sagen, welchen Wert sie darstellten. Keine Zahl und auch keine Relation ist mit den heutigen wirklich zu vergleichen. Immerhin mag es interessant sein, daß die Summe, die die wohlhabenden Bürger bei voller Beanspruchung für die Triërarchie aufzubringen hatten, etwa 200 Talente betrug, entrichtet von gut einem Prozent der Bürgerschaft, und daß die erste Umlage während des 431 begonnenen Peloponnesischen Krieges sich ebenfalls auf 200 Talente belief, wobei zwei bis drei Prozent des Vermögens zu zahlen waren. Schließlich seien noch einige Zahlen zu den Ausgaben gegeben: Die Kosten des Parthenon werden auf etwa 700 Talente geschätzt, die Mannschaft einer Triëre kostete um 430 ein halbes Talent pro Monat, 415 erhöhte man den Sold, freilich speziell für den sizilischen Feldzug auf ein Talent. Hundert Schiffe für sechs Monate in See hätten dann also mehr als die Hälfte der Einnahmen der Stadt beansprucht, wenn die Beiträge (in Wahrheit Tribute) der Bündner nicht kurz vorher mehr als verdoppelt worden wären. Übrigens führte Athen wenig später eine zehnprozentige Abgabe für alle Güter ein, die den Bosporus passierten.

Die Einziehung von Steuern wurde von Steuerpächtern besorgt, die eine feste Summe an die Gemeinde zu zahlen hatten. Das Geld floß in verschiedene Kassen, die von verschiedenen Schatzmeistern zu verwalten waren. Das war wohl der einfachste Weg, um Übersicht und Kontrolle zu erhalten. Aber es drückte sich darin auch aus, daß die Gelder nicht einem Staat zugute kamen, der in einem Gesamtbudget darüber verfügte. Das bedeutet keinen geringen Unterschied: Auch wenn die Überschüsse, nach entsprechenden Beschlüssen, von einer in die andere Kasse übertragen werden konnten, blieb eine direkte Beziehung zwischen Aufwendung und Ertrag. Später hat man formuliert, Geld sei erst da, wenn man es wirklich brauche, vorher nicht. Damit wird diese Art öffentlichen Wirtschaftens sehr gut gekennzeichnet. Da wurden die Einnahmen sehr konkret und direkt nach den Notwendigkeiten bemessen, nicht die Ausgaben nach den ohnehin zur Verfügung stehenden Einnahmen. Neben den verschiedenen Polis-Kassen standen weiterhin jene der Tempel, die sich außer aus der Verpachtung von Grund und Boden, Weihgeschenken und Ertragsteuern aus dem Anteil der Götter an der Kriegsbeute füllten. Die Polis konnte über sie verfügen. Wenn es darauf ankam, nahm sie das Geld als verzinsliches Darlehen – oft ohne es zurückzahlen zu können. Öffentliche Anleihen gab es sonst fast nicht. Zur Not wurden die Wohlhabenden durch Umlagen zur Deckung des Defizits herangezogen.

Die Finanzierung des Gemeinwesens wurde im Athen des 5. Jahrhunderts also auf eine völlig neue Basis gestellt. Das war gewiß so einmalig wie der Reichtum, über den die Stadt verfügte. Dabei erfolgten zugleich interessante Verschiebungen: Die Liturgien wurden mehr auf die Flotte und die Ausrichtung von Festen gelenkt. Die großen Bauten in der Stadt dagegen nahm die Demokratie in eigene Regie. Vorher wurden solche Projekte an Adlige verpachtet, die dann eigenes Geld – zum eigenen Ruhm – dazu taten, um sie besonders schön auszustatten. Jetzt lagen sie in der Hand von Bürgerkommissionen, die über jeden Obolos abrechneten. Investitionen, die nicht der Macht der Stadt oder der Schönheit ihrer Tempel und ihres Marktes dienten, wurden dagegen vernachlässigt (von Brunnen und Wasserleitungen vielleicht abgesehen). Athen war im ganzen eine unansehnliche Stadt. Um Häuser, Straßen, selbst Kanalisation scheint man sich wenig gekümmert zu haben. Dort lag kein politisches Interesse.

Nach der Niederlage im Peloponnesischen Krieg und dem Verlust des Seebunds (der längst zu einem Reich geworden war) verschlechterte sich die finanzielle Situation Athens erheblich. Die Einnahmen gingen zurück, der Schatz war verbraucht, die Ausgaben konnten, zumal im Kriegsfall, sehr hoch sein. Und es blieb dann nur der Rückgriff auf das Vermögen der Wohlhabenderen, übrigens wohl einschließlich der Mittelbauern. Zwischen 376 und 366 hat man verschiedene Umlagen gemacht, die sich in der Summe auf jährlich ein Prozent Vermögensteuer beliefen. Damals wurde auch die Triërarchie fast zur Steuer. Schon im Peloponnesischen Krieg war verfügt worden, daß sich zwei Männer in die Ausrüstung eines Schiffes teilen konnten. Jetzt führten verschiedene Schritte zu einer Systematisierung des Finanzwesens. Die gesamten, von der Stadt zu erbringenden Opfer wurden genauer geregelt. Es wurde in zwei Finanzreformen der Versuch gemacht, die Lasten gerechter zu verteilen. Es wurde auch bestimmt, daß die Überschüsse aus allen Kassen in jene zu überführen seien, aus der man Schaugelder für den Theaterbesuch an das Volk verteilte – übrigens ein Mittel, um es in Sparsamkeit und friedlicher Politik zu bestärken. Spätestens damals wurden auch genauere Regeln eingeführt, nach denen etwa zwischen der Bekleidung von Triërarchien ein gewisser Zeitraum zu verstreichen hatte. Im Jahre 378/377 wurde eine umfassende Vermögensschätzung vorgenommen. Einer der reichen Athener erklärte damals, er erübrige für sich selbst nur so viel, als er «zu einem mäßigen Lebensunterhalt benötige, alles andere aber halte ich für etwaige öffentliche Anforderungen zur Verfügung». Es scheint auch das Institut der Antidosis eine gewisse Rolle gespielt zu haben: Wer meinte, weniger Vermögen als ein anderer zu haben, folglich weniger als jener zu einer Liturgie verpflichtet zu sein, konnte auf Vermögenstausch klagen. Viele Beschwerden über die Ausbeutung und ungerechte Behandlung der Reichen sind tradiert. Sie sind gewiß übertrieben. Auch damals wurden noch ganze Vermögen freiwillig für große Werke verschwendet. Doch sank die Bereitwilligkeit zu den Liturgien: wegen der Überbeanspruchung und auch weil man die Mittel jetzt mehr zusammenhielt oder für privaten Gebrauch und Luxus nutzen wollte. Doch würde die Schilderung dieser Einzelheiten zu weit führen. Wichtiger scheint eine Zusammenfassung und ein kurzer Vergleich zu sein.

Die Weise, wie die Athener ihr Gemeinwesen finanzierten, ist ein getreuer Ausdruck ihres Bürger- und Gemeindeseins und von dessen Geschichte. Weitgehende Eigenständigkeit der Adligen steht am Anfang. Als die breiten Schichten der Bauern, gestützt vom politischen Denken der Zeit, daran gehen, Mitsprache zu verlangen und die Gemeinwesen unter Kontrolle zu bringen, da können sie dies nur erreichen, indem sie sich selbst stark in der Politik engagieren. Der Beteiligung weiterer Kreise entspricht eine wachsende Materie der Politik. Sie wird von Adligen und der Gesamtheit der halbwegs eigenständigen Bürger bewältigt. Kein Grund also zur Ausbildung eines Apparats über die wechselnden, wenig mächtigen Beamten hinaus. Diese Bürger sind insofern vor der Polis da, als sie diese im politischen Sinn des Wortes erst hervorbringen.

Als Athen dann im 5. Jahrhundert Außenpolitik und Krieg in großem Stil beginnt, scheinen sich die Verhältnisse umzukehren: Eine ungeheure politische Materie steht an. Und die Polis ist insofern vor den Bürgern da, als die Ärmeren nicht aus eigenem Status, sondern auf Grund ihrer militärischen Leistung auf praktische Beteiligung drängen. In ihrem Bürger-Sein hängen sie von Diäten ab. Aber sie werden dadurch nicht Kostgänger der Stadt, dienen ihr im Gegenteil aufopfernd und unter großen Verlusten auch im Krieg. Und die Bürger machen die Stadt aus. Das Ergebnis ist, was die Beteiligung der Bürger am Finanzwesen angeht: die unterste Schicht bekommt Diäten, die mittlere bekommt weder etwas noch zahlt sie etwas, die Adligen leisten Liturgien. Politisch herrscht Gleichheit der Rechte, *de jure et de facto*. Diese Gleichheit aber ist so ausgeprägt, so bewußt und macht politisches Engagement so wichtig, weil die gesellschaftliche Ordnung mit all ihren Unterschieden bestehen bleibt und weil es kaum denkbar ist, an ihr etwas zu ändern. Die stets vorhandene Komplementarität von Gleichheit und Ungleichheit drückt sich in diesem Fall darin aus, daß die Adligen und Reichen für vieles in der Stadt aufkommen und daß einige von ihnen die wichtigsten Positionen innehaben. Sie führen und zahlen. Aber sie tun es, und das ist entscheidend, im Sinne der Gesamtheit. Das Gros der Reichen allerdings zahlt nur und führt nicht. Die Beteiligung an der Politik setzt eine starke Betonung der Bürgeridentität und Vernachlässigung materieller Bedürfnisse voraus. Dazu gehört eine große Gegenwärtigkeit der Bürger in Zeit und Raum, eine Minder-Einschätzung von Arbeit. Diese politische Tätigkeit sowie die starke, oft schwer berechenbare Inanspruchnahme privaten Vermögens mußten zugleich vorausschauenden Investitionen und Planungen enge Grenzen setzen. Auch insofern herrschte hier eine «Konsumentenmentalität», die dann bald an ihre Grenzen stieß.

Die Kosten für dieses so stark in Politik aufgehende Gemeinwesen aber trugen weitgehend Nichtbürger: die Bundesgenossen, die niedergelassenen Fremden, Kaufleute und andere, in gewissem Sinn auch die Frauen, auf deren Schultern ein großer Teil der Arbeit im Hause lag, und indirekt im größeren Ausmaß viele Sklaven.

«Gebt dem Kaiser, was des Kaisers ist»

Steuern im Römerreich

Von Dietwulf Baatz

«Woher nun für das Heer und zur Deckung der übrigen Staatsausgaben die erforderlichen Summen nehmen? Ich werde es erklären, möchte aber hervorheben, daß wir auch dann, wenn wir eine Demokratie hätten, Geld für den Staatshaushalt benötigen würden. Denn ohne Soldaten kann das Reich nicht bestehen, ohne Sold aber können wir das Heer nicht erhalten. So ist die Besteuerung kein besonderes Merkmal der Monarchie; jede Art von Regierung muß Steuern erheben. ... Wir müssen Abgaben auf alles Eigentum legen, das irgendwie Gewinn für seine Besitzer abwirft, indem wir im ganzen Reich Steuern einziehen. Denn es ist recht und billig, daß keine Person und keine Gegend steuerfrei sei, da sie ja genauso wie alle übrigen die Vorteile genießen, die der Staat aufgrund der Steuerzahlung bietet ...»

Mit diesen Worten begründete der römische Historiker Cassius Dio am Anfang des 3. Jahrhunderts n. Chr. die Notwendigkeit, Reichssteuern zu erheben. Die Worte fallen in einem von Dio erdachten Gespräch zwischen Augustus und seinen engsten Freunden und Beratern Agrippa und Maecenas, bald nach dem Sieg bei Actium, durch den Augustus zum alleinigen Herrscher des Reichs geworden war. Er hatte im Jahre 31 v. Chr. durch diesen Sieg nach langen Kämpfen den Bürgerkrieg beendet und seinen letzten, mächtigen Rivalen Antonius bei Actium geschlagen. Außerordentlich schwierige politische Aufgaben warteten auf ihre Lösung. Die Bevölkerung ersehnte den Frieden. Die Schäden des Bürgerkrieges waren zu beseitigen. Vor allem aber mußte die Regierung des Reichs eine neue, zeitgemäße Form finden. Die Frage, ob das römische Imperium eine Republik bleiben oder eine Monarchie werden solle, wurde aktuell. Die Finanzen waren in den langen Jahren des Bürgerkriegs zerrüttet, das bisherige Steuersystem hatte sich zuletzt als wenig effektiv und sehr korrupt erwiesen. Augustus hat die Neuordnung des Reichs mit Energie betrieben. In den ersten zwei Jahrzehnten seiner Herrschaft bildete sich langsam die Regierungsform des Kaiserreichs heraus. Zu den wichtigsten *arcana imperii*, den Geheimnissen seiner Kaiserherrschaft, gehörte die Neuordnung der Reichssteuern.

Wie hatte sich das Steuerwesen in der römischen Republik entwikkelt? In seinen Anfängen war Rom ein unbedeutendes Gemeinwesen in Mittelitalien, ein kleiner Stadtstaat ähnlich den etruskischen oder griechischen Städten im damaligen Italien. Der Staat bestand aus einem kleinen Gebiet, das die Stadt Rom umgab. Seine Bürger waren größtenteils Bauern. In Friedenszeiten waren die öffentlichen Ausgaben gering. Gewählte, ehrenamtlich tätige Magistrate verwalteten die Stadt; sie gehörten der begüterten Oberschicht an. Was an öffentlichen Bauten nötig war, wurde nicht selten von ihnen gestiftet. Es galt der Grundsatz, daß der Staat nach Möglichkeit seine Ausgaben durch eigene Einkünfte bestreiten solle, etwa durch Verpachtung von Gemeindeland. Nur bei außerordentlichen Vorhaben des Staates wurde der Bürger zur Steuer oder auch zu Dienstleistungen herangezogen. Ganz besonders galt dies im Krieg. Die dienstpflichtigen Bürger hatten sich je nach Vermögen selbst mit Waffen auszurüsten, allen aber wurde – wiederum nach Vermögensstand – das *tributum*, die Steuer, auferlegt, die allerdings bei günstigem Ausgang des Krieges aus der Beute zurückgezahlt werden konnte. In der damaligen Agrargesellschaft bestand das Vermögen wesentlich aus Grundbesitz, so daß das *tributum* eine Art Grundsteuer war. Sie war in Geld zu zahlen.

Die Steuerveranlagung hieß *census* und erfolgte alle fünf Jahre durch zwei eigens dafür gewählte, hohe Beamte, die *censores.* Die Bürger Roms versammelten sich vor der Stadt auf dem Marsfeld und gaben den Censoren unter Eid Auskunft über ihre Familien- und Vermögensverhältnisse. Diese Erklärung – *professio* genannt – bildete zunächst die Grundlage für die Aufstellung von Bürger- und Musterungslisten. Der Census diente nämlich nicht nur der Steuerveranlagung, sondern vor allem der Heeresmusterung. Die Censoren teilten die Bürger dabei in Vermögensklassen ein. Sie setzten schließlich nach vorher verkündeten Grundsätzen die Abgaben für den Einzelnen fest, falls die Pläne des Gemeinwesens Steuerzahlungen erforderlich machten.

Im vierten und dritten Jahrhundert v. Chr. wirkte sowohl die innenpolitische Geschlossenheit der jungen Republik als auch die enorme Disziplin des Heeres in die gleiche Richtung: Rom war fast immer politisch und militärisch erfolgreich. Sein Gebiet erweiterte sich. Die Latiner traten als erste Verbündete hinzu, bald weitere italische Völker. Zur Sicherung des Staatsgebiets gründeten die Römer Koloniestädte. Um 250 v. Chr. war ganz Mittelitalien römisch, zahlreiche Städte lagen in seinem Staatsgebiet. Die römische Republik hatte die Grenzen des kleinen Stadtstaates gesprengt. Dadurch mußte auch das Steuerwesen komplizierter werden.

Jede römische Koloniestadt besaß eine Selbstverwaltung nach dem Muster Roms: Den zwei jährlich wechselnden Konsuln Roms, die den Staat regierten, entsprachen in der Koloniestadt die zwei jährlich neu zu wählenden *duoviri*; und so wie in Rom der Senat den Konsuln beratend zur Seite stand, besaßen die Kolonien eine Ratsversammlung – *ordo decurionum* –, in der die Ratsherren über die Belange der Stadt debattierten und Entschlüsse faßten. Selbstverständlich hatte eine solche Stadt kommunale Ausgaben für die Verwaltung, für öffentliche Bauten und anderes. Soweit die Ausgaben nicht durch Einnahmen der Stadt aus Verpachtungen, Gebühren und sonstigen Quellen gedeckt werden konnten, wurden die Bürger zu Kommunalsteuern und Dienstleistungen herangezogen. Man nannte diese Abgaben und Lasten *munera*. Sie wurden nach der Höhe des Vermögens festgesetzt. Die Steuerveranlagung erfolgte wie in Rom alle fünf Jahre. Zu diesem Zweck wählte die Bürgerschaft zwei Bürgermeister mit erweiterten Vollmachten, die den Titel *duoviri quinquennales* führten. Das Amt erforderte viel Geschicklichkeit und ein hohes Ansehen; es galt als das ehrenvollste, das die Bürgerschaft zu vergeben hatte. Es entsprach dem Amt der Censoren in Rom und wurde in ähnlicher Weise ausgeübt.

So hatte die Erweiterung des Staatsgebietes die Folge, daß aus dem anfänglich kleinen Stadtstaat Rom ein Flächenstaat wurde. Er bestand seinerseits aus einem Mosaik vieler Städte, die eine kommunale Selbstverwaltung und auch ein eigenes Territorium besaßen. Wer als römischer Bürger nicht direkt in Rom lebte, war zunächst auch Bürger einer dieser Städte. Er hatte die Pflicht, die dort festgesetzten Komunalsteuern, die *munera*, zu zahlen und wurde außerdem zur staatlichen Steuer, dem *tributum*, herangezogen.

Durch die siegreichen Kriege kam der römische Staat seit der Mitte des 3. Jahrhunderts v. Chr. allerdings in den Besitz erheblicher Geldmittel. So mußten die besiegten Karthager sehr hohe Reparationen zahlen; das gleiche galt für die unterlegenen hellenistischen Königreiche des Ostens. Dadurch verminderte sich die Steuerlast der römischen Bürger. Nach dem Ende des 3. makedonischen Krieges, im Jahre 167, bei dem eine ungeheure Beute in die Hände der Römer gefallen war, konnte das *tributum* für lange Zeit völlig abgeschafft werden. Die fortlaufenden Zahlungen aus den abhängigen Königreichen, dann auch die Einnahmen aus den neu gewonnenen römischen Provinzen deckten vollauf die laufenden Staatsausgaben. Dadurch wurden die römischen Bürger in Italien grundsteuerfrei. Wenn sie in einer Koloniestadt und nicht in Rom selbst lebten, mußten sie dort allerdings weiterhin die Kommunalsteuern – *munera* – zahlen.

Zahlung von Abgaben; Reliefquader eines römischen Grabmals aus dem 2. Jahrhundert n. Chr.

Rom war inzwischen von einer italischen Macht zu einer Weltmacht emporgewachsen. Eroberte außeritalische Gebiete wurden als Provinzen von einem Statthalter regiert. Diese Provinzen waren nach römischer Ansicht Eigentum des römischen Volkes. Ihre Bewohner waren Untertanen und den römischen Bürgern rechtlich nicht gleichgestellt. Sie mußten Abgaben zahlen, die zunächst mit der Deckung der Kriegskosten begründet wurden, dann auch als Merkmal der *captivitas*, der Untertaneneigenschaft, eingefordert wurden. Zunächst war Rom bestrebt, nur die Geldleistungen aus den Provinzen zu ziehen, die zur Deckung der Verwaltungskosten und zur Behauptung des Besitzes notwendig erschienen. Dabei gab es in den Provinzen kein einheitliches Steuerrecht. Oft übernahm die römische Verwaltung die bereits vorhandenen Steuerverfassungen. Sizilien wurde 227 v. Chr. als erstes außeritalisches Gebiet Provinz. Die Römer ließen die Steuerverfassung des ehemaligen, sizilischen Reichs König Hierons II. bestehen. Die Steuer floß jetzt nur nach Rom. Im vormals karthagischen Teil Siziliens galten andere Steuerbestimmungen. Besonders günstig standen jene Gemeinden der Insel da, die sich rechtzeitig mit den Römern verbündet hatten. Generell wurden in den Provinzen die Völker oder Städte, die sich heftig gegen die römische Eroberung gewehrt hatten, schwerer besteuert, ja sie verloren oft große Teile ihres Landes, auf dem dann römische Kolonien gegründet werden konnten. Falls einer solchen Kolonie das *ius Italicum* zugebilligt wurde, waren ihre Bürger genauso wie die römischen Bürger in Italien grundsteuerfrei. Das Steuerrecht war also nicht einmal innerhalb einer bestimmten Provinz einheitlich; es wurde bei Gründung der Provinz in einer *lex provincialis* festgehalten.

Seit der Mitte des 2. Jahrhunderts v. Chr. beherrschte das römische

Imperium praktisch den gesamten Mittelmeerraum. Große Spannungen und Mißstände ergaben sich daraus, daß dieses Reich weiterhin fast unverändert die Regierungsstruktur des anfänglichen, kleinen Stadtstaates beibehielt. Man muß sich vor Augen halten, daß die Zeitgenossen die Notwendigkeit für Reformen der Regierung nicht erkannten und auch wohl kaum erkennen konnten. So gab es trotz der großen Kompliziertheit der Steuerverfassung in den Provinzen keine staatlichen Finanzbehörden, die mit Unbestechlichkeit und Sachkenntnis die Abgaben festgesetzt und erhoben hätten. Man behalf sich für diese äußerst wichtige Verwaltungsaufgabe mit privaten Pächtern, den *publicani*, die vom Staat nur ungenügend beaufsichtigt wurden. Korruption und schwere Übergriffe waren die Folgen. Der Provinzstatthalter, der an sich die *publicani* überwachen sollte, steckte oft genug mit ihnen unter einer Decke. Er beherrschte die Provinz wie ein König mit fast schrankenloser Gewalt und hatte das Recht, sich seine Aufwendungen aus den Abgaben der Provinzbewohner ersetzen zu lassen. Manche Stadthalter nutzten das hemmungslos aus. Oft hatten sie als Politiker am Anfang ihrer Laufbahn erhebliche Mittel eingesetzt und sich bisweilen schwer verschuldet, um in die hohen Staatsämter gewählt zu werden. War es ihnen endlich gelungen, Statthalter einer reichen Provinz zu werden, so konnten sie diese Wahlkosten wieder einbringen. Die Auspressung der Provinzen führte zu einer bedenklichen Belastung der Wirtschaft, was keineswegs im Gesamtinteresse des römischen Reichs liegen konnte.

Es muß zur Ehre Roms gesagt werden, daß der Senat die Mißstände erkannte und sie wiederholt durch Gesetze zu bekämpfen suchte. Die Anwendung dieser *leges de repetundis* erwies sich indessen als schwierig, weil Ankläger, Richter und Angeklagte Senatoren waren und daher der gleichen hohen Gesellschaftsschicht angehörten. Oft nahm man aus politischen Gründen Rücksicht auf den Prozeßgegner, sprach geringe Strafen aus oder ließ die Sache im Sande verlaufen.

Im ersten Jahrhundert v. Chr. geriet der römische Staat in eine schwere innere Krise. Die alte Verfassung des ursprünglichen, kleinen Stadtstaates war für die Verwaltung des Weltreichs einfach nicht ausreichend. Stärkste Spannungen und Mißstände traten auf, Reformen erschienen dringend geboten. Den Zeitgenossen sind die wahren Ursachen ihrer Schwierigkeiten nicht klar gewesen. Schließlich war es ja gerade die Verfassung Roms gewesen, die dem Gemeinwesen den außerordentlichen äußeren Erfolg gebracht hatte. Verständlicherweise gab es daher eine mächtige Strömung innerhalb der führenden Schichten Roms, deren Vertreter jede eingreifende Reform ablehnten.

Die Spannungen lösten eine Epoche von Bürgerkriegen aus; diese blutige Zeit begann im Jahre 88 v. Chr. mit dem Marsch Sullas auf

Rom und endete mit dem Seesieg des Augustus über Antonius bei Actium im Jahre 31 v. Chr. Vor Augustus stand jetzt die Aufgabe, ein stabiles Gefüge für das Reich zu finden. Die alte Republik hatte abgewirtschaftet, eine Monarchie in der Art hellenistischer Königreiche war in Rom aber politisch nicht durchsetzbar. Augustus schuf etwas Neues, das römische Kaiserreich. Die Neuordnung des Steuerwesens gehörte zu den Kernpunkten seines Reformprogramms. Nur wer über die Geldmittel des Staates verfügt, besitzt auch die Macht.

Vordergründig erweckte Augustus den Anschein, daß die Republik weiterbestünde; er beanspruchte nur einige Sondervollmachten – darunter allerdings den Oberbefehl über die Truppen – und den Titel des *princeps*, des ersten Bürgers. Der Senat tagte wie seit Jahrhunderten, die jährlichen Konsuln wurden gewählt, und auch die Staatskasse, in die die Steuern bisher geflossen waren, wurde keineswegs aufgelöst. Der Staatsschatz lag in Rom im Saturntempel; daher hieß die Staatskasse auch *aerarium Saturni.* Noch heute stehen die Reste des Tempels am Fuß des Kapitols, nicht weit vom Forum Romanum. – Allerdings war die Staatskasse wegen der erpresserischen Verwaltung der Provinzen und der Bürgerkriege leer. Das war bedenklich, da nun die Heere des Bürgerkrieges überflüssig geworden waren. Eine riesige Anzahl von Soldaten mußte möglichst ohne Spannungen und neue Unruhen entlassen und wieder in die Gesellschaft eingefügt werden. Das kostete sehr viel Geld. Dieses Geld stiftete Augustus aus seinem Privatvermögen. Er rühmte sich in seinem Tatenbericht: «Den selbständigen Stadtgemeinden habe ich Geld für jenes Ackerland bezahlt, das ich in meinem vierten Konsulat – im Jahre 30 v. Chr. – und später unter den Konsuln Marcus Crassus und Gneius Lentulus Augur – 14 v. Chr. – den Soldaten zugewiesen habe. Die Entschädigungssummen betrugen insgesamt 600 Millionen Sesterzen, die ich für Grundstücke in Italien ausgegeben, und ungefähr 260 Millionen, die ich für Ackerland in den Provinzen aufgewendet habe.» Die Soldaten wurden mit den privaten Geldmitteln des Augustus als Bauern angesiedelt. Damit war nicht nur die Gefahr von Unruhen beseitigt, die Neusiedler fühlten sich dem Kaiser auch außerordentlich verpflichtet.

Wie setzte sich das Privatvermögen des Augustus zusammen? Schon von Geburt her war Octavian, der spätere Kaiser Augustus, senatorischen Standes und daher sehr reich. Später erbte er das Vermögen Caesars; diese Erbschaft begründete seine außerordentliche politische Laufbahn. Als Sieger im Bürgerkrieg war ihm schließlich eine unermeßliche Beute zugefallen. Dazu gehörte unter anderem das gesamte ehemalige Königreich Ägypten. Die Einnahmen aus dem riesigen Privatvermögen des Kaisers flossen in eine besondere Kasse, den *fiscus.* Außerdem hatte sich der Kaiser die Verwaltung der Grenzprovinzen übertragen lassen, in denen die römischen Heere standen. Die Einnahmen aus diesen Provinzen kamen ebenfalls in den Fiscus; dazu traten vertragliche Zahlungen aus Königreichen und Fürstentümern, über die Rom ein Protektorat besaß. Einige weitere Einkünfte, die bisher an das *aerarium Saturni*, die alte Staatskasse, gegangen waren und die vor allem die Besoldung der Truppen betrafen, hatte sich der Kaiser vom Senat abtreten lassen, da mit dem Oberbefehl über sämtliche Truppen auch die Leistung des Solds und aller Kriegsausgaben verbunden war.

Es zeigte sich im Lauf seiner Regierung, daß die Militärausgaben weiterhin hoch blieben, so daß neue Einnahmequellen erschlossen werden mußten. Zu diesem Zweck gründete der Kaiser 6 n. Chr. eine weitere Staatskasse, das *aerarium militare*, und legte aus seinem Privatvermögen ein Anfangskapital von 170 Millionen Sesterzen ein. Sie diente vor allem der Versorgung der entlassenen Berufssoldaten. Die Kasse wurde aus einer neu eingeführten Steuerart gespeist, nämlich der fünfprozentigen Erbschaftsteuer, *vicesima hereditatum.* Ihr waren nur römische Bürger unterworfen, nicht die Provinzbewohner. Anfangs wurde der Senat an der Verwaltung des *aerarium militare* beteiligt, später ging die Verfügung ganz auf den Kaiser über.

Die Neuregelung der Reichsfinanzen begründete die überragende Machtstellung des Princeps; er hatte nicht nur den Oberbefehl über das Heer, sondern verfügte auch als einziger über die Mittel, es zu bezahlen. So einschneidend die Änderungen erscheinen mögen, im Kernland des Reichs, in Italien, waren sie kaum zu bemerken. Der Boden Italiens blieb grundsteuerfrei, die Zuständigkeit der alten Staatskasse, des *aerarium Saturni*, blieb hier bestehen. Der Kaiser hatte daher keine Schwierigkeiten, die Neuregelung der Reichsfinanzen gegenüber der führenden Gesellschaftsschicht Roms politisch durchzusetzen.

Zu Beginn der Kaiserzeit waren viele Provinzen durch die vorangegangenen Auspressungen wirtschaftlich so heruntergekommen, daß sie die auferlegten Steuerzahlungen nicht leisten konnten. Der Princeps nahm nunmehr die Provinzverwaltung unter strengere Aufsicht. Für alle Provinzen wurden besondere Außenstellen des Fiscus als Finanzämter geschaffen. Sie überwachten die Steuerveranlagung und den Einzug der Abgaben. Die Verpachtung der Steuern an Steuerpächter – *publicani* – hörte noch nicht ganz auf. In der Finanzverwaltung wurde nur wenig Personal eingesetzt, so daß der Staat in einigen Provinzen auf die Dienstleistungen der Pächter angewiesen blieb. Sie wurden aber besser überwacht. Angestellte der Zollpächter sind aus der frühen Kaiserzeit in der Gestalt der verhaßten «Zöllner» des Neuen Testaments bekannt.

Der Saturntempel beim Forum Romanum; im Unterbau des Tempels wurde der Staatsschatz (aerarium Saturni) *aufbewahrt.*

Vor allem aber erschien es dem Kaiser notwendig, die steuerliche Leistungsfähigkeit der Provinzen neu festzustellen, um durch eine gerechtere Verteilung der Lasten letztlich höhere Abgaben zu erzielen. Das geschah durch den Provinzcensus, eine grundsätzliche Steuerveranlagung. Dem ersten Census einer Provinz gingen umfangreiche Vorarbeiten voraus. Die ganze Provinz wurde kartographisch aufgenommen, die Lage der Städte, Straßen und Flüsse bestimmt. Sodann wurde jede Stadtgemeinde mit ihrem Landgebiet genau vermessen. Ein Kataster mit Eintragung der Grundstücksgrenzen, der Angaben über die Eigentümer und andere steuerwichtige Informationen enthielt, wurde von jeder Stadt des Reichs geführt. Ein solcher in Stein gehauener Katasterplan für die gallische Stadt Arausio – heute Orange – ist gefunden worden. Die Städte hatten ebenfalls Interesse an dem Kataster, denn er erleichterte auch die Festsetzung der Kommunalsteuern.

Dann folgte der eigentliche Census, der bisweilen vom Kaiser selbst, sonst aber vom Statthalter geleitet wurde. Der Statthalter hatte dabei mit dem Beauftragten – dem *procurator* – des Fiscus zusammenzuarbeiten, der das für die Provinz zuständige Finanzamt – das *tabularium* – leitete. Ähnlich wie bei dem schon geschilderten Census in Rom ging es darum, die Anzahl, den Rechtsstand und das Vermögen der Provinzbewohner festzustellen. Jeder Provinzbewohner hatte am festgesetzten Tag bei der Behörde seiner Heimatgemeinde zu erscheinen und dort die *professio* abzugeben. Wir kennen den Vorgang aus der Weihnachtsgeschichte im Neuen Testament, Lukas 2.

Der Provinzcensus wiederholte sich später in unregelmäßigen, relativ großen Abständen von etwa 20 bis 30 Jahren. Wegen der langen Zeitabstände bedeutete der Census einen erheblichen Eingriff in die Vermögensverhältnisse vieler Provinzbewohner. Es kam mitunter zu Spannungen, ja sogar zum Einsatz von Truppen. Allerdings konnten die Finanzbehörden bei allen späteren Schätzungen auf die vorhandenen Unterlagen der Gemeinden zurückgreifen, die nur zu kontrollieren waren. Die Steuerunterlagen der Provinz wurden im zuständigen Finanzamt abgelegt. Für die drei Provinzen Gallia Belgica, Germania Superior und Germania Inferior, die sich einst teilweise nach Westdeutschland hinein erstreckten, gab es ein gemeinsames *tabularium* in Trier, an dessen Spitze der kaiserliche Finanzprokurator stand. Große Teile der römischen Provinz Raetia lagen in Süddeutschland; das *tabularium* dieser Provinz befand sich in der Provinzhauptstadt *Augusta Vindelicorum*, heute Augsburg.

Die wichtigste Steuer der Provinzen war die Grundsteuer. Im Durchschnitt lag sie bei einem Zehntel des Ertrages. In manchen Provinzen gab es jedoch andere Hebesätze und besondere Besteuerungsformen, etwa nach der Anzahl von Weinstöcken oder Fruchtbäumen. Auch wurden sonstige Immobilien, das bewegliche Inventar einschließlich der Sklaven und das Geldvermögen besteuert. Schließlich gab es eine für jeden Provinzbewohner gleiche Kopfsteuer, das *tributum capitis*. Die Zahlungstermine für die Steuer fielen wahrscheinlich auf den 1. 9. (Beginn des Steuerjahrs), 1. 1. und 1. 5. des Jahres. – In den Aufgabenbereich des Finanzprokurators gehörte auch der Einzug indirekter Steuern, nämlich einer Umsatzsteuer von einem Prozent, *centesima rerum venalium*, einer besonderen Umsatzsteuer für den Sklavenhandel von vier Prozent, *vicesima quinta venalium mancipiorum* sowie der Sklavenfreilassungssteuer von fünf Prozent, *vicesima libertatis.*

Das Netz der staatlichen Finanzämter war allerdings sehr weitmaschig, ihr Personalbestand gering. Diese Ämter haben keineswegs die Steuern direkt eingezogen oder gar Jahr für Jahr die Steuerkonten der Provinzbewohner einzeln geführt. Das überließen sie den Gemeinden. Durch den Census erhielt die Finanzbehörde die Möglichkeit, das Steueraufkommen einer Gemeinde pauschal abzuschätzen. Diese Summe mußte die Gemeinde dann von ihren Bürgern einziehen und insgesamt abliefern. Die Magistrate und Ratsherren der Gemeinden hafteten persönlich für den Eingang der festgesetzten Summen. In der späten Kaiserzeit wurde dieses System des Steuereinzugs drückend und führte dazu, daß niemand mehr freiwillig Stadtrat oder Bürgermeister werden wollte. Das hatte einen Niedergang städtischer Lebensformen zur Folge. Davon war die frühe Kaiserzeit jedoch noch weit entfernt.

Die Vielfalt der Steuern war beachtlich und mutet fast modern an. Dennoch war die Steuerbelastung um ganze Größenordnungen niedriger als heute. Leider sind aus der Antike keine vollständigen Übersichten über den Staatshaushalt und die Besteuerung erhalten, obgleich es sie selbstverständlich gegeben hat; der römische Historiker Cassius Dio überliefert, Kaiser Augustus habe in seinem politischen Testament «die Kosten der Armee, die Staatseinnahmen und die Staatsausgaben» detailliert angegeben. Doch hat die heutige historische Wissenschaft den Haushalt des Römerreiches mit Hilfe von Detailangaben der antiken Quellen ungefähr abschätzen können. Er hatte ein Jahresvolumen von ungefähr einer Milliarde Sesterzen. Diese Steuereinnahmen wurden von einer Reichsbevölkerung aufgebracht, deren Anzahl in der frühen Kaiserzeit etwas über 60 Millionen gelegen haben dürfte. Das bedeutet eine Zahlung von durchschnittlich rund 15 Sesterzen pro Kopf und Jahr.

Geldwertvergleiche zwischen dem heutigen und dem antiken Geld sind sehr gewagt. Es gibt nämlich keinen vergleichbaren «Warenkorb». Ein Römer konnte mit seinem Geld Waren oder andere Werte erwerben, die man für unser Geld nicht bekommt, z. B. Sklaven; andererseits können wir Waren kaufen, die damals nicht existierten, etwa Autos. Einen weit größeren Teil des antiken «Warenkorbes» als es heute üblich ist, nahmen Ausgaben für Lebensmittel ein, die relativ zum Arbeitslohn weit teurer waren als heute. Unter diesem Vorbehalt sei eine Zahl genannt: ein Modius ungemahlener Weizen, das heißt 6,5 kg, kostete im langjährigen Durchschnitt etwa 3 Sesterzen. Mit den durchschnittlichen Jahressteuern eines Reichsbewohners hätte man nur knapp 40 kg Weizen erwerben können!

Das für heutige Menschen überraschend geringe Steueraufkommen des Römerreichs erklärt sich daraus, daß die damalige Wirtschaft zum allergrößten Teil eine Agrarwirtschaft war. Über 80 Prozent der Bevölkerung lebte und arbeitete auf dem Land, zum Teil unter außerordentlich primitiven Bedingungen. Es gab weite Landstriche, in denen die Landwirtschaft kaum mehr brachte als den eigenen Lebensunterhalt der Bevölkerung. Für diese Menschen war auch eine niedrige Besteuerung drückend, und geringe Steuererhöhungen konnten schwere Unruhen auslösen. Allerdings waren nicht alle Zweige der römischen Landwirtschaft so primitiv. Es gab landwirtschaftliche Lehrbücher, die zum Teil noch erhalten sind, und nach ihren Vorschriften planvoll betriebene Landgüter, die dann auch einen hohen Anteil des Steueraufkommens einbrachten. Solche Landgüter befanden sich zunächst nur in Italien und in jenen Provinzen des Mittelmeerraumes, die einem alten Kulturgebiet angehörten.

Anders sah es in der frühen Kaiserzeit in den nördlichen Provinzen des Reichs aus: Die herkömmliche Landwirtschaft der Kelten Galliens oder auch der Germanen in den Rheinprovinzen erbrachte nur geringe Überschüsse. Hier hat die Steuer einen Zwang zur Entwicklung ausgeübt. Da die Bevölkerung die Steuern in Geld zahlen mußte, war sie gezwungen, Überschüsse zu verkaufen. Das ermöglichte in vielen Gegenden überhaupt erst die Entstehung von Städten. Damit wuchs die Arbeitsteilung; das städtische Handwerk bot seinerseits Güter an, etwa qualitätvolle Eisenwerkzeuge und Geräte, die wiederum der Landwirtschaft zugute kamen und zur Steigerung der Erträge führten.

Ein anderer Aspekt ist die gesellschaftliche Auswirkung des römischen Steuersystems. Die römische Steuer kannte noch keine Progression; diese ist erst eine Erfindung der Neuzeit. Bei der Steuerfestsetzung spielten die Gemeindebehörden eine wichtige Rolle, weil der Staat wegen des geringen Steueraufkommens nur wenig sachkundiges Personal zur Festsetzung und Überwachung der Steuerzahlung bezahlen konnte. Die Gemeindebehörden wurden von der lokalen Oberschicht beherrscht, die in manchen Fällen versucht hat, die für die Gemeinde pauschal festgesetzten Steuern nach Möglichkeit auf die einfachen Volksschichten abzuwälzen. Derartige Mißstände konnten nicht immer vom Staat verhindert werden; selbst Übergriffe der Statthalter oder höherer Steuerbeamter sind aus Standesrücksichten bisweilen ungeahndet geblieben. Diese Mißstände brachten mitunter statt der heutigen Steuerprogression eine Steuerdegression. Das

Zahlung von Abgaben; römische Stele aus dem 2. Jahrhundert n. Chr.

erleichterte die Ansammlung großer Privatvermögen und verminderte die Durchlässigkeit der Gesellschaft.

Die Kaiserzeit hat den meisten Provinzen einen lange andauernden Frieden, die *pax Romana*, geschenkt. Dazu trat eine im Grunde maßvolle Besteuerung. Beide Faktoren bewirkten eine für damalige Verhältnisse hohe wirtschaftliche Blüte und eine über Jahrhunderte anhaltende politische Stabilität des Kaiserreichs. Der Lebensstandard selbst einfacher Leute hob sich in den nördlichen Provinzen des Imperiums weit über das Niveau, das in der vorrömischen Epoche geherrscht hatte.

Es war auch nicht so, daß die Provinzen einseitig zugunsten der Stadt Rom oder Italiens ausgesaugt worden wären. Den größten Einzelposten des Haushalts bildeten nämlich die Militärausgaben. Sie dürften in der Größenordnung von 400 Millionen Sesterzen jährlich gelegen haben und nahmen damit fast die Hälfte des Haushalts ein. Nahezu das gesamte Heer lag aber in den Grenzprovinzen; in Italien gab es nur die Kaisergarde in Rom und zwei Flottenverbände in Ravenna und Misenum. Das Römerreich besaß einen inneren Kranz von relativ reichen Provinzen, die mehr Steuern aufbrachten als verbrauchten. Sie wurden von dem äußeren Kranz der Grenzprovinzen eingerahmt, in die die hohen Verteidigungsmittel flossen. An der römischen Rheingrenze hat dieser Geldzufluß zu einer raschen und dauerhaften Urbanisierung geführt. Beispiele sind die Städte Köln und Mainz, die von den Römern schon in der frühen Kaiserzeit aus militärischen Rücksichten gegründet wurden. Im Inneren des Reichs lag das bevorzugte Italien, das mehr Steuern verbrauchte als aufbrachte, denn es war noch immer von der Grundsteuer befreit und erhielt die hohen Aufwendungen für die kaiserliche Verwaltung und Hofhaltung.

Steuern und Fremdherrschaft

Judäa zur Zeit Jesu

Von Klaus Bringmann

Nachdem Jesus am Palmsonntag seinen triumphalen Einzug in Jerusalem gehalten hatte, faßte die Obrigkeit des jüdischen Tempelstaates den Plan, ihn mit einer brisanten Frage zu Fall zu bringen: Ob es denn erlaubt sei, dem römischen Kaiser Steuern zu zahlen. So berichten die Evangelisten Markus, Matthäus und Lukas.[1] Ungeschickt ausgelegt war die Falle nicht. Judäa war römische Provinz, und der römische Kaiser erhob hier wie in allen anderen Provinzen Steuern und Zölle. Die Frage: «Ist es erlaubt, dem Kaiser Steuern zu zahlen?» war vom römischen Standpunkt aus betrachtet eine offene Provokation. Jeder Untertan war bei Androhung strenger Strafe verpflichtet, die vorgeschriebenen Abgaben zu leisten. Hätte also Jesus die ihm gestellte Frage verneint, wäre er verloren gewesen. Die jüdischen Behörden hätten ihn als Aufwiegler und Steuerverweigerer festnehmen und dem römischen Statthalter vorführen können. Wie Lukas ausdrücklich sagt, hatten sie ihm in dieser Absicht die gefährliche Frage stellen lassen: «Und sie belauerten ihn und schickten Aufpasser aus, die so taten, als ob sie Gerechte wären, um ihn bei seinem Wort zu fassen, so daß sie ihn der Obrigkeit und der Gewalt des Statthalters ausliefern könnten.»

Aus jüdischem Blickwinkel war die Frage damals ebenso aktuell wie umstritten. Steuern erheben bedeutete die Ausübung eines Herrschaftsrechts, Steuern zahlen aber hieß sich fremder Herrschaft unterwerfen. Die Juden waren das Auserwählte Volk Gottes, und das Land, das sie bewohnten, war Gottes Land. Sollten sie dennoch die Herrschaft des heidnischen Kaisers anerkennen und ihm Abgaben leisten? Wer der Auffassung war, daß es dem Auserwählten Volk nicht gestattet sei, zwei Herren, Gott und dem Kaiser, zu dienen, mußte die Frage unmißverständlich verneinen. Wenn also Jesus die ihm gestellte Frage bejaht hätte, hätte er es mit allen verdorben, die es, aus welchen Gründen auch immer, ablehnten, dem römischen Kaiser Steuern zu zahlen. Nie und nimmer hätte das Volk in dem loyalen Untertanen des heidnischen Fremdherrschers den erhofften Messias erblicken können, der nach populärer Erwartung das Joch der Heiden zerbrechen und die Herrschaft des Gottesvolkes errichten sollte.

Freilich hatte das Heilige Land, von Zeiten einer prekären Unabhängigkeit abgesehen, eine Fremdherrschaft nach der anderen ertragen müssen. Alle fremden Oberherren, die Könige Assyriens und Babylons, die persischen Großkönige, Alexander der Große und seine Nachfolger, schließlich die Römer, erhoben von dem unterworfenen Land Abgaben. Wie war es da überhaupt möglich, die Erfahrung vieler Jahrhunderte mit der Verheißung Gottes in Einklang zu bringen, die lautete: «Geschworen hat Jahwe bei seiner Rechten und bei seinem starken Arm: Nie wieder gebe ich Dein Getreide Deinen Feinden zur Speise, noch sollen Fremde Deinen Most trinken, um den Du Dich abgemüht hast. Denn die es geerntet haben, sollen es essen und Jahwe preisen, und die eingesammelt haben, sollen ihn trinken in meinen heiligen Vorhöfen.»[2]

Wer dem Unbegreiflichen einen Sinn abgewinnen wollte, mochte sich mit dem Gedanken trösten, daß Gott sein Volk für seine Sünden und seinen Ungehorsam straft, indem er es der Herrschaft der Heiden preisgibt, und er mochte daraus die praktische Folgerung ableiten, daß der Fromme sich unter ihr Joch beugen müsse, bis Gott es von seinem Volk nehmen werde. Auf diese Weise konnte er an dem Glauben an die Allmacht und Gerechtigkeit Gottes festhalten und sich dennoch mit der Last der Fremdherrschaft abfinden. Aber zur Zeit Jesu war es keineswegs selbstverständlich, so zu denken. Damals gewann eine Lehre an Einfluß, die die passive Ergebung in die Fremdherrschaft verwarf. Der springende Punkt, um den es ihren Anhängern ging, war die Steuerfrage. In ihren Augen war es Ungehorsam gegen Gott, dem römischen Kaiser Steuern zu zahlen, und es gab Leute, die mit ihrer Überzeugung ernst machten. Sie lehnten es ab, sich in den Steuerlisten registrieren zu lassen, und verweigerten jegliche Steuerzahlung. Eher nahmen sie Tod und Verfolgung auf sich. Sie zogen sich in die Wüste zurück und eröffneten einen zähen Partisanenkrieg. Zeloten nannten sie sich, das heißt «Eiferer», und sie machten ihrem Namen alle Ehre.[3]

Ihre endgültige Ausprägung scheint diese folgenreiche Lehre gefunden zu haben, als die Römer im Jahre 6 n. Chr. die Provinz Judäa einrichteten. Damals ist in Judäa zum ersten Mal der römische Provinzialzensus erhoben worden: Es handelte sich um eine Volkszählung, die mit der Registrierung aller steuerpflichtigen Vermögenswerte verbunden war. Es ist dieser Zensus des Jahres 6 n. Chr., von dem das Weihnachtsevangelium des Lukas seinen Anfang nimmt: «Es geschah aber in jenen Tagen, daß ein Erlaß von Kaiser Augustus ausging, daß die ganze Welt geschätzt werde. Diese Schätzung war die erste und fand statt, als Quirinius Statthalter von Syrien war.»[4]

Der Provinzialzensus bildete die Grundlage der direkten Besteue-

Kaiser Augustus erläßt das Edikt, das ganze Reichsgebiet zu schätzen (oben), Joseph und Maria ziehen deshalb nach Bethlehem (unten); Illustration aus dem Perikopenbuch Kaiser Heinrichs II., Kloster Reichenau um 1010.

rung der Untertanen. Jeder Familienvater war verpflichtet, alle Personen seines Haushalts sowie sein ganzes mobiles und immobiles Vermögen den lokalen Beauftragten des römischen Statthalters anzugeben.

Was die Zensuserhebung für die Betroffenen bedeutete, läßt sich an den Vorschriften über die Steuererklärung ermessen, die der römische Jurist Ulpian in sein Werk über den Zensus aufgenommen hat. Es heißt dort:

«In der Zensusformel ist vorgesehen, daß Landbesitz folgendermaßen für die Erhebung des Zensus angegeben wird:

- Name des einzelnen Hofes: in welcher Gemeinde und in welcher Flur er liegt und welches die beiden nächsten Nachbarn sind
- Ackerland, das in den kommenden zehn Jahren besät wird: wie viele Morgen
- Weinberge: wieviele Weinstöcke angepflanzt sind
- Ölbaumpflanzungen: wieviele Morgen und wieviele Bäume sie umfassen
- Wiese, die in den kommenden zehn Jahren gemäht wird: wie viele Morgen
- Weide: wieviele Morgen nach überschlägiger Rechnung
- ebenso Wälder mit schlagfähigem Bestand.

Der Meldepflichtige muß alles selber einschätzen.»[5]

Die Steuererklärung diente, wie aus dem Formular hervorgeht, der genauen Erfassung der Ertragsfähigkeit des landwirtschaftlich genutzten Bodens. Freilich konnte die Belastbarkeit des einzelnen Steuerpflichtigen aus verschiedenen Ursachen, beispielsweise wegen eines Baumsterbens oder wegen Naturkatastrophen, gemindert sein. Deshalb erging Anweisung an die mit der Zensuserhebung Beauftragten, entsprechend der Ertragsminderung Steuerbefreiung zu gewähren. Ulpian bemerkt dazu:

«Wer den Zensus erhebt, muß nach dem Gesichtspunkt der Billigkeit berücksichtigen, daß es seiner Pflicht entspricht, Erleichterung demjenigen zu gewähren, der aus bestimmten Gründen nicht Ertrag aus dem gesamten Umfang seines in die öffentlichen Verzeichnisse aufgenommenen landwirtschaftlichen Besitzes ziehen kann. Wenn also ein Teil des Feldes durch einen Erdrutsch verlorengegangen ist, soll er insoweit durch den mit der Zensuserhebung Beauftragten von der Besteuerung befreit werden. Wenn Weinstöcke abgestorben oder Ölbäume verdorrt sind, ist es unbillig, die betreffende Anzahl mit in den Zensus aufzunehmen. Wenn aber jemand Ölbäume oder Weinstöcke ausrodet, muß er gleichwohl die betreffende Anzahl in seiner Steuererklärung mit angeben – es sei denn, er führt dem mit der Zensuserhebung Beauftragten einen triftigen Grund für das Ausroden an ...»[6]

Bei der Abgabe der Steuererklärung mußten auch Geschlecht und Lebensalter aller zur Familie gehörenden Personen angegeben werden. Denn eine Personalsteuer, die sogenannte Kopfsteuer, wurde innerhalb bestimmter, nach dem Geschlecht differierender Altersgrenzen erhoben. Dazu heißt es bei Ulpian: «Das Lebensalter bei der Zensuserhebung anzugeben ist notwendig, da das Alter einem bestimmten Personenkreis Befreiung von Besteuerung gewährt: So sind beispielsweise in Syrien Männer vom vierzehnten bis zum fünfundsechzigsten Lebensjahr, Frauen vom zwölften bis zum fünfundsechzigsten der Kopfsteuer unterworfen.»[7]

Der Provinzialzensus diente nicht nur der genauen Erfassung der Steuerkraft, er sicherte zugleich ein gewisses Maß an Steuergerechtigkeit, denn es war dafür gesorgt, daß die Steuerlast des einzelnen seiner wirtschaftlichen Leistungsfähigkeit entsprach. Freilich ist sofort eine wichtige Einschränkung zu machen: Das Steuersystem kannte nicht das Prinzip, daß hohe Einkommen mit einer prozentual höheren Abgabenquote belastet werden können als niedrige. Die Besteuerung war also, in moderner Terminologie ausgedrückt, nicht progressiv, sondern linear, und schon deshalb traf sie die Masse der bäuerlichen Bevölkerung Judäas unvergleichlich härter als die kleine Schicht der Wohlhabenden.

Der Provinzialzensus lieferte die Berechnungsgrundlage für die direkte Besteuerung. Diese gliederte sich in zwei Steuerarten: in die Grundsteuer (lat. *tributum soli*) und in die Kopfsteuer (lat. *tributum capitis*). Bei der ersten handelte es sich um eine Einkommensteuer, die auf landwirtschaftlich genutzten Besitz gelegt wurde, bei der zweiten um eine Abgabe, die der einzelnen steuerpflichtigen Person auferlegt wurde. Wie sie kalkuliert war, ist nicht völlig geklärt. Vermutlich kombinierte sie einen niedrigen Grundbetrag mit einer Abgabe, die auf das nichtlandwirtschaftliche Vermögen des Steuerpflichtigen erhoben wurde.[8]

Wie hoch die Besteuerung war, ist eine schwer zu beantwortende Frage. Einheitlich war sie im Römischen Reich damals nicht. Die Römer knüpften auch in dieser Hinsicht nach Möglichkeit an lokale Traditionen an. In Ägypten, Syrien und Palästina waren Steuersystem und Abgabenhöhe ein Erbe der griechischen Herrschaft, die durch die makedonischen Dynastien der Ptolemäer und der Seleukiden ausgeübt worden war. Welcher Anteil vom landwirtschaftlichen Ertrag Judäas von den römischen Oberherren zur Zeit Jesu abgeschöpft wurde, ist nicht überliefert. Aber wir besitzen den Text eines Erlasses Caesars, in dem festgelegt wurde, daß Judäa (das Land war schon damals, obwohl es noch keine römische Provinz war, tributpflichtig) ein Viertel des Ernteertrags abzuführen habe.[9] Mit Rücksicht auf das jüdische Religionsgesetz, die Thora, wurde diese Abgabe freilich in jedem siebenten Jahr erlassen, da die Juden im Sabbatjahr weder säen noch ernten durften. – Was die Kopfsteuer anbelangt, so überliefert ein griechischer Historiker des zweiten Jahrhunderts n. Chr., daß in

Syrien (nichtlandwirtschaftliche) Vermögen mit einer jährlichen Abgabe von einem Prozent des geschätzten Wertes belastet wurden.[10] Der Sockelbetrag, der jedes Jahr für die einzelne kopfsteuerpflichtige Person entrichtet werden mußte, betrug in Judäa vielleicht einen Denar bzw. den Gegenwert dieser römischen Silbermünze (ihr Gewicht schwankte damals um 3,7 g). Die Kopfsteuer wurde in Geld bezahlt, die auf Landbesitz erhobene Grundsteuer je nach Tradition und Umständen in Geld oder in Naturalien.

Aufs Ganze gesehen war die vom landwirtschaftlichen Ertrag erhobene Abgabe das Rückgrat der direkten Besteuerung Judäas. Sie war es deshalb, weil die agrarische Produktion in der damaligen Volkswirtschaft den größten Teil aller geschaffenen Werte hervorbrachte. So trug die bäuerliche Bevölkerung die Hauptlast der direkten Besteuerung der Provinz. Hinzu traten noch Zölle und indirekte Abgaben. An den Grenzen Judäas wurden Einfuhr- und Ausfuhrzölle erhoben, und in Jerusalem, dem Zentrum des Landes, wurde eine Marktabgabe gefordert.[11] Alle diese indirekten Abgaben wurden von Pächtern, den vielberufenen Zöllnern und Sündern des Neuen Testaments, eingezogen. Die tiefe Abneigung, die ihnen in Judäa entgegengebracht wurde, war zumindest teilweise im System begründet. Der römische Staat verpachtete den Einzug der Zölle und indirekten Abgaben gegen Zahlung einer Pauschale. Er ersparte sich auf diese Weise die kostspielige Unterhaltung eines Zoll- und Steuerpersonals, und er konnte auf der Einnahmenseite immer mit einer festen, im voraus zahlbaren Summe rechnen. Dafür überließ er es den Steuerpächtern, durch Einzug der einzelnen Abgaben die Kosten für die an den Staat gezahlte Pauschale und für das Zollpersonal zu decken und einen angemessenen Gewinn zu erzielen. Die Erhebung der indirekten Abgaben war also eng mit privaten Gewinninteressen verknüpft. Hauptpächter, Pächter, Subalternpersonal – alle wollten auf ihre Kosten kommen, und so läßt sich unschwer ermessen, wie unerbittlich und unberechenbar es bei der Eintreibung der Abgaben zugehen konnte.

Alles in allem gerechnet war die Steuerlast in Syrien und in Judäa schwer und drückend. Der römische Historiker Tacitus berichtet, daß im Jahre 19 n. Chr. Abgesandte der beiden Provinzen nach Rom kamen und um eine Verminderung der Abgaben baten.[12] Ob diesem Gesuch entsprochen wurde, überliefert er nicht. Immerhin ist bekannt, daß im Jahre 36 n. Chr. der Statthalter von Syrien, Lucius Vitellius, wenigstens die in Jerusalem erhobene Marktsteuer abschaffte.[13]

Was Judäa anbelangt, so ist zu bedenken, daß das Land eine doppelte Last trug. Das zentrale Heiligtum in Jerusalem, die priesterliche

Aristokratie und das gesamte Kultpersonal, die Priester und Leviten, wurden von den Abgaben des Volkes unterhalten. So hatte es Nehemia als Beauftragter des persischen Großkönigs im fünften Jahrhundert v. Chr. festgesetzt. Seitdem bildete die komplizierte Abgabenordnung, das materielle Fundament des jüdischen Tempelstaates, einen Teil des Religionsgesetzes.[14] Jeder Jude war zur Zeit Jesu verpflichtet, jährlich eine Doppeldrachme, nach phönikischem Währungssystem einen Halbschekel, zur Finanzierung des Opferdienstes im Tempel beizusteuern. Für die Leviten wurde von der Ernte der sogenannte Zehnte erhoben. Hinzu kamen zahlreiche Natural- und Geldabgaben für die Priester. Als Nehemia, Statthalter des persischen Großkönigs Artaxerxes I., das ganze Volk auf das «Gesetz des Himmelsgottes» verpflichtete, hatte es unter anderem gelobt: «Ferner bringen wir jährlich zum Haus des Herrn die ersten Erträge unserer Felder und die ersten Erträge aller Baumfrüchte, unsere erstgeborenen Söhne[15] und die ersten Jungen unseres Viehs, wie es im Gesetz vorgeschrieben ist. Die ersten Jungen unserer Rinder und Schafe bringen wir zum Haus unseres Gottes für die Priester, die im Haus unseres Gottes Dienst tun. Den Erstanteil von unserem Brotteig und von den Früchten aller Bäume sowie von Wein und Öl bringen wir für die Priester in die Kammern des Hauses unseres Gottes. Den Leviten geben wir den Zehnten vom Ertrag unseres Bodens.»[16]

Im großen und ganzen lief also die Abgabenordnung des Religionsgesetzes auf die Erhebung einer Bodenertrag- und einer Kopfsteuer hinaus. Sie war insoweit den Steuersystemen der fremden Oberherren vergleichbar, und es ist demgegenüber von zweitrangiger Bedeutung, daß das – übrigens stark naturalwirtschaftlich ausgerichtete – Abgabensystem, vom Standpunkt profaner Rationalität aus betrachtet, zugleich primitiver und komplizierter erscheint als das des römischen Kaisers.

Mit anderen Worten: Das jüdische Volk, allen anderen voran die bäuerliche Bevölkerung, trug eine doppelte Steuerlast. Es unterhielt mit seinen Abgaben den jüdischen Tempelstaat, den Opferdienst, die hohepriesterliche Aristokratie sowie den Priester- und Levitenstand. Aber es trug nicht nur die Kosten der theokratischen Ordnung gemäß den Bestimmungen des Religionsgesetzes, es mußte auch für die Kosten der Fremdherrschaft aufkommen. Man wird kaum fehlgehen mit der Annahme, daß durch diese Doppelbesteuerung allein vom landwirtschaftlichen Ertrag des Landes mindestens ein Drittel abgeschöpft wurde.

Viele Bauern – ob sie als Eigentümer oder als Pächter ihr Stück Land bearbeiteten – waren verschuldet und lebten am Rande des Existenzminimums.[17] Als letztes Mittel, der Exekution des harten

Schuldrechts zu entgehen, blieb in vielen Fällen nur die Flucht in die Wüste oder in das unwegsame Bergland. Bezeichnenderweise wurden zu Beginn des Großen Aufstandes im Jahre 66 n. Chr. die Schuldregister verbrannt,[18] und schon vorher waren die Steuerzahlungen an den römischen Kaiser weitgehend eingestellt worden.[19] Nicht einmal die Zahlung der Tempelsteuer scheint, nach jüdischen Quellen zu urteilen, von der Abgabenverweigerung ausgespart geblieben zu sein.[20]

Immerhin machte es einen großen Unterschied, ob dem Gesetz des Allerhöchsten oder dem Gebot eines fremden Oberherrn Gehorsam geleistet werden mußte. Der römische Kaiser war freilich nicht nur Fremdherrscher, er war, wie seine Vorgänger auch, ein Heide und Götzenanbeter. So war seine Herrschaft ein doppeltes Ärgernis, und es mochte den Radikalen mehr als fragwürdig erscheinen, ob man sich denn mit der Lehre der Resignation abzufinden habe, derzufolge das Joch der Heiden eine Strafe Gottes sei und der Fromme sich in das von Gott verhängte Schicksal beugen müsse. Die zelotischen Eiferer wenigstens verwarfen sie, und sie zogen die entgegengesetzte theologisch-politische Schlußfolgerung: Verewigte nicht die passive Hinnahme der heidnischen Fremdherrschaft das Unglück des Volkes und verhinderte sie nicht das Kommen des ersehnten Gottesreiches? Und stand nicht schon die bei der Zensuserhebung durchgeführte Volkszählung in Widerspruch zum Willen Gottes? Der Gott der Väter hatte sie sich selber vorbehalten. Schon König David war bestraft worden, weil er eigenmächtig eine Zählung des Volkes veranstaltet hatte,[21] und der Prophet Hosea hatte verkündet: «Die Zahl der Israeliten wird dem Sand am Meere gleichen, den man nicht zählt.»[22]

Ebenso anstößig waren auch die Vermessung und Bewertung des Bodens durch die Beauftragten des römischen Statthalters. Das Heilige Land war ja das Erbteil und das Eigentum Gottes, und der Herr hatte gesagt: «Dies Land ist mein.»[23]

Fraglos bildete die schwere Steuerlast, unter der das Volk zu leiden hatte, den rechten Nährboden für die Lehren der zelotischen Oppositionstheologie. Die Begründer der frommen Widerstandslehre, Judas von Gamala aus Galiläa und ein Pharisäer namens Zaddok, haben im Jahre 6 n. Chr. dem Gedanken die Tat folgen lassen und der Einführung des römischen Zensus Widerstand entgegengesetzt.[24]

Es darf auch nicht übersehen werden, daß die «Eiferer» ihre Forderung nach Widerstand und Steuerverweigerung auf ein berühmtes historisches Vorbild stützen konnten: den Makkabäeraufstand des zweiten Jahrhunderts v. Chr.[25] Auch damals hatte das jüdische Volk unter dem Steuerdruck einer heidnischen Fremdherrschaft gelitten. Dem damaligen Oberherrn Judäas, König Antiochos IV. aus der Dynastie der Seleukiden (175–164 v. Chr.), war es unter Ausnutzung innerjüdischer Konflikte gelungen, den Tribut Judäas innerhalb von drei Jahren um rund 150 Prozent zu steigern.[26]

Dieser Tribut war eine Pauschale, die der Hohepriester des jüdischen Tempelstaates dem König zahlte und die er in eigener Verantwortung von den einzelnen Steuerpflichtigen einzog. Entsprechend der Höhe des Tributs war die Besteuerung umfassend und drückend. Auch damals war der landwirtschaftliche Ertrag des Landes mit hohen Abgaben belastet, und ebenso wie zur Zeit der römischen Herrschaft trat der Bodensteuer die Kopfsteuer zur Seite. Hinzu kamen andere Abgaben: die Salzsteuer, das sogenannte Kranzgeld, das ursprünglich für das Ehrengeschenk eines Goldenen Kranzes erhoben, dann aber in eine ständige Abgabe umgewandelt worden war, sowie Zölle und Verkaufsteuern. Selbst die Abgaben, die die Priester nach dem jüdischen Religionsgesetz empfingen, waren mit einer Pauschalsteuer in Höhe von 5000 Silberschekeln (das Gewicht des phönikischen Schekels schwankt um 13,8 g) belastet.[27]

Ein Brief des seleukidischen Königs Demetrios I. aus dem Jahre 153 v. Chr. belegt, bis zu welcher Höhe die Bodenertragsabgabe Judäas emporgetrieben worden war. Weil der König im Kampf mit einem Kronprätendenten sich jüdischer Unterstützung versichern wollte, bot er ihnen unter anderem den Erlaß von Steuern und Abgaben an: «Dazu befreie ich Euch jetzt und entbinde alle Juden von den Steuern, auch von der Salz- und der Kranzsteuer. Ebenso verzichte ich von heute an für alle Zeit auf den dritten Teil der Feldfrüchte und die Hälfte der Baumfrüchte, die zu erheben mir zusteht, vom Lande Judäa und von den drei Bezirken, die diesem vom Lande Samaria angeschlossen wurden.»[28]

Welche Belastung allein die Abgabe von einem Drittel der Getreideernte bedeutete, mag man ermessen, wenn man die Abgabenquote in Beziehung zu den geringen Durchschnittserträgen der Zeit setzt: geerntet wurde in der Regel etwa das Fünffache der Aussaat.[29] An der exzessiven Besteuerung trugen die jüdischen Hohenpriester jener Zeit erhebliche Mitschuld. Im Jahre 172 hatte ein Priester namens Menelaos König Antiochos IV. für die Übertragung der hohepriesterlichen Würde eine Erhöhung des Tributs um rund 66 Prozent versprochen.[30] Aber er konnte die benötigten Geldsummen nicht aus dem Steueraufkommen des Landes zusammenbringen. In seiner Verlegenheit vergriff er sich am Tempelschatz und leistete seinerseits Beihilfe, als der immer geldbedürftige König im Jahre 169 v. Chr. den Tempel plünderte.

Damit war der Weg in die Katastrophe vorprogrammiert. Aufstände in Jerusalem waren die Folge des Tempelraubs. Schließlich reagierte der König auf Anraten des Hohenpriesters mit dem Verbot des jüdischen Kultes und mit der Aufhebung des jüdischen Religionsgesetzes. Die privilegierten, von den Abgaben des Volkes unterhaltenen Klassen der Priester und Leviten waren auf diese Weise wie mit einem Federstrich abgeschafft. Dies bedeutete das Ende der Doppelbesteuerung – aber keine Erleichterung der drückenden Steuerlast. Ja, schlimmer noch: Die auf dem Gesetz Gottes beruhenden Abgaben waren dem ins Maßlose gesteigerten Anspruch des heidnischen Fremdherrschers geopfert worden.

Das jüdische Volk reagierte auf diese ungeheuerliche Provokation zuerst mit passivem, dann mit aktivem Widerstand. Unter Führung der Makkabäer wurde die Wiederherstellung der traditionellen religiösen Ordnung und schließlich unter wechselvollen Kämpfen die Beseitigung der Fremdherrschaft erreicht. Das hieß in erster Linie Steuerfreiheit. «Das Joch der Heiden wurde von Israel genommen», so kommentiert das erste Makkabäerbuch dieses Ergebnis des Freiheitskampfes.[31]

Die schwere Bedrängnis, in die das Zusammenspiel zwischen Fremdherrscher und jüdischem Hohenpriester das jüdische Volk gebracht hatte, ist auch damals als Strafe Gottes für den Abfall vom Heiligen Bund interpretiert worden. Und ebenso ist damals die Auffassung vertreten worden, daß es in der Zeit der schlimmsten Not die Standhaftigkeit der Märtyrer und der heldenhafte Eifer der Makkabäer waren, die Gottes Zorn besänftigten.[32] In dieser Sicht hatte der Widerstand der Frommen gegen den heidnischen König und seine jüdischen Helfershelfer zumindest mitbewirkt, daß Gott das Schicksal des Auserwählten Volkes wendete.

Dies alles war in römischer Zeit noch ein Stück lebendiger geschichtlicher Erinnerung. Der Gedanke lag sozusagen in der Luft, die Gegenwart im Lichte dieser Vergangenheitserfahrung zu interpretieren. Was schien da näher zu liegen, als im Namen der Herrschaft Gottes die Forderung nach Widerstand gegen Zensuserhebung und Besteuerung durch den römischen Kaiser zu erheben?

Eben dies taten Judas von Gamala und der Pharisäer Zaddok, die Begründer der neuen Bewegung der Eiferer für die Sache Gottes. Die Hinnahme der Fremdherrschaft war damit unter das Kainsmal der Untreue gegen Gott gestellt, und man begreift, daß unter diesen Voraussetzungen die Frage, ob ein Jude dem römischen Kaiser Steuern zahlen dürfe, die Qualität eines Prüfsteins besaß. Wer die Frage bejahte, zog sich in den Augen der Zeloten und ihrer zahlreichen Sympathisanten unweigerlich den Ruf eines Kollaborateurs, ja eines Verräters am Reich Gottes zu. Eine solche Antwort mußte alle diejenigen enttäuschen, die mit religiös-nationalen Erwartungen die Hoffnung auf Befreiung von der drückenden Steuer- und Schuldenlast verbanden. Auf der anderen Seite aber war es ebenso mißlich, die Frage zu verneinen, und zwar nicht nur deshalb, weil man in diesem Falle seitens der Besatzungsmacht Verfolgung und Todesstrafe zu gewärtigen hatte, sondern auch aus sachlichen Erwägungen. Wer sich schließlich die Fähigkeit bewahrt hatte, die bestehenden Machtverhältnisse nüchtern einzuschätzen, konnte beispielsweise schwerlich verkennen, daß der Konfrontationskurs der Zeloten das jüdische Volk in eine Katastrophe stürzen konnte.

Es war also ein arges Dilemma, in das Jesus durch die ihm gestellte Frage gestürzt wurde. Doch er entzog sich der ausgelegten Falle. Dem Evangelisten Markus zufolge entgegnete er seinen Versuchern: «‹Was stellt Ihr mich auf die Probe? Bringt mir einen Denar, daß ich ihn betrachte.› Sie aber brachten einen. Und er sagte zu ihnen: ‹Wessen Bild und Aufschrift ist das?› Und sie sprachen zu ihm: ‹Des Kaisers.› Jesus aber sprach zu ihnen: ‹Was dem Kaiser gehört, das gebt dem Kaiser zurück, und was Gott gehört, das gebt Gott zurück.› Und sie wunderten sich über ihn.»[33] Erläuternd fügt der Evangelist Lukas der Geschichte noch folgendes hinzu: «Und sie konnten ihn nicht bei seinem Wort fangen vor dem Volk, und sie wunderten sich über seine Antwort und verstummten.»[34]

Demnach hat es Jesus vermieden, die ihm gestellte Fangfrage mit einem klaren Ja oder Nein zu beantworten. Statt dessen ließ er sich einen Denar bringen, d. h. die römische Münze, auf deren Wert möglicherweise der Grundbetrag der in Judäa erhobenen Kopfsteuer festgelegt war. Ein Denar aber trug das Bild des Münzherrn, zur Zeit Jesu das des Kaisers Tiberius (14–37 n. Chr.). Die Aufschrift der Kopfseite lautete: *Ti(berius) Caesar Divi Aug(usti) F(ilius) Augustus* – zu deutsch also: «Tiberius Caesar Augustus, Sohn des vergöttlichten Augustus». Bild und Aufschrift interpretierte Jesus als Eigentumszeichen, und er leitete aus der Markierung mit einem Eigentumszeichen die Pflicht zur Rückerstattung der Münze ab. Aber er fügte in gleichem Atemzug hinzu, daß auch Gott zurückzuerstatten sei, was Gott geschuldet werde, und auf diesen Punkt kam es ihm an.

Nur vordergründig ließ sich seine Antwort so auffassen, daß er meinte, dem Kaiser müßten die Steuern und Gott die Abgaben für den Unterhalt von Tempel, Opferdienst, Priestern und Leviten gezahlt werden. Jesus drückt sich so nicht aus, und im Lichte der Evangelien betrachtet, besitzt seine Antwort eine tiefere Dimension. Jesus lebte in der Erwartung des Reiches Gottes, und er forderte deshalb zu einer radikalen Umkehr und zu einer Umwertung aller Werte auf. Was bedeutete schon die Frage der Steuerzahlung und der Zensuserhebung angesichts der bevorstehenden Endzeit? Dem Zeugnis des Evangelisten Matthäus zufolge hat Jesus sich nicht einmal gescheut, die Auffassung in Frage zu stellen, daß die von jedem Juden geforderte Tempelsteuer auf Gottes Gesetz zurückgehe. Er hat sich denn auch zu ihrer Zahlung nur aus dem eher beiläufigen Grund verstanden, daß auf diese Weise Anstoß bei denen vermieden wurde, denen die Einziehung der Tempelsteuer oblag.[35]

Geringschätzig spricht Jesus auch sonst im Neuen Testament über Geld und Reichtum, ja das hebräische Wort Mammon hat erst durch ihn die negative Bedeutungsnuance erhalten, die ihm noch immer anhaftet. So gesehen kann sich die Forderung, Gott wiederzugeben, was Gott gehört, unmöglich auf die im Religionsgesetz verankerte Abgabenpflicht beziehen; gemeint sein muß vielmehr, daß der Mensch sein ganzes Leben Gott weihen solle.[36] Und wenn Jesus erklärte, daß das Geld, das dem römischen Kaiser ohnehin gehörte, diesem zurückzugeben sei, so lag in diesem scheinbaren Zugeständnis keine besondere Hochachtung vor dem Kaiser oder gar dem Staat und erst recht keine Anerkennung des Herrschaftsrechts des Kaisers über das Volk Gottes. Worum es Jesus ging, war die Abgrenzung des Wesentlichen vom Unwesentlichen: die Steuerzahlung an den Kaiser von der Verpflichtung der Hingabe an Gott.

Mit seiner Antwort entzog Jesus seinen Feinden nicht nur den bequemen Vorwand, ihn als Steuerverweigerer und Parteigänger der Zeloten dem römischen Statthalter auszuliefern. Er hatte es offensichtlich auch vermieden, sich überhaupt auf die in der Frage enthaltene Unterstellung einzulassen, daß zwischen der Steuerzahlung an den römischen Kaiser und dem Reiche Gottes ein unüberwindlicher Gegensatz bestehe. Darin lag eine klare Distanzierung von dem Standpunkt der Zeloten, und eine ironische Pointe seiner Antwort mag sich darin äußern, daß er das Problem von der Münze her anvisierte, mit der dem heidnischen Oberherrn die Kopfsteuer entrichtet wurde. Die Zeloten nahmen schweren Anstoß an bildlichen Darstellungen, und in letzter Konsequenz konnten sie die Abbildungen des Kaisers auf Münzen ebensowenig hinnehmen wie seine Standbilder und Büsten. Wie die Verfechter des reinen Prinzips in diesem Punkt dachten und handelten, bezeugt der Kirchenschriftsteller Hippolytos: «Die einen übertrieben die Vorschriften [des Religionsgesetzes] in dem Maße, daß sie nicht einmal eine Münze anrührten mit der Begründung, man dürfte ein Bild weder tragen noch ansehen noch verfertigen.»[37]

Es ist leicht vorstellbar, daß die Eiferer doppelten Anstoß an dem Münzbild des heidnischen Fremdherrschers nahmen, der sich zu allem Überfluß in der Aufschrift der Kopfseite als Sohn des zum Gott erhobenen Augustus bezeichnete. Wenn also Jesus sagte, daß man dem Kaiser zurückgeben solle, was dem Kaiser gehöre, so ließ sich

Römische Silbermünze: Denar des Kaisers Tiberius (14–37 n. Chr.).

aus seiner Antwort unter anderem die Nuance heraushören, daß die Eiferer dem Kaiser doch geben könnten, was sie ohnehin verabscheuten.

Jesus hatte sich mit seiner Antwort der ihm gestellten Falle entzogen, er hatte seine Versucher in Ratlosigkeit versetzt, und er hatte in Auseinandersetzung mit dem Standpunkt der Zeloten deutlich gemacht, daß seiner Auffassung nach das Reich Gottes nicht von dieser Welt war. Aber den Bauern und Tagelöhnern, die unter dem harten Druck der Doppelbesteuerung litten, war damit in gar keiner Weise geholfen. Die Auseinandersetzung um die Steuerfrage hielt an, der radikale Standpunkt der Steuerverweigerung gewann an Boden, und der Druck der Steuern und Schulden trieb der frommen Lehre des gewaltsamen Widerstands Anhänger zu. Die Bedeutung, die der Antwort Jesu beizumessen ist, lag nicht auf dem Feld ihrer unmittelbaren praktischen Wirksamkeit. Sie lag vielmehr darin, daß sie wie mit einem Hieb den gordischen Knoten durchschlug, der damals aus sozialen, politischen und religiösen Erlösungserwartungen unentwirrbar geschlungen war. In dieser Verflechtung der Gesichtspunkte aber lag zur Zeit Jesu die gefährliche Brisanz der Frage: «Ist es erlaubt, dem Kaiser Steuern zu zahlen?»

Zentralmacht und Steuerhölle

Die Steuerlast im Byzantinischen Reich

Von Peter Schreiner

Ein Hauptcharakteristikum des byzantinischen Staates, mit dem sich viele Erscheinungen der Kultur und Gesellschaft erklären oder wenigstens besser verstehen lassen, ist die zentrale Lenkung durch einen Kaiser und einen Behördenapparat, dessen Fäden in der Hauptstadt Konstantinopel zusammenlaufen. In diesem Punkt, aber nicht nur in diesem allein, hat das Byzantinische Reich ganz das Erbe des römischen Staates übernommen. Von den Zeitgenossen wurde es daher auch bis zum Untergang im Jahr 1453 als «Staat der Romäer», also der Römer, bezeichnet. Im Gegensatz zu den germanischen Staaten des westlichen Mittelalters oder zum Teil auch den slawischen des Ostens oder Südostens, die sich aus der Stammeseinheit herausbildeten, ist das Byzantinische Reich in diesem Sinne nie «entstanden». Es ist, vereinfacht ausgedrückt, als ein Teil des römischen Weltreiches übriggeblieben. Zu verdanken war dies Kaiser Konstantin d. Gr., der 324 neben Rom in Konstantinopel am Bosporus ein neues Zentrum schuf, und Kaiser Theodosios I., der 395 das für eine einheitliche Verwaltung zu große Reich teilte und somit wenigstens der einen Hälfte, dem Osten, zum Weiterleben verhalf.

Selbstverständlich blieb diese östliche Hälfte, die wir heute als «Byzantinisches Reich» oder kurz «Byzanz» bezeichnen – nach dem Namen seiner neuen Hauptstadt «Byzantion» –, nicht über die Jahrhunderte hin unverändert. Wie alle historischen Erscheinungen war es dem Wandel unterworfen, paßte sich, unter Wahrung bestimmter Grundzüge, in erstaunlicher Weise neuen Gegebenheiten an und verdankt nicht zuletzt auch dieser Tatsache seinen langen Bestand, der manchen Betrachtern als rätselhaft und schwer erklärbar erscheint. Zu diesen Grundzügen gehören ein einheitliches Währungssystem, ein bezahlter Beamtenapparat und eine zentral gesteuerte Reichsverteidigung. Das antike Straßen- und Postsystem blieb erhalten und wurde noch weiter ausgebaut, so daß auch entfernte Landesteile rasch erreicht werden konnten. Man darf freilich nicht vergessen, daß es auch Schwächungen der Zentralmacht gab, durch kriegerische Einfälle und Unruhen im eigenen Lande, aber zu einer langandauernden oder gar endgültigen Verselbständigung ganzer Territorien – vergleichbar etwa den mittelalterlichen westlichen Herzogtümern – ist es im Byzantinischen Reich nie gekommen.

Ausgaben und Einnahmen des Reiches vollzogen sich im wesentlichen auf der Geldbasis. Sicherlich gab es daneben auch zeitweise Naturalleistungen, etwa für die Versorgung des Heeres oder der Bevölkerung in den Städten. In manchen Fällen ist auch nicht klar ersichtlich, ob eine Leistung in Naturalien oder Geld erfolgte. Überwiegend aber war das Geldsystem Grundlage der Staatswirtschaft, und auch Naturalleistungen konnten teilweise durch Geldabgabe ersetzt werden. Die Währung beruhte auf dem von Konstantin dem Großen geschaffenen Goldsolidus, der später die griechische Bezeichnung «Nomisma» oder auch «Hyperpyron» bekam. Daneben gab es Silbermünzen und für den alltäglichen Gebrauch die Kupfermünzen, die beide in bestimmten Relationen zum Solidus standen. Der Goldgehalt des Solidus war Schwankungen unterworfen, die sich auf das Verhältnis zu den anderen Münzen wieder auswirkten, und mehrmals im Verlaufe der Jahrhunderte kam es zu Abwertungen, vor allem seit dem 11. Jahrhundert. Die Kaiser scheuten auch nicht davor zurück, den Goldgehalt insgeheim zu verringern, und oft ist erst die moderne Forschung in der Lage, mit Hilfe chemischer Analysen diese Wertminderungen aufzudecken. Trotzdem war die Stabilität des Goldsolidus, der erst seit Ende des 14. Jahrhunderts nicht mehr geprägt wurde, ganz erstaunlich. Ein italienischer Wirtschaftshistoriker hat ihn daher als «Dollar of the Middle Ages» bezeichnet.[1]

An erster Stelle standen, nicht nur im Byzantinischen Reich, die Verteidigungsausgaben. Es verging kaum ein Jahr, in dem nicht in einem oder mehreren Reichsteilen eine kriegerische Auseinandersetzung stattfand. Um einen Krieg zu vermeiden, leistete das Reich häufig hohe Tributzahlungen, im besonderen an die Perser, die Awaren und die Araber. Hierüber besitzen wir einige verläßliche Zahlen. Zwischen 580 und 583 wurden an die Awaren jährlich 80000 und 584 sogar 100000 Solidi gezahlt, einem Gewicht von ca. 360 bis 450 kg Gold im Jahr entsprechend.[2] Im Falle der Awaren flossen kaum Teile dieser Summe zurück, da wegen der unterschiedlichen Lebensweise ein Ankauf byzantinischer Waren nicht oder nur in geringem Umfang in Frage kam. Auch die Ausgaben für öffentliche Anlagen und Kirchen sind nicht zu unterschätzen. Zwar bediente man sich oft der Zwangsverpflichtung von Arbeitern, einer Form der Steuerleistung, aber die verbleibenden Kosten waren noch hoch genug. Nicht zu unterschätzen sind die Auslagen der öffentlichen Verwaltung, im besonderen die Löhne und Gehälter. Die Gehälter der höchsten Reichsbeamten, in frühbyzantinischer Zeit der Provinzpräfekten, erreichten geradezu astronomische Ziffern. So verdiente 534 der Vorsteher der afrikanischen Provinz im Jahr 7200 Solidi. Er hätte sich damit eine Herde von 2400 Rindern kaufen können.[3] Weit geringer sind die hohen Gehälter in mittelbyzantinischer Zeit. Um 900 erhielten die höchsten Generäle nur 40 Pfund, was 2880 Solidi entspricht, während einfache Offiziere sich mit 72 Solidi begnügen mußten. Ein Pferd kostete damals zwölf Solidi.[4] So ist es verständlich, daß die byzantinische Staatskasse häufig leer war und allein durch Steuererhöhungen, neue Steuern oder Münzverschlechterung wieder gefüllt werden konnte. Nur wenige Kaiser hinterließen ihrem Nachfolger einen Staatsschatz: Anastasios hatte 518 bei seinem Tod 320000 Pfund Gold (etwas mehr als 23 Millionen Solidi) angesammelt,[5] Kaiser Basileios 1025 immerhin fast 200000 Pfund (14,4 Millionen Solidi).[6]

Die Überwachung der Einnahmen und Ausgaben lag in den Händen der verschiedenen Ämter der Finanzverwaltung, deren System für uns nur fragmentarisch rekonstruierbar ist. Sie war gegliedert in die Verwaltung der kaiserlichen Privatfinanzen und die der öffentlichen Finanzen; in letztere floß der Großteil der Steuereinnahmen, und daraus waren auch die Ausgaben zu bestreiten. Erst in spätbyzantinischer Zeit, als es außer Schulden kaum mehr etwas zu verwalten gab, wurden kaiserliches Privatvermögen und Staatskasse in ein und demselben Amt überwacht. Die Finanzverwaltung war alles andere als eine einheitliche Institution. Sie zerfiel von Anfang an in voneinander weitgehend unabhängige Teilbereiche, über denen nominell immer der Kaiser stand. Die verschiedenen als «Themen» bezeichneten Provinzen des Byzantinischen Reiches, deren Form und Anzahl erheblichen Schwankungen unterworfen waren, verfügten, vor allem in Hinblick auf die Steuereinnahmen, über eigene Behörden, für die letztlich der Provinzgouverneur die Verantwortung trug. Daneben existierte in Konstantinopel eine eigene Staatskasse, in die der Großteil der Einnahmen aus dem Lande abgeführt wurde, deren Leiter als «Großrechenmeister» bezeichnet wurde und in etwa einem Finanzminister zu vergleichen ist. Er hatte aber keine Richtlinienkompetenz gegenüber den Finanzbehörden in der Provinz, deren Leiter, der Gouverneur des jeweiligen Verwaltungsbezirkes, nur dem Kaiser unterstand. Diese Unklarheit in den Kompetenzen scheint gerade auf dem Finanzsektor störend, aber es darf nicht vergessen werden, daß Byzanz keine Staatsverwaltung in modernem Sinne besaß.[7]

Die Einnahmen des Reiches bestanden zum überwiegenden Teil aus den verschiedenen Steuerleistungen der Reichsuntertanen. Demgegenüber waren andere Einnahmen aus Kriegsbeute, Wertmetallverkauf oder den Staatsmonopolen – vor allem Seide – von geringerer

Bedeutung. In Byzanz war jeder Bürger, der über Grund und Boden verfügte oder mit Waren und Produkten handelte, einer Steuerleistung unterworfen. Auch für Ausländer, die im Byzantinischen Reich Handel trieben, galten diese Bestimmungen. Selbst wer über keinen Besitz verfügte – dies waren vor allem die unteren Schichten –, war in einer uns unbekannten Form steuerlich veranlagt.[8] Einnahmen aus Dienstleistungen, also Löhne und Gehälter, wurden nicht, wie heute, speziell versteuert. Generelle Ausnahmen von der Steuerpflicht existierten nicht. Auch Kirchen und Klöster waren ihr unterworfen.

Die Haupteinnahmequellen waren immer die direkten Steuern auf der Basis des Grundbesitzes. In früh- und mittelbyzantinischer Zeit fallen allerdings auch die indirekten Steuern in Form der Handelszölle erheblich ins Gewicht, während sie seit dem 12. Jahrhundert immer mehr an Bedeutung verlieren, da der Groß- und Fernhandel mehr und mehr an auswärtige Nationen übergeht, die in erheblichem Umfang Zollermäßigungen oder -befreiung genießen. Das für die gesamte byzantinische Zeit im Prinzip maßgebliche Besteuerungssystem geht auf Kaiser Diokletian noch vor 300 zurück. Danach hat jeder, der über Land in Eigentum oder Besitz verfügt, dafür an den Staat Steuer abzugeben. Die Höhe bemaß sich nach der Qualität des Bodens und war zeitlich und regional verschieden. Untrennbar mit der Besteuerung des Bodens, der Grundsteuer, war eine Steuer verbunden für jene Personen, die diesen Boden besaßen oder bearbeiteten, die Kopfsteuer. Beide Steuern haben sich, unter wechselnden Namen, bis an das Ende des Byzantinischen Reiches erhalten und wurden der Form und dem Inhalt nach von den Osmanen übernommen.[9] Umfang des Besitzes, Anzahl der Personen und Höhe des Betrages waren in Katastern eingetragen, die ihrerseits wieder die Bemessungsgrundlage für andere Steuerarten boten. Diese Kataster wurden von Zeit zu Zeit revidiert und auf den neuesten Stand gebracht. Sie stellten eine unübertreffliche Kontrollmöglichkeit dar, der schwer zu entkommen war.[10] Die byzantinische Verwaltung ersann aber noch andere Mittel, um keiner Steuereinnahmen verlustig zu gehen. Wenn ein Ackergrundstück durch plötzlichen Tod des Besitzers oder seine Flucht vor dem Steuereinnehmer nicht genutzt wurde, mußte die Gesamtheit der Dorfgemeinde den Steuerausfall ersetzen. Sie überließ den Boden zwangsweise Nachbarn oder Verwandten, die das Recht bekamen, daraus Gewinn zu ziehen.[11] Aber nicht jeder Grundbesitzer konnte die damit verbundene Mehrarbeit aufbringen, und so blieb häufig nur eine höhere Besteuerung ohne zusätzlichen Gewinn. Solche Maßnahmen konnten zum Ruin kleiner Bauern führen und haben, neben anderen Gegebenheiten, seit dem 11. Jahrhundert den Verlust eines Großteils des freien Bauerntums mit sich gebracht und damit, von den sozialen Folgen ganz abgesehen, den byzantinischen Staat einer zuverlässigen steuerlichen Einnahmequelle beraubt.

Nicht alle Steuereinnahmen flossen in die Staatskasse. Seit dem 12. Jahrhundert wurden die Steuern einzelner Ländereien und Dörfer ganz oder teilweise an Privatpersonen, besonders Offiziere, an Stelle einer Gehaltszahlung gegeben.[12] Nicht zu unterschätzen sind auch die vielfältigen Schenkungen des Kaisers an die Kirche, vor allem der Überlassung der mit Land und Leuten verbundenen Steuern. Nur durch diese kaiserliche Gunst kam der Reichtum von Kirche und Klöstern in Byzanz zustande, da ein Recht der Kirche auf selbständige Steuereinnahme erst seit dem 11. Jahrhundert und auch dann nur in sehr geringfügigem Umfang bestand.[13] Diese Maßnahmen bedeuten vom juristischen Aspekt aus eine Durchlöcherung der staatlichen Souveränität, vom fiskalischen eine Minderung des Staatshaushaltes und vom sozialen eine gewisse Form der Abhängigkeit, die häufig mit dem für byzantinische Verhältnisse nicht besonders passenden Ausdruck «Feudalismus» umrissen wird.[14]

Einige der Steuern sind nun näher zu betrachten. Aus der frühbyzantinischen Epoche, bis ins 7. Jahrhundert, stammen mindestens 21 verschiedene direkte Steuern, die zum Glück nicht von jedem einzelnen gleichzeitig zu zahlen waren.[15] Hauptsteuer war die sogenannte *annona*. Sie hatte ihren Namen vom lateinischen Wort *annus*, Jahr, und bedeutet ursprünglich den jährlichen Bodenertrag. Schon daraus ergibt sich, daß sie ursprünglich eine Naturalabgabe darstellte, die jedoch seit dem 5. Jahrhundert fast ausschließlich in Geld beglichen wurde. In ihr fielen Grund- und Kopfsteuer zusammen. Sie diente überwiegend der Bezahlung von Heer und Verwaltung sowie für die Getreideversorgung der Städte und blieb, wenngleich mit anderem Namen, bis zum Untergang des Reiches erhalten.[16] Es gab daneben eine Steuer zur Beschaffung der Ausrüstungsgegenstände für die Soldaten,[17] eine Steuer zum Ankauf von Pferden,[18] eine Rekrutensteuer, mit der ein Grundherr seine Untergebenen vom Wehrdienst freikaufen konnte.[19] Bestimmte Bevölkerungsgruppen hatten Sondersteuern zu leisten, so etwa die Senatoren und die Handeltreibenden. Auf den Handeltreibenden lasteten zusätzlich die Warenzölle in Höhe von zwölfeinhalb, später nur noch zehn Prozent.[20] Fast jede staatliche Amtsleistung, etwa das Ausstellen von Urkunden, aber selbst die eigene Beförderung eines Beamten oder Militärs, kostete Gebühren. Nicht zuletzt sind die Strafgelder zu erwähnen, welche die Sammelbezeichnung «Luftgebühr» trugen, weil sie ursprünglich erhoben wurden, wenn der vorgeschriebene Bauraum überschritten wurde.[21] Aber schon der Geschichtsschreiber Prokop bemerkt boshaft, sie habe ihren Namen daher, daß sie einem aus der Luft zugeflogen käme.[22] Ob die Byzantiner nun so häufig die Gesetze überschritten oder nicht – sie war eine so beliebte Gebühr, daß sie seit dem 8. Jahrhundert als regelmäßige Steuer existierte.[23]

Viele der oben genannten Steuern verschwinden bis zum 7. Jahrhundert wieder. Aber sie werden von mindestens ebenso vielen neuen ersetzt. Es taucht nun auch der «Zehnt» auf. Mit ihm hat es in Byzanz eine besondere Bewandtnis, und zu wirklich zentraler Bedeutung ist er nie gekommen.[24] Vor allem bildete er nie eine Steuereinnahme, die ausschließlich der Kirche zukam. Darüber kann auch nicht hinwegtäuschen, daß in Urkunden häufig Klöster mit dem Zehnten bedacht sind. In Wirklichkeit gehörte er zu den «kleineren» Steuern, auf die der Staat eher und lieber verzichtete als auf die Grundsteuer. In der Gesetzgebung findet sich der Zehnt überhaupt nicht. Das besagt freilich wenig, da eine eigene «Finanzgesetzgebung» nicht existierte. Auch hierin war Byzanz weniger «modern», als man oft annimmt. Im Westen hat man sich freilich schon im Mittelalter über das Fehlen des Zehnten in der byzantinischen Gesetzgebung gewundert. So sagt ein süditalienischer Jurist des 13. Jahrhunderts: «Der Kaiser Justinian aber hat, entweder vom Schlaf überwältigt oder vom Übermaße der Kriege bedrückt, in das römische Recht das Zehntwesen nicht aufgenommen, und auch die Rechtsgelehrten haben bei der Ausarbeitung die Zehntangelegenheit in der Spitze des Federkiels stecken lassen.»[25]

In der Tat findet sich der Zehnte nur in einer eher privaten als öffentlichen Gesetzessammlung, dem sogenannten Bauerngesetz, das vielleicht um 700 entstand. Dort heißt es in bezug auf Pächter: «Neun Garben sind der Anteil des Pächters, eine Garbe der Anteil des Grundeigentümers.»[26] Der Zehnt übernimmt hier eine Art Pachtzins. Ihm zur Seite stehen der Schweine- und der Schafzehnt sowie die Steuer, die auf der Bienenzucht und dem Anbau von Eicheln, für das Weiden der Schweine, lastete. Eine weiterreichende Bedeutung besaß der Zehnt in Byzanz nicht. Am wichtigsten für alle Beteiligten war weiterhin die Grundsteuer, neben der in mittel- und spätbyzantinischer Zeit auch ausdrücklich eine Kopfsteuer erwähnt ist. Auch für jedes Paar Pflugtiere sowie die Benutzung der Weiden, die als Staatsland galten, war eine Abgabe zu entrichten. Wer eine Mühle besaß, kam nicht ohne Leistung an den Fiskus davon. Gerade die Landbevölkerung unterlag auch noch den Fronleistungen, vor allem dem Bau von Straßen, Brücken und Wehranlagen, eine Form von Hand- und Spanndiensten, die auch aus dem westlichen Mittelalter genügend bekannt ist.[27] Die Händler hatten einen zehnprozentigen Ein- und Ausfuhrzoll für ihre Waren zu bezahlen,[28] während, wenigstens in mittelbyzantinischer Zeit, viele städtische Gewerbe einer staatlichen

Preisaufsicht und somit auch einer Art indirekter Besteuerung unterlagen, vor allem sofern der Staat selbst Lieferant der Waren gewesen war.[29] Spätbyzantinische Dokumente zeigen, daß sich der Erfindungsreichtum auf dem Steuersektor immer mehr verfeinerte. Es gab eine Wägegebühr, eine Verproviantierungsabgabe, eine Wachsteuer (zur Stellung von Polizei- und Feldwachen), eine Schiffbauabgabe; sogar eine Ellengebühr für das Nachmessen von Stoffen wurde verlangt. Diese Beispiele ließen sich noch fortsetzen, und man könnte mühelos dreißig oder mehr Steuer- und Gebührenarten aufzählen.[30] Dies waren jedoch nur die sogenannten regulären Steuern. Beinahe noch mehr gefürchtet waren die Sondersteuern, die global den terminus technicus «Belästigungen» tragen. Sie konnten auch mehrmals im Jahr abverlangt werden, etwa wenn in einer Region plötzlich Schiffe gebaut werden mußten, Heereskontingente durch die Gegend zogen und vieles andere mehr.

Die Fülle der Steuern und die rigorosen, zentralistisch verankerten Maßnahmen ihrer Durchführung und Eintreibung hatten nicht unerhebliche soziale Folgen. Leider fehlen uns viele Angaben über die Höhe der Steuern auf dem Lande. Eher zufällig wird überliefert, daß Anfang des 9. Jahrhunderts die pro Kopf zu entrichtende sogenannte Herdsteuer zwei Silberstücke betrug. Das entspricht einem Sechstel des Goldsolidus.[31] Für Ackerland war im allgemeinen $\frac{1}{24}$ des Bodenwertes als Abgabe festgesetzt. Der Bodenwert richtete sich wiederum nach der Bodenqualität.[32] Es würde zu weit führen, die komplizierten Einzelheiten der Berechnungsweise hier darzulegen; ein Beispiel für viele: 1301 war für eine Fläche von knapp 4500 qm etwas weniger als ein Solidus an Steuer zu bezahlen. Nicht erkennbar ist, ob diese Summen angemessen oder zu hoch sind, da die Bodenrendite eine unbekannte Größe darstellt. Nur eines ist mit Sicherheit bekannt: Die Steuersätze blieben unverändert, auch wenn Mißernten auftraten oder Feinde die Felder verwüstet hatten.

Die Klage über den Steuerdruck zieht sich daher wie ein roter Faden durch die byzantinische Sozial- und Wirtschaftsgeschichte. So prangert der Theologe und Historiker Nikephoros im 9. Jahrhundert Kaiser Konstantin V. an: «Der von Christus gehaßte und goldliebende Tyrann, der Sklave des Goldes, der jenen Lyder[33] in seinem goldliebenden Wahn noch übertraf und der das Gold für einen Gott hielt, der höchst gestrenge und unerbittliche Steuereintreiber, der das Joch der Tributpflichtigen auf ein Höchstmaß erschwerte, quälte durch häufige und jährliche Zuschläge zu den Steuern alle, die mit der Landwirtschaft zu tun hatten, und preßte sie in ungerechter Weise aus, so daß einer um ein Goldstück die ganze Habe eines einzigen Bauern leicht hätte kaufen können. Ich sah Menschen, die wegen ihrer Steuern verzweifelt waren, auf hohen und breiten Bäumen, an den Händen aufgeknüpft, auf weite Strecken hin sichtbar in der Luft hängen. Sie mußten diese harte und gewaltsame Strafe ertragen, da sie nicht in der Lage waren, die Steuern zu bezahlen.»[34] Manches mag an dieser drastischen Schilderung übertrieben sein, weil der Geschichtsschreiber ein erbitterter Gegner des bilderstürmenden Kaisers war, aber im Kern trifft der Bericht sicher die Wahrheit.

Kritische Stimmen zur Last der Steuern reißen die gesamte byzantinische Zeit über nie ab. Es sind vor allem Bischöfe, die die Not der Bevölkerung sehen und ihr Ausdruck geben. Ihre Stellung erlaubt es auch, ohne größere Gefahr an den Kaiser oder einen seiner Vertreter zu appellieren. So schreibt der Metropolit Theophylaktos von Ohrid um 1100, daß die Bewohner eines Dorfes im Bistum wegen des Steuerdrucks ihre Heimat verlassen, sich in den Schutz der dichten Wälder begeben hätten und dort ein verborgenes Dasein führten.[35] Und ein andermal klagt er gegenüber einem Mitglied der kaiserlichen Familie: «Wenn deine starke Hand nicht eingreift, wird der ganze Kirchenbezirk verschwunden sein.»[36] Gemeint ist, daß die Bevölkerung in andere Regionen ausweicht. Ähnliche Worte, diesmal gegenüber dem Kaiser selbst, findet um 1200 der Erzbischof von Athen: «Unser Athener Bezirk, den die Bewohner schon seit geraumer Zeit wegen der immer wieder einander folgenden Steuern verlassen, läuft nun Gefahr, zur sprichwörtlichen skythischen Wüste zu werden, weil wir so von Steuern bedrückt werden.» Er erwähnt dann in einer Philippica, die an Offenheit in der byzantinischen Literatur ihresgleichen sucht, daß mehrmals im Jahr Sondersteuern eingetrieben werden und fügt sarkastisch hinzu, daß man beinahe für jedes einzelne Haar auf den Köpfen zahle.[37]

Da der Kaiser ferne und unerreichbar war, richtete sich der ganze Zorn gegen den Steuereinnehmer, einen vom Fiskus bestellten Beamten (auf Zeit), an den das Steueraufkommen eines Bezirkes vertraglich verpachtet war.[38] Er ist, um es bildlich auszudrücken, der Teufel in der byzantinischen Steuerhölle. «Laß es dir nicht einfallen, dich mit ungerechten Steuererhebungen zu befassen; lasse dich überhaupt nicht mit fiskalischen Aufgaben ein!», warnt ein Autor des 11. Jahrhunderts.[39] Aber die Tätigkeit war, dank Bestechung und unexakter Angaben, recht lohnend. Der Ohrider Bischof nennt sie «Plünderer, die nicht den Namen Einnehmer verdienen».[40] «Auch die kleinste Spreu», sagt er weiter, «die beim Mähen übrig bleibt, sammeln sie auf. Alle bringen sie uns in Bedrängnis, auch wenn sie uns an Alter und Verstand nicht gewachsen sind, so sind sie doch geschickter im Unrecht tun, und darin vergreisen oder erschlaffen sie nicht, sondern denken sich immer neue Methoden aus, sich zu bereichern.»[41] Den

Hinweis auf kaiserliche Gesetze, so meint derselbe Gewährsmann, beantworteten sie mit Hohn und Spott.[42] Und der Athener Erzbischof vergleicht sie mit Wespenschwärmen und Leuten, die sich wie im Feindesland benähmen.[43]

Was dem Steuereinnehmer etwa noch entging, darauf machte der Steuerdenunziant aufmerksam, der in der bunten Palette der Plagegeister nicht fehlen darf. Der Ohrider Bischof schildert eine ganz verdammenswerte Person dieser Art: ein ehemaliger Mönch und Priester, der seinen Stand verlassen hatte. Er stellte sich als Spitzel dem Steuerbeamten zur Verfügung, wobei er sich selbst als «Jäger» bezeichnet, der auf «Jagdbeute» ausgehe.[44].

Welche Möglichkeiten blieben nun den Reichsuntertanen, sich dieses Druckes zu entledigen? Eine Flucht in die Wälder, wie sie überliefert ist, war eher eine Ausnahme. Häufiger war sicher die Flucht zum Landesfeind in den grenznahen Gebieten. So flohen in der Mitte des 11. Jahrhunderts Bewohner eines Steuerbezirkes zu den Seldschuken und gaben ihnen aus Rache Ratschläge, wo sie sich im byzantinischen Land gute Beute holen könnten.[45] Auch in den Balkangebieten des Reiches ist eine Emigration zu den Serben oder Bulgaren nicht selten gewesen. Eine solche Flucht aber bedeutete auch den Verlust des Besitzes. Sie war gewiß nicht häufig und immer eine Entscheidung einzelner in letzter Not, nie eine Massenbewegung. In frühbyzantinischer Zeit war es öfter der Fall, daß Klöster die Steuerflüchtigen in ihren Reihen aufnahmen, bis sehr bald die kaiserliche Gesetzgebung diese Möglichkeit unterband.

Am häufigsten unterstellte man sich, um Steuerdruck und Pfändung zu entgehen, einem mächtigen Herren. Das konnte ein benachbarter Großgrundbesitzer sein, eine Kirche, ein Kloster, ein hoher Beamter, ja der Steuereinnehmer selbst. Man bezeichnet diese Maßnahme als Patronat. Die kaiserliche Gesetzgebung hat diese Bewegung, die schon in frühbyzantinischer Zeit begegnet,[46] nie gutgeheißen und suchte sie, ohne großen Erfolg, immer wieder durch Verordnungen zu unterbinden. Sie brachte dem Staat finanziellen Nachteil und den Schützlingen nur scheinbaren Vorteil. Der Schutzherr übernahm gegenüber dem Staat die Bezahlung der Steuer, wobei Grund und Boden als Sicherheitsleistung standen. Konnte der einzelne Bauer die Vorausleistung durch den Herrn nicht in angemessener Zeit zurückzahlen, war aus dem dinglichen Abhängigkeitsverhältnis rasch ein persönliches geworden. Der Besitz fiel nach Maßgabe der Schulden an den Gläubiger, und aus dem freien Bauern war ein lohnabhängiger Untertan geworden. Für den Staat ergab sich dadurch nicht nur das Problem einer zunehmenden Bevölkerungsschicht mit verminderten Rechten. Auch die Einnahmen des Staates nahmen ab, weil die

Mächtigen weit eher die Möglichkeit hatten, Abgaben zu verweigern oder zu hinterziehen.[47]

Wirkliche Steuerrevolten und Bauernaufstände sind in Byzanz kaum anzutreffen. Nur in Einzelfällen ist die Ermordung der Steuereinnehmer überliefert.[48] Sicherlich haben manche Usurpatoren, etwa Thomas im 9. Jahrhundert, die bedrückte Landbevölkerung für sich gewonnen. Es ist aber bezeichnend, daß derselbe Thomas Steuergelder eintreiben ließ, um sie an seine Anhänger zu verteilen.[49] Ob der Vorteil für den steuerzahlenden Bauern größer war, wenn das Geld an den Usurpator statt an den Kaiser kam, ist doch recht fraglich. Sicher war zunächst jeder Usurpator für die Landbevölkerung eine Hoffnung, die meist rasch zur Enttäuschung wurde, sobald der Kaiserthron erreicht war. Inwieweit der Steuerdruck erheblich mitwirkte, die osmanische Eroberung im 14. und 15. Jahrhundert zu erleichtern, läßt sich schwer erweisen, doch hatte der Mangel an nationaler Begeisterung, der gerade in spätbyzantinischer Zeit begegnet, gewiß tiefere Ursachen.

Es ist ein etwas düsteres Bild des byzantinischen Staates, das zu zeichnen war, ein Gegensatz zu den glanzvollen Palästen, den luxuriösen Handelswaren und der Raffinesse einer Hofhaltung, auf die das übrige Europa jahrhundertelang neiderfüllt blickte! Das Byzantinische Reich – wie jedes andere – darf nicht vom Zerrspiegel der Steuerpolitik aus beurteilt werden. Seine historische Bedeutung liegt in der Erhaltung und Tradierung antiker Kultur und antiken Wissens, ohne die unser heutiges Weltbild nicht denkbar wäre.[50]

Vom Königsschatz und Kataster

Die Entwicklung der Steuer im fränkischen Reich

Von Elsbet Orth

«Damit Bertoald um so eher den Tod fände, schickten sie ihn in [bestimmte] Gaue und Städte [des Reichs] mit dem Auftrag, ... Steuern einzufordern.» Dieser Satz aus einer im 7. Jahrhundert geschriebenen Chronik verblüfft vor allem durch seine trockene Sachlichkeit. Was hier zum Jahr 604 aus dem fränkischen Teilreich Burgund berichtet wird, war offensichtlich nichts Unerhörtes. Das zeitgenössische Publikum verstand: Bertoald, Hausmeier und damit einer der mächtigsten Männer im Reiche König Theoderichs, hatte die Feindschaft der Königin Brunhilde und eines ihrer Günstlinge auf sich gezogen. Um ihn aus dem Wege zu schaffen, ohne doch selbst Gewalt anwenden zu müssen, hätte Brunhilde – das suggeriert der Chronist – den König veranlaßt, sein Besteuerungsrecht wahrzunehmen und durch Bertoald Abgaben eintreiben zu lassen. Weitere Details mußte der Erzähler nicht liefern, um die ihm verhaßte Königin der Heimtücke zu zeihen. Der mit den Verhältnissen vertraute Hörer des Berichts wußte: Bertoald würde bei den Steuerpflichtigen auf gewaltsamen Widerstand stoßen.[1]

Auch über die Gründe für solchen Widerstand herrschte zwischen dem Chronisten und seinem Publikum Einvernehmen, sie werden nicht erwähnt. Doch lohnt es, nach ihnen zu fragen. Denn das Steuerwesen verbindet wie ein Gelenk Herrschaft und Untertan, Staat und Gesellschaft. In Besteuerungsrecht, Abgabenzweck und Erhebungspraxis sind die Herrschaftsgrundlagen und Herrschaftsbedingungen eines Staates zu erkennen. Aber auch Lebensumstände und Lebensformen aller im Staate lebenden sozialen Gruppen werden bei der Betrachtung von Steuerrecht und Steuerwirklichkeit sichtbar.

Dies gilt auch für das Reich der Franken, das erste von Angehörigen eines germanischen Stammes beherrschte Großreich.[2] Chlodwig, ein König aus der Dynastie der Merowinger, hatte dieses Reich um das Jahr 500 dank militärischer Erfolge begründen können; durch rücksichtsloses Ausschalten seiner Konkurrenten und kluge politische Entscheidungen stabilisierte er seine Herrschaft. Schon zu seinen Lebzeiten erstreckte sich das Frankenreich vom Atlantik bis zur Weser, von der Nordsee bis tief in den Süden des heutigen Frankreich. Seine unmittelbaren Nachfolger, aber auch noch Karl der Große, unterwarfen zusätzlich angrenzende Gebiete von bedeutendem Umfang, vor allem im Osten, Südosten und Süden.

Von Anbeginn an war die Reichseinheit bedroht durch die herrschenden Rechtsvorstellungen, wonach alle männlichen Nachfahren eines Königs dieselben Ansprüche an dessen Erbe, an Königtum und Reich erheben durften. Demzufolge wurde das fränkische Reich wiederholt geteilt. Immer wieder aber vermochte einer der Erben, alle Anteile seiner Brüder und Neffen an sich zu bringen, so daß die Schöpfung Chlodwigs insgesamt dreieinhalb Jahrhunderte überdauerte. Erst um die Mitte des 9. Jahrhunderts löste die Reichseinheit sich endgültig auf. Auf dem Boden des untergehenden fränkischen Großreiches bildeten sich neue, eigenständige Reiche aus – es sind die Ausgangsformen der heutigen europäischen Nationalstaaten.

Chlodwig hatte seine Herrschaft über einen Vielvölkerstaat errichtet. In den östlichen Reichsteilen, rechts des Rheins, siedelten verschiedene germanische Stämme in noch archaischen Organisations- und Lebensformen. Germanen waren auch längst im Gebiet des heutigen Frankreich heimisch geworden. Funde charakteristischer Grabbeigaben wie Waffen, Schmuck und Gebrauchsgegenstände bezeugen die Anwesenheit von Franken in der römischen Provinz Gallien seit etwa der Mitte des 4. Jahrhunderts. Diese Franken waren als Soldaten in das römische Heer eingetreten oder hatten sich als Siedler in Gallien niedergelassen. In beiden Fällen waren sie in die hochentwickelte Zivilisation einer römischen Provinz hineingewachsen. Doch schon zur Zeit Chlodwigs war die Lebensform im Gebiet nördlich der Loire nicht mehr römisch bestimmt. Diese Region war in der spätantiken Niedergangsphase Westroms allmählich der römischen Herrschaft entglitten. Zugleich war die zivilisatorische Prägekraft römischer Einrichtungen geschwunden. Allein der romanisch besiedelte Süden Galliens wahrte uneingeschränkt den hohen Stand römischer Errungenschaften. Zu ihnen gehörte eine perfekt organisierte Verwaltungstechnik mit ihrer längst als Last empfundenen überbordenden Bürokratie.

Der Rahmen, in dem die fränkische Herrschaft sich ausbreiten konnte, wurde ganz wesentlich von einer statistischen Gegebenheit begrenzt: Die Franken blieben in ihrem Reich immer eine Minderheit. Im Raum des heutigen Frankreich sollen im 5. und 6. Jahrhundert etwa 150000 bis 200000 Franken gesiedelt haben, das wären ca. fünf bis maximal zehn Prozent der damaligen Gesamtbevölkerung.[3] Sie bildeten die Herrenschicht, die sich den beherrschten eingesessenen Völkern überlagerte. Kein Merowingerkönig konnte daran denken, die gesamte Reichsbevölkerung in Recht und Verwaltung auf fränkische Prinzipien zu verpflichten. Chlodwig und seine Nachfolger versuchten auch nie, einen solchen «Frankisierungs»-Prozeß einzuleiten. Sie ließen die vorgefundenen Stammes- und Volksrechte unverändert bestehen, nutzten alteingeführte Einrichtungen der römischen Provinz weiter und dehnten nach Möglichkeit deren Geltung auf die germanisch bestimmten Reichsteile aus. Mit wichtigen Aufgaben betraute man hochqualifizierte, schreibkundige romanische Beamte. Diese vornehmen Romanen übten nicht mehr denselben formalistischen Zwang aus wie ihre Vorgänger in der Spätantike, dennoch stellten sie eine deutlich erkennbare Kontinuität zur römischen Verwaltungspraxis her. Dies insbesondere auf den Gebieten der staatlichen Domänenwirtschaft, der städtischen Selbstverwaltung, der Gerichtsbarkeit und des Steuerwesens.

Im fränkischen Steuerwesen wird solche Kontinuität an mehreren Stellen sichtbar. Am leichtesten läßt sie sich in den Bezeichnungen auffinden. So benennen beispielsweise Begriffe wie *tributum, census* oder *functio* sowohl in der spätantiken römischen Provinz wie im frühmittelalterlichen fränkischen Reich Steuern und Abgaben. Auch die beiden wichtigsten Steuerarten, die Grund- und die Kopfsteuer, kannte man bereits unter der römischen Herrschaft und erhob sie noch im fränkischen Reich.[4]

Grundsteuern verlangten die merowingischen Könige vor allem im westlichen Teil ihres Reichs. Diese Steuer war, ihrem Namen entsprechend, von denen zu entrichten, die Land besaßen und Erträge aus ihm erwirtschafteten, außerdem von in Städten ansässigen Hausbesitzern. Die Grundsteuerpflicht haftete am Gut, unabhängig davon, wer es besaß. Vornehme Franken und romanische Bischöfe erlangten für ihre Besitzungen zwar häufig königliche Steuerbefreiungsprivilegien. Doch beweist gerade die Existenz dieser Urkunden, daß auch die Angehörigen der führenden Schichten ursprünglich der Steuerpflicht unterworfen waren. Allein das Königsgut war prinzipiell steuerfrei. Es wahrte dieses Sonderrecht, auch wenn es durch Schenkung in andere Hände gelangte.

Grundsteuern erhob man normalerweise in Geld, gelegentlich auch in Naturalien. Quellen aus der Merowingerzeit bezeugen das Interesse von Steuerpflichtigen, Naturalienforderungen in Geldforderungen umgewandelt zu sehen. Obwohl die Geldwirtschaft seit der Spätantike im Rückgang begriffen war, verfügte man im fränkischen Reich also offensichtlich über eine beträchtliche Menge frei umlaufenden Edelmetallgeldes. Das erstaunt nicht. Vor allem in der Phase der fränkischen Expansion kam in regelmäßigen Abständen immer neues Geld ins Land und in breiter Streuung unter die Leute. Dieses Geld stammte aus der Beute der alljährlich durchgeführten fränkischen Kriegszüge und aus den Lösegeldern der dabei gefangengenommenen Gegner. Die Kriegsgewinne verteilte man anstelle von Sold unter die heerfolgepflichtigen Franken und die mitkämpfenden Kontingente aus den unterworfenen Völkern. Auch der König reservierte sich einen Anteil. Die geschuldete Steuer aus solchen Einkünften zu zahlen, mag manchem leichter gefallen sein als der Verzicht auf Teile eines möglicherweise kleinen Ernteertrags.

Von ihren römischen Lehrmeistern hatten die Franken auch das wichtigste Instrument der Steuererhebungspraxis übernommen: das Kataster. In ihm wurden die grundsteuerpflichtigen Güter und deren Besitzer verzeichnet. Allerdings reichte die bürokratische Energie der fränkischen Verwaltung nicht aus, ihre Verwaltungsunterlagen auf aktuellem Stand zu halten. Die Verzeichnisse verloren ihren Wert für die Steuereinziehung, weil Besitzerwechsel, Erbteilungen usw. nicht regelmäßig eingetragen wurden. Nicht identifiziert als Besitzer der Güter, konnten Steuerschuldner sich leicht ihren Verpflichtungen entziehen.

Steuern einzutreiben, war unter diesen Umständen eine kaum lösbare Aufgabe. Mit ihr waren hohe Funktionäre der fränkischen Könige betraut. Daneben begegnen auch selbständige Unternehmer, die im königlichen Auftrag Steuern erhoben. Sie verpflichteten sich, dem König bestimmte Summen abzuliefern, und hafteten für diese Summen mit ihrem eigenen Vermögen. Um ihren Vertrag erfüllen zu können, mußten sie unter Umständen Anleihen aufnehmen. Das war riskant. Denn nur namentlich bekannte Steuerpflichtige konnte man bei Zahlungsversäumnis oder -unfähigkeit pfänden. Fehlbeträge aber, die aus den geschilderten Mängeln der fränkischen Bürokratie resultierten, waren auch nachträglich nicht einzutreiben. Mancher Steuereinnehmer ging deshalb in seinen Ruin.[5]

Über die Höhe der üblicherweise geforderten Grundsteuerbeträge haben die Chronisten des merowingischen Reiches keinerlei Nachrichten hinterlassen. Verständlicherweise interessierten sie sich nicht so sehr für das Alltägliche, immer Wiederkehrende. Genaueres erfährt man nur über zwei Besteuerungsversuche, die Bischof Gregor von Tours, der große romanische Geschichtsschreiber des späten 6. Jahrhunderts, geschildert hat. Er erzählt, Chlotar I., König im neustrischen Teilreich, habe im Jahre 544 von der Kirche ein Drittel ihrer Naturaleinkünfte verlangt. Diese als unerträglich hoch empfundene Forderung sei tatsächlich von fast allen Bischöfen erfüllt worden. Im Jahre 579 hätte dann Chilperich I., Sohn jenes Chlotar, von jeweils ca. 10 Ar Weinanbaufläche rund 25 Liter Wein gefordert. Das mögen im klimatisch ungünstigen Limogesgebiet etwa zwanzig Prozent des durchschnittlichen Ertrags gewesen sein. Viele Steuerpflichtige hätten daraufhin Chilperichs Reich verlassen, weil sie sicher waren, anderwärts weniger bedrückende Lebensbedingungen vorzufinden. Gregor von Tours, ein sehr sorgfältiger und teilnehmender Beobachter, trägt die Fakten in beiden Fällen mit Empörung vor.[6] Daß er auf die Steuerforderungen von ca. 33 bzw. 20 Prozent vom Ertrag so entrüstet reagierte, erlaubt die Vermutung, normalerweise seien sehr viel niedrigere Steuersätze gefordert worden. Vielleicht verlangte man sonst zehn Prozent des Ertrags.

Durch seine Grundsteuerforderungen suchte das fränkische Reich die Besitzenden zu erfassen. Die Besitzlosen unterwarf man – ebenfalls nach römischem Vorbild – einer Kopfsteuer. Kopfsteuerpflichtig war also jeder, der nicht über Land- oder Hausbesitz verfügte. In die Steuerpflicht nahm das fränkische Steuerwesen schon die Halbwüchsigen, für die ihre Väter die geschuldeten Summen zu zahlen hatten. In gleicher Weise zahlten die Grundherren für die von ihnen abhängigen Unfreien. Besteuert wurde in diesem Fall die vom Grundherrn genutzte Arbeitskraft. Einzig Witwen, Waisen und Kranke sollten nach dem Willen der Könige steuerfrei bleiben.

Weil diese Steuer seit jeher nur von Besitzlosen zu zahlen war, hatte die Kopfsteuerpflicht schon in der Spätantike die niedere soziale Stellung der Betroffenen gekennzeichnet. Im fränkischen Reich wurde ihr deklassierender Charakter noch stärker empfunden. Denn nach fränkischer Auffassung bedeutete es eine Einbuße an Freiheit, einem anderen eine regelmäßige Abgabe leisten zu müssen. Durch eine solche Verpflichtung erkannte man beispielsweise an, den Schutz des mächtigen Zahlungsempfängers zu benötigen. Ganz in derselben Weise wurde die Kopfsteuerpflicht als unfreiwillig, notgedrungen eingegangene und statusmindernde persönliche Bindung des einzelnen an den König aufgefaßt. Diese Betrachtungsweise tritt in vielen merowingerzeitlichen Quellen deutlich hervor. So z. B. in einem zwar sagenhaften, aber auf die Erwartungen des fränkischen Publikums abgestimmten Bericht, verfaßt vom bereits zitierten anonymen Chronisten des 7. Jahrhunderts.[7] Danach hätte der Franke Wiomad den Plan verfolgt, seinen Freund, den vertriebenen König Childerich, Chlodwigs Vater, in sein Amt zurückzuholen. Zur Vorbereitung hielt er es für notwendig, den römischen Statthalter auf Childerichs Thron, Aegidius, beim Volk in Mißkredit zu bringen. Voll böser Absicht gab Wiomad deshalb dem mit fränkischer Mentalität nicht vertrauten Römer den Rat, er solle von jedem Franken eine Kopfsteuer erheben; er rechnete darauf, mit diesem Ansinnen werde Aegidius bei den Franken den erwünschten Aufruhr auslösen, den Umsturz selbst provozieren. Auch Gregor von Tours kennzeichnet Kopfsteuererhebungen als Demütigung bisher freier Franken.[8] Aus einem fränkischen Gesetz wird deutlich, welcherart die Freiheitsbeschränkungen sein konnten: Das Gesetz bestimmte, kein Kopfsteuerpflichtiger dürfe in den geistlichen Stand eintreten, ohne vorher die Genehmigung des Königs oder eines königlichen Richters eingeholt zu haben.[9] Indem die Erlaubnis verweigert wurde, in ein Kloster einzutreten, das dank besonderer Vergünstigung von der Steuerpflicht befreit war, schützte man den König vor der Verminderung seiner Einkünfte. Wohlhabende, d. h. grundsteuerpflichtige Franken waren dagegen nicht in ihren Entscheidungen eingeschränkt. Sie konnten frei in den geistlichen Stand treten, aber ebenso frei auch über ihre grundsteuerpflichtigen Güter verfügen, da ein etwaiger Besitzerwechsel keine Änderung in der Abgabenpflicht bewirkte. Es stimmt also, was eine Vertragsformel aus der Merowingerzeit festhält: Wirklich frei, auf gute Weise frei – *bene ingenuus* – war nur der nicht ins Kopfsteuerregister Eingetragene.[10]

Wie für die Grundsteuer fehlen auch für die Kopfsteuer Nachrichten über die Höhe der verlangten Steuersätze. Möglicherweise erhob man von jedem Steuerpflichtigen wie in römischer Zeit einen Goldsolidus; das entspricht etwa dem Wert einer Kuh. Auf jeden Fall wurde diese Steuer auch wegen ihrer Höhe als sehr drückend angesehen. Der Biograph der heiligen Königin Bathilde behauptet sogar, Väter hätten ihre Kinder lieber sterben lassen, als sie großzuziehen und dann Steuern für sie entrichten zu müssen.[11] Die Nachricht ist nicht wörtlich zu verstehen, doch weist sie auf Mißstände hin. Und Glauben verdienen die Klagen Gregors von Tours über die Ungerechtigkeiten, die auch im Fall der Kopfsteuer durch die mangelhafte Buchführung der fränkischen Verwaltung verursacht wurden. Wiederum bestand das Problem darin, daß die Steuerverzeichnisse nicht fortlaufend korrigiert wurden. Weder wurden die Namen verstorbener Steuerpflichtiger gelöscht, noch neu hinzukommende nachgetragen. Die Steuereinnehmer sollten aber trotzdem die Summen eintreiben, die sich aus den überalterten Listeneinträgen errechneten. Man hielt sich deshalb an eigentlich Steuerfreie, nämlich an Witwen, Waisen und Kranke, und brachte diese Bedürftigen in schwerste Bedrängnis.

Die römische Verwaltung hatte mit Grund- und Kopfsteuer Land und Leute zur Finanzierung des Staates heranzuziehen gewußt. Im Frankenreich war eine solche gleichmäßige Besteuerung der Untertanen nicht zu bewerkstelligen. Hier wurde die Steuererhebung hauptsächlich von kraftvoll herrschenden Königen von Fall zu Fall, mehr oder weniger sporadisch durchgesetzt. Immer wieder trafen aber Versuche, das System zu straffen oder gar Neuerungen einzuführen, auf den heftigsten Widerstand der Betroffenen. Vor allem in den Quellen des 6. und 7. Jahrhunderts werden solche Szenen in großer Farbigkeit geschildert. Auf diese grundsätzliche Feindseligkeit der Steuerpflichtigen soll Königin Brunhilde gerechnet haben, als sie angeblich versuchte, den Hausmeier Bertoald beseitigen zu lassen. Er allerdings zog mit 300 Bewaffneten zur Steuererhebung wie in einen Krieg. Wohl deshalb kam er nicht in erwähnenswerte Bedrängnis, verlor sein Leben nicht bei der Erfüllung seiner Aufgabe, sondern in einer Schlacht. Aber gegen seinen Kollegen Marcus rotteten sich im Jahr 579 die Leute von Limoges zusammen, um ihn zu erschlagen. Er entkam mit knapper Not und hatte damit mehr Glück als Parthenius. An diesem rächte sich das Volk von Trier im Jahr 548 noch nachträglich für Steuererhebungen, die er namens seines Königs durchgeführt hatte. Sogar das Asylrecht der Kirche verletzte man, ergriff ihn in einer Sakristei und brachte ihn um.[12]

Der erbitterte Zorn der Städter richtete sich auch gegen die Steuerverzeichnisse, zumal neu angelegte. Wiederholt berichten die Quellen, solche Verzeichnisse seien verbrannt worden. Viele Bischöfe beteiligten sich für ihre Städte am Widerstand gegen die Besteuerung. Die durchweg geistlichen Chronisten zögerten niemals, solche Proteste als rechtens zu bezeichnen, die Maßnahmen der Könige und ihrer Beauftragten als Unrecht zu brandmarken. Mit Genugtuung vermerkte Gregor von Tours, das kleine Söhnchen des Steuereinnehmers Audinus sei am selben Tag auf den Tod erkrankt, an dem sein Vater unrechtmäßigerweise die Leute von Tours zur Steuer veranlagen wollte.[13] Angeblich deuteten die Herrscher selbst gelegentlich ein sie betreffendes Unglück als Zeichen von Gottes Zorn, den sie durch Steuerforderungen gegen die Kirche auf sich gezogen hätten.[14] Die Könige waren jedenfalls immer wieder gezwungen, ihre Anordnungen zurückzunehmen und zu versprechen, bei alten, d. h. unsystematischen Gewohnheiten zu bleiben.

Obwohl Grund- und Kopfsteuer bei den Zahlungspflichtigen in merowingischer Zeit derart auf Ablehnung gestoßen waren, blieben diese beiden wichtigsten Steuerarten auch unter den karolingischen Herrschern im Arsenal der königlichen Steuerforderungen. Die Grundsteuer erschien nun häufig unter der Bezeichnung *census regalis*, Königszins.

Zum *census regalis* veranlagte man die *liberi homines*, die Freien, entsprechend der Größe ihres Landbesitzes. Bemessungsgrundlage war die Hufe, die Bauernstelle mit 30 bis 60 Morgen Land. Manch ein Steuerpflichtiger besaß allerdings nur Anteile an einer Hufe. Als einigermaßen wohlhabend dürfte der Besitzer von vier Hufen gegolten haben; er war zumindest vorübergehend abkömmlich, zog mit dem fränkischen Heer ins Feld, verfügte also wohl über ausreichend von ihm abhängige Unfreie, die in seiner Abwesenheit sein Land bewirtschafteten. Als reich werden Besitzer von 50 Hufen angesehen. In

Einzelfällen nannte ein Freier auch 1000 und mehr Hufen sei eigen.[15] Nach ihrem Rechtsstatus bildeten die Freien eine einheitliche Schicht, die Mittelschicht zwischen Adel und Hochkirche einerseits und dem breiten Spektrum der Unfreien andererseits. Die erkennbaren enormen Vermögensunterschiede beweisen aber, daß diese Mittelschicht keineswegs homogen war, sondern in sich breit gefächert. Daß die individuelle Freiheit oder Abhängigkeit in einem direkten Verhältnis stand zum jeweiligen Besitz, ist als der Normalfall zu vermuten.

Aus karolingischer Zeit wird in den Quellen über Steuerunruhen nichts mehr berichtet. Sie dürften auch tatsächlich nicht vorgekommen sein. Denn man erhob offensichtlich die alten Steuern nur noch dort, wo sie durch Gewohnheit gut eingeführt waren. Überdies hatten Adel und Hochkirche sich der Grundsteuerpflicht mit der Zeit zu entziehen gewußt; die Angehörigen dieser Gruppe waren danach als Anführer von Steuerunruhen nicht mehr zu fürchten. Schließlich verfolgten die frühen karolingischen Herrscher mit der Steuereintreibung nicht länger den einzigen Zweck, kurzfristig hohe Beträge zusammenzubringen. Sie ordneten vielmehr ihre Besteuerungsmaßnahmen nach ihren gesellschaftspolitischen Zielen. Es schien ihnen besonders wichtig, die Schicht der vom Adel unabhängigen Freien in ihrer Existenz zu sichern, den sozialen Abstieg bedürftiger Freier in die Unfreiheit, z. B. in die Schuldknechtschaft, zu verhindern. Steuerbefreiungen in Notlagen, etwa in Hungerjahren, mögen zur Verminderung des Unruhepotentials weiter beigetragen haben.

Neben den Grund- und Kopfsteuern wurden, zunehmend etwa seit der Mitte des 7. Jahrhunderts, verschiedene alte, wohl nie ganz in Vergessenheit geratene Abgaben wieder wichtiger, die aus der fränkisch-germanischen Tradition stammten. Von diesen Abgaben weiß die Überlieferung relativ wenig. Die archaische germanische Verwaltung kam weitgehend ohne schriftliche Aufzeichnungen aus, auch bestritten die kaum mehr in Städten, sondern fast durchwegs agrarisch lebenden Abgabenpflichtigen die Berechtigung der Forderungen nicht. Die Chronisten hatten keinen Anlaß, von dieser Seite des alltäglichen Lebens erzählend Notiz zu nehmen. Die Kenntnis von diesen Einkünften der fränkischen Herrscher stammt deshalb vor allem aus gelegentlichen Erwähnungen in Gesetzen und allgemeinen Verwaltungsvorschriften. Solche Kapitularien – diese Texte verdanken ihren Namen der Einteilung in kurze Kapitel – sind besonders aus karolingischer Zeit in größerer Zahl erhalten. Nicht für alle Abgaben läßt sich heute noch der Rechtsgrund feststellen, der für ihre Erhebung maßgeblich war. So ist unbekannt, weshalb gerade die Leute aus der Region um Le Mans alljährlich eine Herde von 100 Kühen aufzubringen und an den königlichen Hof zu treiben hatten.[16] Vielleicht waren sie dafür von anderen Forderungen freigestellt. Es könnte sich auch um eine Strafe gehandelt haben: vergleichbare Abgaben wurden sonst nur als Tribute von unterworfenen Völkern verlangt. Schon in merowingischer Zeit durften die Leute von Le Mans anstelle dieser Kühe Geld geben. Der allgemein gültige Tauschwert-Tarif von einem Goldsolidus für eine Kuh wurde bei der Festlegung des zu zahlenden Geldbetrages auf das Doppelte angehoben. Gründe hierfür sind gut zu erkennen: Zum einen war nicht nur die Abgabe erlassen, sondern auch eine Leistung, nämlich der Viehtrieb zum königlichen Hof. Zum andern waren ursprünglich mehr als 100 Kühe auf die Reise zu schikken, um die geforderte Zahl am Hof abliefern zu können, denn man hatte Verluste einzukalkulieren, die unterwegs infolge von Versorgungsschwierigkeiten oder Krankheiten leicht auftreten konnten. Für die Abgabepflichtigen aus Le Mans hatte sich die Forderung also wohl kaum erhöht, als man ihnen diese Umwandlung der Naturalleistung in eine Geldabgabe zugestand.

Unterschiedlich wird auch die Rechtsgrundlage einer Abgabe gedeutet, die seit merowingischer Zeit unter der Bezeichnung *steora* oder *osterstuopha* am Mittel- und Oberrhein erhoben wurde. Gegeben wurden Honig und Gewänder, andernorts Lämmer, Hühner, Eier und Holz, auch Getreide und in Einzelfällen Geld. Man sieht in der Stuofa wohl zu Recht eine Spielart der Grundsteuer, des *census regalis*. Aber auch die Interpretation dieser Steuer als einer Abgabe von Leuten, die als selbständige Bauern auf königlichem Land saßen, wurde erwogen. Stuofa wäre dann eine Art Pachtzahlung gewesen. Vergleichbare Abgaben kamen vor, man zahlte sie für die Nutzung königlicher Äcker, Weiden und des Waldes. Auch das Recht, Salz zu gewinnen, Pech zu sieden oder Jagd- und Fischgründe zu nutzen, wurde erworben, indem man dafür Abgaben an den König leistete. Denn er galt als Eigentümer der ausgedehnten Staatsdomänen, des unbebauten und des Rodungslandes, der Gewässer und der riesigen Forsten.

Häufig beliefen sich solche pachtähnlichen Zahlungen auf zehn Prozent des jeweiligen Ertrags. Die Abgaben selbst heißen oft auch Zehnte, *decima*. Sie sind aber nicht zu verwechseln mit dem Kirchenzehnten. Er wurde entsprechend dem biblischen Gebot im fränkischen Reich eingezogen; die karolingische Gesetzgebung unterstützte die Kirche dabei nachhaltig. Dennoch kam der Zehnte unter bestimmten Umständen gar nicht der Kirche zugute, sondern weltlichen Herren, unter ihnen gelegentlich auch dem König. Denn Herrscher und Adel gründeten auf ihrem Land Kirchen und betrachteten sie als ihr persönliches Eigentum. Einkünfte solcher Eigenkirchen zogen sie für ihre Zwecke ein. Erst eine Kirchenreform im frühen

9. Jahrhundert änderte diesen Zustand. Das Vermögen der Eigenkirchen mußte nun vom übrigen Vermögen des Herrn getrennt werden; er durfte das Kirchengut nicht mehr im eigenen Interesse verwenden, hatte aber weiterhin das Recht, die betreffende Kirche mit ihrem Zubehör zu verschenken oder zu verkaufen. Bis zu diesem Zeitpunkt aber gelangten die Kirchenzehnten von königlichen Eigenkirchen ganz wie die Steuern in die königliche Kammer.

Wie im spätantiken römischen Reich so wurden noch in der fränkischen Zeit die Untertanen nicht nur zur Zahlung von Steuern und Abgaben herangezogen – zur Erfüllung öffentlicher Aufgaben waren auch Dienste von ihnen zu leisten. So ließen die Könige beispielsweise die großen Bauten: Kirchen und Pfalzen, Wege oder Brücken von der Allgemeinheit errichten. Üblich war es in einem solchen Fall, einzelnen Mächtigen bestimmte Teilaufgaben zu stellen, die sie in eigener Regie mit ihren Mitteln und Arbeitskräften zu erfüllen hatten. Um kleinere Bauprojekte ausführen zu lassen, hob der Graf in der ihm zugewiesenen Region Leute aus. Sie durften sich diesem Gebot nicht widersetzen und arbeiteten nach seinen Anweisungen.

Die Dienstleistung bei der Errichtung großer Bauten bedeutete oft eine starke Belastung, auch für die Angehörigen der führenden Schichten. Anders scheint es im Fall der Königsgastung gewesen zu sein, dem *servitium regis*, wie in den Quellen das Anrecht des Königs auf Beherbergung und Unterhalt genannt wird. Bei einem Gefolge von etwa 1000 Leuten wären auch in diesem Fall erhebliche Kosten entstanden. Doch scheint den Untertanen normalerweise diese Bürde nicht auferlegt worden zu sein. Schon die Merowingerkönige bezogen ihren Unterhalt vornehmlich aus den ehemals römischen Staatsdomänen, die sie an sich gezogen hatten, ihren Aufenthalt nahmen sie mit Vorliebe in den alten römischen Stadtpalästen. In gleicher Weise nutzten die karolingischen Herrscher, die ersten Vertreter des mittelalterlichen Wanderkönigtums, bevorzugt das Königsgut, allenfalls das Gut von Reichsklöstern. Auf Königsgut wurden auch die karolingischen Pfalzen errichtet. Die notwendigen Naturalien lieferten die großen Königshöfe, die meist auch für die Beherbergung der Herrscher angemessen ausgerüstet waren. Die Gastungspflicht der Untertanen beschränkte sich normalerweise auf die durch Gesetze immer neu eingeschärfte Verpflichtung, Gesandten und anderen unter königlichem Schutz stehenden Personen unterwegs Unterkunft und Verpflegung zu gewähren.

Die aktive Mitwirkung der Untertanen an der Herrschaftsausübung der Könige blieb nicht auf die inneren Belange des fränkischen Reiches beschränkt. Auch die frühe Expansionspolitik der Merowingerkönige wurde vom Volke getragen: die Heerfolgepflicht der Freien entsprach den Bedürfnissen des frühmittelalterlichen fränkischen Heerkönigtums und brachte mit Landgewinnen und Beute auch den Untertanen Vorteile. Erst unter den Karolingern scheint die Erfüllung der Militärpflicht als beschwerlich empfunden worden zu sein. Es wurde nötig, Dienstunwillige mit schweren Strafen zu bedrohen. Auch wurde die Forderung der persönlichen Heerfolge eingeschränkt. Nur wer vier Hufen Land oder mehr besaß, mußte hinfort noch selbst ins Feld ziehen. Die Masse der Kleinbauern aber war nur mehr verpflichtet, zur Ausrüstung und Versorgung von Kriegern beizutragen. Mit der Aufhebung ihrer militärischen Dienstpflicht verloren diese Bauern auch das Recht, Waffen zu tragen. Sie sanken in den wenig angesehenen Status von Leuten ab, die sich nicht selbst schützen konnten, sondern auf Königsschutz angewiesen waren.[17]

Die Betrachtung der im Frankenreich geforderten Steuern, Abgaben und Dienste hat zu einem merkwürdigen Ergebnis geführt: Die Franken waren offensichtlich bereit, erhebliche Leistungen für ihren Staat und ihren König zu erbringen. Gegen Steuerforderungen im engeren Sinne aber setzten sie sich nachdrücklich und insgesamt erfolgreich zur Wehr. Dieser punktuelle Dissens zwischen Herrscher und Untertanen verdient noch einmal die volle Aufmerksamkeit, denn er dürfte nicht allein aus der Erbitterung über Unkorrektheiten erwachsen sein oder aus der Wut besitzloser Kopfsteuerpflichtiger. Vielmehr ging es offenbar um Grundsätzliches: Man bestritt die Berechtigung des Königs, überhaupt Steuern zu verlangen. Aus der Spätantike, aus der die Institutionen des Steuerwesens übernommen worden waren, ist ein derartiger Rechtfertigungsnotstand des Staates nicht bekannt; römischen Bürgern waren die hohen Forderungen des Staates einsichtig. Der spätantike Staat nämlich hatte nur überleben können, indem er gegen die Bedrohungen der Völkerwanderungszeit ein riesiges Heer aufbot, und dieses Heer zu unterhalten, war nicht nur eine Pflicht gewesen, denn die Erfüllung der Pflicht hatte auch im Interesse jedes Bürgers gelegen, der im Schutze römischer Rechtssicherheit die Vorteile römischer Zivilisation genießen wollte. Für den Bestand des fränkischen Reiches aber spielte von allen Leistungen der Untertanen die Steuer die geringste Rolle. Denn die staatlichen Einrichtungen des Frankenreiches wurden nicht durch Steuern unterhalten. Wo dies nicht durch die von der Allgemeinheit erbrachten Dienste geschah, erhielten die Einrichtungen sich selbst durch Abgaben, die von den Nutzern erhoben wurden. Aus Zöllen bestritt man z. B. die Unterhaltung von Brücken und Straßen; Richter machten sich aus Anteilen von Strafgeldern bezahlt usw. Die Steuern flossen also nicht in der heute üblichen Weise wieder der Allgemeinheit zu, sie wanderten vielmehr in den königlichen Schatz.

Über einen solchen Schatz oder Hort mußte jeder Frankenkönig verfügen; der Schatz war Ausweis des königlichen Herrschaftsrechts über das Reich – Reich und Schatz gehörten nach der Auffassung der Zeit untrennbar zusammen. Diesen Schatz zu besitzen, zusammenzuhalten und zu mehren, hieß also, für alle sichtbar die königliche Macht zu wahren. Überdies war der Schatz notwendig, um aus ihm gegebenenfalls besondere Dienste belohnen oder durch Geschenke die Beziehungen zu fremden Herrschern verbessern zu können. Jedem Franken, der sich mit dem fränkischen Reich identifizierte, mußte also an der glänzenden Ausstattung des königlichen Schatzes gelegen sein. Doch waren nach fränkischer Auffassung Steuern nicht das rechte Mittel, ihn zu füllen. Denn gerade die Art, wie der Schatz zusammenkam, machte ihn zum Ausweis der archaisch strukturierten Macht des Königs: der Schatz wurde gespeist aus den Anteilen des Königs an der Kriegsbeute, aus regelmäßig zu leistenden Tributen von in Abhängigkeit gebrachten Völkern, aus Konfiskationen von Gütern, die wirkliche oder vermeintliche Rechtsbrecher besessen hatten, auch aus geplündertem Kirchengut. Alle Stücke, die im Schatz aufbewahrt wurden, nämlich gemünztes und ungemünztes Gold und Silber, Schmuck, Edelsteine, Waffen, Wagen und kostbar gearbeitete Gerätschaften, auch wertvolle Pferde, alles erinnerte an erfolgreiche Kriegszüge, an die gelungene Unterwerfung fremder Stämme und Völker, an Situationen, in denen einzelnen Feinden die königliche Macht und die Waffentüchtigkeit des Volkes mit Nachdruck demonstriert worden war. Zum Schatz beisteuern zu müssen, hieß also, eine Niederlage einzugestehen. Zu diesem Eingeständnis wollten die Franken, Kriegsgefährten ihrer Könige, nicht gezwungen werden; das Verlangen, den Schatz durch regelmäßig zu zahlende Steuern zu vermehren, mußte ihnen als entwürdigendes Unrecht, als absichtsvoll auferlegte Demütigung erscheinen. Die vehemente Ablehnung galt dem Angriff auf die Ehre, nicht den staatlichen Forderungen überhaupt und schon gar nicht der Verfassung – die Quellen belegen es: Man wollte in einem Königreich leben, bei Königserhebungen oder -wahlen hielt man der bisher herrschenden Dynastie die Treue, doch verlangte man von der Herrschaftspraxis Rücksicht auf die hergebrachte Sozialordnung.

Mit Ausnahme der späten Merowinger behaupteten die fränkischen Könige erfolgreich den Besitz der Macht im Staate. Dennoch war es für sie von Vorteil, Forderungen zu stellen, die mit einer gewissen Selbständigkeit, ja sogar Freiwilligkeit von den Untertanen erfüllt werden konnten. So erklärt sich auch der merkwürdige Umstand, daß fränkische Könige erfolgreich die Darreichung von *dona*, von Geschenken, verlangen konnten.[18] Geschenke werden vielfach erwähnt. Auf sie erhoben die Könige Anspruch anläßlich besonderer Ereignisse wie etwa Hochzeiten in der königlichen Familie. Aber auch zu alljährlich wiederkehrenden Terminen waren Geschenke an die Könige zu liefern – ursprünglich wohl zum sogenannten «Märzfeld», später zu Beginn des Jahres. Durch die Lieferung solcher Pflichtgeschenke drückten die Franken ihre Zugehörigkeit zum Reich aus und erkannten die Rechtmäßigkeit der Königsherrschaft an. Eine gewisse Freiwilligkeit blieb für sie bei diesem Vorgang zumindest äußerlich gewahrt. Denn im Rahmen der herrschenden Vorstellungen bestimmte im allgemeinen der einzelne selbst Gegenstand und Wert seiner Gabe, und der König durfte die Geschenke nicht zurückweisen. Indem er sie in oft feierlicher Versammlung entgegennahm, akzeptierte er seinerseits den Anspruch der Geber auf eine den Regeln entsprechende Erfüllung der königlichen Aufgaben. Durch Darreichung und Annahme der Geschenke wurde demnach in repräsentativen Formen ein auf Gegenseitigkeit ausgerichtetes Rechts- und Pflichtenverhältnis begründet, verwirklicht und bekräftigt. Ähnlich konnten die Leistungsverpflichteten ihre Dienste auffassen. Man wirkte mit dem König zusammen für Ausbau und Sicherung des Reichs.

Die Betrachtung des fränkischen Steuerwesens macht sichtbar, daß der frühmittelalterliche König nicht mittels Institutionen herrschte, die ihre Legitimation aus abstrakter, gesetzter Rechtsnorm beziehen, denen alle Untertanen gleichförmig unterworfen gewesen wären. Dieser Staat ist vielmehr charakterisiert durch ein Netz persönlich geprägter und persönlich empfundener Bindungen und Abhängigkeiten. In diese Ordnung war der fränkische König und noch der König des hohen Mittelalters einbezogen, ihr hatte er mit seinen Forderungen und Maßnahmen Rechnung zu tragen. Der König durfte deshalb grundsätzlich nicht einseitig neues Recht setzen und dessen Durchsetzung erzwingen. Unbestreitbaren Anspruch hatte er dagegen auf freiwillige Leistungen, auch auf Gefolgschaft und Treue. Er herrschte, wie man gesagt hat, über einen «Personenverbandsstaat».[19]

Geld zum Kampf gegen Ungläubige

Die Finanzierung der Kreuzzüge und die Besteuerung des Klerus

Von Hannes Möhring

Was ist ein Kreuzzug? Unter einem Kreuzzug im engeren Sinn versteht die heutige Geschichtswissenschaft einen erstmals Ende des 11. Jahrhunderts unternommenen Kriegszug der abendländischen Christen, der auf die Herrschaft über das Grab Christi in Jerusalem gerichtet war, vom Papst ausgeschrieben und propagiert wurde, den Teilnehmern als bewaffneten Pilgern Ablaß der Sünden bzw. Strafen sowie weltliche Privilegien sicherte und von ihnen das Gelübde verlangte, das Unternehmen bis zum Ende durchzustehen. Im weiteren Sinn, d. h. unter Vernachlässigung des Charakters der Pilgerfahrt und des Ziels Jerusalem, rein von der kirchenrechtlichen Seite her betrachtet, kann unter einem Kreuzzug auch der Krieg gegen Heiden oder politische Gegner des Papsttums verstanden werden.

Die Geschichte der Kreuzzüge beginnt mit der Bitte des in Konstantinopel herrschenden byzantinischen Kaisers um die Hilfe der abendländischen Christen im Grenzkampf gegen die immer weiter vordringenden seldschukischen Türken. Papst Urban II. reagierte hierauf, indem er im Jahre 1095 die Christenheit zur Befreiung des seit 637 in den Händen der Muslime befindlichen Grabes Christi in Jerusalem aufrief. Vor allem in Frankreich stieß er dabei auf große – wenn auch nur allzubald nicht mehr rein religiöse – Begeisterung. Nach kurzer Zeit brachen ungeordnete Volksmassen auf, die aber größtenteils auf ihrem Weg über den Balkan und die heutige Türkei umkamen. Organisierte Heere aus Frankreich und dem normannischen Süditalien folgten. Die Deutschen beteiligten sich an diesem Kreuzzug noch nicht. Die Byzantiner sahen bald in den abendländischen Kreuzherren mehr eine Bedrohung als die erbetene Hilfe und atmeten auf, als die Kreuzfahrer den Boden ihres Reiches in Richtung Syrien/Palästina wieder verlassen hatten. Dort begannen die Kreuzfahrer sodann ihre Eroberungen, die 1099 mit der blutigen Einnahme Jerusalems gekrönt wurden und zur Gründung der vier Kreuzfahrerstaaten von Edessa, Antiochien, Jerusalem und Tripolis führten. Als 1144 Edessa wieder an die Muslime verlorenging, antwortete Europa mit dem zweiten Kreuzzug, der unter der Führung des deutschen und des französischen Königs stand, jedoch vor den Mauern von Damaskus scheiterte. Ein Teil der Deutschen war gar nicht erst ins Heilige Land gezogen, sondern hatte im Osten des Reiches einen Kreuzzug neuer Art gegen die heidnischen Wenden unternommen, freilich ohne jene unterwerfen oder zum Christentum bekehren zu können. Weitere Kreuzzugspläne scheiterten in der Folgezeit an der Rivalität zwischen dem englischen und dem französischen König. Erst als es 1187 Sultan Saladin gelang, die auch den Muslimen heilige Stadt Jerusalem zu erobern und das christliche Königreich Jerusalem bis auf die wichtige Hafenstadt Tyrus in seine Hand zu bringen, löste diese Entwicklung im Abendland unter der Beteiligung aller führenden Herrscher den dritten Kreuzzug aus, den größten Kreuzzug überhaupt. Gemessen an der Zielsetzung und den mit großem Aufwand betriebenen Rüstungen der Europäer war dessen Erfolg allerdings bescheiden: Jerusalem blieb auch nach dem Ende des dritten Kreuzzugs 1192 weiterhin muslimisch und sollte nur 1229 noch einmal durch Kaiser Friedrich II. auf diplomatischem Wege für kurze Zeit unter christliche Herrschaft kommen. Immerhin aber konnte mit dem an der Küste gelegenen Akkon die wichtigste Stadt der Kreuzfahrerstaaten zurückerobert und der verbliebene Rest der Kreuzfahrerstaaten für weitere hundert Jahre gesichert werden.

Auf dem Gebiet der Steuer setzte mit den Kreuzzügen eine Entwicklung ein, deren kulturgeschichtliche Bedeutung unbestreitbar ist und die doch in den zusammenfassenden Darstellungen der Kreuzzugsgeschichte nur allzuleicht übersehen wird: Sie führte vom Kreuzzug ohne Steuer zur Steuer ohne Kreuzzug – an ihrem Ende stand die Besteuerung der Geistlichkeit durch die weltliche Gewalt. Ist diese Entwicklung als solche schon interessant genug, so dient sie darüber hinaus bei der Betrachtung des Kreuzzugsgedankens und seiner Ausformungen als Kontrapunkt, der in seiner Nüchternheit vor falschen Einschätzungen bewahrt.

Für ihre Unkosten sind die ersten Kreuzfahrer selbst aufgekommen. Dies blieb auch im 12. Jahrhundert die Regel. Die nötigen Gelder konnten die meisten Kreuzfahrer aber nur durch Verkauf oder Beleihung aufbringen – in Transaktionen, die alle Arten von Eigentum betrafen: Land und Gebäude ebenso wie Einkünfte in Bargeld oder in Naturalien, gelegentlich sogar Menschen. Die gegen Pfand von dem einzelnen Kreuzfahrer geliehene Geldsumme war nicht zu verzinsen. Aber da der Verleiher so lange die Einkünfte von dem Eigentum erhielt, bis das aufgenommene Geld zurückgezahlt war, konnten diese Anleihen für ihn trotzdem sehr einträglich sein – zumal die Pfänder häufig nicht mehr ausgelöst wurden. Oftmals wurde auch festgelegt, daß das Pfand verfalle, sofern der Kreuzfahrer stürbe oder nicht zurückkehrte.

Diese Transaktionen blieben nicht ohne soziale und wirtschaftliche Folgen: Während sich so manche Kreuzfahrerfamilie an den Bettelstab brachte, wuchs der Reichtum der vielfach als Kreditgeber auftretenden kirchlichen Institutionen – zugleich wurde die Geldliquidität erhöht, wovon die Märkte in Okzident wie Orient profitierten.

Als Reaktionen auf die muslimische Rückeroberung Edessas 1144 beteiligten sich 1147 an einem Kreuzzug erstmals Könige. Zum ersten Male auch ist bei seiner Vorbereitung durch Ludwig VII. von Frankreich der Versuch gemacht worden, das Unternehmen durch zusätzliche Abgaben zu unterstützen. Leider wissen wir über Einzelheiten und Erfolg dieser Maßnahme so gut wie nichts.

Die erste Verordnung einer allgemeinen Hilfssteuer für die Kreuzfahrerstaaten, über die Näheres bekannt ist, wurde 1166 unter dem Eindruck der immer bedrohlicheren muslimischen Angriffe von dem englischen König Heinrich II. und Ludwig VII. von Frankreich erlassen. Die im Wortlaut erhaltene Verordnung Heinrichs II. besagt: «Zur Verteidigung und Unterstützung der Kirche und des Landes im Oriente soll jedermann in König Heinrichs Landen von allem *beweglichen Gute*, sei es Gold oder Silber, ausgenommen Edelsteine, oder seien es Tiere oder Münzen oder irgend etwas anderes, ausgenommen ausgeschnittene Kleider, und gleicherweise von *Einkünften* [d. h. hauptsächlich Naturallieferungen] in diesem Jahre 1166 je 2 Pfennige von jedem Pfunde geben, in den vier folgenden Jahren je 1 Pfennig von jedem Pfunde. Das soll er auch tun von bebauten Äckern und Weinbergen, dergestalt, daß die darauf verwendeten Unterhaltungskosten nicht berechnet werden. Dasselbe soll er auch geben von den Ausständen, die er gewiß ist, einzuziehen ... Wer ein Haus hat, aber nicht den Wert eines Pfundes, soll 1 Pfennig geben. Wer nicht den Wert eines Pfundes hat und doch ein Geschäft treibt, soll 1 Pfennig geben ... Die Abgabe wird entrichtet innerhalb 14 Tagen nach Remigius [1. Oktober] ... Es wird in den bischöflichen Kirchen der Städte und in allen Dorfkirchen ein Stock aufgestellt, in den jedermann nach Eidesleistung und nach sorgfältiger Berechnung seines Vermögens gewissenhaft hineinwirft, was davon auf die angegebene Weise zu entrichten ist. Hinterziehung wird mit der Exkommunikation bestraft. Der Stock hat drei Schlüssel, einen für den Priester, zwei für besonders gewissenhafte Pfarrangehörige. Bis zu Allerheiligen [1. November] soll das in den Dörfern eingenommene Geld von den Sammlern und anderen dazu berechtigten Zeugen zum Bischofssitz gebracht werden. Dann soll es an den zu bestimmenden Orten von den Erzbischöfen und Bischöfen weiter gesammelt werden. Der dritte Teil der Buße wird allen, die gewissenhaft zahlen, erlassen.» Ob dieses Versprechen mit dem Einverständnis des Papstes gegeben wurde, ist eine offene Frage. Bis zu dieser Zeit nämlich hatten die Päpste Ablaß – allerdings vollen Ablaß – nur demjenigen gewährt, der selbst als Kreuzfahrer ins Heilige Land zog oder im Falle seiner Verhinderung einen Ersatzmann stellte. Entsprechend hatte auch noch der an die Fürsten und alle Gläubigen gerichtete Aufruf Papst Alexanders III. vom 14. Juli 1165 gelautet.

Aus Furcht, der andere könnte während seiner Abwesenheit sein Reich angreifen, mochte sich aber weder der französische noch der englische König zur Kreuzfahrt entschließen. Immerhin schickte Heinrich II. in der Zeit nach 1170 zur Sühne für die Ermordung des Erzbischofs von Canterbury, Thomas Becket, mehrmals hohe Geldbeträge ins Heilige Land. Dort scheint dieses Geld allerdings unter der Obhut der Templer und Johanniter auf einem «Sperrkonto» gelegen zu haben und war offenbar einzig zur Finanzierung des von Heinrich II. mehrfach in Aussicht gestellten Kreuzzugs bestimmt – ein nützliches Druckmittel, um Heinrichs politischen Einfluß zu verstärken.

Nachdem der französische und der englische König 1185 nochmals eine Steuer zur Unterstützung der Kreuzfahrerstaaten ausgeschrieben hatten, die aber offenbar nicht eingetrieben wurde und jedenfalls keinen der beiden zum Aufbruch nach Palästina veranlaßte, gab der Großmeister der Templer die von ihm verwaltete Hälfte von Heinrichs Geldern ohne dessen Erlaubnis für den Kampf gegen Sultan Saladin frei. Als dann nach Saladins Sieg in der Schlacht von Hittin 1187 beinahe das ganze Königreich Jerusalem in muslimische Hand gefallen war, entschloß sich der Großmeister der Johanniter, die andere Hälfte zum Freikauf von Christen aus Jerusalem sowie zur Verteidigung der wichtigen Hafenstadt Tyrus zu verwenden. Damit war Heinrich II. finanziell nicht besser auf ein Kreuzzugsunternehmen vorbereitet als der französische König.

Beide haben aber den Kreuzzugsaufruf Gregors VIII. vom 29. Oktober 1187 befolgt und kurz nach ihrer Kreuznahme die wohl berühmteste Kreuzzugssteuer, den «Saladinszehnten», ausgeschrieben. In der Anordnung Heinrichs II. von Ende Januar 1188 heißt es unter anderem: «Wer das Kreuz nimmt, Geistlicher oder Laie, ist gemäß päpstlicher Verordnung von allen Sünden, die er gebüßt und gebeichtet hat, kraft der Machtvollkommenheit Gottes und der heiligen Apostel Peter und Paul frei und losgesprochen. Alle, die den Zug nicht mitmachen, Geistliche und Laien, sollen die Zehnten der Einkünfte des laufenden Jahres ihrer beweglichen Güter und ihres ganzen Vermögens, sowohl an Gold als an Silber als an allen anderen Dingen, geben. Ausgenommen sind bei den Geistlichen Kleider, Bücher, Ornat, Capella [d. h. alles, was zum Gottesdienst gehört]; bei den Geistlichen und den Laien kostbare Steine; bei den Rittern Pferde, Waffen und Kleider, die zu ihrem persönlichen Gebrauch dienen. Alle Geistlichen, Ritter und Knechte, die den Zug antreten, sollen die Zehnten ihrer Ländereien und ihrer Leute haben und nichts für sich geben. Bürger und Bauern, die ohne Erlaubnis ihrer Herren das Kreuz genommen haben, sollen trotzdem die Zehnten geben ...»

Heinrich II. ließ die Steuer mit der ihm in Geldangelegenheiten eigenen Rücksichtslosigkeit eintreiben. Es kamen gewaltige Summen zusammen, obwohl ein Sturm des Protestes losbrach. In der Tat: Wer sollte nach den bisherigen Gelübden Heinrichs II. noch glauben, er werde tatsächlich zum Kreuzzug aufbrechen? Aber selbst wenn: Wie sollte ein durch erpreßtes Geld finanziertes Unternehmen das Wohlgefallen Gottes finden?

Auch in Frankreich stieß der «Saladinszehnte» auf heftigen Widerstand, als dessen Wortführer der Klerus die eigenen Beschwerden betonte und sich zum Anwalt der wirtschaftlich Schwächeren machte. Der Protest des Klerus ist wenig verwunderlich, denn für ihren gewaltigen Besitz überall in Europa beanspruchte die Kirche innerhalb gewisser Grenzen Steuer-Immunität. Zum einen hatte sie stets die Leistungen für Heer und Hof des Königs erbracht, die aus der Lehensvergabe der Könige an die Bistümer und Klöster erwuchsen, und auch solche Abgaben geleistet, die schon beim Übergang in den kirchlichen Besitz auf den einzelnen Gütern ruhten. Zum anderen aber hatte sie sich gegen jede neue Besteuerung, durch wen auch immer, gewehrt. Erst 1179 hatte das dritte Lateran-Konzil die eigenmächtige Besteuerung der Kirchen- und Geistlichen-Güter durch weltliche Gewalten für sündhaft erklärt. Einzig in Notfällen, wenn die Kräfte der Laien nicht ausreichten, und auch dann nur mit ausdrücklicher Zustimmung von Bischof und Klerus, sollte eine Auflage auf den geistlichen Besitz gestattet, jeglicher Zwang dabei aber zu vermeiden sein.

Tatsächlich gewann der französische Klerus 1188 die Machtprobe: Bereits nach einem Jahr – der ursprünglich gesetzte Termin zum Aufbruch war inzwischen verstrichen – sah sich der französische König Philipp II. August veranlaßt, die den «Saladinszehnten» betreffende Anordnung als «Ungeheuerlichkeit» aufzuheben und zu versprechen, daß weder er noch seine Nachfolger einen solchen Versuch wiederholen würden.

Was das Reich Heinrichs II. betrifft, so ist von einer solchen Aufhebung nichts bekannt, doch war dem neuen englischen König Richard Löwenherz, dessen Taten den dritten Kreuzzug zu seinem Kreuzzug werden ließen, selbst ein Erbe von 100000 Pfund in Gold und Silber zuwenig. Nach dem Tod Heinrichs II. im Jahre 1189 hat er andere Wege zur Kreuzzugsfinanzierung beschritten, indem er mit Erfolg alles, was sich verkaufen ließ, zum Verkauf anbot: Ämter, Baronien, Grafschaften, Sheriffbezirke, Burgen, Städte, Ländereien gleichermaßen.

Der «Saladinszehnte» blieb der letzte ernsthafte Versuch, einen Kreuzzug nach Palästina durch eine allgemeine staatliche Steuer zu finanzieren. Kaiser Friedrich Barbarossa hatte in seinem Reich einen solchen Versuch gar nicht erst unternommen. Zu stark waren schon unter seinen Vorgängern die Widerstände gegen eine Reichssteuer gewesen. Erst den deutschen Territorialherren und den Städten sollte es gelingen, ordentliche öffentliche Steuern zu entwickeln.

Im 13. Jahrhundert übernahm statt dessen das Papsttum die Ausschreibung und Eintreibung von Kreuzzugssteuern. Diese Entwicklung wurde dadurch eingeleitet, daß Gregor VIII. als erster Papst allen denen Ablaß (d. h. wohl Teilablaß) versprach, die für den Kreuzzug Geld spendeten – sein Spendenaufruf erfolgte am 29. November 1187, zwei Monate vor der Ausschreibung des «Saladinszehnten» durch Heinrich II. und Philipp II. August. Gregors Nachfolger Klemens III. ordnete dann im Frühjahr 1188 trotz der vom Klerus am «Saladinszehnten» geübten Kritik an, daß die Erzbischöfe mit Hilfe einer kleinen Kommission eine angemessene Kollekte aller Geistlichen für Kreuzzugszwecke erzwingen sollten. Der dafür gewährte Teilablaß sollte sich nach den Eigenschaften des Spenders und der Größe seiner Gabe richten. Der Unterschied zu einer steuerlichen Auflage bestand darin, daß der Papst die Zustimmung der Geistlichkeit einholen mußte, die derartige, vom Papst besonders begründete Kollekten zwar nicht rundweg ablehnen konnte, aber doch über deren Natur und Höhe mitzureden hatte. Sobald dies geschehen war, konnte der Papst die Kollekte sogar gewaltsam eintreiben lassen. Im 13. Jahrhundert freilich sollte es auch zu päpstlichen Zwangskollekten kommen, die das Aussehen einer in ihrer Höhe festgelegten Einkommensteuer besaßen.

Die Zwangskollekte Klemens' III. zur Vorbereitung des dritten Kreuzzugs bildete die Vorstufe zur päpstlichen Besteuerung des Klerus anläßlich des vierten Kreuzzugs durch Innocenz III., der Planung und Durchführung der Kreuzzüge nicht länger den weltlichen Herrschern überlassen wollte und zur Sache des Papsttums machte – mit ihrem die ganze abendländische Christenheit umspannenden Verwaltungsapparat und der wirtschaftlich überragenden Bedeutung ihres Besitzes war die Kirche hierfür auch geradezu prädestiniert. 1198 verhieß Innocenz III. allen jenen den vollen Ablaß, die am Kreuzzug teilnehmen oder die Kosten eines Kreuzfahrers für Rüstung, Reise und Lebensunterhalt während zweier Jahre tragen würden. Teilablaß immerhin noch sollte denen winken, die ihren Mitteln entsprechend zu den Kreuzzugskosten beitrügen, wobei sich das Maß nach Gabengröße und Frömmigkeitsgrad des Spenders richten sollte.

Im Gegensatz zur Predigt für den Kreuzzug hatte die Kollekte nur geringen Erfolg, obwohl Innocenz den Geistlichen unter Androhung der Suspension, d.h. vor allem des Verlustes ihrer Einkommen, einfach befohlen hatte, ein bestimmtes Truppenkontingent oder das dafür benötigte Geld zu stellen. Daher rief Innocenz die Laien Ende 1199 nochmals zur Spende auf und senkte die für den Ablaß zu erfüllenden Bedingungen. Die Zwangskollekte des Klerus dagegen verwandelte er in eine förmliche Kreuzzugssteuer von einem Vierzigsten aller Einnahmen der Geistlichen, ausgenommen einige Orden, die den Fünfzigsten zahlen sollten. Dafür verhieß er den Ablaß eines Viertels der Bußstrafen. Zugleich betonte der Papst, es handele sich um eine einmalige Notmaßnahme, durch die kein Präzedenzfall geschaffen werden solle. Selbst diese scharf angekündigte und straff organisierte Steuer brachte nicht das erhoffte Geld ein. Mit Blick auf den französischen Klerus klagte Innocenz im Sommer 1200, das Geld werde statt für die Sache Christi für Schauspiele und Jagdvergnügen ausgegeben, was den Laien Anlaß zu ärgerlichen Gerüchten gebe. Noch 1206/1207 – längst nach Ende des vierten Kreuzzugs, der in Verkehrung seiner ursprünglichen Ziele zur Eroberung des christlichen Byzanz geführt hatte – mußte Innocenz nach England schreiben, man solle endlich die Steuer von 1199 zahlen bzw. mit Zwangsmaßnahmen eintreiben. Der Bischof von Paris war nicht besser: Er bezahlte seinen Vierzigsten erst 1208.

Der im Oktober 1208 als Kreuzzug ausgeschriebene Kampf gegen die häretischen Albigenser in Südfrankreich erforderte neue finanzielle Überlegungen. Dabei widerstand Innocenz allen Versuchungen, den Klerus abermals zu besteuern und diese Steuer auch auf die Laien auszudehnen. Offenbar veranlaßten ihn der geringe Erfolg der Steuer von 1199 und die rechtliche Problematik der Laienbesteuerung, den weniger angreifbaren Weg einer intensiv propagierten Kollekte mit einem neu eingeführten, erheblich über der Steuer von 1199 liegenden Richtsatz zu wählen. Um alle Teilnehmer – nicht nur die bedürftigen unter ihnen wie bisher – an diesem Kreuzzug neuer Prägung finanziell unterstützen zu können, sollte der Klerus von Frankreich die dortigen Christen anhalten, einmalig ein Zehntel ihrer Jahreseinkommen zu spenden. Nur im Fall, daß dies nicht ausreiche und sich der Kreuzzug aufzulösen drohe, sollten die Legaten eine Steuer ausschreiben, vorausgesetzt, es entstehe dadurch kein allgemeines Ärgernis. Was die Laien angehe, so sei dafür überdies die Erlaubnis der Lehnsherren einzuholen.

1213 rief Innocenz die abendländischen Christen zum fünften Kreuzzug auf, der gegen Ägypten gerichtet war. Den Teilnehmern und denen, die das Unternehmen durch Geldzahlungen unterstützen würden, sollte der übliche Ablaß bzw. Teilablaß gewährt werden. Zur Finanzierung waren die Laien wieder zu einer freiwilligen Spende aufgefordert. Was dagegen den Klerus betraf, so entschloß sich Innocenz wie schon 1199 zu seiner Besteuerung, diesmal in Höhe eines Zwanzigstels seiner Einnahmen während dreier Jahre, ausgenommen aktive Kreuzfahrer und einige Orden. Allerdings suchte er dafür zuvor die Zustimmung des vierten Lateran-Konzils von 1215. Die dort erreichte Anerkennung einer Steuerpflicht des Klerus für Kreuzzugsangelegenheiten ließ weitere Steuerauflagen durch die Päpste erwarten, und es sollte sich zeigen, daß sie sich dabei nicht an das Projekt eines Kreuzzugs nach Palästina gebunden fühlten.

In der Frage der Besteuerung des Klerus durch weltliche Gewalten bekräftigten die Konzilsteilnehmer dagegen die Beschlüsse des dritten Lateran-Konzils von 1179: Staatliche außerordentliche Kirchensteuern blieben von der Zustimmung des zu besteuernden Klerus abhängig, der nun aber zuvor noch den Papst konsultieren sollte. Allerdings wurde es in der Folgezeit zur Regel, den persönlich ins Heilige Land ziehenden Landes- oder Grundherren die Kreuzzugssteuer ihres Gebietes zu überlassen.

Eine wesentliche Neuerung bei den Vorbereitungen zum fünften Kreuzzug durch Innocenz III. bildete der Verzicht auf jegliche Kontrolle bei der Kreuznahme und die Möglichkeit, das Gelübde durch eine Geldzahlung abzulösen. Nachdem 1198 voller Ablaß auch demjenigen in Aussicht gestellt worden war, der, ohne selbst am Kreuzzug teilzunehmen, die Unkosten eines Kreuzfahrers während zweier Jahre tragen würde, war es nur konsequent, wenn von dem Gelübde nicht länger allein durch Stellung eines Ersatzmanns und Übernahme seiner Unkosten, sondern auch durch eine reine Geldzahlung entbunden werden konnte, zumal es bereits vor dem ersten Kreuzzug, im Jahr 1089, vorgekommen war, daß das Gelübde der Pilgerfahrt nach Jerusalem auf diese Weise abgelöst worden war. Ausnahmsweise hatte Innocenz diese Möglichkeit schon im Jahre 1200 zugestanden. Obwohl er damals die Meinung vertreten hatte, die Schwachen und Armen seien als Kreuzzugsteilnehmer nur hinderlich, öffnete er 1213 doch der unkontrollierten Massenbegeisterung Tür und Tor: Da es zu zeitraubend sei, jeden, der das Kreuz begehre, auf seine Tauglichkeit hin zu prüfen, solle unterschiedslos jedermann zur Kreuznahme zugelassen werden, ausgenommen Ordensleute und Regularkanoniker. Sofern dann dringende Notwendigkeit und augenscheinlicher Nutzen – zwei dehnbare Bedingungen – es erforderten, könnten die

Kreuzgelübde mit päpstlicher Erlaubnis umgewandelt, aufgeschoben oder durch Zahlungen abgelöst werden.

Hintergedanken finanzieller Art sind schwerlich zu bestreiten. Die Gelübdeablösung durch Zahlung einer nicht starr festgelegten, den Verhältnissen des einzelnen angepaßten Geldsumme wurde bald zu einer bedeutenden Einnahmequelle der Päpste. Der bei der Gelübdeablösung unter Gregor IX. oftmals gewährte volle Ablaß hatte zur Folge, daß Innocenz IV. 1250 ab einer bestimmten, aber wohl ebenfalls unterhalb der Kosten für eine persönliche Kreuzfahrt liegenden Spendenhöhe auch denjenigen, die kein Kreuzzugsgelübde ablegten, sondern von vornherein eine bloße Geldzahlung leisteten, vollen Ablaß gewährte. Der Teilnahme am Kreuzzug konnte diese Entwicklung nicht förderlich sein. Angesichts einer nachlassenden Kreuzzugsbegeisterung mochte es aber richtig sein, wenigstens für die nötigen Mittel zu sorgen – jedenfalls sofern diese dann tatsächlich für die Sache des Heiligen Landes verwendet worden wären.

Was die Kreuzzugssteuer von 1215 betrifft, so erhob sich im Klerus trotz des Konzilsbeschlusses heftiger Widerspruch, sobald die Eintreibung begann. 1221 sah sich Innocenz' Nachfolger Honorius III. zur Exkommunikation und Suspension einiger Kleriker gezwungen, die die Steuerzahlung mit der Begründung verweigert hatten, daß der Papst den für die Sache des Heiligen Landes ausgeschriebenen Zwanzigsten nicht für den Kampf gegen die Albigenser verwenden dürfe. Tatsächlich hatte Honorius III., als der Ketzerkreuzzug zu scheitern drohte, dem französischen König teilweise die für das Heilige Land bestimmten Steuererträge aus seinem Reich zugestanden und dies damit verteidigt, daß die päpstlichen Kassen im Dienst des Heiligen Landes geleert worden und deshalb Mittel aus der Kreuzzugssteuer für den Albigenserkrieg freizugeben seien. Die Zweckentfremdung der Kreuzzugssteuer, mit welcher Begründung auch immer, sollte Schule machen.

Unter Honorius III. begann auch die Entwicklung zu einer Zentralisierung bei der Eintreibung und Verwaltung der Kreuzzugssteuern, die später dazu führte, daß mit diesem Geschäft nicht mehr die Bischöfe, sondern eigene päpstliche Kollektoren betraut wurden. Die Zentralisierung wurde um so notwendiger, je weniger die Steuern ihrem eigentlichen Zweck zugute kamen und je stärker deshalb der Widerstand des besteuerten Klerus wurde, der häufig nur durch die Verhängung kirchlicher Strafen zu brechen war – und auch das nicht immer. Die gesammelten Steuererträge gingen allerdings nur selten durch direkte Boten an die Kurie. Gewöhnlich wurden die Gelder in Klöstern oder Kirchen, mit Vorliebe in den Häusern der Templer, zur Verfügung des Papstes hinterlegt. Üblich war außerdem die Ablieferung an Kaufleute oder Bankhäuser, die mit der Kurie in Geschäftsverbindung standen, sei es zur Rückzahlung von auf die erwarteten Steuererträge hin gegebenen Darlehen, sei es zur Übermittlung an die Kurie oder auch zur vorübergehenden Aufbewahrung. Diese Zusammenarbeit trug erheblich zur Spitzenstellung der italienischen Bankiers bei.

Was die Verteilung der Kreuzzugsgelder betrifft, so wurde dem Kreuzfahrer, ursprünglich nur dem bedürftigen, sein Teil in der Regel erst übergeben, wenn er die Kreuzfahrt tatsächlich antrat. Innocenz III. beispielsweise ordnete 1198 an, der betreffende Kreuzfahrer habe eine Kaution dafür zu stellen, daß er sich für wenigstens ein Jahr aktiv an der Verteidigung des Heiligen Landes beteiligen wolle. Erst nach Vorlage einer darüber von berufener Seite ausgestellten Bescheinigung solle die Kaution wieder verfügbar werden. Kehre der Kreuzfahrer vorzeitig zurück, so müsse er die erhaltenen Hilfsgelder zurückzahlen. Trotz derartiger Regelungen bestand aber die Möglichkeit, die Kreuzzugsgelder als billige Darlehen zu mißbrauchen – mit der Chance, die Rückzahlung so lange hinauszuschieben, bis die Schuld ganz oder teilweise gestundet wurde. Die großen Herren nämlich empfingen teilweise auf ein bloßes Kreuzzugsversprechen den Ertrag der in ihrem Land erhobenen Kreuzzugssteuer. Das führte manchmal dazu, daß sie ihr Gelübde gar nicht ernst meinten, sondern es lediglich zur Sicherung bereits gesammelter Gelder gegen möglichen Mißbrauch der Päpste oder die Erhebung neuer Steuern ablegten. Wohl niemand hat diese Kunst besser beherrscht als Heinrich III. von England und sein Sohn Eduard I. Wie sein Vater so nährte auch Eduard den Glauben, er, der bereits als Prinz 1271/72 im Anschluß an Ludwigs des Heiligen Kreuzzug gegen Tunis ins Heilige Land gezogen war, werde nochmals auf Kreuzfahrt gehen, und tauschte dafür stets neuen Aufschub mit neuen Steuerbewilligungen ein, die seinen Kriegen gegen Wales und Schottland zugute kamen. Dabei schreckte er auch nicht davor zurück, die Transferierung von für das Heilige Land bestimmten Steuererträgen ins Ausland zu verbieten und sich gewaltsam in deren Besitz zu bringen.

Abgesehen von der unter Honorius III. beginnenden Zweckentfremdung der zur Unterstützung der christlichen Herrschaft im Heiligen Land ausgeschriebenen Steuern durch Päpste und Könige, erhoben die Päpste im weiteren Verlauf des 13. Jahrhunderts auch Sondersteuern auf das Einkommen des Klerus, die dieses Ziel von vornherein nicht mehr hatten. Den Anfang machte Honorius' Nachfolger Gregor IX., der 1228 einen Zehnt zum Kampf gegen Kaiser Friedrich II. erheben ließ. Diese Entwicklung ging Hand in Hand mit der Ausweitung des Kreuzzugsgedankens in der praktischen Politik:

Schon im 12. Jahrhundert hatte es Kreuzzüge gegeben, die durchsichtigen politischen Zielen folgten und mit einem Kreuzzug ins Heilige Land nur insofern etwas gemein hatten, als sie zur notwendigen Vorstufe für dessen Gelingen erklärt wurden. Im Falle des als Kreuzzug geführten Krieges gegen die häretischen Albigenser zu Beginn des 13. Jahrhunderts konnte dies freilich nicht behauptet werden. Dafür galt nunmehr der Kampf gegen die inneren Feinde der Kirche bzw. des Papstes als ebenso verdienstvoll wie derjenige gegen die äußeren. Vom Ketzerkreuzzug zum als Kreuzzug geführten, aber unverkennbar durch andere politische Interessen bestimmten Kampf gegen einen christlichen Herrscher war es bloß ein Schritt: Es kam nur darauf an, den politischen Gegner als Ketzer und Gefahr für die Kirche hinzustellen. Als ein solcher Kreuzzug neuer Prägung wurde durch die Päpste von 1240 an der Kampf gegen Friedrich II. geführt und gegen seine Erben fortgesetzt, um dem Kirchenstaat durch die Etablierung einer der Kurie ergebenen Herrscherdynastie im Süden sichere Rückendeckung zu verschaffen. Diese Entwicklung ließ den Kreuzzug zu einem ganz normalen Krieg zwischen europäischen Fürsten entarten. Das beste Beispiel dafür liefert der vom Papsttum wegen der aragonesischen Herrschaft auf Sizilien initiierte Krieg Frankreichs gegen Aragon – nach dessen Ende sich beide Seiten gegen England verbanden, das nun von der Kurie zum Hindernis für die Betreibung der Angelegenheiten des Heiligen Landes erklärt wurde. Abgesehen von der vorteilhaften Ideologisierung des Krieges, brachte seine Anerkennung als Kreuzzug dem Fürsten, der ihn führte, auch den Vorteil, in den Genuß der in seinem Land dafür oder für einen Kreuzzug nach Palästina erhobenen Steuer zu kommen.

In welcher Lage aber befanden sich während des 13. Jahrhunderts die Kreuzfahrerstaaten, um deren Erhaltung es ja zunächst noch vorrangig gegangen war? Sie ist durch einen Schwächezustand charakterisiert, der mit militärischen Hilfsaktionen nicht nachhaltig zu bessern war, obwohl die in den Orient unternommenen Kreuzzüge trotz allen Mißbrauchs rascher aufeinander folgten als im 12. Jahrhundert. Deren Organisation überließen die Nachfolger Innocenz' III. wieder einzelnen Herrschern und kleineren Herren. Als Beispiel hierfür stehen der Kreuzzug Kaiser Friedrichs II., der Jerusalem 1229 nochmals unter christliche Herrschaft brachte, sowie derjenige Ludwigs des Heiligen von Frankreich, der 1250 mit der Gefangennahme des gesamten französischen Kreuzfahrerheeres in Ägypten endete. Für die Haltung des Papsttums jener Zeit ist es bezeichnend, daß Gregor IX. im Jahre 1239 den Zug des Grafen Theobald IV. von der Champagne, Königs von Navarra, ebenso wie denjenigen Graf Richards von Cornwall, des späteren deutschen Königs, zur Unterstützung des 1204 durch den mißgeleiteten vierten Kreuzzug entstandenen Lateinischen Kaiserreichs nach Konstantinopel umlenken wollte. Erst Gregor X. widmete dem Kreuzzug in den Orient wieder seine ganze Kraft. Aber angesichts der negativen Entwicklungen mußte sein großartiger, auf dem zweiten Lyoner Konzil 1274 unternommener Versuch scheitern, noch einmal die gesamte abendländische Christenheit für einen Kreuzzug nach Palästina zu gewinnen – trotz der finanziellen Sicherung durch eine genauestens durchdachte und bestens organisierte Besteuerung des Klerus, trotz der Kreuzzugsversprechen fast aller bedeutenden abendländischen Herrscher. Keine zwanzig Jahre später ging 1291 mit Akkon die letzte christliche Stadt im Heiligen Land an die Muslime verloren.

Der Verlust der Kreuzfahrerstaaten bedeutete weder das Ende abendländischer Kreuzzugsprojekte noch der Erhebung entsprechender Steuern, allerdings vollzog sich fast gleichzeitig eine entscheidende Wende in der Frage der Kirchenbesteuerung. In den vorausgegangenen Jahrzehnten war die unregelmäßige Besteuerung des englischen und französischen Klerus durch die Päpste zur Gewohnheit geworden und waren Herrscher wie Eduard I. von England und Philipp IV. von Frankreich in ihren Genuß gekommen, ohne ihrem wie auch immer bestimmten Zweck entsprechend zu handeln: So wie dem einen der Kreuzzug ins Heilige Land, so war dem anderen der Kreuzkrieg gegen Aragon lediglich Mittel zur Erlangung von Geld. Auf die Dauer konnte es daher wohl kaum ausbleiben, daß die weltliche Gewalt auf direktem Weg nach dem Geld der Geistlichkeit zu greifen versuchte – schon gar nicht, wenn England und Frankreich miteinander Krieg führten wie von 1294 an. Eduard und Philipp verlangten dazu vom englischen bzw. französischen Klerus einen finanziellen Beitrag. Damals war noch kein neuer Papst gewählt, den man hätte konsultieren können, und die französischen Bischöfe sahen kein Hindernis, zwei Jahreszehnten zuzugestehen. Aber das reichte nicht aus, und deshalb sollten 1296 im Norden Frankreichs zwei weitere Jahreszehnten, im Süden nochmals vier bewilligt werden. Doch mit Ausnahme der Bischöfe weigerte sich der französische Klerus.

Papst Bonifaz VIII. sah sich zum Eingreifen veranlaßt und verbot den Geistlichen 1296 in der Bulle «Clericis laicos», ohne päpstliche Erlaubnis außerordentliche Steuern an Laien zu zahlen. Gleichzeitig wurde den Inhabern der weltlichen Gewalt verboten, solche Steuern zu fordern. Zuwiderhandelnde wurden mit der Exkommunikation bedroht.

Die Bulle bedeutete eine Verschärfung des geltenden Rechts weniger dadurch, daß Bonifaz VIII. an die Stelle der Befragung des Papstes die Einholung seiner Erlaubnis setzte – denn eine Bewilligung zu untersagen, hatte dem Papst immer freigestanden – als dadurch, daß er eine nicht ausdrücklich erlaubte Bewilligung oder Besteuerung ohne weiteres mit harter Strafe belegte. Die Regelung sollte allgemein gelten, also nicht nur für Frankreich, sondern auch für England. Vielleicht verband Bonifaz mit ihr die Hoffnung, seine bis dahin erfolglose Friedensvermittlung zu unterstützen, indem er den Kriegführenden die dafür nötigen Mittel zu sperren drohte.

Es war Philipp IV., der den Widerstand des Papstes brach. Das von ihm verhängte allgemeine Ausfuhrverbot – auch für Wertsachen und Geld – drohte die päpstlichen Finanzen zusammenbrechen zu lassen. Bonifaz blieb nichts anderes übrig, als nachzugeben. Anfang Februar 1297 schrieb er an Philipp, die von ihm getroffene Regelung sei so zu verstehen, daß Geistliche eine Beisteuer bewilligen könnten, sofern dies ohne Zwang geschehe, und daß in Notfällen der Papst nicht erst um Erlaubnis gebeten werden müsse. Ende Februar gestand er außerdem zu, daß der französische Klerus eine «freiwillige» Abgabe für ein Jahr machen dürfe, deren Höhe zu genehmigen er sich vorbehalte. Dessenungeachtet bewilligten die französischen Bischöfe ihrem König Ende März einen doppelten Zehnten, zahlbar in zwei Jahren. Vor vollendete Tatsachen gestellt, genehmigte Bonifaz Ende Juli in der Bulle «Etsi de statu» auch dies und machte in der Frage des Notfalls ein entscheidendes Zugeständnis: Ob ein Notfall vorliege, entscheide der König.

Damit war neben dem Recht des Papstes ein Recht der weltlichen Gewalt auf Kirchensteuern durchgesetzt. Allerdings galt das von Bonifaz gemachte Zugeständnis nur für Frankreich. Es war deshalb mehr als eine bloße Formalität, als Klemens V. 1306 die Bulle «Clericis laicos» aufhob und in der Frage der Besteuerung des Klerus die Rechtslage wiederherstellte, die das vierte Lateran-Konzil 1215 geschaffen hatte. Trotzdem haben die weltlichen Großen während des 14. Jahrhunderts in der Regel den Papst um Erlaubnis ersucht, wenn sie den Klerus ihrer Gebiete besteuern wollten.

Die Steuer für den Kreuzzug in den Orient verlor infolge dieser Entwicklung keineswegs an Attraktivität. Wie allein schon das Beispiel Frankreichs zeigt, wurde sie auch im 14. Jahrhundert noch oft ausgeschrieben – vor allem wohl deshalb, weil sie einen höheren Ertrag erwarten ließ als anders begründete Sondersteuern und trotzdem leichter durchzusetzen war. Wie sie am geschicktesten zu mißbrauchen war, hatte die Vergangenheit gelehrt.

Zwischen Verschuldung und Steuerrebellion

Die mittelalterliche Stadt an den Beispielen Florenz und Köln

Von Achatz von Müller

Daß die Obrigkeit Steuern erheben dürfe, wollte den Menschen des Spätmittelalters nicht so recht in den Kopf. Wohl kannte man den von den Herrschaftsträgern zumeist ohne christliche Demut zitierten Satz aus dem Matthäus-Evangelium, der konstitutiv für alle steuerzahlenden christlichen Gesellschaften werden sollte: «Gebt also dem Kaiser, was des Kaisers ist, und Gott, was Gottes ist.» Doch dem Kaiser war ja gegeben – nämlich das Reichsgut und sein Hausgut. In gleicher Weise war auch den anderen Herrschaftsträgern gegeben: den Fürsten, Grundherren, geistlichen Herrschaften und Städten. Sie alle verfügten über Güter und Einkünfte, mit deren Hilfe sie ihre – modern gesprochen – «öffentlichen Aufgaben» zu erledigen hatten. Noch Thomas von Aquin – die bedeutendste staats- und gesellschaftstheoretische Autorität des Spätmittelalters – faßte diese Form der Finanzierung öffentlicher Aufgaben als die gottgefälligste auf. Sie, und nicht die Steuer, entspreche der Weisung Gottes an die Menschen: «Daher sind den Herren Güter zugewiesen, daß sie daraus ihren Unterhalt bestreiten und sich enthalten, ihre Untertanen zu berauben. Darum heißt es beim Propheten Ezechiel auf Weisung Gottes: ‹Der Herrscher wird in Israel seinen Besitz haben und darüber hinaus werden die Fürsten mein Volk nicht brandschatzen›.»

Daß hier keine blasse theologische Theorie vorlag, zeigt allein schon der Blick auf die vielfältigen Klagen und Beschwerden der dennoch von den Herren zur Steuer veranlagten Untertanen. Von ihnen wird die geforderte Steuer immer wieder als «Zwang», «Gewalt» oder – nach Thomas von Aquin – sogar als «Raub» bezeichnet. Die Häufigkeit solcher Beschwerden verweist auch darauf, daß sich die feudalen Herrschaftsgewalten im Spätmittelalter auf dem Weg zum modernen – bürokratisch organisierten, zentral gelenkten – Staat befinden, der ganz neue Rechte, aber auch neue Aufgaben beansprucht. Dorthin gelangten aber nur solche Feudalherren, die diesen Weg auch finanzieren konnten – durch Mehreinnahmen, durch Steuern. Man mag nun, wie es die Historiker tun, darüber streiten, ob das Motiv zur Ausbildung des modernen Staates darin bestand, daß diese Herren neue Finanzierungsmöglichkeiten suchten, oder ob sie Rang-,

Rechts- und Machtsteigerung gegenüber den feudalen Konkurrenten nur in neuen Herrschaftsorganisationen und neuen gesellschaftlichen Bündnissen fanden, die einfach mehr Geld kosteten. Eines jedenfalls bleibt unbestritten: der konstitutive Zusammenhang von Staat und Steuer. Der Weg zum modernen Staat führte somit über die Durchsetzung der Steuer oder besser über das Recht auf die Erhebung von Steuern.

Die Legitimierung dieses Rechtes vollzieht als erster Thomas von Aquin. Es geschieht bei ihm natürlich vor dem Hintergrund der erwähnten Haltung, nach der Steuer mit Raub gleichzusetzen ist. Konsequent und realistisch zugleich nennt er dabei als entscheidendes Motiv für das dennoch einzuräumende Recht der Herren auf Steuern eine Erweiterung der herrschaftlichen Aufgaben. Bedeutsam wird hier das Kriterium, das Thomas für Herrschaftsexpansion entdeckt. Es ist die Vernunft. Im Zweifelsfall – so ist zu ergänzen – die des Herren. Diese Rationalität der Herrschaftsziele stellt Thomas neben das traditionelle Argument der Landesverteidigung, das schon lange vor ihm – übrigens auch nach ihm – höhere Lasten, Dienste oder Abgaben der Untertanen verlangte und legitimierte: «Dennoch ereignet es sich manchmal, daß die Fürsten nicht über genügend Einkünfte zum Schutz des Landes und zur Erfüllung aller anderen Aufgaben verfügen, die sie *vernünftigerweise* anzustreben haben. In einem solchen Fall ist es nur gerecht, daß die Untertanen das bezahlen, mit dem ihr gemeinsames Wohl gesichert wird.»

Analog definiert Thomas auch, was unter Steuern in Abgrenzung gegenüber herrschaftlichen Einkünften zu verstehen sei. Herrschaftliche Einkünfte erscheinen stets als Rente aus Grundbesitz, Diensten oder Nutzung «öffentlicher Einrichtungen» wie Markt, Tor, Hafen und vieles andere. Steuer dagegen wird von Thomas an zwei Kriterien gebunden: an die *«utilitas communis»* – das Gemeinwohl – und die *«colligatio a singulis»* – das Eintreiben der Abgabe von allen Einzelpersonen. Damit sind deutlich bereits zu diesem frühen Zeitpunkt – mitten im 13. Jahrhundert – die Betroffenheit aller und die freie Verfügungsgewalt von Herrscher oder «Staat» als Merkmale der Steuer herausgestellt. Der Kampf um die Steuer schien mit dieser Definition allerdings erst richtig entfacht zu sein, denn in einer Gesellschaft mit unterschiedlichen und vielfältigen Rechten, mit Rang- und Standeshierarchien, mit verschiedenen Lebensordnungen und sogar verschiedenen Lebenszielen konnte der Gedanke einer gleichen Verpflichtung aller und eines allen gemeinsamen öffentlichen Wohls sich so leicht nicht durchsetzen. Der Kampf um die Steuer also entbrannte seit dem 13. Jahrhundert mit sich steigernder Heftigkeit. Doch die Qualität der Klagen und Beschwerden änderte sich in diesem Kampf – wenn auch nur allmählich und mit Rückfällen in die alte grundsätzliche Ablehnung. Zwei Jahrhunderte nach Thomas von Aquin – Mitte des 15. Jahrhunderts – klingen die Klagen schon sehr modern: die Steuern seien zu hoch, sie zerstörten den Lebensstandard usw. Der Rechtsvertreter eines Klägers drückt dies drastisch so aus: *«Quod non capit Christus, capit Fiscus.»* (Was Christus nicht nimmt, das nimmt der Fiskus.)

Ob nun Kirche oder Staat – denn sie stecken hinter Christus und Fiskus – die Untertanen mit Steuern bedrängten, diese beschwerten sich zwar, doch zweifelten sie kaum noch an der Rechtmäßigkeit solcher Bedrängnis. In den Städten vollzog sich der Prozeß der grundsätzlichen Anerkennung des Steuerrechts der Obrigkeit schneller als auf dem Lande. Städtische Freiheit, die relative oder sogar vollständige Autonomie der Bürgerschaft und nicht zuletzt die soziale und militärische Identität der städtischen Gesellschaft schufen alle Voraussetzungen für die Anerkennung gemeinsamer überpersönlicher Ziele und deren Legitimität, so daß die städtische Obrigkeit in den Stand gesetzt war, diese Ziele mit der finanziellen Hilfe aller zu verfolgen. Es verwundert nicht, daß Steuerklagen vor allem von den Unterschichten ausgingen, die wirtschaftlich und politisch trotz städtischer Freiheit und – wenigstens bis weit ins 15. Jahrhundert – sozialer Integration ohne Chance blieben – ohne Chance auch, den Steuerauflagen nachzukommen. Schon während des Prozesses, als es noch galt, das Steuerrecht durchzusetzen, waren solche Klagen zu hören.

Aus der Mitte des 14. Jahrhunderts stammt die Beschwerde eines Florentiner Arbeiters, der die Probleme seiner Schicht mit dem städtischen Steuersystem klar herausstellte: «Ihr Herren Priore von Florenz! Ihr solltet mit den Steuern etwas tun, die die armen Leute der Stadt Florenz zahlen müssen; ebenso mit den Staatsanleihen und Sondererhebungen ... Wenn Ihr nicht etwas unternehmt, werdet Ihr entdecken, daß niemand in Florenz Eure Forderungen erfüllen kann. Es wird einen Aufruhr geben, wenn Ihr die Anleihen und Sonderabgaben nicht ermäßigt, denn hier herrscht große Entbehrung. Die Menschen leben im Elend, seitdem sie so wenig verdienen. Denkt vor allem an die, die vier oder fünf Kinder haben und die zu zwei oder drei Gulden Steuer veranlagt sind, obwohl sie doch nur von der Arbeit ihrer Hände und der ihrer Frauen leben können. – Aber wie können sie denn überhaupt hier leben?»

Die Frage war zu Recht gestellt, denn tatsächlich konnte Florenz nicht gerade als ein Steuerparadies gelten. Zu den städtischen Einkünften aus kommunalem Grundbesitz, konfiszierten Gütern von verbannten Regimegegnern, den städtischen Monopolen – vor allem dem einträglichen Monopol auf den Salzverkauf –, der Nutzung städtischer Einrichtungen – den Torgeldern, Marktzöllen, Ufergeldern, Stapelzöllen, Wegegebühren – und schließlich den überaus zahlreichen Bußgeldern des städtischen Strafrechts trat seit der Mitte des 13. Jahrhunderts eine Fülle indirekter Steuern und eben auch direkter Abgaben. Dabei spielten städtische Zwangsanleihen, die nahezu alle Einwohner trafen, die problematischste Rolle. Den bedeutendsten Posten unter den indirekten Steuern stellten die Gewerbe- und Umsatzsteuern dar. Schon die Einrichtung eines Gewerbes wurde dabei besteuert. Ladenbesitzer hatten eine Art Schaufenstersteuer zu bezahlen, eine weitere für das im Sommer stets notwendige Sonnendach vor ihrem Laden. Die Karren der Fuhrleute waren nicht etwa absetzbar, sondern erhöhten die Steuerquote ihres Betriebs. Besondere Empörung löste diese Besteuerung gewerblicher Anlagen natürlich bei den Großinvestoren aus. Vor allem die so vielfältig einsetzbaren Mühlen forderten hohe Investitionskosten und waren zudem für die mittelalterliche Weltstadt Florenz mit ihren 90 000 Einwohnern und ihrer in Europa unerreichten Wolltuchindustrie unverzichtbar. Denn ohne Getreidemühlen und ohne Walkmühlen hätten Versorgung und Produktivität der Stadt nicht gesichert werden können. Die Eigentümer dieser Maschinen protestierten mehrfach wütend gegen neue und natürlich stets höhere Steuerveranlagungen und drohten mit Blick auf die Abhängigkeit der Stadt von der Arbeit der Mühlenwerke schließlich mit Zerschlagung und Zerstörung ihrer Anlagen. Solche Drohungen brachten zur Mitte des 14. Jahrhunderts wenigstens für sie eine Senkung der Steuerlast.

Diese Last konnte mit einiger Aussicht auf Erfolg auf den «Verbraucher», den Benutzer der Mühle, abgewälzt werden, denn auch die Nutzung der Mühle kostete Steuern. Da schließlich selbst die Bäckerläden für Laden und Verkauf Steuern zu zahlen hatten, waren die Brotpreise bei konsequenter Steuerüberwälzung von Mühleneigentümer auf Getreidehändler, von diesem auf den Bäcker und von diesem auf den Endverbraucher mit bis zu sechs unterschiedlichen Steuern belastet. Der Brotpreis – dieses wichtige Stimulans sozialer Unruhen in vorindustriellen Gesellschaften – hing somit fast ebenso von steuerpolitischen Entscheidungen der städtischen Oberschicht ab wie von den Erfolgs- oder Mißernten, die allerdings auch immer wieder Steuerfreiheiten für Brot nach sich zogen.

Damit aber geraten bereits die Verbrauchsteuern in den Blick. Sie traten für das Nahrungsmittelgewerbe vor allem als Umsatzsteuern auf, die sich unmittelbar auf den Konsumenten überwälzen ließen. Arbeitsteilige Produktionsweise und Zwischenhandel erhöhten stets den Steueranteil am Endpreis. Bei den Nahrungsmitteln lag der jeweilige Steuerbetrag bei eineinhalb Prozent des Gewinnanteils am

Umsatz. Die anderen Gewerbe waren durchschnittlich mit zweieinhalb Prozent belastet. Befreiungen von der Umsatzsteuer gab es so gut wie nicht – auch nicht aus «sozialhygienischen» Gründen. Selbst Berufe, deren Träger in den spätmittelalterlichen Ständelehren als «unehrliche Leute» galten und die durch sehr konkrete Verordnungen zunehmend auf Distanz von der städtischen Gesellschaft gehalten wurden, galten steuerlich als vollwertig – zu deutsch: sie mußten zahlen. Dasselbe galt für Abdecker, Latrinenreiniger und Henkershelfer wie für die in allen Gesellschaften immer wieder zur Kasse gebetenen Prostituierten.

Doch selbst Untätigkeit wurde besteuert. Aus politischen Gründen strebten Adelige oder andere wohlhabende Rentiers häufig eine Mitgliedschaft in den Zünften an, ohne den jeweiligen Zunftberuf tatsächlich auszuüben. Seit 1321 verpflichtete die Florentiner Signoria auch diese untätigen Zünftler zur Zahlung einer Umsatzsteuer, die natürlich als feste Summe ausgewiesen war – Steueranteil an einem fiktiven Gewinn. Zur besseren Erfassung aller Umsatzsteuerpflichtigen wurden nun auch 73 Steuergruppen gebildet, die jeweils zusammengehörige Berufe umfaßten und pauschal auf ihre jeweilige Gesamtsteuersumme eingeschätzt wurden. Diese Schätzung hatte ihren Sinn allein darin, daß mit ihrer Hilfe Steuerpächter angelockt werden sollten und konnten. Denn die Einziehung sämtlicher indirekten Steuern besorgte nicht der Staat bzw. seine Fiskalbehörde; sie unterlag vielmehr der Regie mehrerer Pächter. Die Stadt bot ihre 73 Umsatzsteuergruppen in einer Art Versteigerung öffentlich aus und erteilte nach einer formalen Leumundprüfung dem oder den Meistbietenden den Zuschlag. Für die Stadt bot dieses Verfahren den Vorteil einer schnellen Verfügung über die geschätzte Steuersumme, für den Pächter bestand neben dem Zinsgewinn – denn die Pachtsumme wurde wie ein Kredit gehandhabt – noch die Möglichkeit, einen Gewinn zwischen Schätzung und realem Steueraufkommen zu erzielen.

Auch die anderen städtischen Einnahmen außer der direkten Steuer wurden in dieser Weise ausgeboten. Neben den indirekten Steuern – und oft genug von ihnen gar nicht recht zu unterscheiden – standen die städtischen Gebühren zur Verfügung. Stempel- und Kontraktgebühren für amtliche und privatrechtliche Schriftstücke, Gerichtsgebühren, Gebühren für Häuser mit überhängenden Geschossen oder in die Straßen ragenden Vorbauten, Eichungsgebühren für Maße und Gewichte, Gebühren für das Abschwören einer Fehde, Gebühren für Waffenscheine, Gebühren für das Antreten eines öffentlichen Amtes, Gebühren für Amtsverweigerung, Gebühren, die schon halbe Steuern waren: für Mitgift, Erbschaft, Mietzahlungen – ein Spötter des

Der Stadtkämmerer und sein Schreiber in ihrem Büro; Einbanddeckel eines Steuerbuches der Stadt Siena; Taddeo di Bartolo, 1388.

14. Jahrhunderts stellt (vielleicht etwas verzweifelt) fest: «Außer Luft und Wasser kostet in Florenz alles Gebühren».

Was aber veranlaßte die Stadt, den Zugriff auf die Geldbeutel ihrer Einwohner offenbar so kontinuierlich zu verstärken? Bis zur Mitte des 13. Jahrhunderts waren die Ausgaben der Kommune durchaus überschaubar gewesen. Sie bestanden eigentlich nur aus zwei Posten: der Besoldung des städtischen Magistrats und seiner Beamten sowie den allerdings kostspieligen und bis heute bewunderten Florentiner Baumaßnahmen. Vor allem der Mauerbau benötigte von Beginn an zusätzliche Einnahmen – also Sondersteuern. Diese Aufgaben waren berechenbar, vorauszusehen und vorauszuplanen, und die Kosten waren in der Regel durch die «klassischen» Einnahmen der Stadt aus Grundbesitz und finanziell nutzbaren Hoheitsrechten zu bestreiten.

Seit der zweiten Hälfte des 13. Jahrhunderts wurde die Stadt jedoch zunehmend in die Kämpfe zwischen Franzosen und Deutschen verwickelt. Für ihre Parteinahme hatte sie mit einem eigenen militärischen Aufgebot oder mit gemieteten Söldnern zu bezahlen. Hinzu kamen immer weiter gespannte Machtinteressen in der Toskana, die zu Konflikten mit den Nachbarstädten führten. Den daraus resultierenden militärischen Pflichten mochten und konnten die Bürger selbst nicht mehr nachkommen. Sie zogen es vor, Söldner anzumieten. Tatsächlich wäre die florentinische Expansionspolitik des 14. und 15. Jahrhunderts mit den städtischen Milizen allein kaum durchführbar gewesen. Die Söldnerheere aber kosteten Geld – viel Geld. Schon in ruhigen Zeiten verdoppelten sich durch sie die Ausgaben der Stadt; bei schweren und langwierigen Kriegen – Konflikten mit dem Papst, mit Lucca, mit Mailand am Ende des 14. und zu Beginn des 15. Jahrhunderts – stiegen die Kosten weit über alle auf Jahre absehbaren Einnahmen der Stadt hinaus. Zur Mitte des 15. Jahrhunderts bezeichnet ein wohlhabender Kaufmann und Florentiner Patrizier in einem Traktat über die Kunst, sein Geld zu vermehren, seine Heimatstadt als den denkbar ungünstigsten Geldmarkt. Schuld daran sei die Kriegs- und Eroberungspolitik der Kommune, die Florenz in einen Kreislauf von Verschuldung und Steuerpression verstrickt habe: «Nun ist es wahr, daß Geld außerordentlich schwer zu bewahren und zu vermehren ist! Allzu empfänglich zeigt es sich gegenüber den Reizen Fortunas, und nur wenige verstehen es, mit ihm umzugehen. Aber wer eine Menge Geld besitzt und damit umgehen kann, ist – wie man sagen könnte – das Nervenzentrum aller Geschäfte ... Warnen aber möchte ich vor unserer Stadt Florenz. Hier kann Wohlstand nur mit den größten Schwierigkeiten erhalten werden. Dies liegt an den häufigen, geradezu ununterbrochenen Kriegen der Kommune, die riesige Aufwendungen an Geld beanspruchten und immer noch beanspruchen und die Kommune zu immer mehr Steuern und Zwangsanleihen trieben und treiben.»

Tatsächlich versuchte die Stadt ihre steigenden Kriegskosten seit der zweiten Hälfte des 13. Jahrhunderts durch neue Finanzquellen zu decken: durch die Einführung einer direkten Steuer und die Ausschreibung von Zwangsanleihen. Beide wurden in gleicher Weise berechnet: nämlich als prozentuale Anteile am Vermögen. Beide waren also eine Art Vermögensteuer, die Zwangsanleihe allerdings mit dem Versprechen versehen, daß eine – sogar verzinste – Rückzahlung erfolgen werde. Beide vermischten sich zudem sehr schnell miteinander, so daß die direkte Steuer – der *estimo* – bald nur noch eine fakultative Sonderform der Anleihe war: der *prestanze*. Wie keine andere Stadt des Mittelalters sollte Florenz die Methoden der Vermögensbesteuerung perfektionieren. Noch im 13. Jahrhundert ging man von festen Endsummen aus, die auf die Stadtviertel – in Florenz waren es allerdings noch «Sechstel» – umgelegt und von diesen wiederum auf die Kirchspiele verteilt wurden. Erst diese unmittelbaren Nachbarschaften schätzten das Vermögen eines jeden einzelnen ein und erhoben dann die bis zu zweieinhalb Prozent des jeweiligen Gesamtbesitzes oder 35 Prozent der Lebenshaltungskosten reichenden Steuern. Die besitzlosen Armen und Arbeiter wurden mit einer fixen Kopfsteuer veranlagt. Aufgrund vielfältiger Klagen über Ungerechtigkeit und Nachbarschaftsdrangsalierung stieß bereits in der ersten Hälfte des 14. Jahrhunderts eine Steuerreform zur Selbsteinschätzung als Grundlage der Besteuerung vor. Doch noch benötigte der Steuerzahler immerhin das eidliche Zeugnis von sieben Nachbarn, ehe seine Angaben von dem obersten Steuerbeamten des Stadtviertels anerkannt werden konnten. Zum ersten Mal waren jedoch Lebenshaltungskosten abzugsfähig.

Zur Perfektion gelangte dieser Ansatz in der berühmten Florentiner Steuerreform von 1427. Seitdem entschied allein die Selbsteinschätzung. Zudem verringerte sich die zu versteuernde Substanz um Schulden und Lebenshaltungskosten, die in festen Summen pro Familienmitglied berechnet wurden. Für Grund- und Hausbesitz entschieden feste Sätze den jeweiligen Kapitalwert. Das eigene Wohnhaus blieb steuerfrei. Ebenso verringerten Hypotheken und Rentenlasten den zu versteuernden Kapitalwert der Immobilien. Insgesamt entstanden auf diese Weise drei Steuergruppen: die tatsächlich nach ihrem Vermögen zu besteuernde wohlhabende Oberschicht, eine sehr viel größere Gruppe, deren Abzüge vom Steuerkapital ihre Aktiva überstiegen (sie mußte sich mit der Steuerbehörde über die zu zahlende Summe einigen) und schließlich die dritte Gruppe, die *miserabili*, die Armen und Lohnarbeiter ohne Vermögen oder Grundbesitz – sie zahlten eine fixe Kopfsteuer.

Ganz im Sinne der zuvor stets erhobenen Steuerproteste vor allem der Mittel- und Unterschicht enthielt dieses System den Zwang zur minuziösen Angabe der Vermögens- und Lebensverhältnisse. Dennoch vermochte auch jetzt die Florentiner Oberschicht genügend Kapital vor der Steuer zu verstecken. Sie allein besaß alle Möglichkeiten dafür in ihren ausgedehnten Handels- und Bankgeschäften mit Kapital, Konten und Filialen in ganz Europa. Zudem ließ die Steuerreform (wie vorher) die Möglichkeit der Steuerbefreiung für besondere Verdienste um die Kommune zu. Dieses vererbbare Recht fiel in der Regel an die Oberschicht, die sich Macht und Einfluß in der Stadt durchaus als Verdienst anzurechnen pflegte.

Eine besondere Form des Ärgernisses aber boten den «kleinen Leuten» die Zwangsanleihen. An sich waren sie am wenigsten von diesen Anleihen betroffen. Denn zur Zwangsanleihe zog die Stadt vor allem die Mitglieder der ersten Steuergruppe und Teile der zweiten heran. Doch da die herrschende Oberschicht sich damit selbst zur Kasse bat, entlohnte sie sich auch entsprechend, denn die Anleihen wurden verzinst. Zwar gebot das Steuerrecht einen relativ niedrigen Zinssatz von fünf Prozent, doch diesen Satz erhöhte man mit dem denkbar einfachsten Mittel: Statt der realen Leihsumme trug man das Doppelte oder Dreifache in das städtische Schuldbuch ein. Der tatsächliche Zins bewegte sich so zwischen 10 und 15 Prozent. Da die Stadt bei stetig wachsendem Finanzbedarf ohnehin keine Chance hatte, die Schuldsummen je zurückzuzahlen, sicherte sie die Zwangskredite durch Verpfändung der indirekten Steuern und Gebühren ab. Sie alle wurden im 14. Jahrhundert mit dem einheitlichen Begriff «Gabellen» bezeichnet. Zugleich wurden die Stadtschulden zu einem einheitlich verwaltbaren Schuldenberg zusammengelegt, den man auch als solchen bezeichnete: als *monte*. Bei stets neuen Zwangsanleihen und gleichzeitigem Anwachsen der Zinsverpflichtungen konnte die Verpfändung der Gabellen bald nur noch die Zinsen sichern. Dieser Umstand beschleunigte das – wenn auch versteckte – Ansteigen des Zinsfußes, was wiederum allein durch eine Erhöhung der indirekten Steuern, der Gabellen, aufzufangen war. Die sich selbst belohnende Oberschicht spekulierte gern mit den «Monte-Papieren», schien doch ihre Verzinsung durch die politisch stets verfügbare Erhöhung der Gabellen gesichert. Somit bot sich vor allem dieser Gruppe in den Zwangsanleihen schließlich sogar die Möglichkeit sicherer Verrentung ihres Kapitals.

Tatsächlich offerierte die Stadt seit der ersten Hälfte des 14. Jahrhunderts auch freie Anleihen als Rentenpapiere und erhöhte auf diese Weise den eigenen Schuldenberg. Die Verzinsung besorgten natürlich die Gabellen. Die wachsende Verschuldung mit ihren wachsenden Zinspflichten trieb diese Steuern weiter in die Höhe, und mit ihnen stiegen die Preise. Die nahezu stets am Rande des Hungers lebenden Unterschichten wurden von den Preissteigerungen hart getroffen. Daß die Steuern dahintersteckten, war ihnen schnell klar. Daß die Steuern wiederum von den Zinsen für die Renten der Oberschicht bewegt wurden, begriffen die meisten nur langsam. Aber sie begriffen. Noch 1343 lief das Volk bei seiner ersten Rebellion gegen Preise, Löhne und Stadtherrschaft mit dem Ruf durch die Straßen: «Es leben die kleinen Leute! Nieder mit den Gabellen und den Reichen!»

Doch bereits eine Generation später – im berühmten Ciompi-Aufstand von 1378 – forderten die Arbeiter nach der Überlieferung der ihnen nahestehenden «Cronache d'anonimo» und mit den späteren Worten Niccolò Machiavellis: «Der Monte solle endlich alle Zinszahlungen streichen und damit beginnen, die Kapitalien unverzinst zurückzuzahlen». Wenn sich auch die Formulierung Machiavellis nicht ganz mit der Quellenäußerung der «Cronache» deckt – diese sprechen nur von einer Abschaffung der Monte-Rente auf Zeit –, so faßt er doch die Tendenz der programmatischen Äußerungen und Handlungen der revoltierenden Arbeiter in den verschiedenen Phasen

Die Finanzen der Gemeinde in Friedenszeiten und in Kriegszeiten; Einbanddeckel eines Steuerbuches aus Siena von 1453.

des Aufstandes bündig zusammen. Denn ihre Forderungen unterstrichen die Ciompi mit handgreiflichem Nachdruck. In ihrer fast unblutigen Revolte verlangten sie dennoch den Tod zweier Männer: des Henkers und eines scheinbar harmlosen Juristen. Es war der Notar Ser Piero di Ser Grifo, genannt «Piero delle Riformagioni» – was seine Kunstfertigkeit offenbar zutreffend bezeichnete. Piero hatte sich nämlich als Spezialist für die faktische Veränderung bestehender Normen und Statutenregeln etabliert und dabei als besonderer Experte für Staatsanleihen erwiesen. Ihm verdankten die Anleger in Monte-Papieren den bereits beschriebenen einfachen Trick der Vervielfachung des Zinssatzes durch nominelle Mehreintragung in das städtische Schuldbuch. *«Monte dell'uno per due»* – häufig genug auch *«per tre»* – nannte sich dieses schlichte, aber durchaus erfolgreiche Verfahren. Daß Piero als einziger aus der Gruppe der Mächtigen von den revoltierenden Arbeitern neben dem als Schinder des *popolo minuto* verschrieenen Henker Ser Nuto zum Tode verurteilt wurde, zeigt, daß sie die Steuerzusammenhänge zu durchschauen begannen. Die Abhängigkeit der Preise von den Steuern und der Steuern von den Zinszahlungen und Rentenleistungen der Stadt stand ihnen offenbar deutlich genug vor Augen. Die Abschaffung des «Monte» mußte ihnen daher als der entscheidende Schlag gegen diese Kettenreaktion erscheinen. Eben dies aber wäre – wie bereits Machiavelli urteilte – die Folge der von den Arbeitern geforderten Kredittilgung gewesen. An einer Tilgung aber waren die Gläubiger keineswegs interessiert. Einerseits waren sie selbst auch der «Staat», um dessen Verschuldung es ging; zum anderen hatte sich das Geschäft mit den Monte-Papieren schon längst bewährt. Denn nicht mehr um Tilgung und Zinsgewinn ging es bei den als Steuer verschleierten Staatskrediten der Reichen – des *popolo grasso* (fetten Volkes), wie die Florentiner diese Gruppe bezeichneten –, sondern um Kapital- und Rentensicherung sowie um Rentenhandel.

Die Expansion des «Staates» nach innen und außen – nach innen bürokratisch, nach außen militärisch – hatte die Staatsverschuldung in Bewegung gebracht. Die zur Deckung unmittelbarer Ausgaben aufgenommenen Kredite zeigten dabei durch ihre Zinskosten die unheilvolle Tendenz, die Verschuldung zu erhöhen und zu beschleunigen. Die den «Staat» bildenden Machtgruppierungen hatten es verstanden, aus dieser Entwicklung ein einträgliches Geschäft zu machen, dessen – an den Verhältnissen der Epoche gemessen – geringes Risiko durch die Steuerzahlungen der «Gesellschaft» abgesichert wurde. Mit diesen Steuerzahlungen sollte auch eine krisenhafte Expansion der Staatsschuld verhindert werden. Der Doppelfunktion von Rentensicherung für die Mächtigen und relativer Stabilitätsgarantie des «Staates» zeigten sich die Steuern auf Dauer nicht gewachsen. Vor allem die durch sie am stärksten belasteten Gruppen – kleine Handwerker und Lohnarbeiter – bekamen die wachsenden Lasten durch steigende Verbrauchsteuern zu spüren. In finanziellen Krisenzeiten – zumeist verursacht durch Kriege wie etwa den der Ciompi-Erhebung vorausgehenden «Krieg der acht Heiligen» gegen Papst Gregor XI., aber auch durch territoriale Arrondierungskäufe wie den Erwerb Luccas im Jahr 1343 – zeigten sich regelmäßig die Grenzen dieses Systems. Weder konnten Zwangsanleihen oder die vermehrt gezeichneten freiwilligen Anleihen den Bedarf wirklich ausreichend decken noch waren überhaupt die Lasten beliebig zu vermehren. Das System direkter Besteuerung, das sich aus Zwangsanleihen *(prestanze)*, Abgaben à fond perdu *(prestanze ad perdendum)*, die dem alten *estimo* entsprachen, und freiwilligen Anleihen zusammensetzte, schuf immer noch keine «Steuer» im modernen Sinne. Strukturell zeichnete sie sich ab, hatte aber den Charakter einer außerordentlichen Abgabe noch keineswegs verloren. Die außerordentliche Abgabe hatte den Vorteil, daß mehrfache Besteuerungen in kürzester Zeit – wenigstens theoretisch – möglich wurden und zugleich auch politische Gegner des jeweiligen Regiments steuerlich in die Knie gezwungen werden konnten, doch eine kontinuierliche, vorausschauende und planende Politik fand so keine ausreichende finanzielle Basis. Finanzielle Entlastungsversuche auf Kosten der die Mittel- und Unterschichten belastenden Gabellen stießen immer wieder auf erbitterten Widerstand. Und nicht zuletzt die Ciompi-Erhebung zeigte den Mächtigen, daß der *popolo minuto* den Teufelskreis zwischen Prestanze, Monte, erhöhten Gabellen und steigenden Preisen durchaus durchschaut hatte und bereit war, ihn zu durchtrennen.

Etwa hundert Jahre später und viele hundert Kilometer weiter nördlich versuchten revoltierende Kölner Handwerker und Kleinbürger aus einer ähnlichen Zwickmühle zwischen Staatsverschuldung, Steuer und Staatsanleihen zu entkommen. Das Kölner Steuersystem war im Gegensatz zu dem in Florenz während des 14. Jahrhunderts ganz und gar auf Vermeidung von direkten Steuern ausgerichtet. Bei den zunächst den städtischen Haushalt tragenden indirekten Abgaben läßt sich ein ganz ähnliches Gemisch von Gebühren, Zöllen, Umsatz- und Verbrauchsteuern feststellen wie in Florenz. Die bereits dort beobachtete Vielfalt und «Totalität» der Abgaben wird an der Besteuerung des Kölner Bieres zwischen 1370 und 1513 exemplarisch. Die Steuerakten weisen für diesen Zeitraum insgesamt sechs verschiedene Abgabeformen und – mit geringen Ausnahmen – entsprechende additive Belastungen des Bierpreises aus. So nimmt die Stadt mit dem «Bierpfennig» eine Produktionsteuer ein, mit dem «Malzpfennig» bittet sie den Verbraucher zur Kasse, der seit 1414 auch als Selbstverbraucher zu zahlen hat, nämlich den «Bürgermalzpfennig». Dessen Steuersatz liegt allerdings unter dem gleichzeitig eingeführten «Brauermalzpfennig», den die berufsmäßigen Brauer entrichten. Wer glaubte, sich diesen Lasten listig entziehen zu können, indem er Import-Bier kaufte, hatte als Händler wie als Verbraucher die Rechnung ohne die Stadt gemacht: Sie forderte einen Import-Zoll, der die Belastungen des städtischen Bieres in der Regel noch übertraf. Das seit der Mitte des 15. Jahrhunderts aufkommende Rotbier wurde im Jahr 1471 durch die von nun an zu zahlende «Keuteakzise» erfaßt. Mit dem Begriff «Akzise» belegten übrigens die Kölner so ziemlich dasselbe Begriffsfeld, das die Florentiner mit «Gabellen» beschrieben.

Die Einnahmen der Stadt aus indirekten Steuern, Abgaben und Gebühren konnten allerdings ihre Ausgaben ebensowenig decken wie in Florenz. Eine vollständige Ausgabenliste liegt im spätmittelalterlichen Köln nur für die Jahre 1370–1380 vor. Sie verrät, daß die Ausgaben zur militärischen Sicherung nicht nur die anderen wichtigen Etatposten wie Bauten, Repräsentation und Feste sowie Beamtenbesoldung bei weitem übertrafen, sondern auch jede Kostensteigerung bei den Militärausgaben zu einer Senkung der nicht-militärischen Zahlungen führte. Das Dauerdefizit der Stadt gegenüber den regulären Steuereinnahmen mußte jedoch mit anderen Mitteln eingegrenzt werden. Wie in Florenz wurde auch in Köln die Staatsanleihe zum beherrschenden Mittel der Finanzpolitik. Hier jedoch herrschte von Beginn an der freiwillige Kredit an die Stadt vor. Das Kölner Privatkapital des 14. und 15. Jahrhunderts zeigte sich in der Regel willig genug, der Stadt das jeweilig benötigte Geld vorzuschießen. Kreditgeschäfte mit dem «Staat» mußten um so leichter fallen, als dem Geldverleih an «Private» durchaus engere Grenzen gesetzt waren als in Florenz. Die Auswirkungen des kirchlichen Zinsverbots schränkten in Köln die Bewegungsfreiheit des anlagesuchenden Kapitals ein – wie im übrigen Deutschland und in starkem Gegensatz zu Italien. Grundsätzlich unterschied man zwei Anlageformen: kurz- und langfristige Anleihen. Die erste Gruppe hatte feste Tilgungstermine und bildete die «schwebende Schuld» der Stadt. Die zweite war noch einmal unterschieden nach zwei Zinsformen: der Erb- und der Leibrente. Beide wurden durch Schuldscheine verbrieft, jedoch nur die Erbrente hatte einen – wenn auch langfristigen – Tilgungsanteil. Kredite auf der Zinsbasis von Leibrenten besaßen keine Aussicht auf Tilgung, verpflichteten jedoch die Stadt zur lebenslänglichen Rentenzahlung an den Kreditgeber. Diese beiden langfristigen Anleihen bildeten die «fundierte Schuld» des Kölner Haushalts. Zu Beginn des 15. Jahrhunderts bot die Stadt allerdings auch ablösbare – also vorzeitig tilgbare – Leibrenten an, die jedoch trotz ihres hohen Zinssatzes von 10 Prozent gegenüber den 8⅓ Prozent der nicht ablösbaren Kredite niemals wirklich beliebt wurden. Untilgbare Leibrenten erwarben hingegen nahezu alle Gruppen der in Lohn und Brot stehenden Kölner Bevölkerung. Die hohe Sterblichkeit und die laufende Entwertung des umlaufenden Silbergeldes machten die Anleihen auf Leibrentenbasis auch für die Stadt durchaus zu einem Geschäft. So verminderte sich die Kölner Schuldenlast im zweiten Drittel des 15. Jahrhunderts um gut 30 Prozent.

Erst der unglückliche Neußer Krieg gegen Karl den Kühnen, Herzog von Burgund, riß die Stadt zwischen 1474 und 1476 in die tiefste Schuldenkrise ihrer bisherigen Geschichte. In diesen zwei Jahren übertrafen die neu aufgenommenen Kredite die Kölner Schuldsumme der vorherigen 50 Jahre um fast das Doppelte. Sehr schnell zeigte sich, daß in dieser Lage das Mittel der frei verkauften Anleihen versagte. Die Stadt entschloß sich daher zur Aufnahme von Zwangsanleihen. Der Schuldendienst für die enormen Summen, die nun über den Geldmarkt sowie durch rechtlichen Zwang der Stadtkasse zuflossen, sollte durch eine beträchtliche Erhöhung der indirekten Steuern abgesichert werden. Die Verbrauchsteuern für Wein, Bier und

Bürger zahlen ihre Steuern beim Stadtkämmerer; Holzschnitt von Hans Scheufelein, um 1540.

Getreide, der Bierzoll und die Umsatzsteuer auf Luxusgüter aus dem mittelmeerischen Fernhandel wurden verdoppelt. Die Hauptlast des Krieges trugen somit die einkommensschwachen Gruppen Kölns, die wie in Florenz die Zinseinnahmen der wohlhabenden Krediteure durch die sie relativ stärker bedrückenden indirekten Steuern garantierten.

1481 revoltierten weite Teile des Handwerks gegen diese «Umverteilung von unten nach oben». Die Steuern wurden gesenkt. Als jedoch darauf die Rentenzahlungen auch für die Mittelschicht ausblieben, brach der Aufstand zusammen. Die Schulden aber blieben, ja, sie wuchsen weiter an. Erst allmählich lernte die Stadt, nicht nur Einnahmen und Ausgaben aufeinander zu beziehen, zu planen und zu «sparen», sondern vor allem die wachsenden Kosten für die innere Ordnung und die äußere Sicherheit ihrer «Gesellschaft» äquivalent zu verteilen und für diese Verteilung den Konsens innerhalb der «Gesellschaft» auszuweiten. Das Recht auf Steuerbewilligung markierte somit einen wichtigen Abschnitt in jenem Prozeß der Bürokratisierung, an dessen Ende der moderne Staat stand.

Vom «Güldenen Opferpfennig» bis zur «Judenvermögensabgabe»

Tausend Jahre Judensteuern

Von Barbara Suchy

Jüdische Geschichte im christlichen Abendland ist immer die Geschichte der jüdischen Minderheit und der nichtjüdischen übergeordneten Mehrheit im Geflecht der beiderseitigen Beziehungen. Ganz entscheidend ist als langfristiger Bestimmungsfaktor die christlich-jüdische Differenz, also die unterschiedliche Religion gewesen.[1] Ein anderer Faktor, der die gegenseitige Verklammerung der beiden Gruppen sehr augenfällig macht, ist das Geld. Judensteuern und jüdische Geldleihe bestimmten jahrhundertelang ganz vordringlich das Interesse der Christen an den Juden und weckten immer, vom Kaiser bis zum Pöbel, neue Begehrlichkeiten.

Der Zwang der Verhältnisse hatte Geld zur Basis jüdischen Lebens gemacht. In den Zeiten von den Kreuzzügen bis zum Absolutismus, Zeiten latenter und offener Feindseligkeit und prinzipieller Rechtsunsicherheit, konnte Geld allein Gefahren abwenden, Bedrängnisse mildern, ja, die Existenzberechtigung erkaufen, und wurde Geld wiederum in tragischer Verstrickung zur Ursache von Raub, Mord und Vertreibung. Und so kam es, daß Juden «so konsequent und unwiderruflich mit Gold und Geld identifiziert» wurden.[2]

Im Jahre 797 schickte Karl der Große von Aachen aus eine Gesandtschaft nach Bagdad, ins ferne Morgenland. Die beiden Gesandten Lantfrid und Sigimund wurden begleitet von dem Juden Isaak. Vier Jahre später kam Kunde, daß die Gesandtschaft mit kostbaren Geschenken auf dem Heimweg sei. Lantfrid und Sigimund waren beide unterwegs gestorben, aber der Jude Isaak traf 801 in Porto Venere (zwischen Genua und Livorno) ein. Aufsehen erregte der Elefant, den er als Geschenk des Kalifen Harun al Raschid auf einer so weiten und gefahrvollen Reise hatte mit sich bringen können. Ein halbes Jahr später – die Alpenpässe mußten erst frei von Schnee sein – traf Isaak wohlbehalten in Aachen ein und übergab dem Kaiser den Elefanten und die übrigen Geschenke. Sogar den Namen des Elefanten berichtet uns der Chronist: er hieß Abulabaz.[3] Kann man sich den sprachkundigen und welterfahrenen Juden Isaak als Steuerzahler vorstellen? Nun, die Juden der Karolingerzeit standen unter dem besonderen Schutz des Königs. Karl der Große begünstigte als weitblickender Mann ihre Einwanderung. In seinen Augen dienten sie der Entwicklung des Reiches, insbesondere der des Handelsverkehrs. Als Kaufleute pflegten sie Beziehungen zu aller Herren Länder. Sie brachten Spezereien, Gewürze, Seide, Edelsteine, Pelze, Schwerter und Sklaven. Juden erhielten Schutzbriefe, für die sie eine jährliche Abgabe zu zahlen hatten, ein Zehntel ihres Handelsgewinns. Christliche Kaufleute zahlten kaum weniger. Die Juden lebten im Reiche Karls des Großen frei. Ihre Religion brachte es mit sich, daß sie weitgehend unter sich blieben und auch wohnten, aber nicht abgeschlossen von den übrigen Bürgern. Sie trugen Waffen, sie betrieben Handwerke, bestellten Felder und, wie berichtet wird, vor allem Weinberge. Es bestand kein rechtlicher Unterschied zwischen den Privilegien von Juden und denen nichtjüdischer Kaufleute. Es gab also kein spezifisches Judenrecht und keine Judensteuer.[4]

Der Wendepunkt in dieser insgesamt so günstigen Entwicklung kam mit dem ersten Kreuzzug im Jahre 1096. Die Christen des Abendlands waren aufgerufen worden, das Kreuz anzuheften und gegen den Islam, gegen die Feinde Christi, ins Heilige Land zu ziehen. Aber gab es nicht schon im eigenen Land die Feinde Christi, die Gottesmörder, die Juden? So zogen durch Hetzpredigten aufgewiegelte Kreuzzügler, von Frankreich herkommend, mordend, brennend und plündernd durch die blühenden Judengemeinden im Rheingebiet. Ein Prozeß wirtschaftlicher und gesellschaftlicher Entrechtung der Juden setzte ein, der sich auch an der Judensteuer ablesen läßt. Jetzt wurden nicht mehr einzelnen Juden Privilegien gewährt, sondern der Judenschutz wurde auf die ganze Judenschaft ausgedehnt. Schon im Mainzer Landfrieden von 1103 stellte Kaiser Heinrich IV. – wegen der immer noch andauernden Pogromgefahr – die Juden unter seinen Sonderschutz, wie Pfaffen, Kaufleute und Frauen.[5] Das Waffenrecht wurde eingeschränkt; später kam es zu einem Waffenverbot.[6] «Die Juden und ihre Habe gehören dem König», heißt es in England in der Mitte des 12. Jahrhunderts (in einem Gesetz Edwards des Bekenners).[7] Das bedeutet, daß allein der König über die Judensteuer verfügen konnte. – Im Judenprivileg Kaiser Friedrichs II. von 1236 für die Wormser Juden findet man dann den Begriff der königlichen Kammerknechtschaft: Als *servi camerae nostrae*, als Knechte der königlichen Kammer, waren die Juden unmittelbar dem König untertan.[8] In dem Terminus steckt die fiskalische Bedeutung der Juden, denn *camera nostra* war der Aufbewahrungsort des königlichen Schatzes. Die Judensteuern bildeten neben den Abgaben der Reichsstädte den wertvollsten Bestandteil der Reichsfinanzen, sie waren sozusagen die «finanzielle Grundlage des Königtums».[9] 1242 betrugen die Einnahmen des Kaisers aus den Reichsstädten 857 Mark, die

die Juden zahlten, und 4290 Mark, die die übrigen Reichsstadtbürger aufbrachten.[10] Der Schluß liegt also nahe, daß die Juden wesentlich höher besteuert wurden als Christen.

Im übrigen waren schon zu dieser Zeit nicht alle Juden der kaiserlichen Kammer steuerpflichtig. Die Rechts- und somit auch die Steuerverhältnisse der Juden waren höchst kompliziert geworden. Die Stadtherren, anfangs vor allem die Bischöfe, hatten sich in zunehmendem Maße dieser wertvollen Steuerquelle bemächtigt, indem sie das Judenregal, also das königliche Hoheitsrecht, an sich brachten. Auch Adelsgeschlechtern und Landesherren war das Judenregal überlassen worden. Endlose Rechtshändel waren die Folge, und die Juden gerieten zwischen die Machtkämpfe von Kirche und weltlicher Gewalt, von Bischöfen als Stadtherren und patrizischen Stadtregimenten, von königlicher Zentralgewalt und Territorialherren. Mit dem Niedergang der Staufer in jenen unruhigen Zeiten seit der Mitte des 13. Jahrhunderts war das Judenregal vollends zum Handelsobjekt geworden: es wurde verschenkt, verpfändet, vererbt, geteilt, getauscht. Manchmal gehörten die Juden eines Ortes mehreren Herren. Die Steuer indessen wurde höher. Hatten die Juden der Wetterau (mit den Reichsstädten Frankfurt, Gelnhausen, Wetzlar und Friedberg) 1241 insgesamt 150 Mark Silber zu zahlen, so mußten allein die Friedberger Juden 34 Jahre später 130 Mark an Judensteuern aufbringen.[11]

Rudolf von Habsburg (1273–1291) betonte wieder stärker den königlichen Besitz- und Machtanspruch bezüglich der Juden. Juden sollten nicht nur Steuern zahlen, wodurch sie im Prinzip vor schrankenloser Willkür geschützt waren. Der König verfügte darüber hinaus vollkommen über Gut und Leben seiner Kammerknechte: *«cum personis et rebus suis omnibus specialiter nobis attineant»* (in besonderer Weise gehören sie uns mit allen Personen und ihrer ganzen Habe) heißt es in der Urkunde im Jahre 1286.[12] Juden wurden also wie Wirtschaftsobjekte, wie Sachen angesehen. Aus eben dieser Zeit ist die bewegende Geschichte des Rabbi Meïr ben Baruch aus Rothenburg überliefert worden. Vielleicht würde man das, was er zu unternehmen versuchte, heute Steuerflucht, oder besser noch: Reichsflucht nennen. Auf jeden Fall scheinen er und seine Gefährten aus Speyer, Worms, Mainz, Oppenheim und der Wetterau genug von der Behandlung gehabt zu haben, der sie im Heiligen Römischen Reich Deutscher Nation ausgesetzt waren. Rabbi Meïr wurde um 1220 in Worms geboren und stand bei den europäischen Juden als Gelehrter, Richter und Lehrer in hohem Ansehen. Um das Jahr 1286 beschloß er, mit den Seinen Rothenburg ob der Tauber zu verlassen und ins Heilige Land auszuwandern. Er ist wohl bis nach Tirol gekommen, wo er erkannt und verraten wurde. Er wurde festgenommen und an

Rudolf von Habsburg ausgeliefert. Dieser ließ ihn erst bei Mainz und später auf der Burg Ensisheim im Elsaß einsperren. Die jüdischen Gemeinden scheuten keine Anstrengung, ihren verehrten Rabbiner gegen ein Lösegeld von 20000 Mark freizubekommen. Doch Meïr ben Baruch duldete es nicht, daß für ihn eine so hohe Summe gezahlt würde. Er starb in der Haft im Jahre 1293. Man gab seinen Leichnam nicht heraus. Erst vierzehn Jahre später gelang es einem reichen Juden aus Frankfurt namens Alexander Wimpfen, seine sterblichen Überreste auszulösen. Sie wurden 1307 auf dem Friedhof zu Worms beigesetzt. Wimpfen hatte einen Wunsch mit seinem finanziellen Opfer verbunden, den Wunsch, einst neben Rabbi Meïr beerdigt zu werden. Das ist geschehen, und noch heute zeugen die Grabsteine dieser beiden deutschen mittelalterlichen Juden, die eng beieinander stehen, gleichsam in Freundschaft und stiller Zwiesprache verbunden, von diesem Kapitel deutsch-jüdischer Geschichte.[13]

Wie sah es außerhalb Deutschlands aus? Ein Blick auf das mittelalterliche England muß in diesem steuergeschichtlichen Überblick genügen. Es ist fast unmöglich, in dieser Phase der Geschichte zwischen Besteuerung, Konfiskation, Erpressung und Beraubung zu unterscheiden. Es gab in England seit dem Ende des 12. Jahrhunderts sogar ein besonderes Judenschatzamt für die Eintreibung der Judensteuern, und man stellte an 26 größeren Orten, in denen es jüdische Gemeinden gab, sogenannte Chirographen-Truhen *(archae)* auf für die Steuern und Schuldbriefe der Juden.[14] Habgier der Krone sowie religiöser Fanatismus des Volkes ließen die Juden im 12. Jahrhundert in einen Prozeß sich steigernder Ausbeutung geraten. So kam es beispielsweise zu antijüdischen Ausschreitungen im Jahre 1130 nach dem Tode eines Mannes, der vermutlich von einem jüdischen Arzt ohne Erfolg behandelt worden war. Es hieß, die Juden hätten ihn umgebracht. Sofort wurden die Juden Londons mit einer Sondersteuer, einer außerordentlichen Kontribution von 2000 Mark, belegt. Vor dem Hintergrund schärfer werdender kirchlicher Judengesetzgebung und einer Kreuzzugsstimmung gegen Ketzer und Ungläubige kam es zum ersten Mal in England, und zwar 1144 in Norwich, zur Ritualmordbeschuldigung, die den Juden bis ins 20. Jahrhundert hinein so viel Unheil bringen sollte: Den Juden wurde unterstellt, sie mordeten Christen aus religiösen Motiven und benötigten christliches Blut zu rituellen Zwecken. Daneben trat später noch der Vorwurf des Hostienfrevels auf. Die Pogrome, zu denen diese abergläubischen und früh auch von christlicher Seite widerlegten Anschuldigungen in England und später auf dem Kontinent führten, brachten die «Besitzer» der Juden indessen um eine wichtige steuerliche Einnahmequelle. Manchmal wurden von den Juden dann im Zusammenhang mit diesen Anschuldigungen Bußgelder verlangt. Manchmal fanden auch Strafaktionen gegen die Verursacher statt. So hatte es in York im Jahre 1190 ein entsetzliches Blutbad unter den Juden gegeben. Eine Gruppe von Verschwörern wollte sich ihrer Gläubiger entledigen, religiöse Hetzapostel schürten im Verlauf der Metzeleien die Glaubenskriegsstimmung. Der König ließ auf Grund seines fiskalischen Interesses an seinen Juden Nachforschungen anstellen, und es kam in der Tat zu – wenn auch recht milden – Bestrafungen. Doch so ein Vorgehen ließ die Juden nur noch verhaßter in den Augen derer erscheinen, die genügend Gründe hatten, sich gegen die Mißwirtschaft des Königs zu empören. Waren die Juden nicht die Werkzeuge königlicher Unterdrückung? So gerieten die Juden gleichsam zwischen die Mühlsteine: zwischen König, Geistlichkeit, rebellierende Barone und ausgebeutetes Volk.

Dennoch kam den englischen Juden damals noch eine wirtschaftliche Bedeutung zu. Der reichste und bedeutendste jüdische Finanzmann des Mittelalters war Aaron von Lincoln. Man findet noch heute sein steinernes Haus in Lincoln vor. In der Zeit zwischen 1166 und 1186 gibt es in den Quellen zahlreiche Belege von seiner Wirksamkeit. Seine Schuldner waren Grafen, Erzbischöfe, Städte und Klöster. Als er starb, wurden seine Außenstände mit 20 000 Pfund berechnet, neben seinem Schatz: seinen Barbeständen und seinen Geräten aus Edelmetall. Der König ließ alles einziehen.[15] Das meiste davon sollte in einem Schiff nach Frankreich gebracht werden und liegt seitdem auf dem Grund des Kanals; das Schiff ging unter ... Wie Aaron erging es allen Juden in England. Was sie erwarben, nahm der König ihnen wieder ab. Feste Steuern zahlten die Juden damals nicht, sondern «nur» außergewöhnliche Abgaben. Als sich König Heinrich II. im Jahre 1188 genötigt sah, am Kreuzzug teilzunehmen, führte er den Saladinszehnten ein, die erste englische Vermögensteuer. Von den christlichen Untertanen wurde ein Zehntel der Einkünfte und der beweglichen Habe verlangt.[16] Bei den Juden hätte es Saladinsviertel heißen müssen. Sie mußten den vierten Teil ihres beweglichen Vermögens abtreten. Waren es bei der gesamten Bevölkerung 70 000 Pfund, so betrug die Judensteuer bei dieser Gelegenheit 60 000 Pfund. Dieses spricht für ihren damals noch vorherrschenden Wohlstand, aber ebenso für die skrupellose Ausbeutung durch die Krone. Diese Abgabenpolitik hat in der Tat die Wirtschaftskraft der englischen Juden gebrochen und zu ihrer Verelendung sowie letztlich zu ihrer Vertreibung im Jahre 1290 geführt.

König Johann ließ im Jahre 1210 die Juden ganz Englands, Männer wie Frauen, einsperren zum Zwecke wirkungsvollerer Steuereintreibung, besser gesagt: zum Zwecke königlicher Beraubung. Wahrscheinlich handelte es sich nur um die reiche Oberschicht, die eingesperrt und dann grausamsten Folterungen ausgesetzt wurde. Mit Schaudern und mit unverhohlener Kritik an der Mißwirtschaft des Königs berichtet ein Zeitgenosse, der Mönch Matthew Paris zu St. Alban, von diesen Foltern: Einem reichen Juden aus Bristol habe man 10 000 Mark abpressen wollen. Dieser habe sich geweigert, so daß der König seinen Folterknechten befohlen habe, dem Juden jeden Tag einen Backenzahn herauszureißen, bis die 10 000 Mark herbeigeschafft würden. Nach qualvollen sieben Tagen und dem Verlust von sieben Zähnen habe der Jude nachgegeben.[17]

Unter dem Nachfolger Johanns, König Heinrich III., waren Mißwirtschaft und Ausbeutung – nicht nur im Hinblick auf die Juden – noch größer. Die andauernden neuen Geldforderungen brachten den Juden bittere Not. Andere Drangsalierungen und Demütigungen wirkten demoralisierend. So kamen auch hier Auswanderungspläne auf. Im Jahre 1254 schlug der Oberpriester Elias von London den Juden vor, Häuser und Besitz zurückzulassen und fortzugehen. Aber das war nicht so einfach. Ehe noch Antwort auf dieses Gesuch kam, wollte der König schon wieder 8000 Mark von ihnen haben. Um diese unsinnigen Forderungen zu mildern, ließ sich der Bruder des Königs, Richard von Cornwall, der ein reicher Mann war – er galt als der reichste Mann Europas und soll für seine Wahl zum deutschen König «das Geld wie Wasser vor die Füße der Fürsten geschüttet» haben[18] –, Richard also ließ sich die Juden verpfänden und schoß dem König aus seiner Tasche 5000 Mark vor. Der Chronist zu St. Alban schrieb: «Er, Heinrich III., führte sich auf wie ein neuer Vespasian, indem er die Juden seinem Bruder, dem Grafen Richard, für einige Jahre verkaufte. Nachdem der König ihnen gleichsam die Haut abgezogen habe, solle der Graf sie nun zerfleischen. Dennoch verschonte sie der Graf in Anbetracht ihrer geschwundenen Macht und ihrer erbärmlichen Armut.»[19]

Der Thronfolger Eduard I. hatte nicht mehr viel von seinen Juden. Durch den ständigen Steuerdruck und die daraus resultierende Not und Armut hatten die Juden gar Münzverschlechterung betrieben, was viele von ihnen an den Galgen brachte. Eduard verkaufte sie kurzerhand an die Cahorsiner,[20] die Konkurrenten der Juden im Geldhandel. Später fielen sie wieder an die Krone. Unter dem Einfluß der judenfeindlichen kirchlichen Gesetzgebung der Laterankonzile von 1215 bis 1286, deren Bestimmungen in England streng befolgt wurden – man würde heute dazu Segregation sagen –, wurden die Lebensbedingungen der Juden immer unerträglicher. Auch konnten sie den fortgesetzten Zahlungsverpflichtungen nicht mehr nachkommen. So geschah es, daß der romtreue Eduard am 18. Juli 1290 die allgemeine Ausweisung aller Juden verfügte. Im Lande bleibenden Juden drohte die Todesstrafe. Ein Kapitel jüdischer Geschichte, «ein Kapitel von Verstrickung und Leid», hatte damit ein Ende gefunden.[21]

Doch zurück zum Kontinent. Nach der Regierungszeit Rudolfs von Habsburg kam die Idee auf, neben den jährlichen Judensteuern, die von den Gemeinden gefordert wurden, außerordentliche Steuern einzuführen, anläßlich von Wahlen, Krönungen, Kriegszügen, bei Heiraten und Todesfällen in der königlichen Familie. Auch dachte man an zusätzliche Kopfsteuern, die in der Tat 1342 unter dem Namen «guldin pfenning» von Kaiser Ludwig dem Bayern eingeführt wurden. Diese später «Güldener Opferpfennig» genannte Abgabe war die erste regelmäßige staatliche Kopfsteuer, die den Juden auferlegt wurde. Der Kaiser hatte bestimmt, «... daß ihm jeder Jude und jede Jüdin, die Witwe ist, und die, welche zwölf Jahre alt sind und zwanzig Gulden Wert haben, jeglicher und jegliche, alle Jahre einen Gulden geben sollen zu Zins von ihrem Leibe, welcher dann dem Reich an dessen Kosten zustatten kommen soll und wofür er die Juden um so besser beschirmen will.»[22] Diese Steuer hielt im übrigen die Beziehungen der Juden zum König aufrecht, dessen Kammerknechte sie doch eigentlich waren. Nach den schlimmen Judenverfolgungen in der Zeit des Schwarzen Todes, der furchtbaren Pestepidemie in den Jahren 1347–1350, der ein Drittel der europäischen Bevölkerung zum Opfer fiel, wurden Judensteuern immer weniger zu einer Abgabe für ihren Schutz, sondern immer mehr zu einer Abgabe für ihre Duldung. Denn wie soll man von Schutz reden angesichts der Zerstörung von mehr als 350 jüdischen Gemeinden in jenen Jahren? Es war offenbar geworden, wie sehr das landesherrliche Judenregal das alte kaiserliche Schutzrecht zurückgedrängt hatte. Selbst das Reichsgesetz stellte den fiskalischen Gesichtspunkt sehr drastisch in den Vordergrund: In der Goldenen Bulle von 1356 hatte es bezüglich der Regale, der Hoheitsrechte, die auf die Kurfürsten übergingen, geheißen: «Die Kurfürsten sollen in ihren Gebieten alle Bergwerksnutzungen von Gold, Silber, Kupfer, Zinn ... haben, ebenso sollen sie Juden halten dürfen und die Zölle und Einkünfte davon beziehen.»[23] Juden waren also Bodenschätzen gleichgestellt, wurden als Objekte der Ausbeutung betrachtet. Später erhielten auch andere Fürsten sowie Städte das Hoheitsrecht, «nach Metallen zu graben und Juden zu halten».

Berüchtigt sind für das Ende des 14. Jahrhunderts die Judenschuldentilgungen König Wenzels geworden. Sie stellen eine recht skrupellose Art der Bereicherung auf Kosten der Juden, aber auch auf Kosten der nichtjüdischen Untertanen dar: Die Schulden, die die Reichsstädte, Fürsten und andere Herren bei den Juden hatten, wur-

Kaiser Heinrich VII. bestätigt das Judenregal; die Juden tragen die ihnen im späten Mittelalter vorgeschriebene besondere Kopfbedekkung («Judenhüte»).

den ihnen kraft königlichen Eingreifens erlassen. Man kann diese Methode, die Forderungen der Juden zu beseitigen, durchaus als ein weniger grausames, scheinlegales Mittel ansehen, als es Vertreibung und Ermordung waren. Die Anfänge zu dieser Politik finden sich schon zur Zeit des zweiten Kreuzzuges: Papst Eugen III. hatte in einer Bulle bestimmt, daß Kreuzzugsteilnehmer für ihre Schulden den Juden keine Zinsen zu zahlen hätten. In ähnlicher Weise ist dieses Verfahren später, auch nach der Zeit König Wenzels, wiederholt worden. König Wenzel ließ sich von seinen Vertragspartnern, den schwäbischen Städten sowie geistlichen und weltlichen Fürsten, hohe Beträge für die allerhöchst erlassene Befreiung von den Judenschulden bezahlen. Manchmal entpuppte sich diese großzügige Steuerschuldannullierung auch als Danaergeschenk, denn die solchermaßen beraubten Juden konnten dann auch denjenigen Obrigkeiten, denen sie unterstanden, kaum Steuern zahlen. In ihrer Not und Bedrängnis versuchten die Juden damals, durch hohe Zahlungen Privilegien zu erwirken, die ihnen diese ruinösen Judenschuldentilgungen für eine bestimmte Zeit ersparten. «Kreditpolitisch und steuerpolitisch geschah mit diesen Judenschuldentilgungen gerade das, was am wenigsten geschehen durfte: die Abschlachtung der Milchkuh.»[24] Was der König betrieb, konnten andere auch: Kinder jüdischer Gläubiger wurden durch adlige Schuldner «von der Straße weg entführt, damit Darlehensschuld und Lösegeld aufeinander aufgerechnet werden» konnten.[25]

So war im 15. Jahrhundert die Wirtschaftskraft der Juden auf einem Tiefpunkt angelangt. Die steuerliche Belastung war immer höher geworden. Als außerordentliche Reichssteuer war noch der «Dritte Pfennig» hinzugekommen, der einer Konfiskation eines Drittels des Vermögens entsprach. Eine allgemeine Pauperisierung der Juden war die Folge. Anläßlich der Krönung Maximilians zum römischen König im Jahre 1486 sollten die Juden 1000 Gulden zahlen. Ein Mehrfaches hatte früher bei ähnlichen Gelegenheiten eine einzige Gemeinde oder ein einziger Jude aufgebracht. Auch bei anderen Sondersteuern, die von reichsstädtischen Judengemeinden erhoben wurden, kam nicht viel zusammen. Das ist der Hintergrund der vielen Judenvertreibungen dieser Zeit. Am Ende des 15. Jahrhunderts waren die Juden aus vielen Teilen des Reiches, aus allen bedeutenden Handelsstädten vertrieben worden. Wo sie noch geduldet wurden, herrschte eine Atmosphäre der Verachtung und des Mißtrauens. Eine Vielzahl von Steuern war zu zahlen, an die städtische Obrigkeit, an die Ritter und Landesherren und an die Kirche, die sich inzwischen auch dieser Einnahmequelle zu bedienen wußte. Sie verlangte den Zehnten vom gesamten unbeweglichen Vermögen der Juden. Die Liste der Sondersteuern in den einzelnen Städten ist sehr lang. Der Erfindungsreichtum, immer neue Steuern zu ersinnen, war grenzenlos. «Man könnte notfalls aus den jüdischen Steuerakten die ganze politische Geschichte des Deutschen Reiches jener Zeit in großen Zügen rekonstruieren»[26] und die der Territorien und Städte dazu: Opferpfennig, Bullensteuer, Konzilssteuer, Krönungssteuer, Hussitensteuer, Türkenhilfe bis hin zu Wachgeldern, Stadtgrabengeldern, Judengeleitgeldern, die auch für jüdische Leichen genommen wurden, Martinsgansgeldern und «Geld für den Hecht, der in der Karwoche dem Rektor Magnificus der Universität geschenkt wird», wie es noch 1724 in einem kurmainzischen Erlaß heißt.[27]

Im 16. Jahrhundert waren Judenrecht und Judensteuern ohne Ausnahme eine Angelegenheit der Territorialherren und der Städte geworden. Jedes Verbleiben von Juden, jede Neuaufnahme war zur Verhandlungssache geworden: über die Abgaben, über die Aufenthaltsdauer, über die Bedingungen der wirtschaftlichen Betätigung. Die Steuern waren wie eine Pachtsumme, mit der man sich das Aufenthaltsrecht für eine begrenzte Zeit erkaufte. Das bedeutete Willkür,

Rechtsunsicherheit und die Gefahr erneuter Vertreibungen. Nach dem Dreißigjährigen Krieg wurde der Steuerdruck zunächst aus bevölkerungs- und finanzpolitischen Erwägungen gemindert. Viele Städte lagen in Trümmern, ein großer Teil der Untertanen war umgekommen, die Landwirtschaft lag brach. Hingen nicht der Aufschwung, der Wohlstand eines Landes vom Volksreichtum ab? Große und kleine Landesfürsten wetteiferten miteinander um einwanderungswillige, tüchtige und wohlhabende Untertanen. Das Bild, das sich ergibt, ist sehr bunt. Es gab einige hundert reichsunmittelbare Herrschaften. Am Ende des 18. Jahrhunderts waren es noch 350. In Judenordnungen, in Frankfurt und Worms Judenstättigkeit genannt, regelte jedes Territorium und jede Stadt, wo Juden lebten, deren Lebensbedingungen und Steuern. Oft übertraf die Zahl der Paragraphen die der Juden. Hier – eine Beschränkung ist unvermeidlich – soll nur die preußische Entwicklung skizziert werden.[28]

Bei Friedrich Wilhelm, dem Großen Kurfürsten, war es eine Mischung aus religiöser Duldsamkeit und bevölkerungspolitischen Vorstellungen, die ihn bewogen, fremde Kolonisten und Handwerker, vor allem Holländer und Franzosen, unter recht günstigen Bedingungen anzusiedeln. Auch auf Juden wollte er nicht verzichten. Man sprach damals davon, wie sehr neue Städte wie Mannheim, Glückstadt und Livorno durch eine großzügige Zulassung von Juden profitiert hatten. Und man sprach von dem sagenhaften Reichtum der Amsterdamer Juden, der Pintos etwa, der Duartes, der Pereiras, der Osorios und gar der Texeiras in Hamburg, die vierspännig fuhren und bei denen sogar die schwedische Königin Christina abzusteigen pflegte ...

Juden waren eine von der Bewilligung der Stände unabhängige Steuerquelle, wie Domänen, Forsten und Zölle. Allerdings geriet der Große Kurfürst in Konflikt mit den beharrenden Elementen in seinem Lande, den Zünften und Kaufmannsgilden. Diese wurden nicht müde, sich in zahlreichen Eingaben über die Schädlichkeit der jüdischen Konkurrenten zu beschweren und ihre Austreibung zu verlangen. So kam es, daß die Judenpolitik des Großen Kurfürsten zwei Dinge in Einklang zu bringen versuchte: die eigenen fiskalischen und wirtschaftlichen Interessen und die Beschwichtigung der christlichen Bevölkerung, insbesondere der Zünfte und Gilden. Die Folge war eine möglichst begrenzte Anzahl möglichst reicher Juden. Diese Politik änderte sich bis zur Emanzipation nicht wesentlich. Friedrich der Große, der aufgeklärte Herrscher und Philosoph auf dem Thron, war von der Überzeugung der Schädlichkeit der Juden – wie seine beiden Vorgänger – durchdrungen. Der große König war weit davon entfernt, die Ideale der Toleranz, der Freizügigkeit, der Humanität, die man im allgemeinen mit der Zeit der Aufklärung assoziiert, in Verbindung mit seinen jüdischen Untertanen zu bringen. Sein Ziel war es, die Zahl der Juden möglichst niedrig zu halten und dabei ihren Nutzen – ein Zauberwort der Epoche – zu erhöhen. Er vermehrte die steuerliche Belastung und engte, um ihre vermeintliche Schädlichkeit einzudämmen, ihren Existenzraum und ihre Wirkungsmöglichkeiten drastisch ein. Einer pedantischen Bürokratie oblag es nun, aus dem überholten Judenregal ein schikanöses und oft geradezu grotesk anmutendes staatliches Steuersystem auszuklügeln und zu vollziehen. Ihren Höhepunkt erreichte diese Entwicklung mit dem Generaljudenreglement des Jahres 1750.

Man hatte schon vorher zwischen ordentlichen und außerordentlichen Schutzjuden unterschieden. Die Schutzjudenbriefe wurden gegen hohe Abgaben erteilt. Der Große Kurfürst hatte von den aufgenommenen reichen Familien, die aus Wien vertrieben worden waren, 8 Taler pro Jahr und Familie verlangt. Später, aufgrund des gewaltig gestiegenen Finanzbedarfs der Brandenburger, nahm man den Juden anläßlich von Eheschließungen, Geburten, Hochzeiten, Todesfällen und für den Hausbau Steuern in wechselnder Höhe ab. Seit dem Jahre 1700 mußten die jüdischen Gemeinden eine pauschale Steuersumme zahlen, die von der staatlichen Judenkommission festgesetzt wurde. Die Gemeindevorsteher legten dann die Beiträge auf die Mitglieder um. Das hatte zur Folge, daß die Vorsteher sich nun ebenfalls die Regierungsmaxime zu eigen machten, nur besonders reichen Juden Schutzbriefe auszustellen. In einem Edikt von 1737 hieß es ganz klar, daß jüdische Zuwanderer ein Vermögen von 10000 Reichstalern nachzuweisen hätten. Im «Revidirten General-Privilegium und Reglement vor die Judenschaft im Königreiche Preussen» von 1750 wird die schikanöse Politik bis in die Sprache hinein sichtbar.[29] Zunächst war da die Rede von ordentlichen Schutzjuden, die als Inhaber von Schutzbriefen ein Kind «ansetzen» durften, d.h. sie konnten ihr Niederlassungsrecht auf ein Kind übertragen. Außerordentliche Schutzjuden waren nur auf Lebenszeit geduldet und durften kein Kind ansetzen. Nach dem Tode des Schutzbriefinhabers oder nach dem Übergang des Privilegs auf das eine Kind mußten die übrigen das Land verlassen oder versuchen, bei anderen Schutzjuden in abhängige Stellungen hineinzukommen. Aber Ausnahmen waren möglich: «Hiernächst muß das eine Kind, so auf derer Schutz-Brief angesetzt werden will, ein Vermögen von 1000 Talern, wozu jedoch das tägliche Hausgeräthe und Kleidung samt ungewissen Schulden nicht zu rechnen, nachweisen ... Und kann übrigens das angesetzte eine Kind, so lange der Vater lebet, kein Kind wiederum ansetzen.» Ein paar Paragraphen weiter – das Judenreglement ist sehr lang und höchst ausführlich – heißt es: «Fremden Juden soll in Unseren Landen sich anzusetzen gar nicht erlaubet seyn. Jedoch dafern ein solcher würcklich zehen Tausend Taler Vermögen hätte und selbige ins Land brachte, auch dieses zugleich zuverläßig darthäte, soll bey Uns darüber, und was alsdann an Chargen-Juribus zu erlegen sey? angefraget werden.» Und weiter noch: «Diejenigen welche ihren Sohn oder Tochter verheyrathen und ansetzen wollen, müssen eine solche Schwieger-Tochter oder Schwieger-Sohn erwählen, welche ein gutes Vermögen haben, und zu deren Ansetzung und Mitgifften die Eltern sich nicht erst um ihr eigenes Vermögen bringen dürffen.» Als nach dem Siebenjährigen Krieg die Schatullen leer waren, wurde den Juden das Recht eingeräumt, das zweite Kind anzusetzen. Dafür mußte aber die Judenschaft eine pauschale Summe von 70 000 Talern zahlen.

Zu den Schutzgeldern traten aber noch andere Lasten: das Rekrutengeld, ursprünglich zur Besoldung der «langen Kerls» vom Soldatenkönig eingeführt. Das waren jährlich 4800 Taler. Dann kam seit 1766 die Silberlieferung hinzu: Die Gesamtjudenschaft mußte jährlich 12 000 Mark Silber an die Münzdirektion zu Berlin zum Preise von 12 Talern die Mark liefern. Da der Silberpreis höher lag, bedeutete das einen Verlust von ca. 24 000 Talern, also auf Umwegen eine zusätzliche Sondersteuer von eben dieser Höhe. Dann waren da noch 300 Taler jährlich Mons-Pietatis-Gelder und 400 Taler Kalendergelder für die Akademie der Wissenschaft. Hinzu kamen Lasten für einzelne Städte und Provinzen: Silberakzise, Hausvater-Taler, Probstei-Gelder, Indemnisationsgelder und Potsdamer Waisenhaus-Gelder. Die letzten Abgaben gehen auf das Jahr 1722 zurück. Die Judenschaft der Neumark wurde damals verpflichtet, dem Lagerhaus zu Berlin jährlich für 10 000 Taler wollene Waren abzunehmen. Der Wiederverkauf war mit großen Verlusten für die Juden verbunden. Die Wollmanufakturen wurden durch die Warenverschleuderung auch keineswegs gefördert, obwohl dieses die ursprüngliche Intention gewesen war. Auf Antrag der Juden wurde diese Zwangsabnahme in eine Jahressteuer von 500 Talern umgewandelt, die an das Potsdamer Waisenhaus zu zahlen war. Aber damit ist die Liste der Steuern noch nicht am Ende. Es kamen solche hinzu, die als Gebühren bei besonderen Anlässen gezahlt werden mußten: bei der Bestätigung der Ältestenwahl, bei Feueralarm, und dann die Stempelgebühren. Christliche Untertanen zahlten für Ehe-Stempel 4 Groschen, Adelige und Beamte 2 Taler, Juden zwischen 5 und 20 Talern, je nach Vermögen. Dann waren noch hohe Gebühren bei der Ansetzung des Kindes fällig und für den Trauschein. Das Heiratsalter von Juden hatte man auf 25 Jahre festgesetzt. Ausnahmen kosteten 40 Taler. Waren die Braut oder der Bräutigam Ausländer: 40 Taler. War es eine zweite

Heirat: 20 Taler. War daneben noch eine Dispensation erforderlich: 40–80 Taler, je nachdem. Für die Matrikel und Promotion an den Universitäten waren doppelt so hohe Gebühren fällig wie von den Christen.

Am bekanntesten ist vielleicht die berüchtigte Zwangsabnahme von Porzellan aus der Königlichen Porzellan-Manufaktur geworden. Auch hier waren merkantilistische Erwägungen bestimmend gewesen. 1769 wurde befohlen, daß die Juden bei besonderen Anlässen Porzellan zu kaufen und im Ausland abzusetzen hätten. Bei der Ansetzung des ersten Kindes für 300 Taler, bei der Ansetzung auf ein Generalprivilegium für 500 Taler, beim Erwerb eines Hauses, wie klein auch immer, für 300 Taler, beim Übergang eines Hauses in den Besitz eines anderen Juden für 300 Taler und so weiter. Viele Juden kamen im Verlauf der sehr strengen Durchführung dieser zwangsweisen Porzellanexporte in Not und Elend. Auch auswählen, etwa nach den Absatzmöglichkeiten, konnten die Juden das Porzellan nicht. Sie mußten wahllos ein Drittel feine, ein Drittel mittlere und ein Drittel ordinäre Ware nehmen. Der Verlust war bei diesem Zwangsan- und Verkauf oft sehr hoch, und der Ruf der Manufaktur wurde durch das Judenporzellan eher geschädigt als verbessert. Aufgrund wiederholter Eingaben der Judenschaft wurde die Porzellanzwangsabnahme 1788 aufgehoben. Dafür hatten die Juden aber noch eine Ablösungssumme von 40000 Talern zu zahlen.

Juden mußten im 18. Jahrhundert den doppelten Akzisesatz – die Akzise war eine Umsatzsteuer – der christlichen Kaufleute entrichten. Als letztes sei noch der Leibzoll erwähnt, die schimpflichste und demütigendste Steuer, die die Juden (nicht nur in Preußen) an den so zahlreichen Zollstationen zwischen Stadt-, Provinz- und Landesgrenzen zu zahlen hatten. Juden mußten sich selbst verzollen «wie eine Sache oder ein Stück Vieh». Bei der territorialen Zersplitterung bedeutete dies, daß die beweglichen jüdischen Handelsleute oft mehrere Male am Tag diesen Zoll zu entrichten hatten. Das war eine finanzielle Belastung und zudem häufig mit Kränkungen seitens der Zollbeamten und Mitreisenden verbunden. In Österreich wurde die Leibmaut (durch Josef II.) 1781 und 1782 abgeschafft, in Preußen 1788. Im übrigen gilt es anzumerken, daß die Beamten oft humaner, vorurteilsfreier und aufgeklärter dachten und handelten als der König. Sie ignorierten so manche schikanösen Anweisungen oder verschleppten sie einfach. In Gutachten, die keine Spur von Unterwürfigkeit aufweisen, wandten sie sich häufig gegen eine Erhöhung der Abgaben und sprachen sich gegen die strengen Sonderrechtsbestimmungen aus: diese seien inhuman, inopportun und meistens sogar schädlich bezüglich des angestrebten Nutzens.[30]

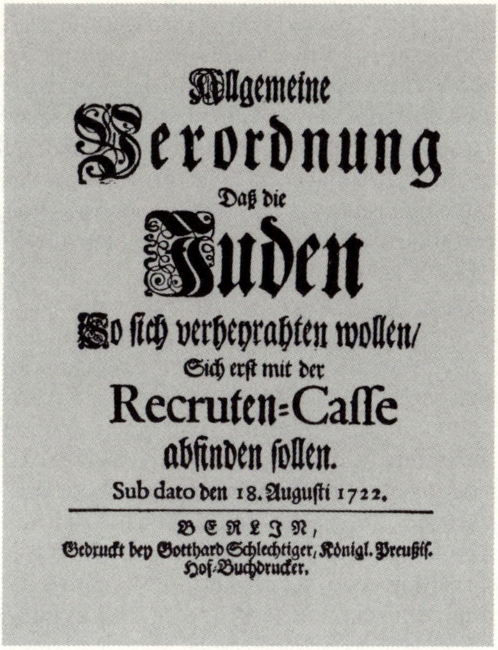

Allgemeine
Verordnung
Daß die
Juden
So sich verheyrahten wollen/
Sich erst mit der
Recruten=Casse
abfinden sollen.
Sub dato den 18. Augusti 1722.

BERLIN,
Gedruckt bey Gotthard Schlechtiger, Königl. Preußis.
Hof-Buchdrucker.

Edikt über eine Heiratsabgabe für Juden in Preußen aus dem Jahr 1722.

Die Judensteuern, die zu unterscheiden sind von den jüdischen Steuern, also den gemeindeinternen von Juden für Juden erhobenen Steuern (sie müssen in diesem Überblick außerhalb der Betrachtung bleiben), die Judensteuern also fanden ihr Ende mit der Emanzipationsgesetzgebung von 1812. In anderen Ländern verzögerte sich die Aufgabe von Juden-Sondersteuern noch um einige Jahre. Mit der Verfassung des Deutschen Reiches von 1871 waren dann die letzten Rechts- und Steuerungleichheiten verschwunden. Die letzten?

In schönes grünes Leder eingebunden, präsentierte sich im Jahre 1893 dem Publikum ein handliches kleines Buch mit dem Titel «Antisemiten-Katechismus». Es war schon die 25. Auflage. Die erste war in Leipzig um das Jahr 1886 erschienen. Ähnlich dem Lutherschen Katechismus findet man in diesem Büchlein in Fragen und Antworten das Glaubensbekenntnis derer, die sich seit dem Ende der siebziger Jahre den respektierlich anmutenden Namen Antisemiten gegeben hatten. In der Beantwortung der Frage 16 «Wie soll die Judenfrage nun gelöst werden?» heißt es u. a.: «Die schachernde und wuchernde Thätigkeit Judas ist in seiner Rassen-Eigenart unausrottbar begründet, und da aus diesem Grunde von einer Belehrung und Besserung keine Rede sein kann, so muß unsere bescheidenste Forderung zum Schutze unseres Volkes lauten: Die Emancipation der Juden ist aufzuheben; dieselben sind unter ein besonderes Fremden-Gesetz (Judenrecht) zu stellen.»[31] Bald umbenannt in «Handbuch der Judenfrage» erschien die 49. Auflage im Jahr 1944. Längst war das, was in dem grünen Büchlein damals als «bescheidenste Forderung zum Schutze unseres Volkes» erhoben worden war, zur furchtbaren Realität geworden: Die Juden waren im Machtbereich des Deutschen Reiches unter Sondergesetz, unter «Judenrecht» gestellt worden, und auch die Judensteuern, die mittelalterlichen Buß- und Strafkontributionen, waren neu geschaffen worden, formuliert und in Anwendung gebracht mit der ganzen Pedanterie und bürokratischen Beflissenheit gewissenloser und zynischer Politiker und befehlserfüllender höherer und niederer Beamter. In der Vielzahl von Gesetzen, Verordnungen, Erlassen, Verfügungen und Richtlinien dokumentiert sich auf erschütternde Weise das Programm der Nationalsozialisten: Beraubung und Vernichtung der Juden. Hier war das gelegentlich im Mittelalter praktizierte Verfahren von Konfiskation, Beraubung, Vertreibung und Vernichtung zum staatlich verordneten und legitimierten System geworden.

Da liest man in der «Sechsten Durchführungsbestimmung zur Verordnung über die Gewährung von Kinderbeihilfen an kinderreiche Familien» vom 31. 8. 1937, daß Juden keine Kinderbeihilfen mehr bekommen konnten, und im «Ersten Gesetz zur Änderung des Bürgersteuergesetzes vom 31. 10. 1938» wird bestimmt, daß es für Juden keine Steuerabzüge für Kinder gibt.[32] Drei Tage nach dem staatlich verordneten Pogrom vom 9. November 1938 erschien die «Verordnung über eine Sühneleistung der Juden deutscher Staatsangehörigkeit: Die feindliche Haltung des Judentums gegenüber dem deutschen Volk und Reich, die auch vor feigen Mordtaten nicht zurückschreckt, erfordert entschiedene Abwehr und harte Sühne. Ich bestimme daher auf Grund der Verordnung zur Durchführung des Vierjahresplans vom 18. Oktober 1936 das Folgende:

§ 1 Den Juden deutscher Staatsangehörigkeit in ihrer Gesamtheit wird die Zahlung einer Kontribution von 1 000 000 000 (einer Milliarde) Reichsmark an das Deutsche Reich auferlegt.

§ 2 Die Durchführungsbestimmungen erläßt der Reichsminister der Finanzen im Benehmen mit den beteiligten Reichsministern.»

Am selben Tag erschien auch die «Verordnung zur Wiederherstellung des Straßenbildes bei jüdischen Gewerbebetrieben». Sie besagte, daß die Juden die Schäden der sogenannten Kristallnacht zu beseitigen und keinerlei Anspruch auf Schadensersatz, auch von seiten der

Versicherungen, hätten. Eine «Durchführungsverordnung zur Verordnung über die Sühneleistung der Juden vom 21. 11. 1938» besagte, daß die Sühneleistung (das Wort enthüllte wohl zu offensichtlich den Atavismus der Ideologen) hinfort als «Judenvermögensabgabe» bezeichnet werden sollte. – Am 17. Februar 1939 wurde ein Gesetz verabschiedet «Zur Änderung des Einkommenssteuergesetzes». Steuerliche Kinderermäßigung fiel für Juden weg. Alle Juden sollten nach dem höchsten Satz besteuert werden. – Am 17. 4. 1939 erschien ein «Erlaß des Reichsministers der Finanzen über Mitnahme von Umzugsgut»: Eine Abgabe von im allgemeinen 100 Prozent des Wertes der mitzunehmenden Gegenstände mußte, soweit die Mitnahme überhaupt genehmigt wurde, an die Golddiskontbank gezahlt werden. Eine «Zweite Verordnung zur Durchführung der Verordnung über die Sühneleistung der Juden vom 19. 10. 1939» hatte zum Inhalt, daß die Sühneleistung um eine Viertel Milliarde erhöht wurde und die letzte Rate am 15. 11. 1939 zu zahlen war.

Mit der «Anordnung der Aufsichtsbehörde über die Ablieferung von Pelz- und Wollsachen vom 10. 1. 1942» wurden Juden gezwungen, alle Pelz- und Wollsachen abzuliefern. Nur das Allernötigste wurde ihnen gelassen. Hatte ein Jude nur einen Mantel mit einem Pelzkragen, so mußte der Kragen abgetrennt werden. Und der «Erlaß des Reichsministers des Innern über das Vermögen von Reichsfeinden vom 15. 4. 1942» bezog sich auf das den Juden bei der Deportation abgenommene Vermögen ...

Ein letzter Blick noch zurück in die Zeit des friderizianischen Generaljudenreglements von 1750. Vor allem Montesquieus Werke dürften damals auf die aufgeklärten preußischen Beamten einen nachhaltigen Eindruck gemacht haben. In seinem Hauptwerk «Vom Geist der Gesetze» – es erschien 1748, zwei Jahre vor dem Generaljudenreglement Friedrichs des Großen – ist das 13. Buch überschrieben: «Von den Beziehungen, die zwischen der Erhebung der Steuern sowie der Höhe der öffentlichen Einnahmen und der Freiheit obwalten». Darin schreibt Montesquieu: «Nichts muß Weisheit und Vernunft genauer regeln als den Teil, den man den Untertanen nimmt und den, welchen man ihnen beläßt.»[33] Heute wird Juden und Nichtjuden gleichermaßen genommen und belassen. Daß es immer mit Weisheit und Vernunft geregelt ist, wird manchmal bestritten. Aber die Geschichte zeigt, welch ein mühseliger Prozeß es gewesen ist, Freiheit und damit auch Steuergleichheit der Menschen – und in diesem Fall der jüdischen Minderheit – zu erreichen und zu bewahren.

Der «Gemeine Pfennig»

Neue Steuern und die Einheit des Reiches im 15. und 16. Jahrhundert

Von Peter Moraw

Der moderne Staat wies und weist zwei Hauptmerkmale verschiedenen Alters auf, die sich in eigentümlich gegensätzlicher Weise begegnen. Das ältere Merkmal ist der gebietende Arm einer höheren Gewalt, denn der Staat wurzelt in der Herrschaftsmacht des Adels. Das jüngere Merkmal bildet die freie Einsicht der Gesellschaft in das Notwendige. So wurde der demokratische Staat die unentbehrliche und unersetzliche Lebensform der Vielen. Weil der Staat etwas Bergendes, aber auch etwas Beschränkendes an sich hat, muß die Einsicht in seine Notwendigkeit immer neu erworben werden. Heute tut dies der einzelne, der in den Staat hineinwächst. In älterer Zeit lernte es die Gemeinschaft insgesamt, die im Lauf der Geschichte die staatlichen Wesenszüge ihres Zusammenlebens – in einem jahrhundertelangen Prozeß – allmählich mehrte. Etwas besonders Bedrängendes und Dringendes beim Staat waren und sind sein Bedürfnis nach Geld, das heißt nach Steuern, und – damit enger als es scheint verbunden – sein Streben nach militärischer Selbstbehauptung gegenüber auswärtiger Bedrohung. So verhielt es sich offenbar, seitdem es Staaten gab, in Europa seit dem späten Mittelalter.

Die deutsche Geschichte ist ein Lehrbeispiel für diese Tatbestände. Der Weg der Deutschen zum Staat war lang und nicht geradlinig. Zwischen dem 12./13. und dem 18. oder gar 19. Jahrhundert nahm dieser Weg mehr als ein halbes Jahrtausend in Anspruch. Obendrein gab es bei uns mehrere oder gar viele Wege zum Staat. Denn schon im Mittelalter entschied es sich, daß nicht zuerst und nicht am schnellsten das eine, umfassende Gemeinwesen «Heiliges Römisches Reich» zum Staat wurde – wie in Frankreich –, sondern eher seine Teile, die Territorien. Voran standen am Ende Österreich und Preußen; Bayern, Sachsen, Württemberg und andere folgten kaum langsamer. Gleichwohl war das Alte Reich kein Nicht-Staat, wie auch die Territorien bis zum 18. Jahrhundert keine vollgültigen Staaten waren. Vielmehr ergänzten Reich und Territorien einander gleichsam zum Staat.

In der Reichsgeschichte des 15. und 16. Jahrhunderts begegnet man dem Gegenüber von Herrschergewalt und von zustimmender Mitwirkung der Beherrschten besonders intensiv. Es ist zu beobachten, wie daraus ein Mehr an Staatlichkeit hervorging, ja wie geradezu der Staat als durchgeformtes, von einer Mehrzahl von Kräften getragenes Gebilde dadurch erst entstand. Es darf freilich kein verklärtes Bild von diesem Gegenüber und Miteinander aufkommen. Bittere Notwendigkeit zwang häufig Uninteressierte, Widerstrebende, einander Fürchtende zu Partnern zusammen. Die Entwicklung zu einem Mehr an Staat war auch von quälendem Versagen und schweren Rückschlägen begleitet. Endlich waren die wichtigsten Mitbestimmenden ihrerseits Herren, womöglich harte Herren über Untertanen, nach deren Zustimmung zu jenen Veränderungen nicht allzu häufig gefragt wurde.

Ein Hauptgegenstand solcher unheroischer, oft unfreiwilliger und gleichwohl bedeutsamer und zukunftsreicher Veränderungen war die Steuerfrage. Es ging um ganz Konkretes, heiß Umstrittenes und Unangenehmes, um «Stunden der Wahrheit», nicht um abstrakte Entschlüsse zu mehr Leistungsfähigkeit, Einigkeit oder Einheit. Jedoch gewöhnte man sich an die am Ende gefundenen Übereinkünfte. Sie haben ein Mehr an Einigkeit und Einheit mit sich gebracht und das Alte Reich bis an die Schwelle der Moderne weiterleben lassen.

Ein Blick in die mittelalterliche Vergangenheit Deutschlands ist notwendig, um die Situation im 15. und 16. Jahrhundert zu verstehen. Der von den Kurfürsten gewählte König-Kaiser stand mit verhältnismäßig geringen Machtmitteln einem weit ausgedehnten Reich gegenüber. Um von seinem einen Ende zum anderen zu reisen, waren ungefähr dreißig Tage nötig. Zahlreiche Fürsten, mehr als irgendwo anders in Europa und mächtiger, hatten innerhalb dieses Reiches die eigene ererbte Adelsherrschaft zum Territorium mit ansehnlichen staatlichen Wesenszügen ausgebaut oder waren noch damit befaßt. Die Energien, die für kleine Räume aufgewandt wurden, waren unvergleichlich größer als der Kraftaufwand, der für das Ganze zur Verfügung stand. Erfolgreiche Verwaltung, die den Staat eigentlich ausmacht, war angesichts der Rahmenbedingungen des Zeitalters nur aus der Nähe möglich. Wie es verständlich und angemessen war, suchten die Territorien sich selbst zu genügen und sich nach außen, also auch zum König-Kaiser und zum Gesamtreich hin, möglichst abzuschirmen.

Im christlichen Europa des Mittelalters galt es als ungeschriebenes Gesetz, daß große Reiche einander nicht ernstlich anfochten. So bedurften sie auch keiner starken und kostspieligen Militärorganisation. Ein weitgedehntes Gemeinwesen konnte «strukturschwach» sein, ohne daß es sich deshalb sehr bedroht fühlen mußte. Einander bedrohen mochten Könige und Fürsten, wenn sie einen Rechtsanspruch auf einen von einem anderen Herrn besetzten Thron geltend machten. In einem solchen Fall suchten der angreifende und der verteidigende Herr möglichst viele Kräfte innerhalb ihrer Reiche, aber nicht eigentlich ihre Reiche selbst in Bewegung zu setzen. Unterlag der eine Herr, so suchte der andere den fraglichen Thron einzunehmen, ohne daß das Reich selbst wesentlich in seinem Bestand betroffen wurde. Erst die Historiker des 19. und 20. Jahrhunderts haben eine Anzahl dieser dynastischen Konflikte nationalstaatlich gedeutet. Richtig an dieser Deutung ist immerhin, daß am Ende aus zahlreichen dynastischen Entscheidungen und dynastischen Grenzen nationalstaatliche Tatsachen und nationale Grenzen hervorgegangen sind.

So war es überall im christlichen Europa nur konsequent, daß der König aus eigenem Besitz seinen Unterhalt bestreiten und seine – recht beschränkten – Aufgaben erfüllen sollte. In Deutschland sollte er dort, wo er selbst Territorialherr war, das heißt aus seinen Erbländern und aus den ihm nach der Wahl zugefallenen Reichsgütern und Reichsrechten, seine Macht- und Geldmittel schöpfen – und damit auskommen. Steuern im präzisen Sinn galten als ein dem Adel unangemessenes Zeichen der Unterwerfung. Nur in besonderen Krisenlagen durfte der Herrscher geradewegs an die Glieder des Reiches, d. h. gemäß der adelig-fürstlichen Struktur des mittelalterlichen politischen Lebens an die Großen des Reiches (und nicht direkt an deren Untertanen), herantreten. Die Großen waren prinzipiell nur zu «Rat und Hilfe» verpflichtet, um dafür «Schutz und Schirm» zu erfahren. Jedoch waren solche Pflichten beiderseits häufig sehr theoretisch, gerade auch in Deutschland.

Im spätmittelalterlichen Deutschland wechselte die Königsdynastie infolge des Wahlprinzips sehr häufig. Dies erschwerte die kontinuierliche Kraftentfaltung an der Spitze des Reiches beträchtlich. Auch waren die materiellen Mittel, mit deren Hilfe der König oder Kaiser sein Handeln bestreiten sollte, im Verhältnis zur Größe des Reiches bei weitem nicht ausreichend. Das von Herrscher zu Herrscher weitergegebene Krongut, zuletzt das Erbe der hochmittelalterlichen Dynastien der Ottonen, Salier und Staufer, hatte sich im 13. und 14. Jahrhundert stark vermindert. Sein wichtigster Bestandteil waren die Reichsstädte, mehr als hundert an der Zahl, die vor allem im deutschen Südwesten konzentriert waren. Sie zahlten regelmäßig jedes Jahr eine festgelegte Steuersumme an den König. Dieser Betrag konnte weder der allmählichen Geldentwertung noch der wachsenden Wirtschaftskraft der Städte wirksam angepaßt werden. Die Könige versuchten daher, von den Reichsstädten Sonderzahlungen einzutreiben. Dieses Bestreben war nicht erfolglos, jedoch handelte es sich um keine sichere, jedenfalls um eine sehr ungleichmäßig fließende Quelle. Langfristig brachte ein solches Verhalten den Aufstieg der Reichsstädter von Befehlsempfängern des Königs zu Partnern des politischen Spiels im Reich oder gar zu Gliedern von dessen Entscheidungsgefüge mit sich. So waren auch die Reichsstädte zuletzt im Reichstag vertreten, wenn auch noch lange nicht gleichberechtigt. Gerade gegenüber den Reichsstädten ging das herrscherliche Finanzwesen ohne klare Abgrenzung in das herrscherliche Kreditwesen über. Denn das Handeln des Königs oder Kaisers und anderer Herren im mittelalterlichen Europa war unausbleiblich vom Schuldenmachen begleitet. Es boten sich immer wieder Anlässe zu radikaler Vernachlässigung finanzieller Vernunft oder zu Verzweiflungstaten außerhalb des Rechts. So wurden bei weitem nicht alle Kredite zurückgezahlt. Was man auf immer schuldig blieb, kann fiskalisch gesehen der Besteuerung zugeschlagen werden.

Unter den finanziell nutzbaren Reichsrechten, den Regalien, waren die Einkünfte aus Zöllen, vor allem am Rhein, und aus der Münzprägung am wichtigsten. Jedoch waren sie spätestens im 15. Jahrhundert sehr stark zusammengeschrumpft. Das gleiche galt für zahlreiche Einnahmen steuerähnlichen Charakters, die aus den Abgaben königlicher Ämter, zum Beispiel des Schultheißen, in Städten und auf dem Lande geflossen waren. Man befand sich mitten in einem großen, nicht eigentlich beabsichtigten, jedoch durch die Veränderung zahlreicher Momente unaufhaltsam gewordenen Wandlungsprozeß: An die Stelle der Nutzung vieler verstreuter kleiner Güter trat die Auswertung übergreifender Hoheitsrechte. Es ging dabei vor allem um die Fiskalisierung des Hofes. Damit ist gemeint, daß das Handeln des Königs oder Kaisers im Bereich des Lehnswesens, der Gerichtsbarkeit, der Privilegierung und bei anderen Verwaltungsakten, also beinahe überall, mit verhältnismäßig hohen Gebühren belegt wurde. Auf diese Weise wurde der Hof ein einziges großes «Unternehmen», das freilich auf die allgemeine Anerkennung königlichen Wirkens im Reich oder – umfassender – auf die zunehmende Verrechtlichung des Reiches angewiesen war. Diese Verrechtlichung breitete sich tatsächlich aus und wurde im 16. Jahrhundert fast überall anerkannt.

Weil der König oder Kaiser gleichsam privater Eigentümer seiner Steuereinnahmen war und sein hohes Amt ganz persönlich ausübte, gab es keine reinliche Scheidung zwischen seinen Einkünften aus Krongut und Regalien und seinen erbländischen Einnahmen. In der Praxis hat der jeweilige Hausmachtbesitz die Aufwendungen des Königtums für das Reich wohl regelmäßig in hohem Maße mitgetragen. Gemäß der intensiveren Beherrschung und Verstaatung der kleineren Räume waren die erbländischen Einkünfte des Königs oder Kaisers wichtiger als seine Reichseinnahmen. Die landesherrlichen

Einnahmen des Königs wie der Fürsten waren ihrer Herkunft nach dreigeteilt: Sie stammten aus dem Kammergut oder der Domäne, das heißt aus dem persönlichen Besitz des Herrn an Land und Leuten, aus den landesherrlichen Regalien und wenn möglich auch aus dem Bereich der Mitherrschaftsträger im Land, der werdenden Stände. Auch diese, der Landesadel, die Kirchen und die Städte im Land waren zu «Rat und Hilfe» verpflichtet, jedoch ebenso wie im Gesamtreich nicht ohne weiteres, sondern als Ergebnis von Verhandlungen oder auch von politischen Zugeständnissen des Herrn. Landessteuern oder später Reichssteuern, wie sie aufgrund neuartiger Bedürfnisse im Zeitalter wachsender Dynamik vom 15. Jahrhundert an immer häufiger erhoben wurden, galten regelmäßig als außerordentliche oder «Not»-Steuern. Unter den landesherrlichen Regalien war der Silberbergbau weitaus am wichtigsten. Das habsburgische König- und Kaisertum des späten 15. und des 16. Jahrhunderts ist ohne das Tiroler Silber unvorstellbar.

Trotz aller Bemühungen bestimmten im 15. und 16. Jahrhundert kaum je überwundene Geldsorgen die Existenz des König- und Kaisertums. Planung über längere Zeit bestand zunächst schwerlich, geschweige denn ein Denken in Jahresetats. Die Ausgabennotwendigkeiten, die stark schwankten, bestimmten die Suche nach den Einnahmen. Vor allem war alles Militärische unverhältnismäßig teuer und wurde immer teurer.

Eine bemerkenswerte Differenz des spätmittelalterlich-frühneuzeitlichen Steuerwesens des Königs oder Kaisers zur Moderne besteht darin, daß aufgrund unterschiedlicher Rechtsverhältnisse sehr unterschiedlich Steuern bezahlt wurden oder auch gar nicht gefordert werden durften. Vor allem zahlten nach mittelalterlichem Herkommen die Territorialherren im Reich und deren Untertanen keine Steuern im modernen Sinn an den König. Für eine große Zahl von Fürsten und Herren war die Teilhabe am Reich ein praktisch lastenfreies Dasein geworden. Dieses Merkmal des Gemeinwesens, das bis ins 15., zum Teil bis ins 16. Jahrhundert hinein andauerte, ist als «vorstaatlich» zu bezeichnen. Es entsprach der Tatsache, daß die politische Gesellschaft, die das Reich tatsächlich trug, zahlenmäßig klein und die politische Kultur stark regionalisiert gewesen ist. Gleichwohl dachte man nicht daran, das Reich zu verlassen. Weil dem vorstaatlichen Verhalten vorstaatliche, das heißt verhältnismäßig geringe Herausforderungen entsprachen, genügten auch ein vorstaatlicher Respekt, eine vorstaatliche allgemeine Loyalität oder gar Zuneigung, um das Reich zusammenzuhalten und weiterleben zu lassen.

Von den zwanziger Jahren des 15. Jahrhunderts an veränderte sich die Situation grundlegend. Es traten militärische Gegner auf den Plan, die sich nicht an die gewohnten Regeln hielten. Etwa gleichzeitig erhoben sich Stimmen, die eine bessere Friedenssicherung und ein besseres Gerichtswesen forderten, als sie der König mit seinen Mitteln durchsetzen konnte, und dafür nach neuen Steuerquellen suchten. Es wird nicht überraschen, daß das Motiv der militärischen Notwendigkeit stets bei weitem am wichtigsten geblieben ist. Dadurch vor allem wurde das noch vorstaatliche Gebilde «Reich» mit seinen weiter zum Staat hin entfalteten Gliedern, den Territorien, auf die Probe gestellt. Die Frage hieß: Entwickelte man neue Formen einer finanziellen Solidarität oder fiel das Reich – auf dem Schlachtfeld geschlagen – auseinander? Nachdem im 10. Jahrhundert der Einbruch der heidnischen Ungarn abgewehrt und im 13. Jahrhundert das Reich durch glückliche Umstände davor bewahrt worden war, den Mongolen anheimzufallen, drohten im 15. und 16. Jahrhundert neue große Herausforderungen. Sie traten im wesentlichen in dreierlei Gestalt auf: Ehe noch die heidnischen Türken auftauchten, nachdem sie die Ungarn überrannt hatten, war das innenpolitische Problem der ketzerischen Hussiten militärisch zu bewältigen; gleichzeitig mit der Türkendrohung begegneten Kaiser und Reich einem ganz neuen, schon nicht mehr mittelalterlichen Phänomen, dem «Imperialismus» des französischen Königs. Dieser hatte – wie der englische König – schon im 14. Jahrhundert damit beginnen müssen, seine Herrschaft zu modernisieren, um im sogenannten Hundertjährigen Krieg dieser beiden Monarchien bestehen zu können. Ein generationenlanges Ringen dieser Art, das durch englische Erbansprüche auf die französische Krone ausgelöst worden war, ist unserer Geschichte glücklicherweise erspart geblieben. Es hatte aber auch viel dazu beigetragen, beide westeuropäischen Reiche zu Staaten zu formen oder in diese Richtung zu lenken, früher und viel schneller als in Deutschland. Die nach dem Sieg und nach schweren Krisen freigewordenen Kräfte des französischen Königtums suchten ein neues Ziel im Osten und Süden: Der «schneidende Luftzug der neueren Geschichte», das Phänomen des modernen Mächteeuropa, trat jetzt als neues Moment auch der mitteleuropäischen Verhältnisse auf den Plan.

In dieser Situation mußte auch das Reich um eine angemessene Antwort auf die Frage nach dem Staat ringen. Die altertümlichen Macht- und Geldmittel des Königs und die Lastenfreiheit der Fürsten genügten nicht mehr. Was am Ende entstand, ist verfassungsrechtlich als «institutionalisierter Dualismus» zu bezeichnen. Es ist diejenige politische Lebensform, von deren Merkmalen heute noch das eine oder andere aufzufinden ist. Für das 15. und 16. Jahrhundert hieß dies: Neben die alte zentrale Gewalt mit ihren nicht mehr ausreichenden Machtmitteln trat das «Reich» in einem neuen Sinn. Dieses «Reich» stellten die politischen Kräfte außerhalb der Instanz des Königtums dar, und zwar als ein sich selbst zusammenfassendes und selbst institutionalisierendes, einigermaßen handlungsfähiges Gebilde. So entstand der ältere Reichstag. Er ist nicht mit einem Parlament zu verwechseln, obwohl dieses später den gleichen Namen tragen sollte. Immerhin arbeitete der ältere Reichstag seiner Funktion nach dem modernen in gewisser Weise vor.

Diese Veränderung war außerordentlich wichtig und zukunftsreich. Sie begann mit Steuerfragen und blieb lange Zeit darauf konzentriert, aber sie bewirkte am Ende noch mehr: die Modernisierung der Verfassungs- und Lebensformen des Reiches, in deren Gestalt es bis ins frühe 19. Jahrhundert weiterlebte.

An drei Stellen soll die Geschichte dieses Zusammenhangs genauer untersucht werden: In den Jahren 1422 bis 1429 lagen die Anfänge eines neuartigen Reichssteuerwesens unter der Drohung der Hussiten; die Diskussionen und Entscheidungen der Reichsreform von 1495 anläßlich der Türken- und Franzosengefahr verliehen ihm spezifische Formen; das 16. Jahrhundert übte es ein und zeigte es gegenüber den gleichen Gegnern auf dem Höhepunkt seiner Wirksamkeit.

Die erste allgemeine Steuer der deutschen Geschichte und zugleich die ersten Anfänge einer Reichsverwaltung, die im dualistischen Sinn der Verwaltung des Königs gegenübertrat, waren die Folge eines innenpolitischen Problems, der Herausforderung durch die Ketzerei der Hussiten. Das Hussitentum trat in Prag und Böhmen unwiderstehlich hervor, nachdem es in Johannes Hus, der auf dem Konzil von Konstanz 1415 hingerichtet worden war, einen Märtyrer gefunden und ihm die unheilbare Herrschaftskrise König Wenzels und sein Tod 1419 freie Bahn gewährt hatten. Daß hier ständig wachsende radikale religiöse Oppositionsgruppen die Macht an sich rissen, konnte nicht als innerterritoriale Angelegenheit gelten. Denn Böhmen war seit Kaiser Karl IV. (1346–1378) das Kerngebiet der königlichen Erbländer und damit in bestimmter Hinsicht auch das Kernland des Reiches geworden. Noch weniger war es möglich, unbeteiligt zu bleiben, als der deutsche König Sigismund (1410–1437), zugleich dynastisch-privater Erbe Wenzels als dessen Stiefbruder, 1420 gegen die Hussiten bei dem Versuch scheiterte, die Landesherrschaft in Böhmen zu übernehmen. Schon gar nicht konnte man unbetroffen bleiben, als die Einheit der Kirche bedroht schien. Sie war immer noch die allgemein anerkannte erste Instanz des mittelalterlichen Lebens, mit deren Schicksal das Heilige Reich enger als irgendein anderes Gemeinwesen verbunden war. So gab es ein Ausmaß an Solidarität, für das kaum ein

Vorbild bestand – trotz gelegentlicher Sympathieäußerungen für die «Hussen». Solidarität hieß freilich bei weitem noch nicht gemeinsames Handeln. Vor allem war der König, der zugleich Herr Ungarns war, dort stark gebunden, so daß er von 1410 bis 1414, von 1422 bis 1424 und von 1426 bis 1430 nicht im Reich anwesend sein konnte.

In dieser Situation wurden im Jahre 1422 in Nürnberg erstmals die militärischen Leistungspflichten der Reichsglieder festgelegt und aufgezeichnet. Diese erste sogenannte Reichsmatrikel war noch mit vielen Fehlern behaftet. Etwas Ähnliches hatte es zuvor, soweit bekannt, weder am Königshof noch anderswo gegeben. Eine allgemeine Steuer durchzusetzen, gelang noch nicht. Es blieb bei der Stellung von militärischen Kontingenten, die nur ersatzweise durch Geldzahlungen abgelöst werden konnten. Auch war das praktische Ergebnis bescheiden. Wesentlicher war das Prinzip: Die Herausforderung des Christenglaubens hatte dazu geführt, über das Lehnsrecht und die Teilhabe am Krongut hinaus die Tatsache der Mitgliedschaft im Reich mit der Übernahme von Verpflichtungen für das Reich in Zusammenhang zu bringen. Es war ein Gedanke, der noch generationenlang umstritten war und vielfach mißachtet wurde; denn er war im Grunde unmittelalterlich und konnte innerhalb der mittelalterlichen Gedankenwelt nur von einem Notstand aus, hier von der Bedrängnis des Glaubens her, begründet werden. Die Konsequenzen waren am Ende neuzeitlich: Heute noch werden Steuern mit dem Territorialitätsprinzip begründet.

Die gegen die Hussiten ausgesandten Heere wurden geschlagen. Seit 1427 gingen die Hussiten von der Defensive zur Offensive über – und zwar über Böhmen hinaus. Im selben Jahr legten sich in Abwesenheit des Königs, unter Führung von Kurfürsten und päpstlichem Legaten und gegen heftigen Widerstand, die Reichsglieder in Frankfurt am Main eine Geldsteuer auf. Sie sollte erstmals in der deutschen Geschichte jeden Reichsangehörigen beiderlei Geschlechts, der über 15 Jahre alt war, unmittelbar belasten. Für die Christen war es eine Kombination aus Kopf-, Vermögen-, Einkommen- und ständischer Personalsteuer, für die Juden eine weitaus höhere Kopfsteuer.

Dafür wurde in bisher unbekannter Weise eine vierstufige Verwaltung vorgesehen. Für nichtadelige Laien wurden je territoriale Stadt und Dorf, je Freie Stadt und Reichsstadt sechsköpfige Steuerkommissionen mit genau festgelegter Zusammensetzung gebildet. Geistlichkeit und Adel zahlten ihre Steuer unmittelbar an die zweite Stufe der Verwaltung, an die auch die Territorialstädte und -dörfer ihre Leistungen abführten: an ebenfalls sechsköpfige Kommissionen in den etwa fünfzig Bischofsstädten des Reiches. Diese Instanzen wiederum und die Kommissionen der Freien und Reichsstädte leiteten das Geld an sechs- bis achtköpfige Kommissionen in fünf Städten weiter: nach Köln, Nürnberg, Erfurt, Salzburg oder Breslau. Die diesen fünf Mittelpunkten vorangestellte letzte Instanz war eine neunköpfige Kommission in Nürnberg, das demnach die erste Reichshauptstadt im dualistischen Sinn war. Hier sollte über die Verwendung des Gesamtertrags entschieden werden. Die oberste Kommission bestand aus je einem Vertreter der sechs Kurfürsten (der siebente, Sigismund als König von Böhmen, war nicht beteiligt) und drei Vertretern der Reichsstädte. Zu den Neun hinzu trat der Oberste Kriegshauptmann des Reiches. Es waren Mehrheitsbeschlüsse vorgesehen.

Man mag bedauern, daß dieses Organisationsmodell, das älter war als der Reichstag, nicht von Dauer war und nicht weiterentwickelt wurde. Es sah keine Beteiligung der Fürsten vor, die noch abseits standen. Es war auch noch zu früh für die politische Einsicht der Gesellschaft im Reich, daß gemeinsame langfristige Ziele finanzielle Opfer wert seien, also noch zu früh für gesamtstaatliche Gedanken. Als nach einigen Jahren die Hussitengefahr überwunden war, entfiel zunächst die Notwendigkeit weiterer Steuerpläne dieser Art.

Der zweite große Schritt, der mit dem Begriff des «Gemeinen», das heißt allgemeinen «Pfennigs» verbunden ist, wurde mehr als zwei Generationen später am Ende des Mittelalters getan. Dieser Schritt gehört in den Zusammenhang der sogenannten Reichsreform und besonders des Reichstags von Worms im Jahre 1495. Die Situation der zwanziger Jahre wiederholte sich, nur die Feinde waren andere: jetzt waren es die Türken und die Franzosen. König Maximilian (1493–1519) stand wie einst Sigismund mit beschränkten Mitteln einer kaum zu bewältigenden Fülle von Aufgaben gegenüber. In dieser Lage war er zur Zusammenarbeit mit den Reichsgliedern auf der Basis gegenseitigen Gebens und Nehmens genötigt, was sein Vater, Kaiser Friedrich III. (1440–1493), noch jahrzehntelang hatte vermeiden können. Die Reichsglieder ihrerseits hatten freilich inzwischen Schritte zur Verdichtung ihres «Reiches» unternommen. Es ging nicht mehr allein um die Nächsten zum König, d.h. um Kurfürsten als Königswähler und Reichsstädte als ehemalige Glieder des Kronguts. Vielmehr war ein ständisch gewordenes Reich als Reich der Fürsten im Begriff, sich im Reichstag zu organisieren. Es trat dem König als Ganzes gegenüber und forderte Gegenleistungen, wenn die alte «Rat und Hilfe»-Formel in Geld und Steuern ausgemünzt werden sollte. Der König sollte vor allem seine obersten Gerichtsrechte nicht mehr nach seinem Belieben an seinem wandernden Hof, sondern an einem festen Ort unter Mitwirkung der Stände handhaben. Damit hoffte man, zu einem dauernden Landfrieden im Reich zu gelangen. Tatsächlich wurde eine Vielfalt von Kräften in Worms zu einem punktuellen Kompromiß zusammengeführt, den jeder Beteiligte in seinem Sinn fortzuentwickeln hoffte. Spätere Ereignisse entschieden darüber, daß das Jahr 1495 wirklich zu einem Orientierungspunkt wurde, auf den man sich fortan berief. So erbrachte die Reichsreform ein Stück wünschenswerter Modernisierung und Verdichtung; denn nur ein besser durchgeformtes Reich vermochte im Wettbewerb der neuzeitlichen Mächte Europas einigermaßen Schritt zu halten. Ein solches Reich konnte nach den bestehenden Kräfteverhältnissen nur dualistisch ausgeformt sein. Auf den ersten Blick war es ein Erfolg der Opposition gegen den König, zugleich wurden jedoch die staatlichen Wesenszüge im Reich vermehrt. Auch wirkten langfristige Prozesse in die gleiche Richtung, so zum Beispiel die Ausbreitung des Buchdrucks oder die Vermehrung der Zahl der Juristen. Am Ende stand ein wieder stärker gewordener Kaiser einem geschlossener gewordenen Reich gegenüber. Die Einheit des Reiches in der Zweiheit von Kaiser und «Reich» wurde dabei als selbstverständlich vorausgesetzt.

Neben der Errichtung eines Ewigen Landfriedens, der Umorganisation des Kammergerichts und der Zusage des Königs, den Reichstag alljährlich einzuberufen, ist dabei die Reichssteuer des «Gemeinen Pfennigs» bedeutsam gewesen. Der Gemeine Pfennig war eine auf vier Jahre befristete, dem Unternehmen von 1427 nah verwandte kombinierte Kopf-, Vermögen-, Einkommen- sowie Personalsteuer für alle Reichsangehörigen. Die Belastung des einzelnen war im Vergleich zu den territorialen und städtischen Abgaben verhältnismäßig niedrig, ausgenommen bei den Juden und bei den Ärmsten, da selbst ein Besitzloser 1/24 Gulden zu zahlen hatte. Mit der Einnahme sollte der dem König für seine Militärbedürfnisse gewährte Vorschuß, die «Eilende Hilfe», zurückgezahlt werden. Auch wollte man im Bedarfsfall den Unterhalt des Kammergerichts sichern. Wiederum wurde eine – diesmal dreistufige – Steuerbehörde geschaffen. Das Schwergewicht lag auf seiten der Stände, wie es den Anteilen an der Steuersumme entsprach. Die Steuern wurden von Kommissionen in den einzelnen Pfarreien eingenommen. Übergeordnet war dann jeweils ein Kommissar für ein «Land», d.h. für ein Territorium oder eine vergleichbare Größe. An der Spitze des Ganzen stand eine Kommission aus nominell sieben, tatsächlich nur sechs Schatzmeistern in Frankfurt am Main. Je einen Schatzmeister stellten der König, die Kurfürsten, die übrigen Fürsten, die Prälaten, die Grafen und Freiherren, die Ritterschaft und die Freien und Reichsstädte. Die Basis des Dualismus hatte sich seit 1427 stark verbreitert, jetzt waren praktisch alle Kräfte des Reiches in ständischer Ordnung erfaßt. Allerdings zahlten 1495 ebensowenig wie 1427 alle Reichsstände. Einigermaßen pünktlich waren vor allem die kleineren Reichsstände, unter den Kurfürstentümern nur Mainz. Einige große Territorien konnten oder wollten die Weigerung ihrer Landstände nicht überwinden. Gleichwohl war wieder ein wesentlicher Schritt getan. Nach und nach stellte sich nämlich heraus, daß der Versuch der Stände, möglichst viel mitzubestimmen und gleichwohl möglichst wenig zu leisten, eine Fehlkalkulation war. Die Mitgliedschaft im Reich wurde immer teurer.

In der Folgezeit hat man mehrere weitere «Gemeine Pfennige» ausgeschrieben. Jedoch zeigte sich immer deutlicher, daß diese Art der Besteuerung zu tief in die territorialen Belange der Fürsten eingriff – es kam deshalb zum Ende dieses Steuersystems mit einem letzten «Pfennig» im Jahre 1551. Diese Entwicklung ist kaum zu bedauern, denn der Hauptzweck war nicht das Bemühen gewesen, die Territorien zugunsten einer Zentralisierung auf den König und Kaiser hin zu durchbrechen – so verstanden es erst die modernen Historiker. Seinerzeit ist der «Gemeine Pfennig» von den Ständen, nicht vom Herrscher mit der sehr praktischen Zielsetzung vorgeschlagen worden, die eigene Belastung zu verringern. Dem König erbrachte er weniger als eine Matrikularumlage. Denn der Pfennig war im Ertrag kaum berechenbar, ja mangels statistischer Hilfsmittel nicht einmal vage kalkulierbar. Er war im Bewilligungsverfahren viel umständlicher und zeitraubender als die Matrikularumlage und rief bei seiner Realisierung eine Fülle lokaler Konflikte hervor. Denn ein relativ übersichtliches und einfaches Steuersystem war seinerzeit gänzlich außerstande, auf die überaus zahlreichen, ja unzähligen rechtlichen, politischen und sozialen Verschiedenheiten einigermaßen angemessen zu reagieren. Es kam gleichsam zu früh, denn es setzte ein durchgeformtes, rechtlich und statistisch «vereinfachtes» Reich voraus, das nicht oder noch nicht bestand. Zudem war der «Pfennig» im Vergleich zur Matrikel in allzu hohem Maße politisiert, das heißt mit der sehr umstrittenen Frage der «Reichsreform» verbunden. Nicht zufällig näherten sich auch die letzten «Pfennige», zumal derjenige von 1512, im Einzugsverfahren, das den Ständen gänzlich überlassen wurde, bereits stark der Matrikularumlage an. Mit ihr teilten sie ohnehin den Steuerzweck und den Charakter als außerordentliche, also als Not-Steuer. Als ordentliche Steuer kann nur der zahlenmäßig unbedeutende «Kammerzieler» gelten, der seit 1548 recht und schlecht dem Unterhalt des Kammergerichts diente.

Seit 1507 setzte sich wieder – zunächst in Konkurrenz zum «Pfennig» – das System von 1422 durch, das wenigstens im Prinzip bis in unser Jahrhundert Bestand gehabt hat; noch im Bismarckreich sprach man von Matrikularbeiträgen. Sie ermöglichten die pauschale Begleichung der jetzt nicht mehr bestreitbaren Reichsverpflichtungen der

Stände. Entscheidend war, daß die Art und Weise, wie die Gelder aufgebracht wurden, den Fürsten und anderen Herren und Obrigkeiten selbst überlassen blieb. In einem jahrzehntelangen, 1543 reichsrechtlich abgeschlossenen Prozeß war es ihnen gelungen, die Steuersummen restlos auf die Untertanen umzulegen, das Kammergut zu entlasten und damit ihrerseits im Verstaatlichungsprozeß einen wesentlichen Schritt voran zu tun. So festigte die Umlage die Stellung der Fürsten und Herren. Dabei ging es nicht nur um Steuerhoheit und Verwaltung, es konnte sogar dazu kommen, daß die Fürsten mehr einzogen, als an Kaiser und Reich abzuliefern war. Es ist ungeklärt, ob es sich um einen unerlaubten «Reingewinn» oder um das Auffangen der üblichen Differenz zwischen Steuerforderung und tatsächlichem Geldeingang handelte. Mit diesem Verfahren konnte insgesamt auch der Kaiser zufrieden sein, da die ungeheuren Kosten der Türkenkriege des 16. Jahrhunderts wirksam mitgetragen wurden. Indem man sich einer intern unproblematisch gewordenen Steuerpflicht immer seltener entzog, gewöhnte man sich unmerklich an Neuerungen, die im 13. und 14. Jahrhundert oder gar im Hochmittelalter gänzlich unvorstellbar gewesen wären.

Die Höhe der Einzelbeiträge wurde durch die Matrikel des Wormser Reichstags von 1521 genauer festgelegt. Als Rechts- und Rechnungsgrundlage galt die uralte, vorstaatliche, aber gerade deswegen von allen Reichsgliedern unbestreitbare Pflicht, am Romzug des Königs zum Erwerb der Kaiserkrone teilzuhaben. Wenigstens insoweit weist die deutsche Steuergeschichte eine beachtliche Kontinuität vom 10. bis zum 20. Jahrhundert auf, als das Reich erst 1904 neben den Matrikularbeiträgen der Länder, den Zöllen, die die alten Regalien fortsetzten, und den indirekten Steuern eine neuartige direkte Steuer zugebilligt erhielt.

Als Berechnungseinheit der Matrikularbeiträge im 16. Jahrhundert wurde ein fiktives Romzugsheer von 4000 Reitern und 20 000 Fußsoldaten herangezogen, das rechnerisch auf die Reichsglieder aufgeteilt wurde. Es sollte theoretisch monatlich 120 000 oder 128 000 Gulden kosten; allmählich stellte sich ein realer Durchschnittsbetrag von 64 000 Gulden heraus. Ein dadurch fiskalisch konstruierter «Römermonat» wurde zur Bewilligungseinheit. Als höchste Quote wurden dem Kaiser im Jahre 1603 insgesamt 86 Römermonate zugestanden. Da am Anfang des 16. Jahrhunderts während der 37jährigen Regierungszeit Kaiser Karls V. insgesamt nur 73 1/2 Römermonate bewilligt worden waren, ist trotz der Geldentwertung eine gewaltige Zunahme der Steuerleistungen festzustellen. Man schätzt die Einnahmen in der ersten Hälfte des 16. Jahrhunderts auf 2,5 bis 3,5 Millionen Gulden, für die Zeit von 1576 bis 1606 auf 30 Millionen Gulden.

Bis zur Mitte des 16. Jahrhunderts amtierte die Reichs-Steuerbehörde noch nicht kontinuierlich und nicht mit allzu großer Effizienz, da sie an die einzelnen Bewilligungsperioden gebunden war. Es handelte sich gemäß der Herkunft der Gelder um eine ständische Behörde, die mit einem ganz anderen Ziel arbeitete als dem der dauernden Institutionen, mit deren Hilfe der Kaiser im Reich regierte. Die wachsende De-facto-Verstaatung des Reiches zeigte sich darin, daß die Reichs-Steuerbehörde in der zweiten Hälfte des 16. Jahrhunderts dann doch zu einer ständigen Einrichtung wurde und entgegen ihrem Verfassungszweck immer näher an den Kaiser heranrückte. Der Reichspfennigmeister, ihr Haupt, konnte schließlich als kaiserlicher Amtsträger gelten. Zacharias Geizkofler, der von 1598 bis 1604 in diesem Amt tätig war, erwies sich als bedeutender Verwaltungsfachmann. Obwohl ihm nur ungefähr dreißig Beamte zur Verfügung standen und der Sachaufwand mit 300 Federkielen im Jahr (1599) ziemlich gering veranschlagt wurde, verfügte er über eine bewundernswerte Effektivität. In Geizkoflers Amtszeit wurden 88 Prozent der veranschlagten Reichssteuern tatsächlich eingezogen. Es war ein kaum glaublicher Erfolg angesichts der Tatsache, daß er über keinen Exekutionsapparat verfügte und auf die Loyalität der Reichsglieder bauen mußte. Am Kammergericht in Speyer unterstützte ihn die seit 1421 bestehende Institution des Fiskalprokurators, die als Vorgängerin der heutigen Bundesanwaltschaft gelten kann. Der Fiskalprokurator führte zahlreiche Prozesse gegen Reichsglieder, die mit ihren Zahlungen im Rückstand waren.

So gab es am Vorabend des Dreißigjährigen Krieges ein verhältnismäßig brauchbares Reichssteuerwesen. Es half wesentlich mit bei der erfolgreichen Verteidigung gegen die Türken. Diese Entwicklung vollzog sich, obwohl im 16. Jahrhundert Reformation und Konfessionalisierung eine in mittelalterlicher Zeit unvorstellbare Polarisierung im Reich mit sich gebracht hatten. Von einem kleinen radikalen Flügel abgesehen, waren die protestantischen Stände gegenüber der vom katholischen Kaiser angeführten Reichsverteidigung nicht weniger loyal als die altgläubigen.

So bietet die Steuerverfassung auch im 15. und 16. Jahrhundert ein realistisch-getreues Abbild der – dualistischen – Staatsverfassung. Dem Reich als einer Art Staatenbund mit weiterhin bedeutsamer monarchischer Spitze entsprach eine sich langsam entwickelnde, kompromißhafte, jedoch nicht unwirksame Steuerpraxis. Sowohl die unaufhaltsame Verfestigung der Territorien als auch die entscheidende Aufgabe des Gesamtreiches, seine Selbstbehauptung, kamen zu ihrem Recht.

«Der Stürn halb ist unser Beger, uns die zu ringren»

Die Bedeutung des Steuerwesens für den Bauernkrieg von 1525

Von Peter Blickle

«Anfänglich ... der Stürn halb, darmit wir bisher beschwärt gewesen, ist unser demütig Pitt und Beger, uns die zu ringren und Nachlaß tun und darinne ansechen unser Armut»,[1] schrieben 1525 die Bauern des Allgäuer Dorfes Martinszell an ihren Herrn, den Fürstabt von Kempten. Die Schwarzwälder Bauern behaupteten schon ein Jahr zuvor, «daß sie ihren Heren ... weder Steier, Schatzung noch Umbgelt zu geben schuldig sein, es were dann mit Recht erkendt».[2] Sie argumentierten anders als die Allgäuer nicht mit der Armut, sondern mit dem Recht. Die ungleiche Belastung mit Steuern kritisieren die Untertanen des Fürstbischofs von Augsburg: «Gmain Landsteuer ... sollent die Gaistlichen wie die Weltlichen schuldig sein».[3]

Hier wird lapidar die Aufhebung der Steuerfreiheit der Geistlichkeit verlangt – eine Forderung, die auch am Hochrhein die Bauern der Grafschaft Rheinfelden gegen den Komtur des Deutschordenshauses in Beuggen mit einer ausführlichen Begründung erheben: «Sodenn ist landkundig, wie wir all ... ein gemeine gesatzte Stür ... geben mußent. Nun sitzt der Commentür under uns, ... mit großen, unzalbarlichen Guttern, Besitzungen, Hölzen, Veldern, Wunnen und Weiden und andern Richtumben, größer und richlicher dann sust drü oder vier Dörfer, und kompt uns aber an unser Stur und Burdinen nit mit eim einigen Helbling ze Hilf, das uns daran Lichterung oder Ringerung gedichen mocht, deshalb wir nit allein nit Hilf von im, sonder alle Beschwarnis habent. Hoffen wir aller Billigkeit gemäß sin: Wer Genieß empfahe, das ouch der gemeine Burdinen ze tragen schuldig sig, und begeren deshalb, das er uns an unser Jarstür nach Anzal siner Güttern zu Hilf komme.»[4]

Daß die steuerlichen Belastungen zu hoch oder ungerecht seien, ist ein mitlaufendes Motiv in den Beschwerden und Forderungen der Untertanen im Bauernkrieg von 1525. Aber zweifellos ist der Bauernkrieg keine «Steuerrebellion». Das kommt schon darin zum Ausdruck, daß das revolutionäre Manifest von 1525, die «Zwölf Artikel der oberschwäbischen Bauern», die allein in drei Monaten sensationelle 25 Auflagen erlebten, die Steuer nicht erwähnt. Die Steuerrebellion ist in Deutschland eine Erscheinung des späten 16. Jahrhunderts,[5] sie ist der eigentliche Inhalt der französischen Bauernaufstände des 17. Jahrhunderts,[6] und sie erreicht schließlich auch England im 18. Jahrhundert.[7]

Mit dem Hinweis auf die aufsteigende Linie von Steuerrevolten seit dem 16. Jahrhundert in Europa ist auch deren eigentliche Ursache benannt: Es ist der moderne Staat, der sich in der frühen Neuzeit zunehmend entwickelt und institutionalisiert. Ein wesentliches Kennzeichen des modernen Staates ist die Finanzierung seiner Aufgaben über Steuern. Das war im Mittelalter noch anders. Staatliche Aufgaben hatte der König oder Landesfürst aus seinen eigenen Einkünften zu finanzieren, die er in Form von Natural- oder Geldabgaben von seinen Untertanen bezog oder in Form von Zöllen über seine Regalienhoheit erwirtschaftete. Je umfangreicher die staatlichen Aufgaben wurden, je mehr sich der Staat von seiner ursprünglichen Funktion der Friedens- und Rechtswahrung in den Bereich der Wirtschafts- und Sozialpolitik vorwagte, um so größer wurden die administrativen Aufgaben und um so weniger reichten die traditionellen fürstlichen Einkünfte zur Bestreitung dieser wachsenden Verpflichtungen aus.

Die Bauern und Bürger bekamen zu Beginn des 16. Jahrhunderts die Anfänge dieser Entwicklung zum modernen Staat zu spüren, und insofern sind sie, umgesetzt in die Form von Beschwerden und Forderungen, ein integraler Bestandteil des Bauernkriegs.[8] Schon im Spätmittelalter hatten vereinzelt ungewöhnliche Steuerforderungen zu Unruhen geführt: 1462 im Erzstift Salzburg und 1514 im Herzogtum Württemberg.[9] Immer jedoch sind solche Beschwerden über die Steuer schlechthin oder ihre unangemessene Höhe verbunden und verknüpft mit anderen Klagen. Zwar heißt es im ersten Artikel einer Beschwerdeschrift der Untertanen des Fürstabts von Kempten 1492: «Des ersten vermainten wir uns beschwert ze sin der Stur . . . halben. Nachdem der Gestiftbrief inhalt und ausweist, das ain Herr und Abt von Kempten uns bi demselben Gestiftbrief beliben lassen sol und nit weiter staigern noch tringen, uber das alles so laßt der Abt, unser gnädiger Herr uns bi solicher Stur . . . nit beliben und tut uns wieter und mer uflegen on unser Wissen»;[10] doch nehmen die Klagen über die Leibeigenschaft im selben Text einen viel breiteren Raum ein. Offensichtlich ist die Steuer gelegentlich nicht mehr als der sprichwörtliche Tropfen, der das Faß zum Überlaufen brachte. So wird verständlich, daß selbst in radikalen Predigten vor dem Bauernkrieg mit der Steuer das gesamte Bündel der feudalen Belastungen in Frage gestellt wurde und damit das bestehende System als solches. So soll der Pfeifer von Niklashausen schon 1476 gepredigt haben, «daß hinführo keine Fürsten, Kaiser, noch andere geistliche und weltliche

Obrigkeit mehr sein, sondern dieselben gar abgetan werden, ein jeder des anderen Bruder sein, und die Nahrung mit seinen selbst eigenen Händen gewinnen, auch keiner mehr haben solte als der andere; daß alle Zins, Güld, ... Zoll, *Steuer*, Bet, Zehend und anderes abgetan und hinfüro nicht mehr gegeben werden.»[11]

Um den Stellenwert der Steuer als Belastung der Bauern im Gesamtgefüge der Bauernkriegsursachen ermessen zu können, bedarf es vorab einer Charakterisierung des Aufstandes selbst.[12] Der Bauernkrieg war zweifellos die größte Massenerhebung in Europa vor der Französischen Revolution und darüber hinaus auch der Aufstand mit der weitestreichenden politischen Perspektive. Was die Aufständischen wollten, war eine neue gesellschaftliche und eine neue politische Ordnung: Die «Herrenstände» Adel und hohe Geistlichkeit – die bisherigen Träger von Herrschaft und Obrigkeit – sollten ihre privilegierte wirtschaftliche, soziale und politische Stellung aufgeben, was notwendigerweise eine neue staatliche Organisation erfordert hätte, die auf zwei Prinzipien gegründet werden sollte: *Gemeinden* sollten Grundlage der politischen Ordnung werden, politische Ämter auf dem Weg der *Wahl* vergeben werden. Auf diese Weise hoffte man, den «gemeinen Nutzen» zu mehren, wie eines der programmatischen Schlagwörter des Bauernkriegs hieß.

Entscheidende Impulse erhielten die Aufständischen von der gleichzeitigen Reformationsbewegung, die tendenziell eine Verchristlichung der gesellschaftlichen und politischen Ordnungen erstrebte. Von ihr bezogen die Bauern die Formel von der «brüderlichen Liebe», die es zu verwirklichen gelte. Die Schwarzwälder Bauern warben 1525 bei den Städten für den Beitritt zu ihrem Bündnis, «damit gemeiner christenlicher Nutz und brüderliche Lieb widerum aufgericht, erbaut und gemehrt werde»,[13] und die Bürger und Bauern Tirols forderten eine neue Landesordnung, damit «brüderliche lieb gehalten und gemainer nutz gefürdert werd».[14]

Gemeiner Nutzen und christliche, brüderliche Liebe waren die ethischen Normen einer Neuordnung, die die Bauern aus dem Evangelium zogen. Das «Evangelium ohne menschlichen Zusatz», das «reine Evangelium», von dem die Reformatoren – Luther, Zwingli, Butzer – so viel gepredigt hatten, lieferte den Bauern die Kategorien, an denen die bestehenden Verhältnisse gemessen – und kritisiert wurden.[15] Damit konnte man gegen die als zu hoch empfundenen Belastungen der Güter angehen: «Wir sein beschwert, und der vil, so Güter innhaben», heißt es in einer weit verbreiteten Beschwerdeschrift, «das dieselbigen Güter die Gült [die Abgaben an die Grundherren] nit ertragen kinden und die Bauren das Ir darauf einbießen und verderben ... das die Herrschaft ... nach der Billigkeit ein Gilt erschöpf, damit der Bauer sein Arbeit nit umbsunst tue; dann ain ietlicher Tagwerker ist seins Lons wirdig.»

Mit dem Evangelium konnte man die Frondienste anfechten: «Es ist unser hart Beschwerung der Dienst halben, wölche von Tag zu Tag gemert werden und teglich zunemen, begeren wir das man ain zimlich Einsehen darein tue, uns dermaßen nit so hart beschweren, sonder uns gnedig hierinnen ansechen ... nach Laut des Wort Gots.» In diesem Argumentationsfeld konnte man sich schließlich auch vehement gegen die Leibeigenschaft wenden: «Es ist der Brauch bisher gewesen, das man uns für aigen Leut gehalten hat, wölchs zu erbarmen ist, angesehen das uns Christus all mit seinem kostparlichen Plutvergiessen erlöst und erkauft hat, den Hirten gleich als wol den Höchsten, kain ausgenommen. Darumb erfindt sich mit der Geschrift, das wir frei seien und wöllen sein.»

Reduziert man dieses anspruchsvolle Programm für Gleichheit und Gerechtigkeit, das seine Legitimation von einer neu verstandenen Christlichkeit bezog, auf seine wirtschaftlichen Ausgangsbedingungen, dann kommt der Steuer gewiß eine nicht unerhebliche Bedeutung im Rahmen der Aufstandsursachen zu: Sie widersprach der Kategorie der Gleichheit, weil die Herrenstände Adel und Geistlichkeit von ihr befreit waren, und sie widersprach der Kategorie der Gerechtigkeit, weil sie die Bauern neben ihren Natural- und Geldabgaben an ihre Grundherren über das herkömmliche Maß der Billigkeit zusätzlich belastete.

Steuern erscheinen im späten 15. und frühen 16. Jahrhundert – sieht man von den indirekten Verbrauchsteuern ab, die im wesentlichen auf Getränke erhoben wurden[16] – als Steuern für Kaiser und Reich oder allgemeiner gesprochen: zur Friedenssicherung nach außen einerseits und als landesfürstliche Steuern andererseits.

Die Steuern für militärische Zwecke des Reiches oder seiner Organe tragen den Namen *Reissteuern*, verraten damit im Namen schon ihre Herkunft als Kriegssteuern. Der Reisläufer oder reisige Knecht ist der bezahlte Söldner des 16. Jahrhunderts; er verdrängt den Ritter als Krieger und macht die Kriegführung in erheblichem Maße vom Geld abhängig. Die Bedrohung des Reiches durch die Türken und innere Kriege in Deutschland führten dazu, daß sich am Ende des 15. Jahrhunderts die Stände des Reiches, die Fürsten und Grafen, die Bischöfe und Prälaten, neuen Belastungen ausgesetzt sahen, die sie zunächst auf die Untertanen umzulegen suchten. Weil Reissteuern nichts anderes waren als ein Ersatz für nicht geleistete Heerfahrtspflicht, wäre es rechtlich korrekt gewesen, diese Summen aus den Einkünften der Obrigkeiten zu finanzieren.

Die Rechtsproblematik scheint sowohl den Herren wie den Bauern

Ablieferung von Naturalabgaben an den «Keller»; der «Kellermeister» war ursprünglich der Verwalter der Vorräte bei Hofe, später wurde der Begriff zu einer Amtsbezeichnung in der Finanzverwaltung, die in manchen Gegenden bis ins 19. Jahrhundert gebräuchlich war.

bewußt gewesen zu sein. In der Klosterherrschaft Rot kam es 1488 wegen einer Reissteuer zu Unruhen, in deren Gefolge die Rädelsführer gefangengenommen und die Bauern durch ein Schiedsgericht zur Zahlung der Steuern verpflichtet wurden.[17] Wohl um ähnlichen Vorfällen vorzubeugen, erwirkte der Prälat des Klosters Rot 1497 von König Maximilian ein Privileg, das es ihm erlaubte, die Reichssteuern auf seine Untertanen abzuwälzen[18] – dies ein doch recht eindeutiges Indiz für die rechtliche Unsicherheit auch auf seiten des Klosters. Anderwärts hielten die Bauern die Umlage der Reissteuer ebenfalls für unberechtigt. Weingartner Leibeigene vertraten die Ansicht, ihre Gült- und Zinszahlungen verpflichteten den Herrn, sie zu beschützen, ohne sie nochmals mit Steuern zu belasten.[19] Hier schwingen ältere Rechtsvorstellungen mit, wie sie der Schwabenspiegel formulierte: «Wir sullen den herrn darumbe dienen, daz si uns beschirrmen». Die Rechtsproblematik wird nochmals klar beleuchtet, wenn im 16. Jahrhundert zwischen den Herrschaften und den Untertanen Kompromisse geschlossen wurden, durch die der Herrschaft ein Drittel oder ein Viertel der Reissteuern aufgebürdet wurde wie in Ochsenhausen, Kempten, Rothenfels und der Landvogtei Schwaben.[20]

Aufstände, wie sie in Rot und Ochsenhausen auch durch die Erhebung der Reissteuern ausgelöst wurden, wurden nicht allein gewagt, um wirtschaftlich belanglose Rechtsansprüche durchzukämpfen. Indes ist es schwer, konkrete Vorstellungen von der Höhe der Belastung für die bäuerliche Wirtschaft zu ermitteln. Nach Schätzungen für das Jahr 1519 belastete die Reissteuer einen Hof mit rund ½ fl (Gulden) monatlich. Natürlich fielen solche Steuern nicht regelmäßig an, dennoch wäre dies eine enorme Belastung. Im Kloster Rot wurden Reissteuern aufgrund entsprechender Reichstagsbeschlüsse nachweislich 1507, 1510, 1522 und 1524 erhoben. Bei sehr vorsichtiger Schätzung wird man die steuerliche Belastung eines durchschnittlichen Hofes bei einer einfachen Reissteuer mit 1 fl zu veranschlagen haben. Falls die Höfe an der Grenze der Rentabilität lagen, konnte die Reissteuer eine spürbare Mehrbelastung bedeuten, die um so hartnäkkiger zurückgewiesen wurde, als sie ganz fraglos vor dem Ende des 15. Jahrhunderts nicht üblich und darüber hinaus die rechtliche Basis für ihren Einzug äußerst schmal war.[21]

Die Abneigung gegen eine zusätzliche *wirtschaftliche* Belastung in Form einer regelmäßigen Reichssteuer, selbst wenn sie den einzelnen nur mäßig belastete, zeigte sich 1495, als König Maximilian I. mit zögernder Zustimmung des Reichstags den sogenannten «gemeinen Pfennig» einheben wollte.[22] Der gemeine Pfennig, der seinen Namen dem Erhebungsmodus verdankt – zu seiner Aufbringung sollten alle Bewohner des Reiches beitragen, die Fürsten gleichermaßen wie der «gemeine Mann» – scheiterte kläglich. Nur aus wenigen Territorien ging er wirklich ein, so daß man wieder zum sogenannten «Römermonat» zurückkehrte, einer von Fall zu Fall vom Reichstag bewilligten Steuer, die die Fürsten wenig und die Städte hoch belastete, jedoch den großen Vorzug hatte, durch die Bewilligung seitens des Reichstags unter der Kontrolle der fürstlichen Obrigkeiten zu sein. Bezog sich der gemeine Pfennig auf die Zugehörigkeit aller zum Heiligen Römischen Reich Deutscher Nation und begünstigte damit zumindest tendenziell allgemeinere Gleichheitsbestrebungen, so unterstrich der Römermonat hingegen die reichsständische Hierarchie. Als Faustregel galt: je höher der soziale Status im Reich, desto höher die finanzielle Belastung, unbeschadet der tatsächlichen Vermögensverhältnisse. Freilich hatten gerade die Kurfürsten bessere Rechts- und Herrschaftstitel, diese Steuern nach unten abzuwälzen, so daß über die konkrete Belastung der Untertanen damit nichts gesagt ist. Ein Indiz mag immerhin sein, daß in der gefürsteten Grafschaft Tirol zwischen 1490 und 1545 für Kriegssteuern 354000 fl aufgebracht wurden, mit anderen Worten: 70 Prozent der Steuern dienten Kriegszwecken.

Eine prinzipielle Verbesserung der Reichseinkünfte scheiterte freilich gleichermaßen an den *rechtlichen* Unsicherheiten. Nicht allein die Untertanen bestritten die Rechtmäßigkeit der Umlagen, das Reich und seine Organe selbst lavierten sich mehr oder minder durch die komplizierte Materie. In einem Reichstagsausschreiben Kaiser Maximilians von 1510 heißt es, «wo die Kammer klein und die Landschaft reich, da soll dem Fürsten wenig und der Landschaft mehr, und so umgekehrt aufgelegt werden».

Maximilian, der die zu seiner Zeit durchaus gängige Praxis der Abwälzung der Reichssteuern auf die Untertanen kannte, wollte damit wohl eine einseitige Belastung der einfachen Leute verhindern. Eine genaue Abgrenzung der Pflichten ist freilich weder hier noch in einem der Reichstagsabschiede des 16. Jahrhunderts erfolgt. 1543 wurde die Heranziehung der Untertanen zur Reichssteuer damit begründet, daß die Einkünfte der Fürsten aus ihren Grundherrschaften und Hoheitsrechten in der Regel nicht hinreichend sein würden, die festgesetzten Steuerquoten aufzubringen; gerade damit aber blieb immer noch prinzipiell anerkannt, daß Reichssteuern zunächst von den Obrigkeiten aus ihren regelmäßigen Einkünften zu erbringen waren. Erst nach dem Dreißigjährigen Krieg konnte die rechtlich unklare Lage definitiv bereinigt werden: Nach Reichsrecht gab es fortan für Verteidigungszwecke keinerlei Exemtionen mehr; die Steuerpflichtigkeit für alle Untertanen des Reiches hatte sich damit durchgesetzt.

Die Belastung der ländlichen Gesellschaft durch die Steuern für das Reich sind somit schwer zu beziffern, weil sie nicht jährlich erhoben und von Territorium zu Territorium in unterschiedlichem Maße auf die Untertanen überwälzt wurden. Exaktere Vorstellungen lassen sich von Umfang und Höhe der *landesfürstlichen Steuern* gewinnen, wiewohl auch hier von Region zu Region unterschiedliche Ausprägungen zu erkennen sind und sich generalisierende Verallgemeinerungen verbieten. Soviel läßt sich jedoch mit Sicherheit sagen, daß mit dem

Grad der Modernisierung eines Territoriums auch die steuerliche Belastung für die Untertanen wuchs. Erschöpfte sich die Staatsfinanzierung im 14. Jahrhundert noch darin, neben den herkömmlichen Einkünften auf dem Weg der Pfandschaften, Herrschaftsrechte zu kommerzialisieren, so änderte sich das im 15. Jahrhundert zusehends, weil man nun vor allem auf die Steuern als Mittel der Staatsfinanzierung verfiel. Soweit die Landstände, die Vorläufer der Parlamente, die Steuern zu bewilligen hatten, suchten sie selbstverständlich, die Belastung des Landes möglichst gering zu halten, konnten freilich bei der häufig drohenden Gefahr eines Staatsbankrotts doch nicht umhin, immer wieder enorme Summen ihrem Landesfürsten zur Verfügung zu stellen, in der trügerischen Hoffnung, dadurch verpfändete landesfürstliche Einkünfte wieder freizubekommen, Staatsschulden abzutragen und damit auf lange Frist sich selbst zu entlasten.

Wo immer flüchtige oder nähere Einblicke in das Finanzwesen der Territorien möglich sind, wird die Bedeutung der Steuer klar erkennbar: in Salzburg und in der Kurpfalz, in Tirol und Württemberg. Vom Ausmaß der steuerlichen Belastung der Bauern kann Franken konkretere Vorstellungen vermitteln:[23] Die Landsteuer belastete das mobile Vermögen in den Jahren vor 1525 mit fünf bis zehn Prozent; die Weihsteuern, die anläßlich der Inthronisation eines Bischofs und damit nicht regelmäßig, im Hochstift Bamberg jedoch 1501, 1503, 1505 und 1522, zu entrichten waren, betrugen bei Stiftslehen zehn Prozent des Gesamtvermögens und erreichten für Güter außerhalb der bischöflichen Grundherrschaft Beträge bis zu 10 fl. Hinzu traten indirekte Steuern auf Wein und Bier, zum Teil auch auf Fleisch und Mehl, die eine Preiserhöhung von zehn bis zwanzig Prozent bedeuteten. Zusammen mit den Reissteuern, die 1519, 1523 und 1524 fällig wurden, bedeutete dies eine enorme Belastung, so daß letztendlich Steuern und Zinsen die Hälfte des jährlichen Einkommens verschlangen.

Es fehlte angesichts solcher Vorbilder natürlich auch in den kleineren Territorien nicht an Versuchen der Herren und Obrigkeiten, sich über die Steuern höhere Einkünfte zu sichern. Dies geschah in Stadtstaaten wie Basel oder Fürstabteien wie Kempten, wo der Steuersatz immerhin bei eineinhalb Prozent des Vermögens lag.

Daß Steuerbeschwerden in den Forderungskatalogen der Aufständischen vorkommen und gelegentlich auch einen breiten Raum einnehmen, erklärt sich nicht zuletzt aus der Tatsache, daß die Belastung der Untertanen die Toleranzgrenze wohl erreicht hatte. Wollte man die Ehre des eigenen Standes wahren – und das zu gewährleisten war ein gesichertes Einkommen über die reinen Reproduktionskosten hinaus unerläßlich, schließlich galt es Hochzeiten, Begräbnisse und

Taufen auszurichten –, konnten wachsende obrigkeitliche Anforderungen nicht stillschweigend hingenommen werden. Überschlägige Berechnungen gehen davon aus, daß die grundherrlichen Abgaben und Zehnten etwa ein Drittel des jährlichen Bruttoertrags eines Hofes ausmachten.[24] Zusätzliche Steuern wurden somit als besonders hart empfunden, weil die herkömmlichen Abgaben und Belastungen wegen der Dignität ihres Alters nicht ohne weiteres in Frage gestellt werden konnten. So ist es auch nicht verwunderlich, daß umfassendere Programme des Bauernkriegs, wie etwa Friedrich Weigandts Reichsreformentwurf, vorsehen, «das alle Zolle, ... Ungelt ... *Steuer* und Beschwerung, so bishere allenthalben iren Furgang gehabt, abgetan wurden, ausgenommen, was zur Notturf erkant wurt, damit der Aigennutz den gemainen nit beschwere».[25]

Doch das waren noch gemäßigte, auf Reform gerichtete Stimmen. Die Summe der Abgaben und Belastungen, verbunden mit einer rigiden Einzugspraxis, wurde schließlich als schiere Tyrannei empfunden. So verstehen sich die heftigen Zornesausbrüche in den radikalprogrammatischen Schriften des Jahres 1525: «Es sei auch die Zeit schon kommen», heißt es in einem Verfassungsentwurf vom Schwarzwald, «das Gott der weltlichen Herren Schinden, Schaben, Stöcken, Blöken, Zwingen, Tringen und ander Tyrannei nicht mehr leiden wölle. Sie tuen mit den armen Leuten wie Herodes mit den unschuldigen Kindelein».[26] Und wortgewaltig äußerte sich Thomas Müntzer, der Theologe der Revolution, aus dem Norden: «Sieh zu, die grundtsuppe des wuchers, der dieberey und rauberey sein unsere Herrn und Fürsten, nemen alle creaturen zum Aigentumb ... Darüber lassen sie dann Gottes Gepot ausgeen unter die Armen und sprechen: Gott hat gepoten, du solst nit stelen ... Die Herren machen das selber, daß ihn der arme Man Feindt wirdt. Die Ursach des Aufruhrs wollen sie nit wegtun, wie kann es die lenge gut werden!»[27]

Die Aversion gegen das Steuerwesen kommt nirgendwo deutlicher zum Ausdruck als in den schließlich um 1525 entwickelten Utopien – in der Landesordnung Michael Gaismairs[28] von Tirol oder in der «Neuen Wandlung eines Christlichen Lebens» von Hans Hergot.[29] Die Utopie konzipiert einen paradiesischen Staat Gleichberechtigter auf der Basis der Gemeinde und dem Prinzip der Wahl der politischen Ämter. Sie fußt auf der traditionellen landwirtschaftlichen und gewerblichen Produktion, wie sie sich arbeitsteilig im Spätmittelalter herausgebildet hatte, und entlastet die Gesellschaft von ihren vielseitigen Beschwerden durch Grundherren, Landesherren, die Kirche und Kaiser und Reich. Das schloß Steuern nicht prinzipiell aus, aber sie mußten der ethischen Norm des «gemeinen Nutzens» entsprechen und durften nicht der Bereicherung einer schmalen Oberschicht dienen. Die Steuer in der Perspektive des Bauernkriegs ist funktionsgebunden an die notwendigen Aufgaben einer bescheidenen staatlichen Organisation, sie dient aber nicht mehr dem Luxus und der Repräsentation der führenden Herrenschicht von Adel und hoher Geistlichkeit.

Die Revolution von 1525 ist militärisch niedergeworfen worden und damit als Revolution gescheitert. Der Siegeszug der Steuer war mit der Ausbildung des Staates weder in Deutschland noch in Europa aufzuhalten. Die Steuer, die als unregelmäßiger Beitrag in besonderen Notlagen im 15. und frühen 16. Jahrhundert erhoben wurde, von Kaiser und Reich zur militärischen Sicherung des Reiches und von den geistlichen Landesfürsten bei besonderen Belastungen wie der Entrichtung hoher Gebühren nach Rom für die päpstliche Investitur, wurde allmählich, spätestens im 17. Jahrhundert, zu einer regelmäßig wiederkehrenden Belastung mit deutlich steigender Tendenz.

Die anhaltende Bedrohung des Reiches durch die Türken im 16. und 17. Jahrhundert und die kriegerischen Verwicklungen der Großmacht Habsburg, die die Könige und Kaiser stellte, führten dazu, daß die Reichssteuer der Römermonate in immer kürzeren Intervallen und in steigender Höhe erhoben wurde und via facti den Charakter einer mehr oder minder regelmäßigen Steuer annahm, die bis zum Ende des Alten Reiches 1806 die ländliche und städtische Gesellschaft zunehmend belastete. Schwerer wogen freilich die landesfürstlichen Steuern, da die Kosten für die Verwaltung, die Repräsentation und schließlich die stehenden Heere ständig stiegen. In Tirol stieg die durchschnittliche jährliche Belastung des Landes von 10000 fl im 16. Jahrhundert auf 40000 fl im 17. Jahrhundert und schließlich auf 70000 fl im 18. Jahrhundert. In Württemberg vervierfachte sich für den einzelnen bäuerlichen Hof die steuerliche Belastung vom Beginn bis zum Ende des 17. Jahrhunderts, und der Kurfürst von Brandenburg verzehnfachte im selben Zeitraum seine Jahreseinkünfte. Die alten grundherrlichen Abgaben wurden immer unbedeutender für den Staatshaushalt, die Steuern traten eindeutig in den Vordergrund. Der moderne Staat hatte sich durchgesetzt.

Wallenstein als Kriegsunternehmer

Auf dem Wege zum absolutistischen Steuerstaat

Von Johannes Kunisch

Zum Verständnis des spezifischen Finanz- und Steuersystems, wie es sich im Zeitalter des Ständestaates und dann besonders unter den dramatisch zugespitzten Bedingungen des Dreißigjährigen Krieges ausgeprägt hat,[1] ist es unerläßlich, zunächst einen Blick auf die verfassungsgeschichtliche Situation der Zeit zu werfen.

Der Grundtypus des Staates im 16. und beginnenden 17. Jahrhundert war gekennzeichnet durch eine ständische Verfassung.[2] Er war ein monarchischer Staat, der zugleich aber auf die konstitutionell geregelte Mitsprache derjenigen festgelegt war, die in ihrer Gesamtheit das Land repräsentierten und auf General-, Reichs- und Landtagen zu Beratung und Beschlußfassung zusammentraten. Dieser «Halbstaat» – wie er in der historischen Forschung vielfach bezeichnet wird – verfügte noch nicht über regelmäßige Steuereinnahmen, sondern bestritt die Ausgaben für Hofhaltung, Kammergericht und Landesverwaltung in der Regel aus dem sogenannten «Camerale», also den Einkünften, die der Krone aus finanziell nutzbaren Regalien und den eigenen Domänen, den Kron- und Tafelgütern, zuflossen. Da mit diesen gewöhnlich nicht steigerungsfähigen Finanzquellen die wachsenden Ausgaben des Staates kaum gedeckt werden konnten, hatte sich das Prinzip herausgebildet, bei außerordentlichem Bedarf auf zweckgebundene Steuerleistungen der Reichs- und Landstände zurückzugreifen.[3] Unter diesen Umständen konnten zum Beispiel Heereskontingente nur im Falle konkreter Bedrohung – *in casu extremae necessitatis*, wie es in der Staatslehre der Zeit heißt –, angeworben werden. Man beauftragte damit selbständige Kriegsunternehmer, die mit eigenem Gewinn und Risiko nicht nur Finanzleute und Heereslieferanten waren, sondern in der Regel auch den Oberbefehl über die von ihnen angeworbenen Truppen führten. Wenn ein militärischer Konflikt also nicht zu vermeiden war, sah sich der Landesfürst auf die außerordentlichen Steuerbewilligungen der Stände, auf Kredite oder Subsidienzahlungen auswärtiger Mächte verwiesen, um die den Landesetat weit übersteigenden Kriegskosten zu decken.

Die bei Kriegsunternehmern angeworbenen Söldnerheere waren demzufolge keine staatlichen Einrichtungen. Sie standen in keinem dauernden und organisatorisch fest umrissenen Zusammenhang mit den politischen Gewalten, die im Ständestaat Herrschaft ausübten, sondern traten nach dem Prinzip von Angebot und Nachfrage in die Dienste von Potentaten, die gerade einer Streitmacht bedurften und das erforderliche Geld zu ihrer Bezahlung aufzubringen vermochten. Die Anfänge des neuzeitlichen Heerwesens liegen deshalb außerhalb des Staates.[4]

Einen tiefgreifenden Einschnitt in der Geschichte frühmoderner Staatsbildung stellte deshalb die konsequente, mit hohen Kosten und eindeutigen Kompetenzzuweisungen durchgeführte Unterstellung des gesamten Militärapparates unter die Kontrolle und Verfügungsgewalt des Landesherrn dar: Erst der nach Omnipotenz und Alleinherrschaft strebende Fürstenstaat des Absolutismus war dazu in der Lage.[5] Er pochte mit Unnachgiebigkeit auf seine Souveränität nach innen und außen und war entschlossen, das Prinzip staatlicher Integrität mit einem jederzeit verfügbaren Kriegsinstrument zur Geltung zu bringen. Alle Macht sollte in der Hand des Fürsten liegen und niemandem, weder Ständen noch Provinzen, weder Bank- und Handelshäusern noch Feldherrn und Unternehmern, eine Mitsprache zugestanden werden. Die Erfahrung, die man mit den außerhalb staatlicher Kontrolle tätigen Kriegsunternehmern gemacht hatte, führte zu der Überzeugung, daß das Recht auf militärische Gewaltanwendung an den Staat gebunden sein müsse und die Verfügung über die Armee allein dem Fürsten gebühre. Anders schien das Chaos, wie es im Gefolge der Religions- und Bürgerkriege des 16. und 17. Jahrhunderts geherrscht hatte, nicht überwunden werden zu können.

Zur Ausprägung des absoluten Fürstenstaates mit seinem stehenden Heer und einem entsprechend funktionsfähigen Finanz- und Wirtschaftssystem gehört also die Erfahrung eines noch unfertigen Staatswesens.[6] Sein Unvermögen, das Problem von Sicherheit und Recht zu lösen, trat in Frankreich wie in England, in Böhmen wie in Dänemark zutage. Alle diese Erschütterungen von Staat und Gesellschaft hat man mit dem Stichwort von der «Krise des 17. Jahrhunderts» auf den Begriff zu bringen und damit eine gesamteuropäische Erscheinung zu umschreiben versucht.[7] In Deutschland, im Heiligen Römischen Reich Deutscher Nation, ist der Dreißigjährige Krieg Ausdruck dieser Krise. Zur Entscheidung stand damals der aufs äußerste verschärfte Gegensatz zweier Kriegsparteien, die sich unter konfessionellen Vorzeichen formiert hatten, mit zunehmender Dauer des Konfliktes aber zugleich auch politische Ziele verfolgten, die weit in grundsätzliche Verfassungsfragen und die große Mächtepolitik hineinreichten.[8] Auf beiden Seiten überstiegen die militärischen Anstrengungen bei weitem die finanziellen Möglichkeiten. Die Frage war also, wie das Geld aufgebracht wurde, mit dem die Kriegskosten bestritten werden sollten.

Wie bereits erwähnt, verfügte der Staat weder über eine eigene Armee noch über ein Finanzsystem, mit dem ihr Unterhalt sichergestellt werden konnte. Das eine war ohne das andere nicht möglich. Staaten also, die Krieg zu führen beabsichtigten, waren darauf verwiesen, sich mit ihrem Heeresbedarf an Unternehmer zu halten, die entweder selbst Feldoberste oder aber zugleich auch Finanzleute und Heereslieferanten waren.[9] Der Umfang der Truppenkontingente, die Dauer ihrer Dienstverpflichtung und die Höhe der Mietsumme wurden in Verträgen niedergelegt. Wenn die Zeit des vereinbarten Kriegsdienstes – drei oder sechs Monate oder ein Feldzug – abgelaufen war, hing es vom gegenseitigen Einvernehmen und dem Stand des politisch wie militärisch Erreichten ab, ob ein neues Übereinkommen zustande kam. Wenn beide Seiten nicht mehr aneinander gebunden waren, stand es jedem Kriegsunternehmer frei, mit den Kontingenten, die er in freier Konkurrenz aufzubieten hatte, in die Dienste anderer Mächte, auch der bislang gegnerischen, zu treten.

Im Dreißigjährigen Krieg hatte sich dieses schon während des 16. Jahrhunderts gebräuchliche Heeresaufbringungsverfahren noch dahingehend verschärft, daß es nicht nur Staaten als mehr oder weniger souveräne Handlungsträger waren, die Armeen anwarben und ins Feld führten, sondern auch militärische Abenteurer, die in Sachen Krieg Arbeitgeber und Arbeitnehmer in einer Person waren. Gewiß trat vielfach auch der Staat schon als souveräner und ausschließlich politischen Zielen verpflichteter Kriegsherr in Erscheinung: Schweden, Frankreich und eine Reihe von Reichsterritorien mögen dafür als Beispiele dienen.[10] Aber selbst im Rahmen staatlich legitimierten Handelns herrschte die Tendenz zur Verselbständigung des Krieges im Interesse von Prinzipien, die nicht aus Staatsräson, sondern religiösem Fanatismus oder privatem Macht- und Gewinnstreben hergeleitet waren.

Zu Anfang des Krieges traten noch Armeen in einer Größenordnung von 20000 bis 30000 Mann ins Feld. Nach wenigen Feldzügen jedoch war die Truppenstärke um ein Vielfaches angestiegen, so daß Wallensteins kaiserliche Armee 1627 schon 100000 Mann gezählt haben dürfte, bevor sie 1632 – also im Jahre der Entscheidungsschlacht von Lützen – einen Sollstand von 120000 Mann erreichte. Sie lag damit noch unter den Zahlen, die Gustav Adolf zur selben Zeit aufzubieten vermochte. Das Kernstück der Armee bildete die Infanterie, die in Wallensteins Heer in 62 Regimenter gegliedert war. Hinzu traten als häufig schlachtentscheidende Waffengattung 30 Kürassierregimenter, denen sich noch 20 Arkebusierregimenter und

29 Regimenter leichter Kavallerie hinzugesellten.[11] Die monatliche Besoldung für einen Fußknecht betrug 9 bis 10 Gulden, während dem Reiter durchschnittlich 15 Gulden an Löhnung gezahlt werden mußten. Ein Obrist erhielt 450 bis 500 Gulden zuzüglich beträchtlicher Sonderzahlungen wöchentlich, während einem Generalleutnant nach Auskunft eines kaiserlichen Mandats von 1636 3000 Gulden an monatlichem Sold zugestanden wurden.[12]

Für den Unterhalt eines Infanterieregiments mit einer Truppenstärke von 3000 Mann mußten jährlich etwa 400000 bis 450000 Gulden veranschlagt werden; für ein Kavallerieregiment mit 1200 Mann waren 260000 bis 300000 Gulden aufzubringen. Für die schwedischen Kriegskosten in Deutschland während des Dreißigjährigen Krieges ist im Durchschnitt ein Betrag von 30 bis 45 Millionen Gulden jährlich errechnet worden.[13] Die Frage stellt sich, wie solch horrende Summen aufgebracht werden konnten, da die finanziellen Möglichkeiten der deutschen Territorialfürsten wie der Reichsstädte als durchaus begrenzt eingeschätzt werden müssen, der Kredit von Kaiser und Reich insgesamt gering und überhaupt die Geldwirtschaft noch wenig entwickelt war.

Für den Kaiser und die Liga trat das Papsttum anfänglich mit beträchtlichen Subsidienzahlungen in Erscheinung.[14] So stellte Gregor XV. (1621–1623) 1239000 Gulden in guter und 700000 Gulden in minderwertiger Münze zur Verfügung. Nachdem diese Geldquelle jedoch unter Papst Urban VIII. allmählich versiegte, gingen auch die Truppen des Kaisers und der Liga zu einem Requirierungsverfahren über, durch das gewährleistet werden konnte, daß der Krieg den Krieg ernährte. Das bedeutete, daß die für den Unterhalt der Truppen erforderlichen Gelder unter Androhung von Brandschatzung und Plünderung an Ort und Stelle beschafft wurden, wobei alle Kriegsparteien keinen Unterschied zwischen Freund und Feind zu machen pflegten, sondern alles an sich rafften, was nur eben aus dem Lande herausgepreßt werden konnte.

In allen diesen, mit ungeheurer Grausamkeit durchgeführten Zwangsmaßnahmen erwies sich besonders Wallenstein als ein Mann von außerordentlicher Findigkeit und beispielloser Energie. Er ist unter den Kriegsunternehmern des Dreißigjährigen Krieges zweifellos die spektakulärste Erscheinung und zugleich der letzte große Vertreter jenes Typus frühneuzeitlicher Feldherrn, der als Condottiere bezeichnet wurde.[15]

Albrecht Wenzel Eusebius von Wallenstein wurde am 24. September 1583 als Sohn eines verarmten utraquistischen, dem Protestantismus nahestehenden Adligen in Hermanič in Mähren geboren. Nach dem frühen Tod beider Eltern wuchs er bei katholischen, lutherischen und böhmisch-utraquistischen Verwandten auf, besuchte seit 1597 die lutherische Lateinschule im schlesischen Goldberg und dann die Universitäten Altdorf, Bologna und Padua. Danach begann seine politisch-militärische Laufbahn als Edelknabe am Hof des Markgrafen Karl von Burgau in Innsbruck. Seine Konversion zum Katholizismus im Jahre 1606 entsprach allem Anschein nach mehr politischem Kalkül als religiöser Überzeugung. Die Mitgift seiner ersten Frau, Lukretia von Landeck, versetzte ihn in die Lage, durch die selbständige Aufstellung von Truppen in das Blickfeld der habsburgischen Interessen in Böhmen zu treten. Nach ersten Kriegsdiensten in Ungarn und Italien trat er im böhmischen Aufstand von 1618 endgültig auf die Seite des Kaisers. Durch gezielte Münzverschlechterung, Finanz- und Güterspekulationen und den systematischen Ankauf konfiszierter Güter der vertriebenen Opponenten sammelte er ein riesiges Vermögen an und verstand es, zusammen mit dem niederländischen Bankier Hans de Witte und dem Vorsteher der einflußreichen Prager Judengemeinde, Bassevi, den Krieg in großem Stil zum Geschäft zu machen. Er gründete ein böhmisches Münzkonsortium und legte die Gewinne in Landbesitz an. Als «Gubernator» des Königreichs Böhmen erwarb er 58 Herrschaften, die im Fürstentum Friedland zu einem Territorialverband zusammengefaßt und als Versorgungsbasis für die von ihm aufgestellten Truppen ausgebaut wurden. Die Verwandten seiner zweiten Frau, Isabella Katharina von Harrach, verschafften ihm 1625 den Oberbefehl über alle auf den Kaiser verpflichteten Truppen im Reich.[16] Schon während dieses ersten Generalats (1625–1630) verstand es Wallenstein, die bedrängte Lage Kaiser Ferdinands II. in politischer wie finanzieller Hinsicht rücksichtslos für seine Position als Staat im Staate auszunutzen. Im Jahre 1625 wurde er zum Herzog von Friedland ernannt, bevor ihm 1627 sein ausgedehnter Besitz als erbliches Lehen übertragen wurde. Als Entschädigung für die gewaltigen Summen, die er dem Kaiser für die Aufstellung, die Ausrüstung und den Unterhalt einer schlagkräftigen Armee vorgeschossen hatte, erhielt er 1627 das Herzogtum Sagan und im Jahre darauf das Herzogtum Mecklenburg – ein Reichsterritorium, dessen Lehnsübertragung an einen Adligen, der nicht dem Reichsfürstenstand angehörte, eine Fülle rechtlicher und politischer Probleme aufwarf und den Begünstigten nicht weniger als den Kaiser in Mißkredit brachte.

Es ist errechnet worden, daß Wallenstein der Wiener Hofburg allein bis zum Jahre 1628 6950000 Gulden als Darlehen für den Unterhalt der kaiserlichen Truppen gewährt hat. Das ist jedenfalls die Summe, für deren Ablösung der Kaiser Landbesitz zu übereignen gezwungen war: 4 Millionen Gulden für das Herzogtum Mecklenburg, 750 000 Gulden für das Bistum Schwerin und den Rest für eine Anzahl konfiszierter Güter.[17] Wahrscheinlich ist in diesem Betrag auch der persönliche Sold Wallensteins als kaiserlicher Feldherr in Höhe von monatlich 6000 Gulden enthalten.

Auf dem Regensburger Kurfürstentag von 1630 wurde der Kaiser auf Betreiben Maximilians I. von Bayern gezwungen, Wallenstein zu entlassen.[18] Erst der bedrohliche Vormarsch König Gustavs II. Adolf und der Tod des in bayerischen Diensten stehenden Tilly führten 1631 zu seiner erneuten Berufung als «General-Oberst-Feldhauptmann», allerdings unter der Zusicherung von Sondervollmachten, die ihm zu beträchtlicher Unabhängigkeit in der Planung und Durchführung seiner Feldzüge verhalfen und ihm auch das Recht zu selbständigen Friedensverhandlungen einräumten. Doch führte seine undurchsichtige Kriegführung und das Taktieren zwischen den Kriegsgegnern im Frühjahr 1634 zu seiner Ermordung.

Es ist bis in die jüngste Zeit darüber gestritten worden, ob Wallenstein als Feldherr geniale Züge wie Gustav Adolf, Tilly oder Herzog Bernhard von Weimar, dem Oberbefehlshaber protestantischer Truppen in schwedischen und französischen Diensten, zuzuerkennen sind.[19] Vieles an der Anlage seiner Schlachten und den Operationen seiner Truppen scheint wohl in der Tat eher konventionell und ganz im Rahmen des damals Üblichen zu bleiben. Außer Zweifel steht jedoch seine überragende Bedeutung als Heeresorganisator und Kriegsunternehmer. Was ihn auszeichnete und weit über den Rang seiner Zeitgenossen hinaushob, war die einzigartige Verbindung von Geschäft, Kriegführung und Politik. In seinem Wesen verschmolzen hemmungsloser Ehrgeiz und elementarer Erwerbssinn mit einer ausgeprägten Begabung für Planung und Organisation. Besonders an der Zielstrebigkeit und Konsequenz, mit der er sich sein eigenes Kontributions- und Kriegswirtschaftssystem aufbaute, läßt sich die Bedeutung ermessen, die er für das Finanz- und Steuerwesen im Zeitalter des Dreißigjährigen Krieges gehabt hat.[20]

Die Kontribution stellte ursprünglich eine Kriegsschatzung dar, die besetzten Gebieten auferlegt wurde.[21] Fehlte es den Kriegsherren und Söldnerführern – wie in der Regel – an den notwendigen Finanzen zur Besoldung und zum Unterhalt von Truppen, konnten nach geltendem Kriegsrecht Korporationen, die zur Erhebung von Steuern berechtigt waren, also Städten und Territorien, Kontributionen auferlegt werden, über deren Höhe und Zahlungsmodalitäten Vereinbarungen zu treffen waren. Grundlage der Wallensteinschen Kontributionsforderungen waren die sogenannten «Ordinanzen», in denen die Sold- und Verpflegungsansprüche der Regimenter nach Rangstufen und Dienstgraden spezifiziert aufgelistet waren. Das landesherrliche

Kontributionserhebung; Stich nach einer Gouache von Adolph Menzel.

Hoheitsrecht der Steuererhebung blieb auf diesem Wege also theoretisch unangetastet, wenn es auch Kriegsunternehmern wie Wallenstein gelang, durch die Verrechnung des nur selten erreichten Sollstandes der Armee erhebliche Gewinne auf Kosten des Fiskus zu erzielen.[22]

Das Charakteristische der während des Dreißigjährigen Krieges immer weiter um sich greifenden Steuerpraxis war jedoch, daß sich die Kriegsparteien über die ohnehin schwach ausgeprägten Landesbehörden hinwegsetzten und ihre Steuerforderungen nach eigenem Ermessen und eigener Machtvollkommenheit einzutreiben trachteten. So verwischten sich die Grenzen zwischen den noch an Rechtsnormen orientierten Requirierungsmaßnahmen und reinen, auf die Macht der Waffen gestützten Gewalt- und Willkürakten, wobei das eine wie das andere Verfahren im Konkreten bedeutete, daß sich die Heere aus dem Lande selbst ernährten. Die Übergriffe einzelner Söldnerführer nahmen schließlich so sehr überhand, daß zivile Behörden den Zwangsrequirierungen machtlos gegenüberstanden. Die sich steigernde Ablehnung, auf die Wallenstein im Reich stieß, erwuchs vor allem aus der Selbstherrlichkeit, mit der er die angestammten Hoheitsrechte eingesessener Herrschaftsträger aus den Angeln hob und im Begriffe war, eine Militärdiktatur aus eigenem Recht zu errichten.[23]

Bemerkenswert ist gleichwohl, daß Wallenstein mit seinem Kontributionssystem zwar hohe, gelegentlich auch überhöhte Einkünfte zu erzielen versuchte, insgesamt aber durchaus darauf bedacht war, daß die Finanzkraft und Kreditwürdigkeit der okkupierten Territorien und Städte nicht vollends zerstört wurde. So stellten seine Kontributionsforderungen keineswegs nur einen Notbehelf zur Überbrückung von Zahlungsschwierigkeiten dar. Er hatte sie so durchorganisiert und ausgeweitet, daß er schließlich über ein ineinandergreifendes Wirtschafts- und Finanzierungssystem verfügte, mit dem ein für damalige Verhältnisse unvorstellbar großes Heer über Jahre, sogar Jahrzehnte, besoldet und unterhalten werden konnte, ohne das Wirtschaftspotential der besetzten Gebiete völlig auszuschöpfen und die gesamte Wirtschaft zum Erliegen zu bringen. Außerordentliche Gewinne brachte gleichwohl die Besteuerung der immer noch mächtigen Reichsstädte, die sich durch die Zahlung von festen Beträgen davon loszukaufen versuchten, daß sie als Werbe- und Musterplätze oder als Einquartierungsgebiete in indirekte Kriegshandlungen einbezogen wurden. So zahlte etwa Nürnberg in den Jahren zwischen 1625 bis 1630 insgesamt die beträchtliche Summe von 440 000 Gulden.[24]

Was dieses Besteuerungssystem für eine von Katholiken und Protestanten gleichermaßen heimgesuchte Reichsstadt wie Kempten im Allgäu bedeutete, ist aufgrund der erhalten gebliebenen Rechnungsbücher für die Zeit von 1621 bis 1644 genau erforscht worden. Danach zahlte die Stadt in den Jahren von 1621 bis 1627 31 220 Gulden an regulären Reichssteuern. Von 1630 bis 1644 wurden ihr 411 505 Gulden an Kontributionen, also außerordentlichen Kriegssteuern auferlegt. Die tatsächlich durch den Krieg verursachten Kosten der Stadt dürften sogar um noch einmal 200 000 bis 300 000 Gulden höher liegen. Diese unglaublich erscheinende Summe wurde durch zusätzliche Steuern, durch Aufnahme von Krediten und Verkauf von städtischem Grundbesitz aufgebracht. In Wechselwirkung mit dem sich außerordentlich verschärfenden Finanzdruck ging ein kaum weniger einschneidender Rückgang der Bevölkerung einher. Von den 6000 Einwohnern des Jahres 1618 waren 1635 nur noch 900 übrig. Die Folge war, daß die im Verlaufe des Krieges immer weiter steigenden Steuerlasten einer rapide sinkenden Zahl von Einwohnern auferlegt wurden und damit Bedrückung und Not ins Unermeßliche wuchsen.[25]

Die Mittel zur Anwerbung und Ausrüstung der Truppen schoß Wallenstein in der Regel aus eigener Tasche vor. Das Hand- und Laufgeld für die Söldner mußten dagegen die Regimentsobersten aufbringen, die ihrerseits das Recht hatten, Kontributionen zu erheben. So gab es neben den Kriegssteuern im großen Maßstab zugleich auch die unersättliche Begehrlichkeit der zahlreichen Unterführer, die –

wenn die Erpreßbarkeit einer Region erschöpft war – ein neues Quartier suchten, um sich dort erneut schadlos zu halten. Daß es dabei unausgesetzt zu Betrug und Gewalttätigkeiten kam, lag schon deshalb in der Natur der Sache, weil es bei Steuererhebungen dieser Art nicht nur um die Deckung tatsächlicher Bedürfnisse ging, sondern in kaum geringerem Maße auch um das persönliche Gewinn- und Bereicherungsstreben einzelner Regimentsinhaber.[26]

Das Bild, das der Dreißigjährige Krieg auch aus historischer Perspektive bietet, ist geprägt von diesen Übergriffen, die nicht nur mit dem Kriegsgeschehen selbst, sondern auch mit der Mißhandlung Unbeteiligter verbunden waren, mit Erpressung, Raub und Totschlag.[27] Die Schilderungen in Grimmelshausens «Simplicissimus» sind dafür eine ebenso anschauliche Quelle wie die geistlichen Lieder eines Paul Gerhardt. Doch ist bei allem Chaotischen, das als die Signatur des Zeitalters überliefert ist, nicht zu übersehen, daß die Steuerpraxis selbst im Ausnahmezustand des Krieges rationale Züge aufwies. Denn es war unter den Voraussetzungen der damaligen Zeit ohne Zweifel schon eine Leistung, überhaupt eine Armee aufzustellen und zu unterhalten. Der Staat steckte in einer tiefen Krise und drohte unter den Einwirkungen des Krieges jeden Zusammenhalt einzubüßen. So bedurfte es außerordentlicher Tatkraft und gerade auch im Bereich des Steuerwesens großen Überblicks, um dem Landesherrn zu militärischer Handlungsfähigkeit zu verhelfen, die er aus eigener Kraft sicherzustellen noch nicht fähig war. Das Steuererhebungs- und Requirierungsverfahren jedenfalls, wie es unter den anarchischen Umständen des Dreißigjährigen Krieges entstanden ist, hat im Guten wie im Bösen Schule gemacht. Es ist in der rigorosen Erschließung jeder nur denkbaren Finanzquelle beibehalten worden und zu einem tragenden Pfeiler des frühmodernen Obrigkeitsstaates geworden. Aber es ist im Verlaufe absolutistischer Staatsbildung auch seiner Willkürlichkeit entkleidet und ebenso wie das Heerwesen in amtliche Regie genommen worden. Gerade Wallenstein hatte drastisch und mit allen Konsequenzen für Land und Herrschaft vor Augen geführt, daß ein unabhängiges, nach eigensüchtigen Vorstellungen handelndes Kriegsunternehmertum große Gefahren in sich barg und um des Ziels staatlicher Konsolidierung willen nicht länger mehr geduldet werden konnte.[28] Wallenstein hat also dazu beigetragen, die Prinzipien einer an fürstlicher Souveränität orientierten Staatsräson zur Geltung zu bringen. Insofern hat er gerade auch in seinem Scheitern Geschichte gemacht.

«... zu Einführung einer Gott wohlgefälligen Gleichheit auf ewig ...»

Steuerreformen im Zeitalter des Absolutismus und der Aufklärung

Von Jürgen Rainer Wolf

Als anzustrebendes, aber nie erreichtes Ziel steht die Idealvorstellung «... zu Einführung einer Gott wohlgefälligen Gleichheit auf ewig ...» eines schlesischen Steuerpolitikers aus den letzten Jahrzehnten des 17. Jahrhunderts[1] unausgesprochen bis heute über allen Versuchen zur Reformierung der Besteuerung. Der Grundkonsens, daß es in Übereinstimmung mit göttlichen Geboten gleiche Steuern sein sollten, konnte selbst in der noch stark religiös bestimmten Zeit nach dem Ende des Dreißigjährigen Krieges aber kaum darüber hinwegtäuschen, daß Reformpolitik, zumal wenn sie sich mit den Finanzen befaßte, immer Interessenpolitik war.

Der Friede von Münster und Osnabrück von 1648 hatte mit der Garantie der Rechte der Reichsstände durch die Siegermächte Frankreich und Schweden dem Kaisertum jede Hoffnung auf Umformung des Reiches hin zum Einheitsstaat genommen. Bis zum Ende des Heiligen Römischen Reiches 1806 umschrieb die Formel von «Kaiser und Reich» ein System des ständestaatlichen Dualismus, das der Staatsrechtler Samuel von Pufendorf 1667 in seiner Abhandlung «De statu imperii germanici» im Vergleich mit aristotelischen Staatsmodellen nur als *monstrum* bezeichnen konnte. Das Fehlen einer Basis zur vertrauensvollen Zusammenarbeit zwischen der monarchischen Spitze und den mehr als 300 auf dem immerwährenden Reichstag in Regensburg vertretenen Fürsten und Städten erschwerte in der zweiten Hälfte des 17. Jahrhunderts alle Versuche zur Reform der Militärverfassung des Reiches. Die Finanzierung des Militärs, des stehenden Heeres, wurde aber zur Kernfrage in der Steuerpolitik der frühneuzeitlichen Staaten überhaupt.

Seit dem Scheitern der Einführung des «Gemeinen Pfennigs», einer Kopf- und Vermögensteuer, als Reichssteuer durch Kaiser Maximilian I. auf dem Wormser Reichstag 1495 war die rudimentäre Reichsverwaltung auf Beiträge der sich nun im Verwaltungsausbau entfaltenden Territorien angewiesen. Die Aufbringung von Kriegssteuern blieb auf die «Römermonate», Matrikularbeiträge der Reichsstände zur Truppenunterhaltung auf Reichstagsbeschluß, beschränkt. Diese Militärsteuern wurden nur von Fall zu Fall bewilligt. Als einzige ständige Reichssteuer wurde die sogenannte «Kammerzieler» zur Unterhaltung des Reichskammergerichts als zentrale Justizinstanz nach dem Schlüssel der Reichsmatrikel erhoben. An der Spitze der rudimentären Reichsfinanzverwaltung stand der «Reichspfennigmeister», der freilich aus den Geldnöten kaum je herauskam. Der wohl bedeutendste Amtsinhaber, der aus dem Hause Fugger hervorgegangene Zacharias Geizkofler, konnte während seiner Amtszeit von 1589–1603 mehr als zwanzig Millionen Gulden an Reichshilfen zusammenbringen, aber es gelang ihm nicht, der doppelt vom Kaiser und den Ständen instruierten Institution das notwendige Eigengewicht zu verschaffen.[2]

Während das Reich aber mit den «Römermonaten» doch eine Notkonstruktion zur Erhebung von Militärbeiträgen besaß, fehlte ihm die zweite Grundlage territorialer Finanzwirtschaft seit dem ausgehenden Mittelalter völlig: Einnahmen aus Domänen und Regalien. Ein Versuch des während der Abwesenheit Kaiser Karls V. in Spanien in Nürnberg amtierenden Reichsregiments, mit dem Reichszollgesetz von 1523 ein gemeinsames deutsches Zollgebiet mit Außenzollgrenze zu schaffen, war am Kaiser selbst gescheitert, da die Städte im Interesse der Handels- und Monopolgesellschaften intervenierten. Einnahmen des Reiches aus der Verpachtung oder Selbstbewirtschaftung von Gütern gab es nicht mehr. Auch die Versuche zur unmittelbaren Ausübung des ursprünglich kaiserlichen Judenschutzrechtes und damit zur Erhebung von Abgaben wie dem «Güldenen Opferpfennig» aus Anlaß der Thronbesteigung sind im 17. Jahrhundert fehlgeschlagen. Die in den Wahlkapitulationen der Kaiser immer aufs neue beschworene Verpflichtung zur Rückgewinnung des Reichsguts blieb angesichts der realen Machtverhältnisse unerfüllbar. Staatliche Finanzwirtschaft gab es nur noch in den seit dem Westfälischen Frieden von 1648 erstarkenden Territorien.

Die Verwüstungen des Dreißigjährigen Krieges haben überall in Deutschland die Staatsfinanzen vor schwere Probleme gestellt. Theoretisch sollten aus den Einnahmen aus Domänen und Regalien die Ausgaben für die fürstliche Hofhaltung und die Verwaltung bezahlt werden. Dazu reichten aber die Erträge schon im 16. Jahrhundert nie. Auch die als Personalsteuer dem Landesherrn zu zahlende Bede erbrachte seit langem nicht mehr die Mittel, um steigende militärische Ausgaben zu finanzieren. Mit dem Finanzbedarf der Fürsten und ihrem Rückgriff auf die kapitalbesitzenden Bürger etablierten sich Zustimmungsformen der Besteuerten. So bildete sich beispielsweise im Konflikt zwischen den niederhessischen Städten und Landgraf Hermann um die Bewilligung von Getränkesteuern in der zweiten Hälfte des 14. Jahrhunderts in den Einungen zwischen Städten und

Ritterschaft das Institut der Landstände. In Hessen wie der Mehrzahl der deutschen Territorien traten sie als Vertreter der «Landschaft» wie der Untertanen dem Landesherrn zur Seite. Immer wieder ließen sie sich bestätigen, daß die Steuerbewilligung eine freiwillige Leistung sei. Kurze Laufzeiten sorgten, da ein Selbstversammlungsrecht kaum erreicht wurde, dafür, daß der Fürst in regelmäßigen Abständen auf sie angewiesen blieb. Fürstliche Machtpolitik mochte etwa im Hessen Philipps des Großmütigen zunächst versuchen, ohne Finanzbewilligungen der Stände auszukommen, indem die Eigenwirtschaft des Landesherrn durch Nutzung von Forsten und Bergrechten ausgeweitet wurde. Aber letztlich führte noch nicht einmal die Vermögensmasse der in der Reformation säkularisierten Klöster zur Finanzkonsolidierung.[3]

Als 1530 der Reichstag einer Türkenhilfe zustimmte und es wegen ihrer Höhe den Reichsständen anheimstellte, mit ihren Landständen über die Umlegung auf alle Untertanen zu verhandeln, war dies das Signal zur Erweiterung der Steuerpflicht. Neben den Städten, die seit dem 14. Jahrhundert das Ungeld, eine Tranksteuer, bewilligten, sollte nun der Besitz des Adels und der – in den protestantischen Ländern nicht mehr auf dem Landtag vertretenen – Geistlichkeit zur Besteuerung herangezogen werden. Ihr lagen im Gegensatz zur sogenannten Landsteuer, die nach einem festen Quotensystem auf die Städte unterverteilt wurde, zeitgenössische Vermögensschätzungen zugrunde. Deshalb fand sich beispielsweise die Städtekurie des hessischen Landtags zu dieser Besteuerungsform nur bereit, wenn der Reichstag dieses Verfahren für die Aufbringung von «Römermonaten» zwingend vorschrieb. Angesichts der wiederholten Mahnungen Landgraf Philipps, bei der Steuererhebung die geringere Leistungsfähigkeit des «armen Mannes», des nur gering bemittelten Untertans, zu berücksichtigen, wundert es nicht, daß er schon 1533 dem Homberger Landtag dringend die Einführung eines Konsumsteuersystems empfahl, wodurch alle ohne Standesunterschiede zahlen sollten. Die zusätzliche Tranksteuer auf Wein und Bier wurde erst seit 1555 in der durch die Großmachtpolitik Philipps ausgelösten Finanzkrise des hessischen Staates von allen Ständen immer wieder bewilligt und bis zum Ende des Alten Reiches erhoben.

Nach den Bevölkerungsverlusten und -verschiebungen des Dreißigjährigen Krieges waren bei diesen indirekten Steuern große Einbußen zu verzeichnen, aber sie belasteten eben doch nur wirklich vorhandene Steuerpflichtige. Im Gegensatz dazu geriet das System der aufgrund eines Katasters oder Quotensystems unterverteilten Steuerbewilligung an den Landesherrn in eine schwere Krise. Überall in Deutschland hatte die Bewirtschaftung von Gütern aufgehört, und erhöhte Steuerquoten mußten so von den Inhabern der noch besetzten bäuerlichen Wirtschaften mit aufgebracht werden. Die Krise des Besteuerungssystems suchte man nach dem Friedensschluß von 1648 zunächst durch den Rückruf der Eigentümer und die Bindung von Arbeitskräften im Lande zu lösen. Angesichts der Verluste von schätzungsweise 40 Prozent der ländlichen und 33 Prozent der städtischen Bevölkerung[4] nahmen alle deutschen Territorien zum Mittel des Gesindezwangsdienstes wie der Lohn- und Preisbindung Zuflucht. Beispielsweise forderte am 28. März 1650 Landgraf Georg II. von Hessen-Darmstadt unter Hinweis auf das Beispiel der benachbarten Reichsstände «alle unsere Underthanen und Angehörige, so sich under frembder Herrschafften und andere Orte noch auffhalten, sie seyen in der Ehe oder noch ledigen Standes, Dienstknechte oder Dienstmägde, Leibeigene oder nicht Leibeigene, ihre Eltern wohnen gleich im Land oder nicht», innerhalb Halbjahresfrist zur Rückkehr auf und drohte im Weigerungsfall die Konfiskation des Besitzes an.[5] Mehrmals wurden in den folgenden Jahren die Verbote der Verdingung von Dienstboten außer Landes wiederholt.[6] Plastisch wird der Arbeitskräftemangel in der gleichzeitigen Klage aus dem Schwarzwald, der Bauer müsse das Gesinde «lassen Meister sein, ... ihnen fast den Seckel zu dem Gelde geben, ihnen voll auftragen und selbst Mangel leiden».[7] Während aber in Westdeutschland das natürliche Bevölkerungswachstum, der Zuzug von Schweizern oder auch Flamen langsam wieder zur Wiederbesetzung der «wüsten» Güter und zur Normalisierung der Lage auf dem Arbeitsmarkt führte, wurde die Krise in den Gebieten östlich der Elbe zum Anlaß, die bäuerliche Bevölkerung fester an die Scholle zu binden – in der sogenannten zweiten Leibeigenschaft. In Schlesien etwa hatten die Stände König Ferdinand I. 1527 eine Schatzungsteuer bewilligt und über die steuerliche Vertretungspflicht der Grundherren für ihre Hintersassen erreicht, daß Bauern, Gärtner oder ihre Kinder die Güter nur mit ihrer Zustimmung verlassen durften. Die Frage, wie man die entwichenen Untertanen nach dem Großen Krieg wieder «reduciren und zurechte bringen» könne, beantwortete dic schlesische Ständevertretung Kaiser Ferdinand III. mit ihrem bis zur Bauernbefreiung gültigen «bey Recht beständigen Gutachten» vom 1. Oktober 1652. Danach wurde zur Stabilisierung des landwirtschaftlichen Besitzstandes verfügt, daß die bäuerlichen Untertanen bei Aufgabe ihrer Wirtschaft Ersatzleute zu stellen hatten. Die Aufgabe von Bauern- oder Gärtnerstellen war gegen den Willen der Grundherren so kaum noch möglich.[8]

Zunächst hatte man in den Territorien gehofft, daß allein der Ausgleich der Bevölkerungsverluste mit der Wiederbesetzung der wüst gewordenen Dörfer oder Bauernstellen schnell zur Wiederherstellung der alten Besteuerungsbasis führen würde. Es zeigte sich aber bald, daß dieser Wiederaufbau weit längere Zeiträume erforderte. Hinzu kam, daß die vorhandene Bevölkerung dazu tendierte, lieber den eigenen, steuerlich hoch belasteten Besitz liegenzulassen und dafür mit Abgaben geringer belastetes Land zu bebauen. Damit stellte sich für das gesamte Steuersystem das Problem, entweder eine Neuschätzung der jetzt vorhandenen Vermögen durchzuführen, um eine neue Basis für die übliche Steuerquotierung zu gewinnen, oder aber die Besteuerungsart zu wechseln, indem man gänzlich zur indirekten Besteuerung, d. h. zu einem System von Verbrauchsteuern, überging. Das neue Steuersystem sollte dem Anspruch nach gerechter sein, da es alle gleichförmig zu erfassen bestrebt war und nicht mehr wie bei den Vermögensteuern auf Schätzungen angewiesen blieb. Ursache dieser Reformüberlegungen waren der Zwang zur Tilgung der während des Großen Krieges eingegangenen Schulden und zur Finanzierung der stehenden Heere, wie sie jetzt üblich wurden.

Während aber bis unmittelbar nach dem Dreißigjährigen Krieg die Landstände der Territorien den militärischen Forderungen der Fürsten Widerstand entgegensetzen konnten, veränderte der auf dem Regensburger Reichstag am 17. Mai 1654 beschlossene «Jüngste Reichsabschied» die Lage von Grund auf. Die auf dem Reichstag vertretenen Obrigkeiten verpflichteten in seinem § 180 ihre Untertanen und Landstände bedingungslos zur Bewilligung und Aufbringung der Mittel zur Unterhaltung der Festungen und der Heeressteuern. Aus dieser Verpflichtung erwuchs auch von außen der Zwang zur Reform des Steuersystems der Territorien. In Hessen-Darmstadt versuchte man sich seit 1658 an einer Reform der Schatzung. Bei der Steuer-«Renovatur» ging die Hoffnung auf Ermittlung von Vermögen der «Handels-Leuth, welche etwa viel tausend vermögen, und doch bißhero nur etliche hundert verstanden». Man war sich aber auch im klaren darüber, daß «durch das lang anhaltende betrübte Kriegswesen unsere Unterthanen in ihrer Nahrung mercklich abgenommen».[9] Seit 1668 folgte ein erster Versuch zur Neuvermessung der Landgrafschaft, um wieder zu präzisen Katastern zu gelangen.[10] In Hessen-Kassel stimmten die Stände zur Minderung von Kontributionslasten 1677 erstmals der Überlassung von Truppen an den Herzog von Lothringen und den König von Dänemark zu. Damit wurde von diesem «armierten Reichsstand» der Weg beschritten, Truppenhaltung durch Verpachtung für den Steuerzahler tragbar zu machen. Diesem in Deutschland allseits akzeptierten Verfahren ist auch der sogenannte «Truppenverkauf» des Kasseler Landgrafen an England im amerikanischen Unabhängigkeitskrieg zuzurechnen. Die Erschlie-

Steuereinnehmer in seinem Geschäftszimmer; Gemälde von Raphael Custodis (1590–1651).

ßung solcher Finanzquellen machte den Fürstenstaat unabhängiger von ständischer Mitbestimmung.

Immer mehr hatte sich jetzt die Erkenntnis durchgesetzt, daß allein Verbrauchsteuern die Finanznot lindern konnten. Vorbild war vermutlich Holland, das schon im 16. Jahrhundert den Krieg gegen Spanien durch die Akzise finanziert hatte, daneben wohl auch Städte wie Basel oder Köln, die keine direkten Steuern kannten und sich zu 90 Prozent aus Verbrauchsteuern finanzierten.[11] Als Notbehelf hatte man die Akzise in einigen deutschen Territorien schon während des Dreißigjährigen Krieges erhoben.[12] Allerdings verzögerte sich ihre generelle Einführung, weil die von den Fürsten um Genehmigung angegangenen Landstände sehr deutlich die Gefahr sahen, verfassungsrechtlich überflüssig zu werden. Gerade die Notwendigkeit, bestimmte feste Summen in fixierten zeitlichen Abständen bewilligen zu lassen, sicherte die Berufung der Landstände durch den Landesherrn, sie entfiel aber, wenn einmal ein Konsumsteuertarif bewilligt war und die Verwaltung des Steueraufkommens nicht mehr unter ständischer Kontrolle blieb.

In Schlesien gaben die Stände aufgrund interner Streitigkeiten über die Steuerquoten 1666 dem Verlangen Kaiser Leopolds I. zur Einführung der Akzise erst nach, nachdem ihnen zugesichert worden war, das Aufkommen werde nur zur Bestreitung der Bewilligungen verwendet und durch sie selbst erhoben werden. Dort wie andernorts handelte es sich freilich um ein ganzes Bündel verschiedenartigster Steuern unter dem Namen «Akzise». Zu einer Viehsteuer kam eine Rauchfangsteuer auf Hausbesitz, ein Fleischpfennig, der beim Schlachten zu entrichten war und bei Hausschlachtung natürlich häufig nicht gezahlt wurde, Steuern auf die Eisenerzeugung, Kalkbrennereien, Walkmühlen, Glashütten, also Produktionsbesteuerungen, dazu in den Städten Vermögen- und Kopfsteuern. Da die kaiserliche Kammer in Breslau aber die Einnahmen aus der alten Trankakzise nicht herausgab, war dieser Versuch von vornherein zum Scheitern verurteilt. Hinzu kam, daß die indirekte Besteuerung des Verbrauchs zu großen organisatorischen Schwierigkeiten führte und zu Steuerhinterziehungen geradezu ermunterte, da jeder Besitzwechsel einer Ware steuerpflichtig war. Schon nach fünf Jahren kehrte man in Schlesien zum reformbedürftigen System direkter Steuern zurück.

Aus den gleichen Gründen wurde 1672 in Schwedisch-Pommern die Konsumationsakzise durch eine fixierte Personalsteuer ersetzt. In der Kurpfalz baute man dagegen die 1664 eingeführte Abgabe von Fleisch, Papier, Getreide und ausländischem Wein, die zusammen mit Zöllen, Ungeld, Kreuzergeld und Weinauflagegeld bis 1684 beinahe zwei Drittel des Steueraufkommens brachte, durch die Einführung des sogenannten «Lizents» 1699 zu einem umfassenden System aus, das an die Stelle der nicht mehr praktikablen Schatzung treten sollte. Als «Verheerung eines bereits verarmten Landes» ist die Wirkung dieses Systems gekennzeichnet worden, das in seinen Ergebnissen zweifelsohne mit zur Massenauswanderung der «Pfälzer» nach Nordamerika im 18. Jahrhundert beigetragen hat.

In Brandenburg-Preußen wurde die Steuerreform mit der Einführung der Akzise zum entscheidenden ständepolitischen Wendepunkt, ja zum fiskalischen Ausgangspunkt für die absolutistisch geprägte Machtpolitik des Großen Kurfürsten und seiner Nachfolger. 1667 erklärten sich die Städte der Kurmark zur Einführung der Akzise bereit, während das flache Land gleichzeitig bei der Kontribution, der Militärsteuer aufgrund eines Katasters, blieb. Es war der Beginn der steuerpolitischen Trennung von Stadt und Land. Die Städte wurden der Aufsicht der «Kriegs- und Steuerkommissare» unterworfen, und so endete bis zu den Steinschen Reformen in der Notlage der napoleonischen Kriege jede Selbstverwaltung. Als den Städten 1682 das Recht zur Verwaltung der neuen Steuern genommen wurde, hatte die absolutistische Staatsverwaltung eine unabhängige, im Ertrag steigerungsfähige Finanzquelle gewonnen. Mit der Ausschaltung der Städte ging der Interessenausgleich zwischen Fürst und Adel einher, dem im Gegenzug der Ausbau seiner Grundherrschaften zu Gutsherrschaften mit Schollenbindung der Hintersassen und Unterwerfung unter die Polizeigewalt der Grundherren zugestanden wurde.

Damit war in der Sozialverfassung Preußens die verhängnisvolle Grundlage des «Junkertums» geschaffen, die im 18. Jahrhundert in der Militärorganisation ihre Entsprechung fand.[13] Die steuerpolitische Trennung von Stadt und Land war aber zweifellos auch die einzige praktikable Möglichkeit, die Verbrauchsteuern ohne allzugroße Unterschleife eintreiben zu können. Durch die Erhebung der Akzise am Stadttor wuchs den militärisch veralteten Mauerringen der Städte eine neue fiskalische Bedeutung zu, fiel der preußischen Verwaltung der Verzicht auf die steinerne Steuergrenze um so schwerer. Die Steuerreform des 17. Jahrhunderts wurde so zu einer der Ursachen der Stagnation des Städteausbaus bis zum Beginn des 19. Jahrhunderts. Der finanzielle Erfolg der brandenburg-preußischen Akzise in einem eigentlich für eine Konsumsteuer denkbar ungeeigneten Agrarland läßt sich nur aus der relativ einfachen Überwachung eines klar getrennten Marktes erklären. Den Städten wurde der Gewerbe- und dem Land der Nahrungsmittel- und Rohstoffsektor zugewiesen. Nominell war so die Akzise *die* städtische Steuer im Gegensatz zur ländlichen Kontribution. Hauptleidtragender des scheinbar so gerechten Systems blieb der Bauer, der beim Kauf von Gewerbeartikeln in der Stadt auch die Akzise zu entrichten hatte. Von der Mitte des 18. Jahrhunderts bis zum Ende des alten Reiches stieg der Akzisenertrag im Königreich Preußen von 1,3 auf 7,2 Millionen Reichstaler.

Das Problem, gesellschafts- und machtpolitisch unerwünschte Konsequenzen der Steuerreformierung in den Territorien auszuschalten, wurde von den Beteiligten klar gesehen. Als man in Schlesien 1716 nach einem neuen, nur bedingt erfolgreichen Experiment mit der Ersetzung der Grundsteuern durch die «General-Konsumptions-Akzise» in den ständischen Gremien über die Frage diskutierte, ob die Übertragung des brandenburgischen Modells sinnvoll sei, war den Beteiligten klar, daß dann das gesamte Verfassungsgefüge ins Wanken geraten würde. Aber was den Übergang zur indirekten Besteuerung für den Fiskus so anziehend machte, die «Sanftheit», «Unmerklichkeit», die Tatsache, daß hier direkt Bargeld einging, dies alles konnte doch nicht darüber hinwegtäuschen, daß von der gleichzeitig angestrebten Gleichheit nur wenig übrig blieb, wenn man die Notwendigkeit von Konsum in Beziehung zur Höhe des Einkommens setzte. Von dem «Mittel- und Armenstand höret man niemanden anders alß mit Lamentiren von den Accisen reden», befanden Ständevertreter in

Breslau, und ähnlich waren die gleichzeitigen Ergebnisse in der Kurpfalz, wo zu hohe Steuertarife die Wirtschaft geradezu ruinierten. Die Einführung der Akzise sollte häufig genug nur die Unfähigkeit zur Reform der Grundsteuern oder der Schatzung verschleiern.

Es dauerte allerdings tatsächlich oft nahezu hundert Jahre, bis die Umgestaltungen des Dreißigjährigen Krieges im Agrarbereich durch Neuaufnahme der Kataster auch Steuerwirklichkeit wurden. In Hessen-Darmstadt stimmten die Stände im Jahre 1700 dem Projekt des Landgrafen Ernst Ludwig zu, das ganze Land neu zu vermessen, um so für die Besteuerung eine neue Basis zu gewinnen. Zweifellos standen gerade die Kleinterritorien vor besonderen Problemen, im Zeitalter des Absolutismus fürstlichem Anspruchsdenken im Finanzhaushalt gerecht zu werden. Bei einem nominalen Umfang des Landeshaushaltes von 250000 Gulden pro Jahr, wovon meist ein Drittel ungedeckt war, und angesichts eines verarmten Landes war es kaum zu rechtfertigen, wenn die Stände 1699 auf dem Landtag zu Gießen ihrem Herrn 6000 Gulden für den Zierat des vom König von Dänemark verliehenen Elephantenritterordens bewilligten, «ob ihnen gleich der schlechte Zustandt undt Armut des Landes, zumahlen bey bisherigen theuren Zeithen, und daß nicht einmahl die bereits verwilligten Gelder undt Gefälle beygebracht werden können»,[14] bewußt war. Trotz der Warnungen der Beamtenschaft, die angestrebte Summe sei bei dem ruinösen Zustand des Landes nicht einzutreiben, ließ sich Ernst Ludwig 1715 für den Neubau des abgebrannten Darmstädter Schlosses 300000 Gulden bewilligen. Fünf Jahre zuvor hatten die Stände von Waldeck in die Einführung der Akzise eingewilligt und so ihrem Fürsten die Mittel für den Schloßbau in Arolsen bereitgestellt.

Freilich wiesen wachsende Restanten der Kontributionen, Schloßbaugelder und «Fräuleinsteuer» zur Mitgift der Prinzessinnen oder Reisegelder für die Kavalierstour von Prinzen ins westliche Ausland klar auf die Überziehung der finanziellen Möglichkeiten hin. Kein Wunder, daß die nach Freiheit von ständischer Bevormundung drängenden absolutistischen Fürsten auch in der Abschaffung der ständischen Bewilligungsgremien eine Reform sahen.

Friedrich der Große erklärte 1741 die Abschaffung der schlesischen Stände kurzerhand mit dem Wunsch, den Untertanen die Kosten dieser Institution zu ersparen. Die Durchführung der von den schlesischen Ständen seit Jahrzehnten vorbereiteten Steuerreform durch Neuformierung der Kataster konnte nun als glanzvolles Beispiel preußischer Verwaltungstätigkeit gelten. Als Basisbetrag der nur noch vom Land zu zahlenden Kontributionen wurden die letzten ständischen Bewilligungen für die Habsburger genommen, während die Akzise willkommene steigende Millionenbeträge abwarf. Aus ihren

Überschüssen bildete der preußische Militärstaat – wie seit den Reformen Friedrich Wilhelms I. zu Beginn des Jahrhunderts üblich – den Kriegsschatz, ohne den die preußische Großmachtpolitik zum Scheitern verurteilt war.

Versuche und Absichten zur Eindämmung ständischer Mitsprache auf dem Finanzsektor gab es in den meisten deutschen Territorien. Herzog Leopold von Mecklenburg-Schwerin scheiterte mit seinem Versuch zur Unterwerfung von Rostock und zur Erhebung von Heeressteuern ohne ständische Zustimmung an dem Zusammenspiel von Landständen und Reichsoberhaupt, das die Reichsexekution durchführen ließ. Die Mitregierung der Stände wurde dann im Erbvergleich von 1755, der bis 1918 galt, festgelegt. Bekannter sind die Auseinandersetzungen zwischen den württembergischen Ständen und ihren Herzögen im 18. Jahrhundert geworden. Ihr Steuerbewilligungsrecht, das im Tübinger Vertrag von 1514 festgeschrieben war, suchte schon Herzog Eberhard Ludwig durch eigenmächtige Ausschreibung von Militärsteuern anzutasten; seit 1724 zahlte die «Landschaft» Militärbeiträge. Über die Finanzmanipulationen Herzog Karl Alexanders mit Hilfe seines Finanzienrates Joseph Süß Oppenheimer kam es zum erbitterten Kampf mit den Ständen, deren Höhepunkt Prozeß und Hinrichtung Oppenheimers 1738 bildeten. Der Konflikt zwischen Herzog Karl Eugen und den Ständen erreichte mit der fünfjährigen Festungshaft ihres Rechtsberaters Johann Jakob Moser schließlich seinen Wendepunkt, als eine kaiserliche Kommission 1770 im Erbvergleich den Herzog auf die alte Verfassung verpflichtete.[15]

Wie durchschlagend aber das in Schlesien angewandte preußische Argumentationsmodell selbst für die in strengem Vertragsdenken geschulte Beamtenschaft der Habsburger wurde, zeigt das Beispiel der Haugwitzschen Reformen nach dem Ende des Österreichischen Erbfolgekriegs. Nach dem Vorbild Friedrichs II., aber orientiert an geheiligten verfassungsrechtlichen Formeln, gewann Maria Theresia in ihren Erblanden die Verfügungsgewalt über die Besteuerung dadurch, daß zwar nicht das ständische Steuerbewilligungsrecht, wohl aber ihre Kassenbeaufsichtigung obsolet wurde. Die vom Grafen Friedrich Wilhelm von Haugwitz gefundene Formel, wonach bewilligte Gelder mit der Einnahme der landesherrlichen Alleinverfügung zufielen, beließ auch in dieser Reform gleichwohl den Ständen das Verfügungsrecht über die Aufbringung der Steuern. Gravierender war schon das Verfahren, zur Aufstellung der für die Abrechnung mit Preußen benötigten Armee von 108 000 Mann die Stände mit militärischem Druck zur Bewilligung von Steuern für jeweils zehn Jahre zu überreden. Trotzdem reichten die Mittel nicht aus. 260 Millionen Gulden kostete Österreich der Siebenjährige Krieg, und 167 Millionen mußten durch Kredite aufgebracht werden. 1762 und wieder ab 1771 war die Wiener Stadtbank zur Ausgabe von Papiergeld gezwungen. Den direkteren Weg der Kriegsfinanzierung durch Manipulation des Münzwertes ist Friedrich II. von Preußen mit den sogenannten «Ephraimiten», legalisiertem Falschgeld seines Hoffaktors, gegangen.

Zu den Versuchen der absolutistischen Fürsten, von Steuerbewilligungen unabhängig zu werden oder auch nur zusätzliche Mittel zur Bestreitung des in den Augen der Zeitgenossen notwendigen Aufwandes zu erhalten, hatten schon die Münzverschlechterungen der dreißiger Jahre des 18. Jahrhunderts, in die Joseph Süß Oppenheimer verwickelt war,[16] die Ausschöpfung des Staatskredits und die Errichtung von Monopolen gezählt. Der Verkauf von Salzhandels-, Tabaks- und Stempelpapiermonopolen an meist jüdische Geldgeber gehört ebenso wie die Stellung der Hoffaktoren und Hofagenten, ohne deren Vorfinanzierungsmöglichkeiten der Ausbau des modernen Staates kaum möglich gewesen wäre, zu den nur schwer greifbaren Bereichen indirekter Finanzierung durch Zwangsabgaben. Als «Reform» ausgegeben wurden sie immer, so die Einführung des Salzmonopols in Hessen-Darmstadt 1721 als Erleichterung der Versorgung der Untertanen mit Salz oder das Tabakmonopol des Hoffaktors Bär Löw Isaak in Frankfurt, das nach Protesten der Stände recht kurzlebig blieb.[17] Eine der einträglichsten Staatseinnahmen blieben schließlich die für die Juden – neben ihren Schutzgeldern für die Aufenthaltserlaubnis – in der Regel in doppelter Höhe gültigen Steuersätze. Bekannt ist das Beispiel von Rödelheim, wo neben der Reichsstadt Frankfurt mit ihren Zuzugsbeschränkungen die dort regierende Linie der Solmser Grafen eine vielköpfige Judengemeinde leben ließ.

Selbst dem aufgeklärten Preußenkönig Friedrich dem Großen galten Standesunterschiede und unterschiedliche Steuerlasten als gottgegeben. Soweit die Steuerfreiheit des Adels überhaupt angetastet wurde, wurden erhöhte Verpflichtungen zum standesgemäßen Lebensunterhalt allemal berücksichtigt. Der am preußischen Beispiel orientierte Soldatenlandgraf Ludwig IX. von Hessen-Darmstadt zögerte nicht, sich von den Gemeinden die von ihm selbst als widerrechtlich empfundene Ausnützung fürstlicher Rechte wie des Jagdrechtes abkaufen zu lassen. Zugeständnisse gegenüber seinen Ständen blieben ihm freilich nicht erspart, als sein Reformminister Friedrich Karl von Moser 1776 den Landtag in Butzbach zur Garantie der Staatsschuld bewegen mußte, um die Reichszwangsverwaltung abzuwehren. Akzisefreiheit des Kaffees für den Adel war freilich in Mosers Augen gegenüber drängenden Problemen des Staatsbankrotts ein Nichts, macht aber doch anschaulich, wie wenig es solchen den absolutistischen Vorbildern nacheifernden deutschen Fürsten gelun-

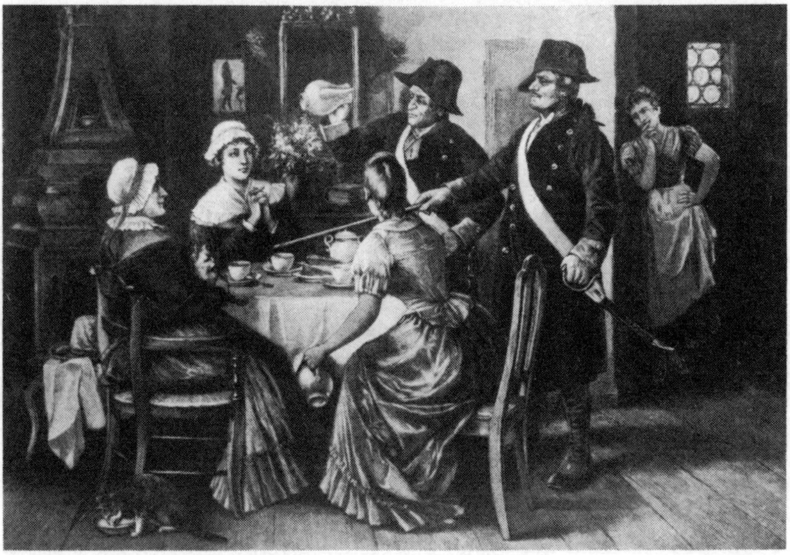

Preußische Kaffeeriecher in Aktion; Stich nach einem Gemälde des 19. Jahrhunderts zur Kaffeesteuer unter Friedrich dem Großen.

gen war, die ständische Gesellschaft zum Untertanenverband umzuformen. Moser scheiterte in Hessen-Darmstadt an seiner Weigerung, das Lotto zur Finanzierung der Heeresvermehrung einzusetzen. Seine Reformtätigkeit hatte nicht der Reformierung der Besteuerung gegolten. Mehr und mehr setzte sich die Erkenntnis durch, daß nur durch die Verbesserung der Landeskultur und die Erhöhung des Landesvermögens auch eine Erhöhung der Staatseinnahmen zu erhoffen war.

Grundlegende Reformen auf steuerlichem Gebiet gab es nach den großen Umwälzungen in der Steuerpolitik des 17. Jahrhunderts nicht mehr. Die Aufhebung der Steuerprivilegien von Adel und Geistlichkeit, wie sie 1789 die Versammlung der französischen Generalstände in Versailles vollzogen hatte, blieb in Deutschland dem 19. Jahrhundert vorbehalten. Mit der Kassation der altständischen Verfassungen machten sich die souverän gewordenen Nachfolgestaaten des aufgelösten Heiligen Römischen Reiches 1806 auch von jeder einschränkenden Mitbestimmung auf dem Steuersektor frei.

Hungriger Fiskus – schwacher Staat

Das europäische Ancien Régime

Von Michael Stürmer

Zusammen wurden sie geboren, wurden groß und stark und mächtig: der Soldat und der Steuereinnehmer. Denn Soldat kommt von Sold, und Sold bedeutet Geld, und Geld, wenn es in die Hand des Staates kommen soll, heißt zuletzt immer Steuer. Beide zusammen, Soldat und Steuereinnehmer, gründeten zwischen Mittelalter und Neuzeit das, was die Wissenschaft heute den frühmodernen Staat nennt. Der Steuereinnehmer ernährte den Soldaten, und der Soldat schützte, ging es hart auf hart, seinen Ernährer, den «Fiscal», wie in Brandenburg-Preußen lange Zeit der Mann des Fiskus genannt wurde. Sie wußten stets, was sie einander schuldeten.

Der frühmoderne Staat entstand in ganz Europa im 16. und 17. Jahrhundert. Er war zweckdienlicher, effizienter organisiert und wirkungsvoller als die gestuften politisch-sozialen Bauformen des Mittelalters, weil er Bürokratie, staatliche Rechtsprechung, stehendes Heer, Zentralgewalt, Handelsmonopole und oft beachtliche Unternehmen in sich vereinigte. Und er war zugleich, weil er noch weitgehend auf dem Fundament einer Agrargesellschaft ruhte, wo wenig Bargeld kursierte, Ersatzgeld in Form von Wechsel oder Scheck nahezu unbekannt war und der Tausch von Ware gegen Ware oder von Arbeit gegen Landnutzung, Kost und Wohnung gang und gäbe war, nichts als eine Vorform des modernen Steuer- und Verwaltungsstaats. Der frühmoderne Staat, den man schon im 18. Jahrhundert den absoluten Staat zu nennen begann, war – wie immer Fürsten und ihre Schreiber ihn rühmten – ein schwacher Staat: wenig Beamte, wenig Steuern, wenig Eingriffe in Produktion und Verteilung. Daher auch wenig Soldaten.

Mit ihnen galt es sparsam umzugehen. Sie waren so schön und so teuer wie ein Silberschatz, weshalb auch kein Jahrhundert begrenzter und damit zivilisierter Krieg führte als das achtzehnte. Die alte Beutemacherei der Kriegsunternehmer, die noch das 17. Jahrhundert durchzog, war zu Ende. Die billigen, vom Patriotismus befeuerten Wehrpflichtarmeen des 19. Jahrhunderts waren noch nicht erdacht. So war der beste General des 18. Jahrhunderts jener, der den Krieg gewann, ohne eine Schlacht zu schlagen; der manövrierte und finassierte und die schönen, teuren Soldaten am Ende wieder heil zu Hause ablieferte. Er hatte nicht nur seinem Herrn gedient, sondern auch sich selbst. Denn es gab nicht wenig Heere des 18. Jahrhunderts, wo der Regimentschef eine feste Summe erhielt, aus der er seine Truppe vollzählig zu halten hatte. Gab es Verluste an Blut, dann kam es den General sehr teuer. Ein altertümliches System, gewiß, aber auf seine einfache Weise humaner als die aufgeklärten, effizienten Systeme, die ihm folgten. Bellona, die Kriegsgöttin, war durch Merkur gezähmt – leider nicht für immer.

Dem Kriegsunternehmer der frühen Neuzeit, der aufgrund fürstlichen Privilegs Soldaten werben und ins Feld führen durfte und an der Beute fett wurde, nachdem er zunächst einmal Sold und Ausrüstung vorgestreckt hatte – Wallenstein war der größte und klügste von allen, aber nicht der letzte –, diesem *Kriegs*unternehmer auf der Ausgabenseite des Staates entsprach auf der Einnahmeseite der *Steuer*unternehmer. Er war auf eigene Rechnung das, was später auf Rechnung des Staates der Finanzminister wurde. Sein Aufstieg begann, als der Fürst des 16. Jahrhunderts, vom Herrn über 5000 Seelen bis hin zum Kaiser, in Geldnot bestimmte Einnahmequellen verpfändete: ein Bergwerk, einen Brückenzoll, die Steuern einer bestimmten Stadt, die Gerichtsherrschaft über ein Dorf – durch die Gerichtsgefälle durchaus lohnend – oder eine bestimmte Steuerart. Aus der Verpfändung wurde bald die Pacht. Sie war bis tief ins 18. Jahrhundert hinein in Kontinentaleuropa die vorherrschende Form, die großen Hauptsteuern einzubringen. Das Verfahren war denkbar einfach. Eine bestimmte Steuer wurde zur Verpachtung ausgeschrieben. Es gab Gebote darauf, und das höchste Gebot erhielt den Zuschlag. Die fürstliche Kasse erhielt im voraus den Betrag pauschal gezahlt. Der Pächter, ausgestattet mit staatlicher Autorität, sorgte dann mit seinen Unterpächtern und deren Gehilfen dafür, daß ihm kein Schaden erwuchs. Nichts war natürlicher, als daß die Steuerpächter in Stadt und Land verhaßt waren.

Im Frankreich des Ancien Régime hat die Steuerpacht viele Spuren hinterlassen. Im Stadtplan von Paris kann man noch sehen, wo einst die Mauer verlief, mit der die Pächter die Stadt umgaben, damit ihnen nichts entschlüpfte. Dies geschah noch unmittelbar vor der Revolution und hat die Stadt zum Rumoren gebracht. Mancher Generalpächter hat die Sünden seiner Vorgänger mit dem Kopf bezahlt.

Man sollte das System aber nicht verachten oder unterschätzen. Es schuf zwar Ärger, und die Eintreiber der Steuerpächter waren oft Zielscheibe von Spott und härteren Wurfgeschossen. Aber es arbeitete, da unternehmerisch geführt, kostengünstig – nach Ansicht mancher Historiker effizienter als die staatliche Steuerverwaltung – und ersparte dem Staat den eigenen Beamten- und Überwachungsapparat. Er konnte alle Kräfte daran wenden, das Geld auszugeben.

Auch hat das System, indem es gewaltige Kapitalmengen in wenigen Händen zusammenströmen ließ, die Entstehung einer modernen Unternehmerschicht wesentlich begünstigt, die durch Investitionen und Innovationen dann dazu beitrug, Frankreich leistungsfähig zu machen. Unter den Förderern der großen *Encyclopédie*, die um 1760 das gesamte Wissen der Zeit zu speichern suchte und der Aufklärung gedanklich vorarbeitete, waren nicht wenige, deren Reichtum aus der Steuerpacht kam, darunter auch Mme de Pompadour. Die Revolution hat die Steuerpächter mit Haß verfolgt – der große Chemiker Lavoisier starb durch die Guillotine und hörte zum Abschied: «La république n'a pas besoin des savants» – und dieses System zerstört. Auf Jahrzehnte waren seitdem die Quellen der Kapitalbildung in Frankreich verstopft. Die Revolution hat auf diese Weise das Land der *Encylopédie* weit zurückgeworfen hinter England, das im 18. Jahrhundert Werkstatt der Welt war und im 19. Jahrhundert auch ihr Bankier wurde.

Heute setzt man wie selbstverständlich den modernen Verwaltungsstaat und die moderne Industriegesellschaft voraus, dazu eine aussagekräftige Bevölkerungs- und Einkommensstatistik, die Existenz entwickelter Geldwirtschaft und eine Bevölkerung, deren Einkommen hauptsächlich in Geld bewertet wird; dazu Steuerpflichtige, die den größten, mühsamsten und umstrittensten Teil der Steuerverwaltung in eigener Verantwortung übernehmen, indem sie ihr Einkommen ehrlich erklären. Wenig davon gab es indessen in Alteuropa: Wo die Geldwirtschaft nicht hinreichte – in weiten Teilen der Landwirtschaft und der Handwerkswirtschaft –, sind Steuern allenfalls in Form der Naturalabgabe zu erheben. Im 18. Jahrhundert aber war der Anstieg der Agrarpreise so weit fortgeschritten, daß die alten Sachleistungen wenig oder nichts mehr bedeuteten. Ernster waren die Arbeitsleistungen, mit der die meisten Bauern, die ja Pächter waren, die Nutzung ihres Landes zu bezahlen hatten. Aber auch diese «Fron» genannte Leistung war nicht steuerbar. Gegen den Staat waren überdies Pächter und Landbesitzer, was immer sie sonst trennte, im allgemeinen darin einig, so wenig wie möglich zu geben. Bares an den Staat zu zahlen, war das letzte, was einer freiwillig tat.

Der vielregierende Schreiberstaat war im 18. Jahrhundert bereits hochentwickelt: mit einer in den arbeitenden Rängen bürgerlichen Beamtenkaste, mit einer Staats- und Steuerwissenschaft an den Universitäten, Kameralwissenschaft genannt, und mit einer unbegrenzten Phantasie, neue Einnahmequellen zu erschließen. Aber in Wahrheit blieb das meiste, was da in Vorlesungen vorgetragen, in Büchern

«Der Adelige ist die Spinne, der Bauer die Fliege»; satirischer Kupferstich aus Frankreich um 1660.

geschrieben und in fürstlichen Verordnungen erlassen wurde, frommer Wunsch und blasse Theorie, und der Historiker, der die Schreiberei für die Wirklichkeit nähme, wäre verloren. Die Wirklichkeit war zählebig, und die Menschen waren von sehr konservativer Gesinnung, wenn es darum ging, das Ihre zu bewahren. Aus dem 19. Jahrhundert stammt das Wort, beim Geld höre die Gemütlichkeit auf. Die Einstellung aber war früheren Zeiten nicht unbekannt. Der Fiskus befand sich nicht nur in einem Kampf mit dem Interesse derer, die zahlen sollten und nicht zahlen wollten. Er verletzte auch zahlreiche althergebrachte Rechtsnormen. Und die Steuer war, wo Bargeld verlangt wurde, in einer auf Tausch beruhenden Agrargesellschaft im Grunde eine stumpfe Waffe.

Vieles war ganz anders in der Welt Alteuropas: ein schwacher Staat, der es über viele Jahrhunderte nicht durchsetzte, Adel und Klerus seinem Steueranspruch zu unterwerfen – in Frankreich bewirkte dies erst die Revolution. Alle Arbeit und die meisten Waren wurden überhaupt nicht von der Besteuerung erfaßt. Wenig wußte die Verwaltung von der Zahl der Menschen, dem Ertrag ihrer Arbeit und der Höhe ihrer Einkommen. Die meisten Menschen waren schon deshalb kaum zu besteuern, weil sie kaum etwas in klingender Münze verdienten. Es war auch ein Staat, der in vielen Versuchen bewies, daß er außerstande war, eine kreditfähige Notenbank aufzubauen. Geld konnte er nur in Form gemünzten Edelmetalls ausgeben. Eine diskontfähige Unterschrift für Anleihen fehlte dem Staat, und alle Bankexperimente der Finanzminister hatten die Tendenz, schnell Kasse zu machen, und mißglückten deshalb. Das Geldmachen der Alchimisten und die Geldverschlechterung durch die Münzherren versprachen Auswege aus der Misere, aber waren auf Dauer immer vergeblich. Man konnte wohl eine Weile den Untertanen auferlegen, kurze Münze zu nehmen und lange zu geben, d. h. schlechtes Geld in den Umlauf drücken. Auf diese Weise entschuldete sich der Staat durch Inflation. Aber die Stunde der Wahrheit mußte früher oder später kommen, wenn alles schwere Geld aus dem Verkehr war. Die Inflation als staatliche Sondersteuer, die vor allem das produzierende städtische Gewerbe traf, war dem alten Staat nichts Fremdes.

Es war ein Staat auch, dem weitgehend eine tragfähige Theorie des Geldes und der Steuern fehlte, der sich in einem dauernden Kriegszustand mit den steuerbewilligenden Stände-Parlamenten befand oder, wo diese entmachtet waren, mit den steuerzahlenden Untertanen. Deren Steuermoral beschränkte sich darauf, dem Staat so wenig als immer möglich zu geben. Sie klagten über zu hohe Steuern, obwohl die Sätze, gemessen an modernen Verhältnissen, minimal waren. Lange Zeit, den längsten Teil der frühen Neuzeit, gab es so gut wie keine ertragreiche ständige Steuer, sondern nur Bewilligungen von Zeit zu Zeit, Eintreibungen – «Kontribution» genannt – und Notsteuern, nicht selten vom Adel und den Prälaten bewilligt auf Kosten Dritter, nämlich der städtischen Bürger und der nicht-adligen Landbewohner. Das Steuerrecht war der Kern alles Verfassungslebens und stets umstritten – im Grunde Schauplatz eines ständigen Verteilungskampfes um die Lasten des Staates, oft am Rande des offenen Aufruhrs und des Bürgerkriegs.

Deshalb hat die Verwaltung sehr früh nach Rechtfertigung ihrer kostspieligen Existenz gesucht. Für Thomas Hobbes, den Zeitgenossen der Kriege und Bürgerkriege des 17. Jahrhunderts, war das Leben der Menschen im Naturzustand, wie er schrieb, «einsam und arm, hart, unerbittlich und kurz». Um dem Kampf aller gegen alle zu entgehen, bedurften sie des Staates und der festen Hand von oben. Diese Einsicht blieb für lange Zeit, zwei Generationen, die Rechtfertigung des Staates in Theorie und Praxis. Nicht allein in England, wo Hobbes die Ideen seines «Leviathan» entwickelte, sondern noch mehr in Frankreich und in Deutschland, wo die erste Hälfte des 17. Jahrhunderts von mörderischen Kämpfen zwischen Katholiken und Protestanten, zwischen Stadt und Land, zwischen Fürsten und Ständen durchzogen war.

Deutschland erlebte von 1618 bis 1648 den Dreißigjährigen Krieg. Danach war Mitteleuropa verbrannte Erde, von zwei Deutschen einer tot, ein Opfer der Pest, der Soldateska und des Hungers. Das reichste und blühendste Land des 16. Jahrhunderts war zwei Generationen später ein Land in Asche und Ruinen. Das aber war die Stunde des Staates, der Schutz bot und Steuern verlangte und dem nichts und niemand mehr, die Städte nicht und nicht der Adel, noch Widerstand zu leisten vermochte. Denn wer den Frieden nach innen herstellte mit harter Hand, mit Feldschlangen und Panzerreitern, der durfte sich bei den Bürgern schadlos halten, solange er das Huhn, das die goldenen Eier legte, nicht schlachtete.

So wurde der Dreißigjährige Krieg *das* neuzeitliche Urereignis der deutschen Geschichte. Die Heere, die durch Deutschland zogen, hatten sich von Brandschatzung und Plündern genährt. Das war die brutalste Form der Steuer. Brandschatzung war nichts als ein Ultimatum der durchziehenden Soldaten an die Bewohner zu zahlen, widrigenfalls Haus und Hof brennen und die Menschen sterben würden. Die Theorie des Thomas Hobbes brachte zum Ausdruck, was die Hoffnung derer war, die im Dreißigjährigen Krieg noch einmal davonkamen: ein starker Staat, der so lange gerechtfertigt war, wie er den inneren Frieden garantierte. Wer wollte zweifeln, daß dies nur mit harter Hand geschehen konnte? Wer wollte sich weigern, dafür Steuern zu zahlen, wenn der Fürst in höflicher Form, aber mit militärischem Nachdruck darum ersuchte?

Erst am Ende des 17. Jahrhunderts wurde der kalte Realismus solcher frühen Steuereintreibung, die der Kontribution und Brandschatzung lange Zeit verwandt blieb, wenngleich auf Dauer gerichtet und dadurch abgemildert, durch eine menschenfreundlichere Theorie abgelöst. Vernunft mischte sich mit christlichem Staatsethos. Der Fürst als Amtmann Gottes stand über dem Recht, das die Menschen gegeben hatten, aber er wußte sich unter Gottes Gebot. Zum Schutz der bedrängten Untertanen vor dem inneren und äußeren Feind kam nun die Förderung der Gewerbe durch den Staat. Es begann der moderne Staatsinterventionismus, der nimmt und gibt, umverteilt, Wohlfahrt fördert und den sozialen Frieden herstellt. Im Lauf des 18. Jahrhunderts wurde der Verwaltungsstaat aus dem Geist der Aufklärung umgeformt: Die Glückseligkeit der Untertanen zu befördern, so die Theorie, sollte Zweck und Legitimation des Staates sein.

Die Praxis war nüchterner und bescheidener. Frankreichs Staatswirtschaft diente als Vorbild der Wachstums- und Gewerbeförderung: nicht allein durch Vorschrift und Verordnung, sondern auch durch Investitionen, Aufträge, höfische Werkstätten und Privilegien für Erfinder und tüchtige Fabrikanten. Die Verwaltung begriff, daß Zahl und Reichtum der Untertanen auch Reichtum des Staates war. Niemand hatte besser als der französische Chefminister Colbert unter dem Sonnenkönig in der zweiten Hälfte des 17. Jahrhunderts das ganze Land zu einem Wirtschaftsunternehmen zum Ruhm des Königs und zur Vermehrung seiner Macht umformen wollen und es – ansatzweise jedenfalls – auch erreicht.

Ein großes Vorbild war dies, und es wurde überall nachgeahmt, am meisten in den deutschen Territorialstaaten, deren Verwaltung damals lernte, daß, was gut war für den Sonnenkönig Frankreichs, auch gut sein mußte für die Zaunkönige Deutschlands. In mancher Beziehung sogar waren sie noch klüger als der große Maschinenmeister in Versailles.

Die evangelischen Reichsstände, voran der Markgraf von Brandenburg Friedrich Wilhelm, der Große Kurfürst, luden die Hugenotten ein, als sie 1685 aus Frankreich vertrieben wurden. Damals wurde das Toleranzedikt von Nantes aufgehoben, das ein Jahrhundert lang den Protestanten gestattet hatte, fast einen Staat im Staate und eine Gesellschaft in der Gesellschaft zu bilden. Was die deutschen Reichsfürsten taten, war menschenfreundlich und großzügig, und ob der vielen Wohltaten, die die Hugenotten erhielten, gab es in ihren Landen viel Gemurre: Steuerfreiheit auf zehn Jahre, freies Bauholz, Gewerbeprivilegien und manches andere.

Aber darüber hinaus war es kluge merkantilistische Politik: Die Fürsten bevölkerten ein Land, das seit dem Dreißigjährigen Krieg zu wenig Menschen hatte. Sie fanden dafür die Kaufmanns- und Handwerkseliten Frankreichs, die Herren der Banken, der Fabriken, des Wechselgeschäfts und des bargeldlosen Giroverkehrs, in einem Wort, eine kapitalistische Leistungsklasse, zusammengehalten durch äußere Bedrückung und innere Glaubenshaltung: das hieß Konsumaskese, Arbeit als täglicher Gottesdienst, sichtbare Segnung. Ihre dauernde Bedrohung hatte solchen Minderheiten früh eine Lehre erteilt, die ihnen nun zum Segen geriet: Geldgeschäfte bargeldlos abzuwickeln,

Kapital mobil zu halten, Buch zu führen und mit einem unsichtbaren Netzwerk des Kredits zu arbeiten. Die Hauptsteuern in Preußen wurden im 18. Jahrhundert die städtische Akzise und die ländliche Kontribution. Es war kein Zufall, daß beide Steuern Namen trugen, die französisch waren. Französisch war das System, und französisch waren die Machteliten, die es verwalteten.

Was für die Hugenotten galt, galt im übrigen nicht anders für viele der verfolgten religiösen Minderheiten in Europa: Mennoniten, herrnhutische Brüder und vor allem die Juden. Sie wußten in einer Agrar- und Tauschgesellschaft mit Geld umzugehen: Religion, außenständische Existenz, Schutzbedürftigkeit und Solidarität machten sie zu Bankiers. Diese Finanzeliten waren wie geschaffen, sich der rohen Formen des kontinentaleuropäischen Steuerwesens anzunehmen, sie zu verfeinern, zu verbessern und wachsen zu lassen. Sie gehörten nicht zum Adel, dem der Fürst mißtrauen mußte. Wenn sie in Ungnade fielen, so waren sie eben Außenseiter. Mit einem Wort: Man konnte sie nutzen, ohne von ihnen abhängig zu werden.

So wurde der Hofjude eine Gestalt des europäischen Absolutismus, und in Frankreich überdauerte trotz aller Anfechtungen die protestantische Bank bis heute, und die herrnhutischen Brüder gründeten mit dem «Gemeinkredit» eine erste Gewerbebank. Der Hofjude stieg auf aus den Kreisen der Juwelen-, Gold- und Silberhändler, die im 17. Jahrhundert nebenbei und im 18. Jahrhundert in der Hauptsache das Bankgeschäft betrieben. Er wurde oft Hauptfinanzberater der Fürsten, der größte Kapitalist im Lande, heimlich bewundert, offen beschmeichelt und oft verhaßt. Deshalb gerieten nicht wenige dieser Berater und Bankiers, wenn ihr Beschützer starb, in tödliche Gefahr. Die Versuchung war groß für jeden Nachfolger, aber auch für landständische Versammlungen, mit dem Hofbankier und Finanzmann, der die Steuern des Landes als persönliche Schuldverschreibung besaß, auch die Schulden loszuwerden. So klagte man ihn an: Bestechlichkeit, Bereicherung, Habgier. In dem unerklärten Kriegszustand zwischen dem Fiskus und den Steuerzahlern verschafften sich beide Seiten, indem sie den reichen Mann hängten und seinen Besitz nahmen, leicht eine Atempause. Es war einträglich, Steuerpächter zu sein oder Hofjude, aber es war auch tödlich gefährlich. Jud Süß in Württemberg büßte seinen Reichtum mit dem Tode, und er nicht allein. Die barocke Würzburger Residenz wurde aus dem beschlagnahmten Riesenvermögen des Gallus Jacob gebaut, der unter dem Fürstbischof von Greiffenklau aufstieg und 1719 unter seinem Schönborn-Nachfolger dem Tode nur knapp entging.

Überall wuchs im frühen 18. Jahrhundert der Verwaltungs- und Beamtenstaat, und mit ihm und durch ihn wurde das Steuersystem verstetigt und rationalisiert. Aber nicht zu sehr. In ganz Europa blieb der Flickenteppich der Steuern bis in die Zeit der Französischen Revolution im Grundmuster erhalten. Der Historiker Peter Claus Hartmann, wohl der beste Kenner des europäischen Fiskus im 18. Jahrhundert, beschreibt, was von Bordeaux bis Königsberg gemeinsam war: «Die Art der indirekten Steuern und Zölle war in den verglichenen Staaten recht ähnlich. Bei diesen indirekten Abgaben handelte es sich meist um Steuern auf Getränke, Lebensmittel und Luxusgüter. Stempelpapierabgaben wurden z. B. in Frankreich, England, Schweden, Dänemark, Österreich-Böhmen, Kleve-Mark-Moers und Kursachsen erhoben. Mehrere Staaten kannten auch eine Spielkarten- und Würfelsteuer... Besonderheiten waren die englische Steuer auf Mietkutschen, Karossen und Droschken und die österreichische Pferdesteuer, ferner die hannoverische und kleve-märkische Musikabgabe.»

Steuern, einmal entrichtet, haben ein zähes Leben – bis zum heutigen Tage. Die Bizarrerien des 18. Jahrhunderts sollten indes nicht den Blick dafür verstellen, daß zur selben Zeit die Grundlegung des modernen Staats geschah. Vor allem änderte sich die Philosophie der Staatsverwaltung und mit ihr die Staatstätigkeit. Zur Bevölkerungspolitik kam aktive Wirtschaftsförderung. Staatsunternehmen wurden gefördert, oft in der Hoffnung, sie zu Einnahmequellen zu machen. Es gelang mit der Meißener Porzellanmanufaktur für den besten Teil des 18. Jahrhunderts, es mißlang mit so gut wie allen anderen fürstlichen Manufakturen. In Preußen wuchsen Staatsbetriebe aus dem sandigen Boden der Mark, vor allem für Rüstung, um auf diese Weise Geld zu sparen und Kapazitäten aufzubauen. Die staatliche preußische Seidenindustrie fraß Steuern, die private in Krefeld warf Steuern ab.

Trockenlegung von Sümpfen und Flußniederungen, Landgewinnung, Kanalbau, die Niedersetzung von Siedlern in ländlichen Gegenden, oft mit Steuerfreiheiten ausgestattet, das alles gehörte zu den Mitteln, mit denen der frühmoderne Verwaltungsstaat das Land fett und den Staat reich machen wollte. Das Rückgrat der fürstlichen Einnahmen wurden indes nicht Steuersystem und Münzregal, nicht Flußzölle und nicht Judensteuer. Es blieb der Besitz an Wald und Domänen. Weshalb es auch im 18. Jahrhundert nicht selten die fürstlichen Güter waren, die am rationellsten wirtschafteten und moderne Fruchtwechselfolgen, unbekannte Früchte wie die Kartoffeln und den Mais einführten und ihre Bauern am frühesten von Fron – das heißt erzwungener Arbeit – auf Lohn umstellten. Noch bis ins frühe 19. Jahrhundert, als die Industriewirtschaft zum ersten Mal in der Geschichte breites, wirtschaftliches Wachstum schuf, das sich selber trug, und eine durchgeformte Geldwirtschaft entstand, blieb der fürstliche Hausbesitz die Basis der staatlichen Finanzwirtschaft. Er wurde ergänzt durch Wirtschaftsunternehmungen, die aber oft mehr kosteten als einbrachten, und durch Steuern, die so bunt waren wie die Karte des Heiligen Römischen Reiches Deutscher Nation: Feuerstellen, Herde, Köpfe, Fenster, Spielkarten, Lotterien, Mühlen, Bücher – alles wurde besteuert. Aber das bunte Bild täuscht. Die Hauptsteuern waren verhältnismäßig einfach und mußten, um Masse zu bringen, einfach sein.

Es gab keine Lohn- und Einkommensteuer. Fast in ganz Deutschland war in der Mitte des 18. Jahrhunderts städtische Hauptsteuer die Akzise. Weil man Einkommen kaum erfassen konnte, die Masse der Unterschichten-Einkommen ohnehin in Kost und Wohnung bestand und damit nicht steuerbar war, die Territorien kleinräumig und oft verstreut und weil man außerdem das gute Geld im Lande halten wollte und den Nachbarn möglichst viel verkaufen wollte, entwikkelte der frühmoderne Staat eine Steuer, die eher ein Binnenzoll war, die Akzise. Es war der Versuch, den Strom der Waren durch bestimmte Engstellen zu leiten und an diesen Stellen ein Sieb hineinzuhalten, in dem sich die Zölle wie die Fische sammeln sollten.

Die Akzise wurde an den Stadttoren von eingehenden und ausgehenden Waren erhoben. Das war die Regel. Aber es gab Ausnahmen in großer Zahl. Versteuert wurde, was ins eigene Land ging, steuerfrei blieb, was zum Export deklariert wurde. Steuerfrei blieb auch, was der landsässige Adel konsumierte oder das quasi-städtische Verwaltungsbürgertum auf dem Lande, die schmale Schicht der Eximierten – was nichts anderes heißt als «Ausgenommene», ausgenommen nämlich von der städtischen Akzise. Wie hoch die Akzise war? Keine allgemeine Angabe ist richtig. Sie wurde ohne viel wissenschaftlichen Verstand nach Warensorte erhoben, nicht nach Wert, und schwankte zwischen fünf und fünfundzwanzig Prozent. Manchen Handel hat sie wohl zum Erliegen gebracht.

Die Mauern der alten deutschen Städte hatten im 18. Jahrhundert längst nicht mehr militärische Funktion: Die Tore waren Steuereinnahmestellen des Staates. Deshalb blühte der Schmuggel über die Mauer, der überhaupt im 18. Jahrhundert ein weitverbreiteter und für die Wirtschaft unentbehrlicher Geschäftszweig war. Denn die Frachten waren teuer. Wegen der Frachtgefahren auf schlechten Straßen und wegen der Straßenräuberei war auch die Versicherung teuer. Kamen noch die Gefälle der Flußschiffahrt hinzu – wichtige Einnahmequellen an den deutschen Strömen – und die Akzise, so war die Ware alsbald so belastet, daß der Strom des Austauschs zum Rinnsal wurde. Die meisten Warenmärkte entwickelten sich deshalb nur regional oder zur Messezeit, wenn in Frankfurt und Leipzig zweimal im Jahr ein freier Markt aufblühte.

Jene Ware allerdings, die als «Fürstengut» zu deklarieren war, passierte alle europäischen Schlagbäume ungehindert und ohne Beschwerde. Alles, was nur irgendwie einem Hof oder der Hofgesellschaft angehörte, bediente sich dieses Privilegs. In der Summe hatte dies die Bildung eines nahezu steuerfreien Marktes an Luxusgütern zur Folge, der ebenso Bücher wie schöne Möbel, Seidenstoffe aus Lyon wie Porzellane der Meißener Manufaktur umfaßte.

England war im 18. Jahrhundert das einzige Land mit einem großräumigen homogenen System der Besteuerung, vor allem durch Verbrauchsteuern, ergänzt durch hohe örtliche Armensteuern. Auf dem Kontinent überlebten die verschiedenen Akzisesysteme, bis die Französische Revolution dem modernen, durchgeformten, starken und zentralisierten Verwaltungsstaat zuerst in Frankreich und dann in Deutschland zum Durchbruch verhalf. Die deutschen Fürsten hatten es den Revolutionären zu verdanken, daß sie nun erstmals auch ihre adligen Vettern besteuern konnten. Nur sie selbst blieben bis 1918 von der Besteuerung ausgenommen.

Was die Akzise und ergänzende Systeme für die Städte waren, war die Kontribution für das Land: im Kern eine Kopf-Steuer, die den Adel ausnahm und diejenigen, die einen quasi-stadtbürgerlichen Rechtsstand hatten, also vor allem fürstliche Beamte. Kontribution bedeutete ursprünglich Eintreibung und erinnerte an die Zeiten des Dreißigjährigen Krieges. Sie wurde begründet als Ersatz dafür, daß der städtische Bürger – auch dies eine besonders verhaßte Form der Steuer – die fürstlichen Soldaten ins Quartier zu nehmen hatte, der Landbewohner aber nicht. Es verdient bemerkt zu werden, warum dies so war: Auf dem Lande war die Gefahr zu groß, daß die Soldaten, größtenteils Söldner, unter Mitnahme ihres Soldes desertierten. In der Stadt war das schwieriger. Die Landbewohner hatten nun zum Ersatz für jene Quartierdienste, die ihnen erspart blieben, Heu und Mehl beizusteuern, und das wurde so früh wie möglich in eine Geldabgabe umgewandelt, eben die Kontribution. Erst im frühen 19. Jahrhundert, als Preußen nach dem Vorbild Frankreichs und Englands von seiner aufgeklärten Verwaltung in eine Revolution von oben gestoßen wurde, nicht anders als Bayern, Württemberg, Sachsen und das Königreich Westfalen, wurde das Steuersystem für Stadt und Land angeglichen – im Prinzip –, aber noch lange nicht in der Praxis, die auch heute noch Unterschiede zu machen weiß.

Der moderne Steuer- und Verwaltungsstaat hatte Vorbilder und Vorläufer im Normannenreich auf Sizilien, im Burgunderreich des 15. Jahrhunderts, in den italienischen und flandrischen Stadtstaaten, die bereits große Handels-, Bank- und Produktionszentren waren, ebenso wie in den Freien Reichsstädten Deutschlands. Allen voran standen Frankfurt, des Heiligen Römischen Reiches Silber- und Goldloch genannt, und Nürnberg, wo die oberdeutsche Hochfinanz ihr Zentrum über viele Jahrhunderte, bis zum Dreißigjährigen Krieg, behalten hatte. Die deutschen Territorien, die durch Reformation und Gegenreformation eine geistliche Begründung als Hüter der Gewissen erhielten, bauten in derselben Zeit den Verwaltungs- und Steuerstaat auf. Die Katastrophe des Dreißigjährigen Kriegs hat sie nicht verschont.

Die Führung ging seitdem an Frankreich über, unter Ludwig XIV. und Colbert der modernste europäische Staat, in der Theorie des Merkantilismus bereits ein durchgeformter Maschinenstaat des Absolutismus. In der Wirklichkeit allerdings mißlang es, die Gesellschaft so zu formen, daß sie sich dem modernen Staatsgedanken und der Verwaltung beugte. Colbert mußte auf halbem Wege stehen bleiben. Erst die Revolution hat sein Werk vollendet und den großen Hobel der Gleichheit, des Staates und des Terrors, über alles gehen lassen, was sich dem alten Staat noch entgegengestemmt hatte. Colbert scheiterte an der Zähigkeit der alten Rechtsverhältnisse und der Macht der Gerichte, die sie verteidigten, an der Geldnot der Krone, die am Ende aus jeder Wirtschaftsreform doch nur eine neue Einnahmequelle zu machen suchte, und an den Kriegen des ruhmsüchtigen Sonnenkönigs, die Frankreichs Kraft und Kapital verzehrten. Als die Armeen in Flandern im Krieg gegen England und die Reichsarmee verbluteten, schickte der Monarch zuerst sein Tafelsilber in gemünzter Form ins Feld, und danach verlangte er vom französischen Adel, daß er desgleichen tue. Es war eine Sondersteuer mit doppeltem Sinn: Die schönen Vasen und Gefäße wurden zu Geld, und kein Aristokrat konnte fortan den König noch an Glanz und Tafelzier übertreffen.

Frankreichs Steuerwesen im 18. Jahrhundert verdiente nicht den Namen eines Systems. Mehr seine Theorie als seine Praxis, mehr Colberts Methode als sein Erfolg haben den Kontinent beeindruckt. Zwar hatte der Staat mit 285 Millionen *livres* 1759 die höchsten Einnahmen unter den Staaten Europas, und rund 50 Prozent davon wurden als direkte Steuer erhoben, aber das erregte auch viel Bitternis, Haß und Unterschleif, und die Grundstimmung der Revolution entstand nicht nur aus dem Schuldwesen des Staates, sondern für die kleinen Leute noch mehr aus der Härte des Steuerdrucks, der auf ihnen lag. In England kam nur ein Viertel der Staatseinnahmen aus direkten Steuern, die dazu noch, pro Kopf der Bevölkerung, weit geringer waren. Ganz anders in Frankreich. Die «Taille», die Landsteuer, brachte weniger als in den meisten Ländern Europas, weil der

Adel geschont wurde. Dagegen kam die Masse aus der «Capitation», der Kopfsteuer, und der «Vingtième», der Ertragsteuer. Da Klerus und Adel großenteils von direkter Besteuerung befreit waren, drückten die Steuern vor allem auf die Bürgerschicht und noch mehr auf die Masse der Bauern. Diese waren die Hauptsteuerzahler mit zehn bis fünfzehn Prozent ihrer Bruttoeinkünfte.

In Frankreich herrschte, wie überall in Europa, ein Durcheinander alter und moderner Elemente. Da gab es überlieferte Bürgerpflichten wie die, die Soldaten des Königs in Quartier zu nehmen. Den Hugenotten hatten die Dragoner den rechten katholischen Glauben nahebringen sollen, weshalb die «Dragonaden» besonders verrufen waren: Es war, in der Maske der legalen Einquartierung, die organisierte Plünderung der eigenen Untertanen. Eine altertümliche Steuer lag auch in der Pflicht der Leute von Wohlstand, Waffen zu erwerben und des Nachts Wache zu stehen oder aber, wenn sie es nicht tun wollten, dafür zu zahlen, daß andere dies taten.

Die Salzsteuer, Gabelle genannt, war vor allem bei den kleinen Leuten schwer verhaßt. Man brauchte viel mehr Salz als heute. Es war eine Zeit, in der fast jeder schwere körperliche Arbeit leisten mußte und mithin physiologisch mehr Salz umsetzte. Fleisch ließ sich nur konservieren, indem es eingesalzen wurde. Die Ziege, die Kuh der kleinen Leute, brauchte ebenfalls Salz. Die Krone hat den Salzhandel vollständig kontrollieren wollen. Das Volk wehrte sich durch massenhaften Schmuggel. Banden besorgten ihn, die nebenbei auch Räuberei betrieben. Ein Kleinkrieg zwischen den Armen und den Gendarmen entstand daraus, der niemals eine Pause, einen Waffenstillstand oder einen Frieden fand.

Der absolute Staat war im Alltag keineswegs so schlagkräftig wie in der Theorie seiner Freunde und in der Kritik seiner Gegner. Bis zur Revolution ist es der Verwaltung Frankreichs nicht gelungen, ein einheitliches Wirtschafts- und Steuergebiet zu bilden. Nur die Kerngebiete unterlagen den fünf großen Steuerpachten, den «Cinque grosses fermes», wie sie hießen. Aber die Randgebiete, wie das erst im 17. Jahrhundert eroberte Elsaß oder das französische Flandern, blieben bis zur Revolution außerhalb des Steuersystems. Sie galten als Ausland.

Das Silber, aus dem die Masse der Münzen bestand, war dasselbe Metall, aus dem die Tafelservices der Aristokratie gefertigt waren. Kaum ein Staat der Epoche hat sich diese Steuerquelle entgehen lassen. Es gab Zwangsabgaben, die das gesamte Silber umfaßten, es gab Not- und Sondersteuern, die auf alles Silber gelegt wurden, und es gab Steuern, mit denen schon die Verarbeitung belastet wurde. Der Grund war nicht nur der unstillbare Hunger des Fiskus. Es galt auch,

Satirischer Stich zur Kopfsteuer in Frankreich unter Ludwig XIV., 1709: Das Volk unterwirft sich gern der milden Steuer und trägt freudig sein Geld zum königlichen Schatzamt.

die Münze des Landes im Umlauf zu halten und dafür verarbeitetes Silber hoch zu besteuern. So geschah es in Frankreich, und die Spuren sind noch an jedem Stück alten französischen Silbers abzulesen. Im Rohzustand wurde jedes Stück mit dem Merkzeichen des Goldschmieds und der Zunft gepunzt, dazu mit dem Stempel des Steuerpächters. Der fertige Teller oder Löffel durfte nicht in den Verkauf gehen, wenn er nicht den Quittungsstempel des Steuerpächters trug, der dafür ein Heer von Aufpassern unterhielt. Umgehungen wurden hart, ja brutal bestraft, bis hin zur Vernichtung der bürgerlichen Existenz.

Das Silber erinnert bis heute daran, wie eng in Alteuropa Verwaltung und Steuern, Währung und Wirtschaft, Zunftkorporation und Staat ineinander verflochten waren. Die Französische Revolution hat diesem Zusammenhang ein Ende gesetzt, und sie hat nicht allein Frankreich, sondern auch das restliche Europa in die Modernität geschleudert. Diese Rationalisierung aber war ein schmerzlicher Prozeß, eine Art Geburtstrauma der Gegenwart.

Betrachtet man aber, wie die Revolution zum alten Verwaltungs- und Steuerstaat steht, so ist zu bemerken, daß sie ihn nicht zerstörte, sondern straffte, rationalisierte und solchermaßen eigentlich erst das Werk, das der Steuereinzieher zehn Generationen zuvor begonnen hatte, zu seinem logischen Endpunkt führte. Fortan war der Staat mächtiger als zuvor. Zum modernen Verwaltungs- und Steuerstaat verhält sich der europäische Absolutismus wie die Würzburger Residenz der Fürstbischöfe zu einem Hochhaus der Finanzverwaltung aus Glas und Beton mit einem Computer, dem kein Steuerbürger entgeht.

«Patriotische Gabe» und «Brotwucher»

Finanzverfassung und politisches System im Deutschen Kaiserreich 1871–1914

Von Peter-Christian Witt

«Welches Geistes Kind ein Volk ist, auf welcher Kulturstufe es steht, wie seine soziale Struktur aussieht, was seine Politik für Unternehmungen vorbereiten mag – das und viel anderes steht phrasenbefreit [in der Finanzgeschichte]. Wer ihre Botschaft zu hören versteht, der hört da deutlicher als irgendwo den Donner der Weltgeschichte.»[1]

Mit diesen Worten umschrieb am Ende des Ersten Weltkrieges der große Nationalökonom Joseph Alois Schumpeter in seinem Aufsatz «Die Krise des Steuerstaates» Aufgaben und Erkenntnismöglichkeiten einer Untersuchung der Geschichte der öffentlichen Finanzen. Und Rudolf Goldscheid, der Begründer der Finanzsoziologie, sah gleichermaßen in den harten, nackten Tatsachenmitteilungen auf der Einnahmen- und Ausgabenseite der öffentlichen Haushalte das aller täuschenden Ideologien entkleidete Gerippe staatlicher Herrschaftsausübung und den Schlüssel zu einer Analyse der sozialen, politischen und ökonomischen Machtverteilung im Staat: «Der wechselseitige Funktionszusammenhang zwischen Staatsfinanzen und gesellschaftlicher Entwicklung ist es aber, aus dessen genauester Analyse heraus allein die Eigenart des Charakters des Staates in jeder historischen Epoche erkannt zu werden vermag.»[2]

Nur einer solchen Betrachtungsweise der Geschichte der öffentlichen Finanzen im Deutschen Kaiserreich wird es gelingen, den ideologischen Nebel zu lichten, der von Zeitgenossen und Historikern gleichermaßen um die Steuern und die Abgaben, um die Ausgabenzwecke und um die Lastenverteilung verbreitet worden ist. Der innere Zusammenhang zwischen der konkreten Ausformung der Finanzverfassung und der politisch-sozialen Machtverteilung in dieser Epoche der deutschen Geschichte soll daher hier freigelegt werden.

Wann immer in den Jahren zwischen Reichsgründung und Ausbruch des Ersten Weltkrieges wieder einmal ein Versuch zur Reform der finanziellen Beziehungen zwischen Reich und Bundesstaaten oder auch nur zur Erhöhung der reichseigenen Einnahmen gescheitert oder in halben Maßnahmen steckengeblieben war,[3] lautete der Stoßseufzer der beteiligten Politiker und der beobachtenden Wissenschaftler gleichermaßen, die «großen Finanzfragen» seien in Deutschland nun einmal «wesentlich bundesstaatliche Probleme». Diese Tatsache, und nicht etwa «soziales Klasseninteresse und parlamentarisch-politische Machttendenzen, die sonst finanzpolitischen Kämpfen Ziel und Richtung zu geben pflegten»,[4] führe zu dem unbefriedigenden Zustand, daß sich das Reich als übergeordnete Gebietskörperschaft in dauernder Finanznot befinde, während die Bundesstaaten und ihre Gemeinden sich vergleichsweise wohlgeordneter Finanzen erfreuen dürften.

Die Verteilung der Aufgaben und der dafür zur Verfügung stehenden Finanzquellen ist in jedem Bundesstaat die zentrale Machtfrage, an deren Lösung ablesbar ist, wieweit die gesamtstaatliche Bundesgewalt sich gegenüber den einzelstaatlichen Interessen hat durchsetzen können. Für die konkrete Gestaltung dieser Verteilung von Aufgaben und Finanzquellen auf Bundesgewalt und Einzelstaaten aber gibt es keine «logischen», keine «rationalen» Rezepte, sondern hierfür ist die jeweilige konkrete historische Situation entscheidend, aus der heraus ein solcher Bundesstaat entsteht. Dies gilt auch für das Bismarckreich. Es war nun einmal eine Gründung der Bundesstaaten unter preußischer Führung und gab ihnen die Chance, «sich mit der ganzen Irrationalität ihrer geschichtlich-politischen Eigenart im Leben des Reiches auszuwirken und zur Geltung zu bringen».[5]

Was über das Verhältnis von Reich und Bundesstaaten gesagt werden kann, gilt analog auch für das Verhältnis von Parlament und Regierung. Der Satz, wer über den Etat verfügt, der verfügt auch über den Staat,[6] beschreibt präzise die funktionale Bedeutung des Budgetrechts für die Gestaltung politischer Herrschaft. Zuerst in Großbritannien, dann aber auch in den anderen westeuropäischen Staaten hatten die Parlamente über das Budgetrecht der Krone die Herrschaft entrungen und parlamentarische Regierungen etabliert.[7] In den deutschen Einzelstaaten und vor allem in Preußen in der Konfliktzeit der 1860er Jahre waren aber die Parlamente der nur von der jeweiligen monarchischen Spitze abhängigen Regierung in dem Kampf um das Budgetrecht und seine politische Gestaltungskraft unterlegen. Eine willfährige Staatsrechtslehre entwickelte dann sehr schnell eine juristische Interpretation, die dem Haushalt den Charakter eines nur «formellen» Gesetzes zuwies. Nach dieser Auffassung hatten weder der Haushaltsplan noch seine Kontrolle «daher etwas zu schaffen mit der Gesetzgebung als der staatlichen Regelung der Rechtsordnung, sondern gehörten lediglich zur Verwaltung».[8] Obgleich liberale Politiker und Staatsrechtslehrer, später auch die Sozialdemokratie diese Interpretation nie akzeptierten, sondern weiterhin auf das Budgetrecht zur Erkämpfung eines parlamentarischen Regierungssystems

Eine Sitzung des 1868 gegründeten Deutschen Zollparlaments in Berlin.

setzten, hat sie sich in der politischen Realität des Kaiserreichs durchgesetzt.

Bei der Gründung des Deutschen Reiches im Jahre 1871 flossen beide Tendenzen zusammen: Bewahrung der Vorrechte der Bundesstaaten gegenüber dem neuen Reich *und* Bewahrung der Vorrechte der nur von dem Vertrauen des Kaisers getragenen Regierung gegenüber dem Reichstag. Der Traum des die nationale Einheit fordernden Bürgertums war ein Reich gewesen, dessen Staatsbürger einheitliche wirtschaftliche, soziale und politische Lebensbedingungen finden sollten. Die bundesstaatlichen Regierungen unter Bismarcks Führung dagegen wollten die Eigenständigkeit der Bundesstaaten möglichst ungeschmälert erhalten. Daher beschränkten sie die Aufgaben des Reiches soweit irgend möglich, und das hieß: Dem Reich wurden nur die Vertretung und der Schutz nach außen und eine allgemeine Gesetzgebungskompetenz übertragen, soweit letztere zur Herstellung eines einheitlichen Rechtsgebiets Deutsches Reich unumgänglich erschien. Den Bundesstaaten verblieben sämtliche übrigen Aufgaben und die gesamte Verwaltung.

Daneben aber behielten die Bundesstaaten und Gemeinden ihre alten, hergebrachte politische und soziale Machtverhältnisse widerspiegelnden Verfassungsordnungen. Und so ergab es sich, daß auf den drei Ebenen des deutschen Kaiserreichs von 1871, in Reich, Bundesstaaten und Gemeinden, ganz unterschiedliche Chancen für die Teilnahme der Staatsbürger an der politischen Entscheidungsbildung bestanden. Im Reich hatte Bismarck das gleiche, geheime und direkte Wahlrecht aller über fünfundzwanzigjährigen Männer durchgesetzt, in dem Glauben, dadurch die Liberalen zu schwächen und die Konservativen stärken zu können.[9] Das hieß nun aber: Der Reichstag, um dessen Sitze sich alle Parteien einschließlich der Sozialdemokratie mit verhältnismäßig gleichen Startchancen bewerben konnten, hatte in seinem Haushalt aufgrund der genannten Aufgabenverteilung zwischen Reich und Bundesstaaten im wesentlichen nur über die Rüstungsausgaben und ihre Finanzierung zu beschließen, deren Anteil an den Reichsausgaben zwischen 1871 und 1914 stets bei 90 Prozent lag.[10] Für die Parlamente der Bundesstaaten und Gemeinden, in denen über die konkreten Lebenschancen der Bevölkerung, ihre Bildung, ihre Wohnungen, ihre Gesundheit, ihr Koalitionsrecht und vieles mehr, tatsächlich entschieden wurde, galt der Satz *one man – one vote*, «ein Mann – eine Stimme», nichts. Hier wurde das Wahlrecht nach hergebrachten Privilegien, nach Besitz und nach Bildung abgestuft, hier wurde durch öffentliche Stimmabgabe die politische Meinungsbildung massiv beeinflußt.[11]

Das Wahlrecht ist sicherlich nur ein Indikator, aber es reicht aus, um deutlich zu machen, worum es hier geht: Die politischen Rechte des gemeinen Mannes waren dort am größten, wo nur über abstrakte Rechtsordnungen und Rüstungsausgaben zu entscheiden war, und sie waren dort am geringsten, nämlich in Bundesstaaten und Gemeinden, wo über seine Lebenschancen positiv oder negativ entschieden werden konnte.

Heute, da uns ganz selbstverständlich erscheint, daß auf allen drei Ebenen unseres Bundesstaates die Mitwirkungsmöglichkeiten des Staatsbürgers und der Parteien auf dem Prinzip der Gleichheit beruhen, mutet diese institutionalisierte Ungleichheit ganz unvorstellbar und fremd an. Aber diese Ungleichheit der politischen Ordnungen von Reich, Bundesstaaten und Gemeinden muß man sich immer wieder in Erinnerung rufen, wenn die Finanz- und Steuerpolitik im Deutschen Kaiserreich von 1871 erkennbar werden soll. Denn nur die unterschiedlichen Chancen zur Teilnahme am politischen Willensbildungsprozeß erklären zureichend das, was man reichlich abstrakt «das bundesstaatliche Problem» der Finanzen im Deutschen Kaiserreich genannt hat. Wie bei der Aufgabenverteilung zwischen Reich, Bundesstaaten und Gemeinden, so läßt sich auch bei der Verteilung der Finanzquellen der Selbstbehauptungswille der Bundesstaaten feststellen. Ziemlich lapidar bestimmte Art. 70 der Reichsverfassung: «Zur Bestreitung aller gemeinschaftlichen Ausgaben dienen zunächst die etwaigen Überschüsse der Vorjahre, sowie die aus den Zöllen, den gemeinschaftlichen Verbrauchsteuern und aus dem Post- und Telegraphenwesen fließenden gemeinschaftlichen Einnahmen. Insoweit dieselben durch diese Einnahmen nicht gedeckt werden, sind sie, solange Reichssteuern nicht eingeführt sind, durch Beiträge der Bundesstaaten nach Maßgabe ihrer Bevölkerung aufzubringen, welche bis zur Höhe des budgetmäßigen Betrages durch den Reichskanzler ausgeschrieben werden.»[12]

Und zusätzlich wurde in Art. 73 festgelegt, daß «in Fällen eines außerordentlichen Bedürfnisses [...] im Wege der Reichsgesetzgebung die Aufnahme einer Anleihe, sowie die Übernahme einer Garantie zu Lasten des Reiches»[13] gestattet sein sollte.

Das Reich besaß danach drei Finanzierungsquellen: 1. Die Überschüsse von Post- und Telegraphenwesen und einigen anderen kleineren Betriebsverwaltungen, die aber nie größere Bedeutung erlangten; 2. die nur als Aushilfe gedachten, kopfsteuerartig wirkenden Matrikularbeiträge der Bundesstaaten; 3. die Zölle und die gemeinschaftlichen Verbrauchsteuern. Anleihen sollten nach diesen Vorstellungen eigentlich nur für außerordentliche Bedürfnisse, darunter wurden damals eigentlich nur Kriegskosten, nicht aber z. B. Rüstungsausgaben verstanden, begeben werden. Für sich und ihre Gemeinden reservierten die Bundesstaaten alle übrigen Abgaben und Steuern – und dies zum großen Teil vorsorglich,[14] denn aufgrund ihres ausgedehnten Grundbesitzes, ihres industriellen Vermögens, des Eisenbahnbesitzes und der öffentlichen Versorgungsunternehmen verfügten sie über so hohe Vermögenseinnahmen,[15] daß sie auf die Ausschöpfung der ihnen verbliebenen direkten Steuern weitgehend verzichten konnten. Was dies in der Praxis bedeutete, läßt sich leicht durch einen Vergleich zwischen Reich und Preußen zeigen: Mußte das Reich stets über 90 Prozent seiner Nettoausgaben durch Steuern oder Anleihen decken, so konnte Preußen die Steuerfinanzierungsquote seiner Nettoausgaben von rund 60 Prozent bei Reichsgründung auf etwa ein Drittel in den Jahren seit 1891 senken. Die restlichen Ausgaben wurden mit den Überschüssen der Eisenbahnen und der anderen Betriebsverwaltungen gedeckt.

Die Zuweisung der Zölle und Verbrauchsteuern an das Reich und die Übertragung der ausschließlichen Gesetzgebungskompetenz hatten für sich ein gewisses Maß an Rationalität. Die Zölle und Verbrauchsteuern mußten einheitlich ausgestaltet sein, wenn man ein einheitliches Wirtschaftsgebiet Deutsches Reich wenigstens in Ansätzen verwirklichen wollte. Aber dies bedeutete nicht zwingend, daß sie die vorrangige oder gar alleinige Besteuerungsmöglichkeit des Reiches sein oder bleiben mußten. Jedenfalls verwies der unscheinbare

Satz in Art. 70 der Reichsverfassung, daß Matrikularbeiträge der Bundesstaaten nur so lange und insoweit erhoben werden sollten, «als Reichssteuern nicht eingeführt sind», auf die Absicht der liberalen Reichstagsmehrheit, noch andere Steuerquellen für das Reich zu erschließen.[16] 1873 erläuterte Johannes von Miquel, der seine Wende vom Paulus zum Saulus, vom überzeugten Liberalen zum hochkonservativen preußischen Finanzminister der Jahre 1890 bis 1901 noch vor sich hatte,[17] diese Absichten noch einmal: «Die Matrikularumlagen sind vom Standpunkte der Wirtschaftlichkeit und Gerechtigkeit verurteilt. Das Reich hat dasselbe Interesse wie die Einzelstaaten, definitiv neue Einnahmequellen sich zu sichern und immer weniger auf die Matrikularumlagen rekurrieren zu müssen. Ich betone ausdrücklich, daß ein großes Interesse für die Selbständigkeit und für die Existenz gerade der Einzelstaaten hier vorhanden ist, und wenn sie etwa glaubten, an ihrer Selbständigkeit zu verlieren, dadurch, daß sie dem Reiche ein größeres *direktes* Besteuerungsrecht einräumen, so sind sie in vollem Irrtum.»[18]

Den Hinweis auf die Bundesstaaten als Hemmnis für die Verbreiterung der finanziellen Decke des Reiches muß man so verstehen, wie ihn Miquel auch meinte: Die Bundesstaaten stehen hier synonym für soziale und ökonomische Interessen, die sich kraft ihrer Vorrechte in der politischen Willensbildung der Bundesstaaten durchsetzen konnten. Und diese Interessen, repräsentiert vor allem durch die konservativen Parteien, wehrten sich gegen jede Erhöhung der direkten Steuern, gleich ob sie für Zwecke des Reichs, der Einzelstaaten oder ihrer Gemeinden erhoben werden sollten. Eine Besteuerung, die auf die individuelle Leistungsfähigkeit Rücksicht nahm, gar noch das Prinzip der Progression einführen wollte, war ihnen schlicht zuwider. Den Ton gab hier Bismarck an, dessen persönliche Abneigung gegen das Zahlen jedweder Steuern so wohlbekannt war, daß die angeblich nur «Recht und Gesetz» verpflichtete preußische Bürokratie es nie wagte, seine ganz offensichtlich falschen Steuererklärungen zu überprüfen.[19] Bei den Beratungen über die Einführung von Zöllen auf landwirtschaftliche Produkte verkündete Bismarck nochmals seine steuerpolitischen Ziele: «Ich werfe also dem jetzigen Zustand vor, daß er zuviel von den direkten Steuern verlangt, zuwenig von den indirekten, und ich strebe darnach, direkte Steuern abzuschaffen und das Einkommen, was sie gewähren, durch indirekte Steuern zu ersetzen ... Die Belastung der direkten Steuern hat meines Erachtens in Preußen eine Höhe erreicht, mit Hilfe der Zuschläge, die für die Provinz, den Kreis, die Gemeinde erfordert werden, daß diese Höhe nicht fortbestehen kann.»[20]

Die von Bismarck als unerträglich angesehene Belastung durch direkte Staats- und Gemeindesteuern dürfte damals in Preußen selbst bei absoluten Spitzeneinkommen von über einer Million Mark nie mehr als fünf bis sieben Prozent betragen haben.[21] Dennoch wurde der Kampf um einen Zugriff des Reiches auf die direkten Steuern nun für mehr als zwei Jahrzehnte aufgeschoben. Hierfür waren zwei Gründe wichtig: Einmal veränderte sich die Parteienlandschaft, verzichteten zumindest die Nationalliberalen auf ihre ursprünglichen steuerpolitischen Ideale. Damit war bei der erklärten Gegnerschaft der Konservativen und des agrarischen Flügels des Zentrums gegen direkte Reichssteuern eine Mehrheit im Reichstag hierfür nicht mehr zu gewinnen. Zum andern aber schwemmte die wirtschaftspolitische Wende vom relativen Freihandel zum Schutzzoll erhebliche Mehreinnahmen in die Reichskasse. Da zugleich auch eine Reihe von Verbrauchsteuern erhöht worden waren, konnte das Reich zwischen 1883 und 1897 den Bundesstaaten sogar erheblich größere Summen überweisen, als es in Form von Matrikularbeiträgen von diesen erhalten hatte.[22] Die Bundesstaaten nutzten diese Nettozahlungen des Reiches im wesentlichen, um auf eigene direkte Steuern ganz oder zugunsten ihrer Gemeinden zu verzichten.[23] Das heißt, die zusätzliche Belastung der Verbraucher durch Lebensmittelzölle und Verbrauchsteuern wurde dazu verwendet, die wirtschaftlich starken Schultern noch ein bißchen mehr zu entlasten. Ganz besonders deutlich wird dies in den preußischen Finanzreformen der Jahre 1891 bis 1893, wenngleich dabei auch ein für die Zukunft wichtiges Nebenergebnis abfiel: die Modernisierung der antiquierten preußischen Einkommenbesteuerung.[24]

Ermöglicht wurden die Nettozahlungen des Reichs an die Bundesstaaten freilich nur durch den Übergang zu einer ganz unsoliden Haushaltspolitik im Reich. Man entdeckte nun, daß ein großer Teil der Rüstungsausgaben eigentlich «außerordentlichen» Charakter hatte und folglich über Anleihen finanziert werden durfte. Das hatte für die Bundesstaaten zwar die angenehme Wirkung, daß im ordentlichen Haushalt des Reiches nun Überschüsse auftraten, die sie kassieren durften, für das Reich bedeutete es aber, daß es – bis 1877 völlig schuldenfrei – bis 1897 schon einen Schuldenberg von 2,1 Milliarden Mark auftürmen mußte, dessen Verzinsung damals bereits knapp 8 Prozent aller Ausgaben erforderte.[25]

Politisch noch wichtiger als diese unsolide Haushaltspolitik war freilich die Tatsache, daß die ganz überwiegend den kleinen Mann belastenden Zölle und Verbrauchsteuern systematisch zur Subventionierung der Landwirtschaft eingesetzt wurden. Bei den Agrarzöllen war dies die erklärte Absicht. Sie sollten schlicht den Preisdruck auffangen, der durch die niedrigeren Weltmarktpreise ausgeübt wurde, und die Preise auf eine solche Höhe emporschleusen, daß die deutsche Landwirtschaft konkurrenzfähig blieb. Theoretisch sollte das auch die Wirkung haben, die landwirtschaftliche Produktion in Deutschland so zu steigern, daß Agrarimporte unnötig wurden. Angesichts der schnell wachsenden Bevölkerung und der zu geringen Produktivitätsfortschritte in der Landwirtschaft blieb dies nur graue Theorie. In der Praxis entwickelten sich die Agrarzölle daher zu einer der wichtigsten Einnahmequellen des Reichs,[26] obgleich ein Teil der Zolleinnahmen die Reichskasse nie erreichte, sondern ohne Umwege mit Hilfe von Exportprämien in die Taschen der Großagrarier geleitet wurde.[27] Ganz ähnlich wurden auch einzelne Verbrauchsabgaben, so insbesondere die Zucker- und die Branntweinsteuer, zu munter sprudelnden Subventionsquellen umgestaltet. Dies wurde durch ein ausgefeiltes System differenzierter Steuersätze erreicht. Die technischen Einzelheiten sind ungeheuer kompliziert und für den normalen Staatsbürger ganz gewiß völlig unverständlich gewesen. Aber das war Absicht; so genau sollte die Öffentlichkeit ja gar nicht begreifen, was eigentlich vor sich ging: die Subventionierung einer schmalen Schicht von Großagrariern mit Millionenbeträgen in jedem Jahr.[28]

Die eine wichtige staatstragende Schicht des Deutschen Kaiserreichs, die Großagrarier, hatte frühzeitig entdeckt, welche Segnungen der moderne Interventionsstaat bereithielt. Dabei hatte sie klugerweise ihre Subventionierung über das System der öffentlichen Einnahmen durchgesetzt. Das fiel weniger auf als offen gezahlte Subventionen und hatte zudem die angenehme Wirkung, daß man sich im eigenen Selbstverständnis gar nicht als Subventionsempfänger betrachten mußte. Darüber hinaus hatte diese Ausgestaltung von Zöllen und Verbrauchsteuern auch politisch große Bedeutung. Da bei ihr zwar bescheidene, aber immerhin fühlbare wirtschaftliche Vorteile auch für die breite Masse der Bauern abfielen, konnten diese in eine Interessengemeinschaft des flachen Landes eingebunden werden, wodurch das schwindende Potential der konservativen Parteien und der rechten Flügel von Zentrum und Nationalliberalen wieder etwas gestärkt wurde.[29]

Die Grundzüge dieses teilweise bis in unsere Gegenwart hineinragenden Systems der Begünstigung der landwirtschaftlichen Produzenten über die öffentlichen Einnahmen wurden zwischen 1878/79 und 1890 durch Bismarck gelegt, also in jener Epoche, in der auch der viel gerühmte, als Beginn des sozialstaatlichen Interventionismus angesehene Ausbau des Sozialversicherungssystems in Deutschland begann. Bei nüchterner Abwägung der Größenordnungen war die Bismarcksche Sozialpolitik freilich nur eine mit ganz kleiner Scheidemünze gezahlte Kompensation an die Arbeitermassen für die Subventionierung einer schmalen, als staatstragend angesehenen Schicht von Großagrariern.[30]

Auf diesen Zusammenhang, auf den «Brotwucher»,[31] der mit dieser Ausgestaltung der Reichseinnahmen getrieben wurde, haben die Sozialdemokraten immer hingewiesen, und ihre Agitation wie ihre Wahlerfolge speisten sich zu einem beträchtlichen Teil hieraus. Dennoch wäre das unter Bismarck konzipierte Finanzsystem des Deutschen Reiches wohl nie ins Wanken geraten, wenn nicht in den Jahren seit 1897/98 eine neue gewaltige Belastung auf den Reichshaushalt zugekommen wäre. Die Entscheidung, eine Flotte zu bauen und aktiv «Weltpolitik» zu treiben, erforderte im Reichshaushalt Summen, die bei weitem die vorhandenen Einnahmen überstiegen. Explosionsartig erhöhten sich die Rüstungsausgaben von durchschnittlich rund 860 Millionen Mark während des Jahrzehnts von 1891 bis 1900 auf rund das Doppelte in den Jahren seit 1910, um 1913 mit 2,4 Milliarden Mark einen absoluten Höchststand in Friedenszeiten zu erreichen.[32]

Für einige Jahre behalf man sich mit Finanzierungstricks: Es wurden Matrikularbeiträge der Bundesstaaten ausgeschrieben, von denen jedermann wußte, daß sie von ihnen nicht gezahlt werden würden. Es wurden die Einnahmeansätze der Reichssteuern hochgeschraubt, nur um am Ende des Rechnungsjahres festzustellen, daß die Realität bei solchen Wunschvorstellungen nicht mitspielte. Es wurden schwebende Reichsschulden begründet, die den ohnehin schwachen deutschen Geldmarkt durcheinander brachten. Und schließlich wurde die langfristige Verschuldung des Reiches jedes Jahr um Hunderte von Millionen erhöht.[33]

Die Stunde der Wahrheit war immer wieder hinausgezögert worden: zunächst, weil der die Agrarier noch mehr begünstigende Zolltarif von 1902 durchgebracht werden mußte; dann, weil die Reichstagswahlen bevorstanden und jede Maßnahme zur Erhöhung der Reichseinnahmen unter diesen Umständen als gefährlich angesehen wurde. Endlich mußte aber auch die Reichsführung unter Kanzler Bülow einsehen, daß alles Taktieren nichts nutzte. Der Kampf um die Verteilung der Lasten für die Hochrüstungspolitik des Reiches begann und beherrschte die innenpolitischen Auseinandersetzungen im letzten Jahrzehnt vor Ausbruch des Ersten Weltkriegs.[34]

Im Grunde ging es dabei um eine einzige Frage: Würden die sozialen und politischen Führungsschichten des Kaiserreichs bereit sein, wenigstens einen geringen Teil der Rüstungslasten durch eine direkte Reichssteuer mitzutragen? Die politische Führung des Reiches um Bülow und seinen Nachfolger im Reichskanzleramt Bethmann Hollweg ebenso wie die hohe Bürokratie des Reichs, aber auch die liberalen Parteien und Teile des Zentrums waren der festen Überzeugung, daß schon wegen der dauernden Wahlerfolge der Sozialdemokratie eine solche Geste, ein geringes materielles Opfer der besitzenden Klassen, notwendig war, um die politisch-soziale Struktur des Kaiserreiches zu stabilisieren. Vor allem Bülow glaubte, dieses Opfer verlangen zu dürfen, weil er hart für die Interessen der alten konservativen Führungsschichten gearbeitet und ihnen durch Zolltarif und Subventionen über die Verbrauchsabgaben eine solide wirtschaftliche Basis errichtet hatte: «Ich bin vom ersten Tage, buchstäblich von der ersten Stunde meiner ganzen Tätigkeit für die Wünsche, für die Bedürfnisse, für die Interessen der Landwirtschaft eingetreten. Ich glaube, meine Herren, Sie werden lange warten können, bis Sie wieder einen Kanzler bekommen, der konservative Interessen, die wahrhaft konservativen Interessen und die wirklichen und dauernden Bedürfnisse der Landwirtschaft so konsequent und – ich füge hinzu – so erfolgreich vertritt wie ich.»[35]

Dieser beschwörende Appell Bülows an die Konservativen, sich nicht einer ausschließlich reaktionären Politik zu verschreiben, verhallte ungehört. Die konservativen Parteien und die Interessenorganisation der Landwirtschaft, der Bund der Landwirte, wehrten sich, unterstützt durch einen großen Teil der preußischen Bürokratie und gestützt auf ihre durch das Dreiklassenwahlrecht garantierte Mehrheit im preußischen Parlament, gegen jede Übertragung von direkten Steuern auf das Reich; denn diese dürften – so die entlarvende Feststellung eines ihrer Führer – auf gar keinen Fall «in die Hände einer auf dem gleichen Wahlrecht beruhenden parlamentarischen Körperschaft» gelangen.[36]

Trotz dieses erbitterten Widerstands der Konservativen und ihrer Gefolgsleute kamen in den Jahren seit 1906 mehrere direkte Reichssteuern zustande: schon 1906 eine Reicherbschaftsteuer, die nur den Nachteil hatte, kaum Einnahmen zu bringen, da Kinder und Ehegatten freigestellt blieben; dann 1909 eine spezielle Einkommensteuer für Dividenden und Anleihezinsen, die ebenfalls ertragsunwirksam blieb; und endlich im Jahre 1913 kam dann zur Finanzierung der laufenden Ausgaben der gewaltigen Heeresvermehrung eine Reichsvermögenszuwachssteuer, die steuertechnisch kaum handhabbar war, während für die einmaligen Ausgaben der sogenannte Wehrbeitrag beschlossen wurde, hymnisch gefeiert als «eine antizipierte Kriegskontribution» und als «eine patriotische Gabe».[37]

Während die Sozialdemokraten befriedigt feststellten, daß wenigstens ein Teil ihrer steuerpolitischen Ideale verwirklicht war und «zum erstenmal eine Militärsteuer auch dem Bürgertum zu denken» gebe,[38] schäumten die Konservativen, obgleich in allen diesen Steuern auf ihre Interessen ausgiebig Rücksicht genommen worden war. Mit eisiger Kälte erklärte ihr Führer von Heydebrand im preußischen Abgeordnetenhaus, von nun an würden sie die Regierung nur dann noch stützen, «wenn und insoweit sie Wege geht, die nach ihrem und *unserem* Ermessen ein Segen und der Erhaltung *unseres* Preußens und *unseres* Deutschen Reiches dienlich sind»,[39] eine Drohung, die sie während des Weltkriegs und der dabei auftretenden Finanzierungsprobleme wahrmachten.

Rüstung, Reparationen und Sozialstaat

Die Modernisierung des Steuersystems im Ersten Weltkrieg und in der großen Inflation

Von Carl-Ludwig Holtfrerich

«Der Krieg ist der Vater aller Dinge.» Diese von dem griechischen Philosophen Heraklit begründete Volksweisheit stellt zwar eine Übertreibung dar. Jedoch scheinen tatsächlich Kriege neuen Ideen und Entwicklungen, die sich zuvor in Friedenszeiten angebahnt haben, schneller zum Durchbruch zu verhelfen. So kamen die Bismarcksche Reichsgründung, ein föderativer Bundesstaat, als Ergebnis des deutsch-französischen Krieges 1870/71, die stärker zentralisierte Weimarer Republik als Ergebnis des Ersten Weltkrieges zustande. Die Vorbereitung und die Durchführung des Ersten Weltkriegs sowie die Abwicklung seiner Folgen konfrontierten das Deutsche Reich mit gewaltigen finanziellen Aufgaben. Dies war das Treibhaus für eine umfassende Reform der Finanzverfassung innerhalb weniger Jahre, mit der die noch heute in der Bundesrepublik bestehenden Grundstrukturen eines modernen Steuersystems geschaffen wurden.

Als Prinzip für die Aufteilung der Steuerquellen zwischen Reich und Einzelstaaten hatte im Kaiserreich die Losung gegolten: «Dem Reiche die indirekten, den Einzelstaaten die direkten Steuern.»[1] Das Reich hatte dementsprechend neben einigen eigenen Verwaltungseinnahmen zunächst nur über die Zolleinnahmen, über einige Verbrauchsteuern (besonders auf Tabak, Bier, Branntwein, Zucker und Salz) sowie besonders seit den 1890er Jahren über eine Frühform von Umsatzsteuern, die sogenannten Stempelsteuern (vor allem auf Wertpapiere, Wechsel und Spielkarten), verfügt. Dazu kamen die Überschüsse aus den reichseigenen Betriebsverwaltungen, z. B. der Post und den Reichseisenbahnen in Elsaß-Lothringen.[2]

Diese Einnahmequellen reichten jedoch in keinem Jahr zur Deckung der Reichsausgaben, die neben den laufenden Verwaltungsausgaben anfangs ausschließlich aus Militärausgaben bestanden. Dies änderte sich erst mit der Einführung der Reichssozialversicherung in den 1880er Jahren. Am Vorabend des Ersten Weltkrieges bestanden noch rund 90 Prozent der Reichsausgaben aus Militärausgaben, rund sieben Prozent aus Verwaltungsausgaben und rund drei Prozent aus den Zuschüssen zur Sozialversicherung.[3] Der Anteil der Militärausgaben des Reiches am deutschen Volkseinkommen hatte 1912 noch bei

3,8 Prozent gelegen, war aber 1913 ganz gewaltig auf 4,9 Prozent gesteigert worden.[4]

Zur Deckung des Überschusses der Staatsausgaben über die genannten Einnahmen standen dem Reich zwei Finanzierungsquellen zur Verfügung:

1. Die sogenannten Matrikularbeiträge der Einzelstaaten nach Maßgabe ihrer Bevölkerungszahl. Wegen dieser Abhängigkeit von den Steuerquellen der Mitgliedstaaten ist das Reich auch treffend als «Kostgänger der Einzelstaaten» bezeichnet worden.[5] Die Einzelstaaten, allen voran Preußen, das etwa zwei Drittel des Gebiets und der Bevölkerung des Reiches ausmachte, legten großen Wert auf ihre Finanzhoheit. Einen Finanzausgleich zwischen ihnen gab es nicht, auch keine reichseinheitliche Finanzverwaltung. Die Finanzbehörden der Staaten erhoben die Zölle und die Reichssteuern – allerdings unter Aufsicht von Beamten des Reichsschatzamts – sowie die eigenen Steuern, die wegen ihrer unterschiedlichen Ausgestaltung zu ganz unterschiedlichen Belastungen der Steuerzahler in den verschiedenen Staaten führten.[6] Ein Kenner der Materie beschreibt die schwache Stellung des Reiches so: «Da das Reich nur eine der drei Teilfunktionen der Steuerhoheit, die Steuerkompetenz zur Steuerrechtssetzung, von Verfassungs wegen voll innehatte – und diese auch nur für die Zollgesetzgebung und die für die Zwecke des Reiches zu verwendenden Steuern (Art. 4, Ziff. 2) – lag die Kompetenz zur Verwaltung und Rechtsprechung dieser und aller anderen Steuern bei den Bundesgliedstaaten.»[7]

2. Für außerordentliche Bedürfnisse stand dem Reich das Mittel der Reichsanleihen zur Verfügung, mit dem immerhin bis zu 28 Prozent (im Jahre 1909) der Reichsausgaben finanziert wurden.[8] 1913 belief sich die Summe der Reichsschuld auf 5,2 Milliarden Mark – in Relation zum Volkseinkommen waren das schon etwa 11 Prozent. Zum Vergleich: 1982 beliefen sich die vielbeklagten Schulden des Bundes auf rund 25 Prozent des Volkseinkommens der Bundesrepublik.[9]

Bismarck hatte mit der von ihm geprägten Reichs- und damit auch der Reichsfinanzverfassung nicht eine dauernde finanzpolitische Schwäche des Reiches gegenüber den Einzelstaaten beabsichtigt. Im Gegenteil, für ihn und seine konservativen politischen Gesinnungsfreunde waren die indirekten Steuern die Steuern der Zukunft. Bismarck hatte 1875 bekannt: «Ich erkläre mich von Hause aus wesentlich für Aufbringung aller Mittel nach Möglichkeit durch indirekte Steuern.»[10] Sein Ziel war nicht die Übertragung der direkten Steuerquellen der Einzelstaaten auf das Reich, was verfassungsrechtlich möglich gewesen wäre, sondern die Zurückdrängung der direkten

Steuern bei den Bundesstaaten und der Ausbau der indirekten Steuern und Zolleinnahmen zugunsten des Reiches.[11] Diese Position eines konservativen Politikers kann nicht überraschen, wenn man bedenkt, daß direkte Steuern entweder ausschließlich die vermögenden Schichten der Bevölkerung treffen, wie die Vermögensteuer, oder nach sozialen Kriterien progressiv gestaffelt und so der steuerlichen Leistungsfähigkeit der Bürger angepaßt werden können, wie die Einkommensteuer. Indirekte Steuern, z. B. Verbrauch- und Umsatzsteuern, belasten demgegenüber den Steuerzahler eher regressiv, d. h. wegen der unterschiedlichen Konsumquoten den Bezieher niedriger Einkommen relativ höher und umgekehrt.

Lange nach der Bismarck-Ära wurden die Weichen jedoch in eine andere Richtung gestellt. Die Reichsfinanzreform von 1906 hatte dem Reich einen ersten, wenn auch ganz kleinen Zugriff auf die direkten Steuerquellen, die die Einzelstaaten wie ihren Augapfel hüteten, verschafft, nämlich in Form der Erbanfallsteuer zugunsten des Reiches. Diese brachte dem Reich zwar wenig ein, die vorher verschlossene Tür war aber damit einen Spalt geöffnet worden. Als sich 1913 die internationalen Spannungen verschärften und das Deutsche Reich verstärkte Kriegsvorbereitungen traf, wurde zur Finanzierung der stark erhöhten Militärausgaben diese Tür ein großes Stück weiter geöffnet. 1913 wurde eine einmalige Vermögensabgabe, der sogenannte Wehrbeitrag beschlossen, der zugunsten des Reiches in der gewaltigen Höhe von insgesamt einer Milliarde Mark in drei Jahresraten von 1913 bis 1915 erhoben wurde. Gleichzeitig wurde eine laufende Vermögenszuwachssteuer, die auf jährlich 185 Millionen Mark veranschlagt war, zugunsten des Reiches eingeführt.[12]

Auch dies war noch keine grundlegende Reform der Reichsfinanzverfassung, zumal nicht diese, sondern die Finanzierung der Rüstungsanstrengungen der Anlaß gewesen war. Und beim «Wehrbeitrag» handelte es sich auch nur um eine *einmalige* Vermögensabgabe. Ihr Volumen war allerdings enorm. Immerhin erbrachte sie dem Reich eine neue Steuerquelle, deren Aufkommen fast der Hälfte der gesamten Reichseinnahmen von 1912 entsprach.[13] Daß für die Finanzierung der erhöhten Rüstungsanstrengungen jedoch die *direkte* Steuer zugunsten des Reiches neu eingeführt und nicht die indirekte Besteuerung, die traditionelle Finanzquelle des Reiches, herangezogen wurde, «markierte ... den Sieg einer sozialdemokratisch-liberalen Koalition über die Konservativen»,[14] nachdem die SPD in der Reichstagswahl von 1912 beachtlich an Stimmen gewonnen hatte.

Während des Ersten Weltkriegs zeigte sich die finanzpolitische Schwäche des Reiches besonders deutlich. Die traditionellen Hauptsteuerquellen, die Zolleinnahmen und Verbrauchsteuern, flossen schwächer: Die Zolleinnahmen sanken, weil der Außenhandel kriegsbedingt, besonders durch die Handelsblockade der Alliierten, schrumpfte und weil die Zölle auf lebenswichtige Einfuhrgüter, insbesondere auf Nahrungsmittel und Rohstoffe, teilweise ausgesetzt wurden, um die dringend benötigten Güter ins Land zu locken und für den inländischen Verbraucher zu verbilligen. Mit sinkendem Konsum ging aber auch das Aufkommen aus den Verbrauchsteuern, besonders auf Tabak, Bier und Branntwein, zurück.[15] Trotz der durch den Krieg gewaltig gesteigerten Reichsausgaben konnte der ordentliche Etat des Reiches durch einen Trick ausgeglichen werden: Der traditionell mit weitem Abstand größte Ausgabenposten im Reichshaushalt, die Militärausgaben, wurden für die Dauer des Krieges zum größten Teil in den außerordentlichen Haushalt verwiesen, während im ordentlichen Haushalt der Schuldendienst für die mit Krediten finanzierten «außerordentlichen Kriegsausgaben» verblieb. Es ist bezeichnend, daß der Anteil des Schuldendienstes an den ordentlichen Reichsausgaben von rund 26 Prozent 1914 auf rund 90 Prozent ab 1916 stieg.[16]

In der zweiten Kriegshälfte waren selbst mit dieser Praxis die Kriegskosten nicht mehr ohne zusätzliche Steuereinnahmen des Reiches zu finanzieren.[17] Im Frühjahr 1916 hatte erstmals auch der Voranschlag für den ordentlichen Haushalt Defizite enthalten. Zusätzliche Steuereinnahmen mußten erst recht erschlossen werden, als im Herbst 1916 die Oberste Heeresleitung mit dem Hindenburgprogramm eine Verstärkung der Rüstungsanstrengungen durchgesetzt hatte. Nachdem z. B. die britische Zentralregierung, die schon vor dem Kriege über ein ausgebautes System der direkten Besteuerung, besonders der Einkommensbesteuerung, verfügt hatte, gleich nach Ausbruch des Krieges die Steuerschraube angezogen hatte, konnte sich das Deutsche Reich erst 1916 angesichts der geschilderten Haushaltssituation dazu entschließen, und dann auch nur insoweit, daß allein die Zinsen für die Kriegskredite durch Steuern finanziert werden konnten. Während England auf diese Weise immerhin 20 bis 30 Prozent seiner gesamten Kriegskosten aus Steuermitteln deckte,[18] wurde der Krieg auf deutscher Seite fast ausschließlich mit Kriegsanleihen und ab 1916 zunehmend mit kurzfristigen Krediten der Reichsbank an die Reichsregierung finanziert. Unabhängig vom Ausgang des Krieges war damit für die Nachkriegszeit ein gewaltiges Inflationspotential aufgebaut worden.

Die vom Reichstag beschlossenen Steuererhöhungen seit 1916 führten den Einstieg des Reiches in die direkte Besteuerung weiter, der in der Zeit vor 1914 begonnen hatte. So knüpften die Kriegsgewinnabgaben von 1916 und 1918 an die Vermögenszuwachssteuer von 1913 an. Sie sollten bei Privatpersonen und Kapitalgesellschaften den Vermögenszuwachs der Kriegsjahre teilweise abschöpfen. Die Steuersätze waren stark progressiv ausgestaltet und konnten bis zu 80 Prozent erreichen. Die Folge war eine gewaltige Steigerung der Reichssteuereinnahmen, die 1916 insgesamt nur 2,1 Milliarden Mark betragen hatten, um knapp fünf Milliarden Mark im Jahre 1917 und immerhin noch um 2,4 Milliarden Mark im Jahre 1918.[19]

Demgegenüber traten die Steuermehreinnahmen aus der Verschärfung der indirekten Besteuerung, der traditionellen Domäne des Reiches, an Bedeutung zurück: Erhöht wurden die Zölle auf Kaffee- und Teeimporte, die Verbrauchsteuern, besonders auf Tabak und Zigaretten sowie auf Bier, und zusätzlich einige Stempelsteuern. Es wurde neben einer Weinsteuer sogar eine Verbrauchsteuer auf Limonaden und Mineralwasser eingeführt. Keine dieser Maßnahmen war aber so ertragreich wie die ab 1917 erhobene neue Verbrauchsteuer auf Kohle.

Von den Maßnahmen im Bereich der indirekten Steuern war nur eine richtungweisend für die Schaffung der Grundlagen, auf denen unser heutiges modernes Steuersystem aufgebaut ist: die Einführung einer allgemeinen Umsatzsteuer, die 1916 zunächst als sogenannte Stempelabgabe in Höhe von einem Promille auf *Zahlungen* für Warenlieferungen erhoben wurde. Sie wurde im Juli 1918 zu einer Bruttoallphasenumsatzsteuer in Höhe von zunächst 0,5 Prozent ausgebaut, d. h. jeder Umsatz von Gütern und Diensten wurde in voller Höhe besteuert, nicht nur das, was ein Unternehmen den von ihm eingekauften Vorprodukten und Vorleistungen an Wert hinzufügte. Sie wurde in dieser Grundform in Deutschland bis zum Übergang zum sogenannten Mehrwertsteuersystem in den 1960er Jahren erhoben. Damit war der Grundstein für eine der ergiebigsten Steuerquellen des modernen Staates gelegt.

Damit verbunden war ein weiterer wichtiger Schritt zum modernen Steuersystem: Durch Errichtung des Reichsfinanzhofs in München zog das Reich 1918 auch die Kompetenz der Rechtsprechung, jedenfalls für die wichtigsten Steuern im Zusammenhang mit dem Krieg, an sich. Wie sehr diese Entwicklung mit dem Umsatzsteuergesetz von 1918 zusammenhing, beschreibt ein Kenner der Materie: «Der Erfolg einer Steuer, die bestimmte, zum Teil sehr komplizierte Verkehrsakte auf dem Wege von der Gütererzeugung zum Verbrauch, vornehmlich Lieferungen und Leistungen, nach dem Allphasensystem belastete, war daher weitgehend von einer verständnisvollen steuerrechtlichen Durchdringung der wirtschaftlichen Materie abhängig. Dabei entstand sofort das Bedenken, daß die Ausführung des Umsatzsteuergesetzes durch 26 einzelstaatliche, zum Teil mangelhafte Steuerverwaltungen das Wirtschaftsleben noch mehr als bei den bisherigen Reichssteuern durch ungleiche steuerliche Behandlung erschweren und damit den Erfolg der neuen Steuer gefährden könnte ... Wie ernst es dem Reichstag mit dem Antrag auf Einführung des Reichsfinanzhofs war, zeigt ferner die Tatsache, daß das Gesetz über die Errichtung eines Reichsfinanzhofs mit den übrigen Gesetzen der Steuerreform vom Juli 1918 zu einem Junktim verbunden wurde ... Wurde also das Gesetz über den Reichsfinanzhof nicht mitverabschiedet, so scheiterte die gesamte Steuervorlage. Eine solche Verantwortung konnte aber niemand in der Notzeit des Kriegsjahres 1918 auf sich nehmen.»[20]

Gleichzeitig wurde die Reichsaufsicht über die Erhebung der sonstigen Reichssteuern ausgebaut. Eine reichseigene Finanzverwaltung war aber mit diesen Maßnahmen noch nicht geschaffen. Der später als Staatssekretär im Finanzministerium bedeutende Johannes Popitz sah den Reichsfinanzhof jedoch als einen Schrittmacher auf diesem Weg, als «den ersten sichtbaren Ausdruck der Tendenz, die Verwaltung der Reichssteuern nicht mehr allein den Behörden der Bundesstaaten zu überlassen».[21]

Mit der Revolution bei Kriegsende und der Ausrufung der Republik im November 1918 wurde die politische Ordnung von 1871 grundlegend geändert. Das allgemeine und gleiche Wahlrecht wurde nunmehr auch in den Einzelstaaten, in Preußen z.B. an Stelle des Dreiklassenwahlrechts, durchgesetzt. Die Verwaltungsstrukturen in Reich und Einzelstaaten, auch auf dem Gebiet des Finanzwesens, blieben aber über die Revolution hinweg erhalten, die politische Situation jedoch ließ nun tiefgreifende Veränderungen in der Finanzverfassung möglich, ja notwendig erscheinen. Schon der letzte Staatssekretär im Reichsschatzamt, Graf von Roedern, hatte am Ende des Kriegs die Notwendigkeit einer grundlegenden Neuverteilung der Steuerquellen zugunsten des Reiches erkannt und Vorarbeiten in dieser Richtung veranlaßt.[22] Das kommt besonders in der Begründung zum Ausdruck, die der Reichsfinanzminister Matthias Erzberger 1919 der von ihm angestrebten Finanzreform gab: «Nun ist es anders geworden! Das Reich hat ein anderes Gefüge bekommen. Es ist nicht mehr ein Bundesstaat, der hervorgegangen ist aus der Willenserklärung einer Reihe von Monarchen, sondern es ist ein großer Schritt in der unitarischen Richtung gemacht worden; das jetzige Reichsgefüge ist ein Werk des Willens des gesamten deutschen Volkes. Darin liegt ein außerordentlich starker zentripetaler Zug. Aus der Umgestaltung der Verfassung aber mußte sich auch eine Verschiebung hinsichtlich der Steuergewalt ergeben. Praktisch waren bisher die Einzelstaaten die eigentlichen Steuersouveräne in Deutschland. Theoretisch stand zwar nichts im Wege, daß das Reich direkte Steuern einführte, aber praktisch war es unmöglich infolge der ablehnenden Haltung des Bundesrats... In Zukunft wird das Reich der erste Steuersouverän sein. Diese reichseigene Steuerverfassung und Steuerverwaltung entspricht vollkommen dem Wandel im staatlichen Aufbau Deutschlands. Dazu kommen praktische Gründe, welche die reichseigene Steuerverwaltung und die Übertragung der wichtigsten Steuerquellen auf das Reich nötig machen... Das Verhältnis des Steuerbedarfs zwischen Reich einerseits, Ländern und Gemeinden andererseits hat sich vollkommen verschoben. Unmittelbar vor dem Kriege hatte das Reich einen Bedarf von etwa 40 Prozent aller Steuereinnahmen, Länder und Gemeinden forderten 60 Prozent. Jetzt steht das Verhältnis nicht nur umgekehrt, sondern man kann etwa sagen, daß 75 Prozent des Steuerbedarfs auf das Reich und 25 Prozent auf Länder und Gemeinden entfallen werden... Bei einer solchen Verschiebung des Bedarfs ist es eine Selbstverständlichkeit, daß auch eine Verschiebung hinsichtlich der praktischen Steuergewalt eintritt, daß das Reich die Verfügungsgewalt über alle wichtigen Steuern erhält und seinerseits dann für den Bedarf der Länder und Gemeinden sorgt.»[23]

Dies war jedoch politisch äußerst umstritten. Denn, wie ein Finanzwissenschaftler bemerkte: «Noch aber bestanden auch im nachrevolutionären Stadium starke Kräfte in den Einzelstaaten, die einer grundsätzlichen Änderung der Steuerhoheit und der Verteilung der Steuerkompetenzen ablehnend gegenüberstanden... Die weitaus überwiegende öffentliche Meinung ging indessen dahin, daß zum erforderlichen Wiederaufbau des Reiches Opfer sowohl von den Steuerpflichtigen in materieller Hinsicht als auch von den Einzelstaaten in bezug auf Steuerkompetenz gebracht werden mußten.»[24]

Diese Tendenzen setzten sich schnell durch und formten die Finanzverfassung der Weimarer Republik, die zum einen in der Reichsverfassung vom August 1919 und zum anderen in dem Gesetzeswerk kodifiziert war, das als «Erzbergersche Reform» nach dem damaligen Reichsfinanzminister benannt wurde. Die Weimarer Verfassung übertrug dem Reich in Artikel 8 «die Gesetzgebung über die Abgaben und sonstigen Einnahmen, soweit sie ganz oder teilweise für seine Zwecke in Anspruch genommen werden», also die Steuerhoheit im Bereich der Steuerrechtsetzung, die zwar auch schon in der Kaiserzeit formell beim Reich gelegen hatte, deren Ausschöpfung die Einzelstaaten aber zu verhindern gewußt hatten. Artikel 83 sah aber auch die Verwaltung der Zölle und Verbrauchsteuern durch Reichsbehörden vor, was im Kaiserreich nicht der Fall gewesen war. Das schnell folgende Gesetz über die Reichsfinanzverwaltung vom 10. September 1919 ging jedoch noch erheblich darüber hinaus und bestimmte, daß alle Reichssteuern durch eigene Reichsbehörden zu verwalten seien. Die Reichsabgabenordnung vom 13. Dezember 1919 bestimmte sogar, daß alle Steuern, die ganz oder teilweise zugunsten des Reiches erhoben wurden, von Reichsbehörden zu verwalten waren. Damit war eine das ganze Reich umfassende zentrale Finanzverwaltung in ihren Grundzügen begründet, wie sie bis heute in der Bundesrepublik besteht – mit dem Finanzministerium als oberstem Organ, darunter damals die Landesfinanzämter, heute die Oberfinanzdirektionen, darunter schließlich die einzelnen Finanzämter.

Die aus der Revolution entstandene Regierung, der Rat der Volksbeauftragten, hatte schon im Dezember 1918 ein Finanzprogramm vorgelegt, in dem die Weichen für die zukünftigen Besteuerungsgrundlagen gestellt wurden. Darin heißt es einleitend: «Der Weltkrieg hat dem deutschen Volke ungeheure Lasten auferlegt. Sie können nur getragen werden, wenn sie gerecht verteilt werden. Deshalb sind Vermögen und Einkommen in jeder Form erheblich schärfer als bisher heranzuziehen. Ein durchgreifender Ausbau der direkten Steuern muß die Grundlage des neuen Steuerwesens bilden und ungesäumt in Angriff genommen werden.»[25]

Finanzminister Erzberger, dessen Tatkraft schon die Gestaltung und parlamentarische Durchsetzung der Reichsfinanzverwaltung zu verdanken gewesen war, leistete auch in der Neuordnung der Steuerquellen Bahnbrechendes.[26] Zunächst setzte er in Fortführung der 1913 und im Krieg eingeführten Abgaben 1919 zwei stark progressiv ausgestaltete einmalige Vermögensabgaben durch: nämlich die außerordentliche Kriegsabgabe auf das Mehreinkommen im Krieg und eine außerordentliche Abgabe vom Vermögenszuwachs. Seine zukunftsweisende Leistung war jedoch neben der «Verreichlichung» der Eisenbahnen, d. h. der Überführung ihrer Verwaltung von den Einzelstaaten auf das Reich, die «Verreichlichung» der Einkommensbesteuerung. Am 29. März 1920 wurde das von Erzberger vorbereitete Reichseinkommensteuergesetz vom Reichstag verabschiedet, gleichzeitig ein Körperschaftsteuergesetz und ein Kapitalertragsteuergesetz. Die persönlichen Einkommen wurden stark progressiv mit Sätzen zwischen zehn und sechzig Prozent besteuert gegenüber einem Höchstsatz bei den früheren Einkommensteuern der Einzelstaaten von vier Prozent. Die Steuersätze wurden nunmehr auf alle Einkommen eines Steuerpflichtigen zusammengenommen angewendet; es wurden also nicht mehr – wie bei der früheren Einkommensbesteuerung in den Ländern noch üblich – die Einkommen aus verschiedenen Quellen, z. B. Arbeits- und Kapitaleinkommen, unterschiedlich erfaßt. Außerdem wurde das heute noch praktizierte Quellenabzugsverfahren für Lohn- und Gehaltsempfänger eingeführt, und zwar mit einer sozialen Komponente, nämlich Freibeträgen für jedes Familienmitglied, was eine Neuerung im deutschen Steuerrecht darstellte. Auch die Kapitalertragsteuer von zehn Prozent wurde an der Quelle erhoben. Demgegenüber wurde die Körperschaftsteuer in Höhe von zehn Prozent nachträglich veranlagt und brachte deshalb während der Inflation bis Ende 1923 noch nicht die erwarteten Ergebnisse.

Die Einkommensteuer wurde zur bedeutendsten Einnahmequelle des Reiches. An zweiter Stelle folgte die Umsatzsteuer, deren Satz 1920 auf 1,5 Prozent, für Luxusgüter sogar auf 15 Prozent erhöht wurde.[27] Auch wurden eine je nach Verwandtschaftsgrad progressive Erbschaftsteuer sowie eine Grunderwerbsteuer eingeführt.

Es bleibt noch eine bahnbrechende Leistung des Erzbergerschen Reformwerks zu erwähnen: das Landessteuergesetz vom 30. März 1920. Es unterstrich die Priorität des Reiches im Zugriff auf die Steuerquellen, regelte die Kompetenzen der Länder und ihrer Gemeinden in ihrer Steuergesetzgebung und verpflichtete sie sogar zur Erhebung bestimmter Steuern, z. B. der Grund-, Gewerbe- und Vergnügungsteuer. Damit war eine weitgehende Angleichung der Besteuerungsgrundlagen im Reich durchgesetzt. Als Gegenleistung für ihre finanzpolitische «Entmachtung» beteiligte das Reich die Länder mit bestimmten Anteilen an seinen wichtigsten Steuerquellen, so wie in der Bundesrepublik die Länder an den Einkommen- und Körperschaftsteuern beteiligt sind. In Umkehrung der Verhältnisse im Kaiserreich waren die Einzelstaaten damit zu «Kostgängern» des Reiches geworden. Schließlich sah das Landessteuergesetz erstmals in Deutschland einen Finanzausgleich zwischen den Ländern vor: die ärmeren erhielten zusätzliche Überweisungen aus der Reichskasse.[28] Fast noch wichtiger war, daß es die Länder auch zu einem Finanzausgleich zwischen den Gemeinden zwang.

Das Jahrhundertwerk der Erzbergerschen Finanzreform hat die Haushaltslage des Reiches zunächst nicht sanieren und die große deutsche Inflation bis Ende 1923 nicht verhindern können.[29] Seine Wirkung zeigte sich jedoch nach der Stabilisierung der Währung auch darin, daß der Anteil der Steuern am Volkseinkommen von 9,7 Prozent im Jahre 1913 dramatisch auf 18,1 Prozent 1925 anstieg.[30] Die Bedingungen für die heute sogar noch höhere Steuerquote und die Grundstrukturen unserer heutigen Finanzverfassung sind damals in der finanziellen Notsituation während und kurz nach dem Ersten Weltkrieg geschaffen worden, nämlich: die Umsatz-, Körperschaft- und stark progressive Einkommensteuer zugunsten des Reiches; das Quellenabzugsverfahren bei der Lohnsteuer; die Reichsfinanzrechtsprechung; die Reichsfinanzverwaltung und der Finanzausgleich zwischen den Ländern.

Nur ist aus dem «Reich» inzwischen der «Bund» geworden.

Die keineswegs Goldenen Zwanziger Jahre

Steuerpolitik zwischen Inflation und Wirtschaftskrise (1919–1932)

Von Hagen Schulze

Noch nie in ihrer erinnerten Geschichte hatten die Deutschen eine so verheerende Katastrophe erlebt wie die der Kriegsniederlage von 1918. Alles, was bisher axiomatische Gültigkeit besessen hatte, war nun erschüttert: der Glaube an die zivilisatorische Mission des deutschen Volkes, an die Notwendigkeit, Deutschland einen Platz an der Sonne zu sichern, an die naturgegebene militärische Überlegenheit der deutschen Armee. Das in der wilhelminischen Epoche hypertrophierte nationale Selbstbewußtsein hatte sich bis weit in den Krieg hinein bestätigt gesehen. Fast bis zuletzt waren «gegen eine Welt von Feinden», wie es oft hieß, erstaunliche Siege erfochten worden. Daß die letzte und entscheidende Schlacht im Westen verlorenging, blieb unverständlich. Die Kriegsniederlage, das wirtschaftliche Elend, die Demütigungen durch den Versailler Vertrag, alles das hing der neuen deutschen Staatsordnung, der ersten deutschen Demokratie, der Republik von Weimar wie ein Mühlstein am Halse, und nun kam fast alles darauf an, diesen neuen Staat und seine Lasten so gerecht zu ordnen, wie es unter den gegebenen Umständen überhaupt möglich war, damit die Republik zu ihren Republikanern kam.

Was die Finanzverfassung des Deutschen Reichs anging, so hatte der Neubeginn nach der Katastrophe einen Namen: Matthias Erzberger, seit Juni 1919 Finanzminister im Kabinett des sozialdemokratischen Reichsministerpräsidenten Gustav Adolf Bauer. Niemand war so umstritten wie der linke Zentrumspolitiker Erzberger – bei der Parlamentarisierung des Reiches seit der Friedensresolution von 1917, bei der Waffenstillstandsunterzeichnung vom 11. November 1919, bei der Bildung der schwarz-rot-goldenen Regierungskoalition nach der Wahl zur verfassunggebenden Nationalversammlung im Januar 1919, bei der Entscheidung für die Unterzeichnung des Friedensvertrags im Juni 1919: immer hatte Erzbergers Name ganz vorne gestanden, als der eines untadeligen Demokraten von hohem Mut und großer politischer Einsicht, aber auch als Verantwortlicher für das, was einer immer größer werdenden Zahl von Deutschen als Verrat, als «Dolchstoß in den Rücken der kämpfenden Truppe», vorkam. Das Schlagwort vom «Novemberverräter» war auf niemanden so genau gezielt wie auf den Reichsfinanzminister Erzberger, und daß dessen Name mit der größten Steuerreform im 20. Jahrhundert verbunden war, stellte gewiß für die Popularität der neuen Finanzordnung eine schwere Last dar.[1]

Erzberger plante hauptsächlich zweierlei: Zum einen sollte die 1871 im steuerhoheitlichen Partikularismus der deutschen Bundesstaaten steckengebliebene Reichsgründung weiter vorangetrieben werden. Er wußte, was im Grunde seit der Entstehung moderner Staaten am Beginn der Neuzeit gegolten hatte: daß innenpolitisch derjenige wirklich souverän ist, der neben der militärischen Gewalt auch über die Steuereinnahmen verfügt. Das Reich war bisher Kostgänger der Länder gewesen, das sollte sich nun ändern. Zum zweiten ging es dem im Geist der christlichen Gewerkschaften und der christlichen Soziallehre aufgewachsenen Erzberger darum, das Steuerinstrument zur Förderung größerer sozialer Gerechtigkeit einzusetzen.

Am 13. Juli 1919 legte der Reichsfinanzminister seinen Kollegen aus den Länderregierungen seinen Plan einer grundlegenden «Reichsfinanzreform» vor. Die unerhörten Kriegslasten, erklärte er, erzwängen «mit absoluter Notwendigkeit» eine reichseinheitliche Steuerexekutive «vom Kopf bis zu den Gliedern». Die grundlegende Neuordnung der bisher zwischen Ländern und Gemeinden zersplitterten Steuererhebung und -verwaltung sei nötig, um das bevorstehende Anziehen der Steuerschraube gerecht auf alle Schultern verteilen zu können. Außerdem erfordere die Verpflichtung des Reichs aus dem Versailler Friedensvertrag eine Reform der Finanzverwaltungsstruktur, um Eingriffe der Alliierten in das bundesstaatliche Finanzgefüge zu verhindern. Sämtliche Anwesenden empfanden, was der hessische Finanzminister aussprach: Die Pläne Erzbergers seien «revolutionär», und sein bayerischer Kollege sekundierte: «Der Vorschlag des Reichsfinanzministers nehme den Einzelstaaten den letzten Rest ihrer Selbständigkeit.»[2]

Die bayerischen Befürchtungen, das sollte sich in der Ära Brüning zwölf Jahre später zeigen, waren durchaus gerechtfertigt, doch gelang es den Ländern nicht, die Neuordnung der Steuereinnahmen und Steuerverwaltung zu verhindern, zumal auch in der Nationalversammlung keine Mehrheit gegen die Erzbergerschen Pläne zustande kam. Die Sozialdemokratie stimmte ihnen ohnehin zu, da sie so den Weg zum deutschen Einheitsstaat erleichtert sah, und die bürgerlichen Parteien der Weimarer Koalition, die liberale Deutsche Demokratische Partei sowie das katholische Zentrum, sahen in einer Steuerpolitik, die den sozialpolitischen Ausgleich förderte, ein Mittel zur Abwehr sozialdemokratischer Sozialisierungspläne. So kam mit der Reichsabgabenordnung vom 13. Dezember 1919[3] die große Steuerreform in Gang: Die Finanzhoheit der Länder war beseitigt. Das Reich besaß nunmehr das ausschließliche Recht, Steuern zu erheben und zu verwalten. In Form eines gesetzlich geregelten Finanzausgleichs stellte es den Ländern fortan den größeren Teil der Einkommensteuer und den kleineren der Umsatzsteuer zur Verfügung, während den Gemeinden die Ertragsteuern zuflossen. Nicht, daß damit der Stein der Weisen gefunden worden wäre – zwar besaß nunmehr das Reich eine Kompetenz, die unter den schweren sozial- und wirtschaftspolitischen Belastungen der Nachkriegszeit lebenswichtig sein konnte, aber der leidige Finanzausgleich zwischen Reich und Ländern wie auch zwischen den Ländern funktionierte nie zur Zufriedenheit und führte in der Folgezeit zu schweren Zerwürfnissen zwischen den Ländern und der Reichsregierung, die das politische Klima zusätzlich zu allen übrigen Belastungen verschlechterten.

Vor allem aber war der Reichsfinanzminister nun in der Lage, das deutsche Steuersystem von Grund auf neu zu ordnen. Die bis dahin geltenden 26 Einkommensteuergesetze der Länder wurden durch gemeinsame Bestimmungen über eine Reichseinkommensteuer ersetzt; gleichzeitig wurde die Steuerprogression enorm verschärft: Der frühere preußische Einkommensteuer-Höchstsatz hatte bei vier Prozent gelegen, der neue reichseinheitliche Höchstsatz lag dagegen bei 60 Prozent, war also um das Fünfzehnfache angehoben worden. Die zweite wesentliche Grundlage der neuen Reichssteuern bildete die stark erhöhte Umsatzsteuer, ein politisch heikler Punkt, denn angesichts der äußerst kritischen Ernährungslage der Nachkriegsjahre mußten indirekte Steuern, die die Lebensmittel verteuerten, zu Protest in der Bevölkerung führen. Aus diesem Grund wurde als Gegengewicht die Luxusbesteuerung erheblich verschärft und überdies ein «Reichsnotopfer» als gesonderte Abgabe großer Vermögen eingeführt, so daß der Reichsfinanzminister Ende 1919 vor den Finanzministern der Länder darauf verweisen konnte, daß 60 Prozent der Steuereinnahmen ausschließlich, die übrigen 40 Prozent zum großen Teil auf den besitzenden Klassen ruhten.[4]

In der Tat hatte das weitreichende Folgen, denn die Steuerlastquote stieg erheblich an, von neun Prozent am Vorabend des Ersten Weltkriegs auf 18 Prozent gegen Ende der zwanziger Jahre. Der Anteil des öffentlichen Verbrauchs am gesamtgesellschaftlichen Produkt nahm also erheblich zu, und das in einer im wesentlichen stagnierenden, zudem von schweren Erschütterungen gekennzeichneten wirtschaftlichen Konjunktur. Der angestrebte Umverteilungseffekt kam daher zwar insofern zustande, als die Staatsausgaben im sozialen Bereich, von der Sozialversicherung bis zum öffentlichen Wohnungsbau, enorm expandierten, denn 1929 betrugen die staatlichen Sozialausgaben das Fünffache der letzten Vorkriegszahlen. Aber man muß annehmen, daß diese Umverteilung zu Lasten der privaten Investitionstätigkeit ging, die in den zwanziger Jahren viel niedriger blieb als vor dem Krieg, so daß die Krisenanfälligkeit der Wirtschaft erhöht wurde.[5] Aber wie weit der Umverteilungseffekt der Erzbergerschen Finanzreform tatsächlich ging, läßt sich kaum im einzelnen bestimmen, denn alle Zahlen und Berechnungen wurden durch die Inflation illusorisch. Einem verbreiteten Glauben zufolge war die deutsche Hyperinflation der zwanziger Jahre Folge der alliierten Reparationsforderungen. Tatsächlich handelte es sich aber um eine Folge des Weltkriegs, verbunden mit einer verfehlten deutschen Finanzpolitik. In Kriegszeiten hatte sich die Reichsregierung nicht getraut, die ungeheuer angestiegenen Ausgaben mit drastischen Steuererhöhungen auszugleichen, denn man fürchtete um den mühsam errungenen inneren «Burgfrieden». So finanzierte man statt dessen den Krieg mit der Ausgabe von Kriegsanleihen und Schatzanweisungen an die Bevölkerung, und für die Deckung sollte später der besiegte Feind sorgen. Aus dem Siegfrieden wurde aber nichts. Das besiegte Deutsche Reich war nach Friedensschluß im Inneren mit 154 Milliarden Mark astronomisch hoch verschuldet und mußte zusätzlich das Finanzdefizit der Siegermächte durch Reparationszahlungen ausgleichen. Hinzu kamen die Kriegsfolgelasten, die Versorgung der Invaliden und Kriegshinterbliebenen, die Bezahlung der Kriegsschäden, die Einordnung der Millionen heimgekehrter Soldaten in die Wirtschaft. Da zudem die Zolleinnahmen fast auf Null sanken, weil das Reich im von Entente-Truppen besetzten Rheinland keine Zollhoheit mehr besaß und fast der gesamte deutsche Außenhandel durch dieses sogenannte «Loch im Westen» ging, erwiesen sich die Steuermehreinnahmen aufgrund der Erzbergerschen Steuerreform als Tropfen auf den heißen Stein. Die Einnahmen aus Steuern und Zöllen, die normalerweise einen Staatshaushalt zu etwa 70 Prozent zu decken pflegen, gingen auf ein Deckungsvolumen von knapp 20 Prozent zurück – bereits 1920 war das Deckungsloch des Reichshaushalts so groß wie der gesamte deutsche Reichshaushalt von 1913.[6]

Was war dagegen zu tun? Der solideste Weg wäre gewesen, die Steuern nochmals dramatisch hochzusetzen und auf diese Weise weit mehr private Kaufkraft in die Hände des Staates zu zwingen, der damit seine Schulden und Anleihen hätte tilgen können. Aber das hätte man bereits während des Krieges tun müssen, jetzt war es dazu zu spät, denn die notwendigen Summen waren bereits so gewaltig, daß mit enormen sozialen und wirtschaftlichen Folgen zu rechnen gewesen wäre. Auch der Staatsbankrott, die Streichung sämtlicher Staatsschulden, kam nicht in Frage, denn das hätte die Enteignung

Scherzgeldschein vom 1. April 1921, ausgegeben vom Magistrat der Stadt Saalfeld in Thüringen.

von Millionen kleiner Guthabenbesitzer bedeutet. Daß dies politischer Selbstmord gewesen wäre, daß die wacklige, vertrauensarme junge deutsche Demokratie es nicht überlebt hätte, war so klar, daß niemand im Ernst daran dachte, einen dieser beiden Wege zu beschreiten.

So blieb die dritte Möglichkeit: Weitermachen wie bisher. Man füllte das gewaltige, ständig weiter klaffende Loch zwischen Staatseinnahmen und -ausgaben durch Darlehen der Reichsbank, die ihrerseits durch die dauernde Ausgabe von Banknoten finanziert wurden. Das zunehmende Chaos der Zahlungsbilanz, das nicht mehr aufzuhaltende Abrutschen bis zur absehbaren Funktionsunfähigkeit des gesamten deutschen Währungssystems nahm die Reichsleitung bewußt in Kauf, gewann dabei aber in dreierlei Hinsicht: Erstens war das Endergebnis der Inflation dasselbe wie im Falle des Staatsbankrotts, aber die innenpolitischen Folgen waren weniger dramatisch, denn man konnte die Schuld auf die Kriegsgegner, die Reparationsgläubiger schieben, deren Forderungen angeblich den Wertverlust der deutschen Währung in erster Linie verursachten. Zum zweiten war die Inflation ein probates Mittel, in aller Öffentlichkeit die Unerfüllbarkeit der Reparationsforderungen zu beweisen, und drittens löste sich das Problem der inneren Kriegsverschuldung wie von selbst: am 15. November 1923, nach der Beendigung der Inflation durch eine genial-einfach erdachte Währungsreform, besaßen die gesamten inneren Kriegsschulden des Deutschen Reichs in Höhe von 154 Milliarden Mark nur noch den Wert von 15,4 Pfennig des Jahrs 1914! Fiskalisch gesehen war so der Erste Weltkrieg der billigste Krieg, der je geführt wurde.[7]

Die Folgen sind bekannt: Tag und Nacht ratterten die Notenpressen; schon 1922 mußten Beamte mit Waschkörben antreten, um ihre Monatsgehälter in Empfang nehmen zu können. Der Geldwert verschlechterte sich dann in einem solchen Tempo, daß Lohnzahlungen schließlich täglich stattfanden, worauf jedermann sogleich in die nächstgelegenen Geschäfte eilte, um das Geld unmittelbar in Ware umzusetzen, weil es bereits in der nächsten Stunde fast wertlos war. Wenn man sich klarzumachen sucht, daß Geschäftsabschlüsse kaum noch auf finanzieller Basis getätigt wurden, sondern nur noch mit wertbeständiger Hilfswährung – Zigaretten waren sehr gefragt, auch Eier –, daß der Wert der kleinsten Geldeinheit, des Pfennigs, bei tausend Mark, dann bei hunderttausend, bei einer Million, schließlich bei einer Milliarde Mark lag, daß endlich der Heizwert eines Bündels Papiergeld höher war als der der Kohle, die man dafür kaufen konnte – dann versteht man, daß der kollektive seelische Zustand eines Volkes in diesen Jahren und Monaten dem Wahnsinn nahekommen mußte.

Daß unter solchen Umständen von einer geordneten Steuerverwaltung keine Rede sein konnte, liegt auf der Hand. Man bemühte sich zwar, die Steuersätze in gewissen Abständen an den gegenwärtigen Stand der Mark anzupassen, aber schon die Zeitspanne zwischen einem solchen Anpassungsbeschluß und dessen Veröffentlichung war so groß, daß die Geldentwertung längst davongelaufen war. Noch eine weitere krisenverschärfende Wirkung trat ein: Während den Arbeitnehmern die Lohnsteuern ohne Verzögerung bei der Lohn- und Gehaltsauszahlung abgezogen wurden, brauchte der steuerkräftigste Teil der Bevölkerung – die Unternehmer in Industrie, Handel und Landwirtschaft – sein Einkommen nur einmal im Jahr zu versteuern, was diesen Teil des Steueraufkommens vollständig entwertete. Nimmt man hinzu, daß die Arbeitgeber mit den einbehaltenen Lohnsteuern der Arbeitnehmer zusätzliche Inflationsgewinne erzielen konnten, weil sie diese Steuerbeträge erst später in weiter entwerteter Mark an den Staat abzuführen hatten, so wird deutlich, wie sehr die scheinbar sozial so ausgewogene Finanzreform des Jahres 1919 in das Gegenteil der Absichten ihrer Urheber umschlug. Und beim Staat kam kaum etwas an, denn in den letzten Wochen der Inflation wurden die Ausgaben des Reichs nur zu 0,4 Prozent aus regulären Einnahmen gedeckt, während 99,6 Prozent durch den Druck von Papiergeld finanziert wurden.

Die Stillegung der Notenpresse am 15. November 1923 zwang den Reichsfinanzminister, mit der Defizitwirtschaft der Inflationszeit endgültig Schluß zu machen. Mit Hilfe eines Ermächtigungsgesetzes, das die Reichsregierung unter Reichskanzler Marx unabhängig von dem in sozial- wie finanzpolitischen Fragen entscheidungsunfähigen Reichstag machte, wurden die fälligen Steuertermine vorverlegt, Umsatz-, Einkommen- und Vermögensteuer erhöht und neu festgesetzt sowie die Inflationsgewinne eines Teils der Unternehmer steuerlich erfaßt. Auf dem Hintergrund der sich fast schlagartig verbessernden allgemeinen Wirtschaftslage war das Resultat dieser Diktaturmaßnahmen erstaunlich erfolgreich. Das Rechnungsjahr 1924 schloß sogar mit einem beträchtlichen Einnahmenüberschuß ab. Zum ersten Mal seit dem Krieg war es gelungen, den Reichshaushalt mit Hilfe der ordentlichen Einnahmen auszugleichen.

Wir wissen heute, daß die Jahre zwischen 1924 und 1928 nur oberflächlich gesehen goldene Jahre waren. Tatsächlich stand die scheinbare Hochkonjunktur der zwanziger Jahre auf wackligen Grundlagen, denn nur die Exportindustrie erlebte einen wirklichen Aufschwung, während die deutsche Binnenmarktkonjunktur bescheiden blieb. Da halfen auch nicht die Entschärfung der Steuerprogression, die die Bürgerblockkabinette der Reichskanzler Marx und Luther einführten, um den Betrieben den in der Tat notwendigen Investitionsspielraum zu geben. Man setzte sich damit zwischen sämtliche Stühle, denn während Gewerkschaften und Sozialdemokraten Sturm gegen die einseitige Steuerentlastung des Besitzes liefen, protestierte die Unternehmerseite gegen die ausgleichenden sozialpolitischen Flankierungsmaßnahmen, von der öffentlichen Wohnbauaktivität bis zur Heraufsetzung der steuerfreien Mindesteinkommen.[8] Tatsächlich stagnierten die dringend notwendigen Investitionen im gesamten volkswirtschaftlichen Bereich, während gleichzeitig das Lohnniveau niedrig blieb und selbst im besten Jahr der Zwischenkonjunktur, 1927, die Arbeitslosenzahlen deutlich über den Vergleichsdaten des schlechtesten Vorkriegsjahrs lagen.

Das konnte nicht lange gut gehen, um so weniger, als nach anfänglich solidem Haushaltsausgleich die öffentliche Hand dazu überging, die steigenden sozialen Kosten statt durch ausreichende Steuer- und Zolleinnahmen durch großzügige Anleihen zu finanzieren. In der Folge des Dawes-Abkommens von 1924, mit dem die Zahlung der deutschen Reparationsschulden auf eine neue Basis gestellt worden war, floß ausländisches Kapital in Strömen nach Deutschland. Kredite waren billig wie nie, und wieder gingen Finanzminister und Stadtkämmerer den scheinbar leichteren Weg. Bereits 1927 warnte der alliierte Reparationsagent in Berlin, der im Auftrag der Reparationsgläubiger die deutschen Haushalte zu überwachen hatte: «Das ansteigende Niveau der öffentlichen Ausgaben gibt dem Wirtschaftsleben bereits jetzt einen künstlichen Antrieb und droht, die wesentliche Stabilität des öffentlichen Finanzwesens zu untergraben. Wenn man die derzeitigen Tendenzen ungehemmt fortwähren läßt, so ist es so gut wie sicher, daß die Folgen in ernsthaftem wirtschaftlichem Rückschlag und Depression und einer heftigen Erschütterung des deutschen Kredits im In- und Ausland bestehen werden.»[9]

Am 25. Oktober 1929 ereignete sich, was nur Außenseiter und Schwarzseher für möglich gehalten hatten: Die New Yorker Börse erlebte an diesem Tag einen nie dagewesenen Kurssturz. Er war nicht die Ursache der folgenden großen Weltwirtschaftskrise, sondern nur ein psychologisch hochwirksames Signal, denn längst existierten depressive Tendenzen in der Weltwirtschaft. Für Deutschland hieß das: die Krankheit der deutschen Wirtschaft, das bereits vor Krisenbeginn hohe Niveau der Arbeitslosigkeit, die Verschuldung von Staat, Industrie und Landwirtschaft, die Folgen der Inflation und die politische und psychologische Wirkung der Reparationen – alles das kam zum Zusammenbruch des Weltwirtschaftssystems hinzu und führte zu einem fast einzigartigen konjunkturellen Einbruch. In drei aufeinanderfolgenden Jahren ging die Industrieproduktion um 18, dann um 26 und dann noch einmal um 24 Prozent zurück, die Arbeitslosenzahl stieg in gleichem Rhythmus auf drei, dann auf viereinhalb, dann auf sechs Millionen abhängige Erwerbspersonen – von der sozialen und wirtschaftlichen Katastrophe abgesehen eine Staatskrise, wie man sie zuvor und später nie wieder in ähnlicher Weise erlebt hat.[10]

Das war der Augenblick der Wahrheit, den der alliierte Reparationsagent schon Jahre früher vorausgesagt hatte: Der Weimarer Staat hatte seit Anbeginn versucht, die tiefen sozialen und politischen Gegensätze, die seine Existenz bedrohten, durch eine aktive Sozial- und Umverteilungspolitik zu entschärfen, sich die Loyalität seiner Bürger gewissermaßen zu erkaufen. Nun geriet er in eine unhaltbare Lage, als in der Wirtschaftskrise sämtliche gesellschaftlichen Probleme, für die er sich zuständig erklärt hatte, miteinander aufgipfelten und in geballter Form gleichzeitig gelöst werden mußten. Denn mit jedem Geschäftskonkurs, mit jedem zusätzlichen Arbeitslosen sanken die Steuereinnahmen, während gleichzeitig die Anforderungen auf der Ausgabenseite, in erster Linie für die Arbeitslosenfürsorge, in dramatischer Form stiegen. Es kam hinzu, daß die bequeme Kreditquelle, aus der man sich bisher zu Zwecken des Haushaltsausgleichs bedient hatte, versiegte, denn mit den zunehmenden wirtschaftlichen Schwierigkeiten zogen die ausländischen Geldanleger ihre Kredite zurück. Als gar in der Folge der wachsenden Not die Nationalsozialisten, bisher eine eher belächelte Splitterpartei, bei den Reichstagswahlen vom 14. September 1930 einen sensationellen Erfolg verbuchen konnten, war das Vertrauen ausländischer Geldgeber in die politische Stabilität Deutschlands restlos erschüttert, und der Abfluß des Kapitals nahm zu.

Das Parlament erwies sich als unfähig, mit dieser Krise fertig zu werden. Schon die Bewältigung der Inflation und ihrer Folgen hatte ohne die Kräfte des deutschen Parlamentarismus stattgefunden, die nur zu gerne bereit gewesen waren, ihre gesetzgebende Kompetenz in Form eines Ermächtigungsgesetzes der Exekutive, dem sogenannten «Geheimrats-Mussolinismus», zu überlassen. Nunmehr, seit Anfang der dreißiger Jahre, versagte der Reichstag vollends. An der Sanierung der Arbeitslosen-Versicherung und am Ausgleich des Reichshaushalts scheiterte am 27. März 1930 die letzte parlamentarische Regierung unter dem sozialdemokratischen Reichskanzler Hermann Müller. Dessen Nachfolger, der Zentrums-Politiker Heinrich Brüning, als ausgewiesener Finanzfachmann, aber auch als ehemaliger Frontoffizier und Vertrauensmann des Reichspräsidenten Paul von Hindenburg der Mann der Stunde, durchhieb den gordischen Knoten, indem er den Reichstag ultimativ aufforderte, seine weitgehende, unter anderem wegen der vorgesehenen Erhöhung von Verbrauchsteuern unpopuläre Haushaltsdeckungsvorlage anzunehmen. Der Reichstag fand sich, wie vorhersehbar, dazu nicht imstande, und Brüning löste mit Ermächtigung des Reichspräsidenten den Reichstag auf, um fortan seine Sanierungspolitik mit Hilfe von Notverordnungen, erlassen durch den Reichspräsidenten mit Gegenzeichnung des Reichskanzlers, durchzuführen. Das Parlament verkümmerte zur Zustimmungsmaschinerie, während das autoritäre Präsidialkabinett seine gesetzgebenden Funktionen weitgehend mit übernahm.

Die Medizin, von der der Reichskanzler die Gesundung der Nation erhoffte, hieß Deflationspolitik. Das bedeutete: scharfe Einschränkung der Staatsausgaben, um den durch ständig zurückgehende Steuereinnahmen bei hochschnellenden Sozialausgaben ungeheuer belasteten Haushalt auszugleichen, und zudem die Senkung von Preisen und Löhnen. Dabei stand der Haushaltsausgleich im Vordergrund: Die Alliierten sollten sehen, daß trotz strikter Solidität des deutschen Etatgebarens die Reparationsforderungen schlechterdings nicht erfüllbar seien, und deshalb auf Reparationen verzichten. Zu Brünings Reformprogramm unter dem Motto: Die Lage muß katastrophal werden, bevor es wieder aufwärts geht, gehörte auch eine durchgreifende Senkung der Realsteuern, um so den Unternehmen Luft für Preissenkungen zu verschaffen. Das war nicht vollständig durchzuhalten, denn 1931 wurde die Umsatzsteuer erhöht, weil anders der Reichshaushalt nicht zu balancieren war. Aber Brünings Grundkonzept wurde dadurch nicht berührt: Die öffentlichen Ausgaben wurden soweit herabgefahren, daß vor allem die Länder und die ganz einseitig mit Sozialfürsorgeverpflichtungen belasteten Gemeinden an den Rand des Bankrotts gerieten, denn die Einnahmen der Gemeinden vornehmlich aus den Bier-, Getränke- und Bürgersteuern sackten infolge der drastisch zurückgehenden Einkommen der Bevölkerung ihrerseits ins Bodenlose ab. Genau dies war Brünings Absicht: Neben den günstigen Auswirkungen, die er sich durch Katastrophenmeldungen aus Deutschland für die Reparationsverhandlungen mit den Alliierten erhoffte – eine Strategie, die tatsächlich zum Erfolg führte –, plante er für den Fall des finanziellen Offenbarungseids von Ländern und Gemeinden eine durchgreifende Reichsreform, die Übernahme von Länder- und Kommunalkompetenzen zur Modernisierung und Zentralisierung Deutschlands im Sinne effektiverer Machtausübung einer autoritären Reichsspitze.

Auch das Ziel einer Art Gleichschaltung der Länder und Kommunen mit Hilfe der Steuerschraube gelang weitgehend. Lange vor dem plumpen Putsch Franz von Papens gegen die preußische Regierung, erst recht vor dem brutalen Durchgreifen Hitlers waren schon 1932 Gemeinden und Länder in ihrer Finanzpolitik weitgehend von Reichskommissaren abhängig. Brünings Fehler lag anderswo: Er rechnete nicht damit, daß die Zeiten vorbei waren, in denen eine kleine Beamtenelite eine kühl kalkulierte Finanz- und Steuerpolitik ohne Rücksicht auf die gesellschaftlichen Folgen betreiben konnte. Der Streit ist bis heute nicht beendet, ob es zur Roßkur-Politik Brünings eine Alternative gegeben hätte. Auf alle Fälle trug sie dazu bei, jene Woge des gesellschaftlichen Massenprotests zu erzeugen, die einen Adolf Hitler an die Macht tragen sollte. Steuerpolitik als Sozialpolitik, als hastiger Notbehelf zur Füllung von Haushaltslöchern, als außenpolitisches Argument, als Instrument der Domestizierung von Ländern und Gemeinden: alles das gehört zur Geschichte der Steuern in der Weimarer Republik. Aber welches Konzept auch immer dahinter stand: nichts konnte glücken, denn jede Finanzpolitik braucht Zeit, um Strukturen zu beeinflussen und zu verändern, und Zeit blieb keinem Politiker dieser unglücklichen Republik, weder Erzberger noch Brüning.

Das Zusammenwirken von Bund und Ländern

Die Finanzverfassung des Grundgesetzes der Bundesrepublik Deutschland

Von Karl M. Hettlage

Unter der *Finanzverfassung* eines Staates versteht man den Inbegriff der gesetzlichen Grundlagen seiner Finanzwirtschaft. Die Finanzverfassung ist ein Teil der gesamten Staatsverfassung, ihre Grundentscheidungen für eine bestimmte Verfassungsordnung, einen bestimmten Verfassungstyp, bestimmen auch Ziele und Inhalt der Finanzverfassung. Von einer Finanzverfassung im förmlichen Sinn sprechen die Staatswissenschaften erst seit der Entstehung von Verfassungsurkunden mit Bestimmungen über den Staatshaushalt, das Staatsvermögen und insbesondere über das Steuerwesen. In den Verfassungsurkunden der modernen Demokratien sind solche Finanzartikel in sehr unterschiedlicher Ausprägung enthalten. Viele Staaten, die Einheitsstaaten und kein Bund mehrerer Gliedstaaten sind wie Frankreich, Großbritannien oder Italien, beschränken sich auf einige Verfahrensregeln für die Aufstellung und Durchführung des Staatshaushalts und auf Ermächtigungen zur Erhebung von Steuern.

Neben diese Verfahrensregeln für den geordneten Ablauf der Haushaltswirtschaft traten in der finanzgeschichtlichen Entwicklung sehr früh besondere Bestimmungen über die Besteuerung: Auf welcher Rechtsgrundlage dürfen Steuern erhoben werden? Welchen Trägern öffentlicher Aufgaben soll das Steueraufkommen zufließen? Wie kann der Bürger gegen Mißbrauch der staatlichen Besteuerungsmacht geschützt werden? Solche Verfassungsbestimmungen über die gesetzlichen Grundlagen der staatlichen Finanzwirtschaft begründen meist keine umfassende und systematische Ordnung des öffentlichen Finanzwesens, sie regeln vielmehr nur einzelne, politisch besonders wichtige Teilfragen. Dabei spielt die geschichtliche Entwicklung eine besonders große Rolle, so daß Vergleiche der Finanzverfassungen mehrerer Staaten nur in engen Grenzen möglich sind.

Eine herausragende Bedeutung hat die Finanzverfassung für *Bundesstaaten.* Hier muß geregelt werden, was dem Gesamtstaat und was den Gliedstaaten an Steuerquellen zustehen soll, wer welche Steuergesetze erlassen darf, wie das gesamte Aufkommen der Steuern und sonstigen Abgaben auf die verschiedenen Ebenen der Träger öffentlicher Aufgaben – bei uns auf Bund, Länder und Gemeinden – verteilt werden soll. In einem mehrgliedrigen Staatsaufbau ist die Finanzverfassung die Rechtsgrundlage für die gesamte Staatstätigkeit, denn ohne eine angemessene Finanzausstattung kann keine öffentliche Körperschaft ihre Aufgaben erfüllen. Die politische Idee des Föderalismus verlangt ein geordnetes Zusammenwirken von Gesamtstaat und Gliedstaaten nicht nur in Gesetzgebung, Verwaltung und Rechtsprechung. Erst die Finanzen schaffen die materielle Grundlage zur Wahrnehmung dieser Staatsfunktionen. Deshalb kommt der Finanzverfassung höchster politischer Rang zu. Die Finanzen sind auch hier der nervus rerum. Es ist deshalb verständlich, daß um den Inhalt einzelner Bestimmungen der Finanzverfassung, insbesondere um die Verteilung des Steueraufkommens, politisch besonders heftig gerungen wird. Das gilt in besonderem Maße für die geschichtliche Entwicklung der deutschen Finanzverfassung von der Gründung des Kaiserreiches 1871 bis zum heutigen Tag.

Die Bismarcksche Reichsverfassung vom 16. April 1871 gründete das neue Kaiserreich auf einen Bund der Landesfürsten. Dementsprechend waren die Bundesstaaten, wie die Länder damals genannt wurden, staatsrechtlich und finanziell stark und das Reich schwach. Die Aufgaben des Reichs beschränkten sich auf die auswärtigen Angelegenheiten, auf die Kolonialverwaltung, auf das Heerwesen und die Kriegsmarine sowie auf Post- und Fernmeldewesen. Die Hauptsteuern blieben den Ländern vorbehalten, dem Reich stand lediglich das Aufkommen der Zölle und einiger Verbrauchsabgaben zu. Soweit die Ausgaben des Reiches dadurch nicht gedeckt wurden, war es auf die besondere Bewilligung von Beiträgen der Länder, die sogenannten Matrikularbeiträge, angewiesen. Das Reich war Kostgänger der Länder und war politisch von ihnen abhängig. Ein Versuch Bismarcks im Jahre 1879, dies zu ändern, scheiterte. Im Gegenteil: Als infolge des Übergangs zum Schutzzoll im Jahre 1879 das Aufkommen der dem Reich zufließenden Zölle und einiger Verbrauchsabgaben stark anstieg, wurde durch eine Verfassungsänderung ein Teil davon den Ländern zugewiesen. Während der ganzen Dauer des Kaiserreichs bis 1918 deckten die ordentlichen Einnahmen des Reiches niemals seine normalen Finanzbedürfnisse. Die Folge war eine schnell ansteigende Verschuldung, die ihren Höhepunkt in den Kriegsanleihen des Ersten Weltkrieges erreichte.

Der Versuch, in der Reichsverfassung die Finanzbedürfnisse des Reichs und der Länder möglichst getrennt zu halten, scheiterte. Es zeigte sich bald, daß dieses Trennsystem der öffentlichen Ausgaben und Einnahmen mit den wachsenden Aufgaben eines modernen Industrie- und Sozialstaates nicht vereinbar war. Sie erfordern einen

Finanzverbund, um die gleichwertige Erfüllung der öffentlichen Aufgaben auf allen Verwaltungsebenen und in allen Landesteilen zu sichern. Im Zuge der geschichtlichen Entwicklung erwies sich auch hier, daß die Verfassungswirklichkeit auf die Dauer stärker ist als das geschriebene oder ungeschriebene Verfassungsrecht.

Diese Anpassung an veränderte Verhältnisse für die Bund-Länder-Beziehungen und für die Besteuerung vollzog die Reichsverfassung vom 11. August 1919. Dazu trugen die großen Finanzlasten aus den wirtschaftlichen und sozialen Folgen des Krieges erheblich bei. Der Verfassungsgeber von Weimar war klug genug, in die Verfassungsurkunde nur einige wenige Grundregelungen aufzunehmen und im übrigen die politische und rechtliche Entwicklung des Finanzwesens der künftigen einfachen Reichsgesetzgebung zu überlassen. Die Entwicklung führte notwendig dazu, daß das Reich eine Fülle von neuen Aufgaben übernehmen mußte, die vorher den Ländern oblagen. Die Länder waren in ihrer unterschiedlichen Wirtschafts- und Finanzkraft gar nicht in der Lage, die gleichwertige Erfüllung der dringenden öffentlichen Aufgaben im Reichsgebiet zu sichern. Gekrönt wurde diese Entwicklung durch die Begründung einer einheitlichen Reichsfinanzverwaltung für alle Steuern ohne Rücksicht auf die Regelung der Ertragshoheit. Die Reichsfinanzverwaltung hat vom Oktober 1919 bis zum Mai 1945 über 26 Jahre bestanden und sich hervorragend bewährt.

Nach dem Zusammenbruch des Reichs 1945 bestimmten die Militärregierungen der Besatzungsmächte auch über die öffentlichen Finanzen und Steuern. In einem recht mühevollen Anlauf wurde schrittweise eine neue Verfassung für den westdeutschen Teil des verbliebenen deutschen Staatsgebietes erarbeitet. Der Parlamentarische Rat, der aus entsandten Vertretern der Länder bestand, beschloß eine vorläufige Verfassung, unser heutiges Grundgesetz. Danach sollten das Bund-Länder-Verhältnis und die gute Ordnung von Haushalt und Steuern möglichst klar und systematisch in einem Verbundsystem geregelt werden. Dem Bund sollte gegeben werden, was er für seine dringenden Nachkriegs- und Wiederaufbauaufgaben brauchte. Diese Bemühungen stießen aber auf den entschiedenen Widerspruch der Besatzungsmächte, vor allem Frankreichs, die den Bund auch finanziell möglichst schwach und die Länder stark sehen wollten. Der Parlamentarische Rat hingegen wollte eine starke Bundesregierung mit einer entsprechenden Finanzausstattung, zu der vor allem ein umfassender Steuerverbund und ein wirkungsvoller Finanzausgleich zwischen Bund und Ländern sowie eine bundeseigene Finanzverwaltung für alle Steuern gehören. Der massive Eingriff der Besatzungsmächte in die deutsche Verfassungsgesetzgebung führte schließlich nach zähen Verhandlungen zu einer Regelung, die als vorläufige gedacht war und die zu einem politisch günstigeren Zeitpunkt durch eine endgültige Finanzverfassung ersetzt werden sollte. Solche Finanzreformen größeren Umfanges sind 1955 und vor allem 1969 verwirklicht worden. Sie befreiten die finanzielle Entwicklung von Bund und Ländern in großem Umfange vom Erbe der Besatzungsmächte.

Das Grundgesetz faßt die Finanzbestimmungen in einem besonderen, dem 10. Abschnitt in 12 Artikeln – den Artikeln 104a bis 115 – zusammen. Der geistige Vater dieser ersten Kodifikation der Finanzverfassung im Rahmen einer Staatsverfassung war Hermann Höpker-Aschoff, früher preußischer Finanzminister und nach 1948 Mitglied des Parlamentarischen Rats. Er war übrigens später der erste Präsident des Bundesverfassungsgerichts.

In einem Bundesstaat müssen die *öffentlichen Aufgaben* zwischen dem Gesamtstaat und den Gliedstaaten aufgeteilt werden. Für diese Aufgaben- und Lastenzuweisung stellt das Grundgesetz zwei tragende Grundsätze auf: Bund und Länder tragen gesondert die Ausgaben, die sich aus der Wahrnehmung ihrer Aufgaben ergeben (Art. 104a Abs. 1 GG); Bund und Länder sind in ihrer Haushaltswirtschaft selbständig und voneinander unabhängig (Art. 109 Abs. 1 GG). Diese Grundsätze einer getrennten Aufgabenerfüllung und Haushaltswirtschaft gelten aber nur mit wichtigen und finanziell bedeutenden Ausnahmen in der Richtung eines Verbunds bei bestimmten Aufgaben und bei den Deckungsmitteln (Kooperativer Föderalismus).

Neben dem Bund und den Ländern sind noch die Gemeinden und Gemeindeverbände wichtige Träger öffentlicher Aufgaben, die das Grundgesetz aber nicht als selbständige dritte Verwaltungsebene anerkennt. Im Verständnis des Grundgesetzes werden die Gemeindeaufgaben den Landesaufgaben zugerechnet. Nach dem Sinn eines kooperativen Föderalismus sind der Bund und alle seine Glieder zu einem bundesfreundlichen Verhalten untereinander verpflichtet. Dafür hat die Rechtsprechung des Bundesverfassungsgerichts strenge Grundsätze entwickelt, die bei Interessenkonflikten einen Zwang zur Verständigung begründen.

Die Befugnis zur Gesetzgebung weist das Grundgesetz je nach der Bedeutung des Regelungsbereichs dem Bund oder den Ländern zu. Der Schwerpunkt der Gesetzgebung liegt beim Bund. Für die *Steuergesetzgebung* unterstreicht es die besondere Bestimmung des Art. 105 GG. Neben der geschriebenen Zuständigkeit der Steuergesetzgebung hat die Rechtsprechung des Bundesverfassungsgerichts in engen Grenzen eine ungeschriebene Gesetzgebungszuständigkeit des Bundes aus der Natur der Sache oder aus dem Sachzusammenhang entwickelt. Im Bereich der Besteuerung obliegt die Gesetzgebung dem Bund für die Zölle und Finanzmonopole sowie für alle Steuern, deren Aufkommen dem Bund ganz oder teilweise zusteht, oder wenn die Wahrung der Rechts- und Wirtschaftseinheit, insbesondere die Einheitlichkeit der Lebensverhältnisse im Bundesgebiet, es erfordern. Das greift weit und erfaßt alle wesentlichen Steuern. Für die Steuergesetzgebung der Länder bleiben nur die kleinen örtlichen Verbrauch- und Aufwandsteuern der Gemeinden.

Diese Abgrenzung der Befugnisse der Steuergesetzgebung hat sich nach anfänglichen Schwierigkeiten inzwischen reibungslos eingespielt. In einem einheitlichen Wirtschaftsgebiet ist eine einheitliche Steuergesetzgebung unentbehrlich. Die Gesetzgebungsbefugnis des Bundes umfaßt auch das allgemeine Steuerrecht, vor allem das Steuerverfahrensrecht, die Abgabenordnung und das Bewertungsrecht.

Schwieriger ist bis heute die Aufteilung der *Verwaltungszuständigkeit* auf Bund und Länder. Nach dem Willen des Grundgesetzes sollte das Schwergewicht bei der Erfüllung der öffentlichen Aufgaben eindeutig bei den Ländern und nach der Landesgesetzgebung bei den Gemeinden und Gemeindeverbänden liegen. Die Aufteilung der Verwaltungszuständigkeit ist deshalb von großer Bedeutung, weil der Träger der Aufgabe auch die finanziellen Lasten daraus zu tragen hat. Die Ausgabenlast folgt grundsätzlich der Aufgabenlast (Art. 104a Abs. 1 GG). Bei dem geringen Umfang einer bundeseigenen Verwaltung, die vor allem für die auswärtigen Angelegenheiten, die Verteidigung, das Zollwesen und einiges mehr eingerichtet ist, wurde neben der selbständigen Eigenverwaltung der Länder auch eine besondere Rechtsform, die Auftragsverwaltung der Länder für den Bund, entwickelt. Die Grenze zwischen diesen drei typischen Verwaltungsformen zur Durchführung der Gesetze und zur Erfüllung der sonstigen öffentlichen Aufgaben ist fließend und nicht überall trennscharf.

Es gibt einige Aufgaben der Länder, deren überregionale Bedeutung ein engeres Zusammenwirken von Bund und Ländern erfordert. Dafür hat die Finanzreform von 1969 das Verfassungsinstitut der *Gemeinschaftsaufgaben* geschaffen. Das Gemeinschaftliche besteht in einer gemeinsamen Planung und gemeinsamen Finanzierung dieser Aufgaben, die das Grundgesetz in Art. 91a für drei Aufgabenbereiche vorsieht: den Neu- und Ausbau der wissenschaftlichen Hochschulen, die regionale Wirtschaftsförderung sowie die Förderung der Agrarstruktur und des Küstenschutzes. Für jede dieser Aufgaben stellt ein gemeinschaftlicher Planungsausschuß Rahmenpläne für jeweils vier Jahre auf. An den Kosten dieser Länderaufgaben beteiligt sich der Bund in der Regel zur Hälfte; bei Maßnahmen der Agrarstruktur beträgt der Bundesanteil 60 Prozent und bei Maßnahmen des Küstenschutzes 70 Prozent. Das Zusammenwirken ist nicht spannungsfrei, aber war bisher durchaus erfolgreich.

Daneben fördern Bund und Länder gemeinsam die wissenschaftliche Forschung mit großen Mitteln; das Nähere ist in einer Verwaltungsvereinbarung geregelt (Art. 91b GG). Schwerpunkte dieser Forschungsförderung bilden die Max-Planck-Gesellschaft und die Deutsche Forschungsgemeinschaft sowie einige Forschungsinstitute von überregionaler Bedeutung. Die hohen Kosten der Forschungsförderung tragen Bund und Länder in der Regel je zur Hälfte. Auf diesem Gebiet ist die Zusammenarbeit von Bund und Ländern im wesentlichen spannungsfrei und sehr erfolgreich.

Die zentrale Frage der Finanzverfassung ist die *Verteilung des gesamten Steueraufkommens* auf die Vielzahl der Träger öffentlicher Aufgaben. Dieser Teil ist politisch am meisten umstritten. Die Verteilung der Deckungsmittel muß soweit wie möglich dem wirklichen Dekkungsbedarf entsprechen. Was im Einzelfalle als unabweisbarer Dekkungsbedarf eines Aufgabenträgers anzusehen ist, kann nur im Wege des politischen Kompromisses ermittelt und geregelt werden. Hier ist die Rechtspflicht aller Beteiligten zum bundesfreundlichen Verhalten besonders deutlich. Die Verfassung erkennt die Finanzbedürfnisse des Bundes, der Länder und der Gemeinden als grundsätzlich gleichwertig an. Bei der gesetzlichen Regelung der Steuerverteilung ist der Einfluß der Länder, vor allem wegen des Zustimmungsvorbehalts des Bundesrats, stark. Fast alle Finanzausgleichsgesetze sind in der Vergangenheit erst nach Anrufung des Vermittlungsausschusses zustande gekommen.

Im Rahmen der weitgehenden Vorranggesetzgebung des Bundes haben die Länder und Gemeinden weiterhin ein Steuerfindungsrecht. Den Ländern steht die ausschließliche Gesetzgebung über die Verbrauch- und Aufwandsteuern zu, die an örtliche Gegebenheiten anknüpfen und die herkömmlicherweise von den Gemeinden erhoben werden. Zu diesen örtlichen Verbrauch- und Aufwandsteuern gehören beispielsweise die Vergnügungsteuer, Getränkesteuer, Speiseeissteuer, Hundesteuer, Fischereisteuern u. a. m. (Art. 105 Abs. 2a GG).

Die Verfassungsbestimmungen über die Steuerverteilung wollen allen öffentlichen Aufgabenträgern eine angemessene Finanzausstattung zur Erfüllung ihrer Aufgaben sichern, ohne Rücksicht darauf, ob sie eine bestimmte Steuer als Steuergläubiger selbst erheben. Die Einkommen- und Körperschaftsteuer und die Umsatzsteuer sind *Gemeinschaftsteuern* von Bund und Ländern (Großer Steuerverbund). Ihre Anteile an der Einkommen- und Körperschaftsteuer legt die Verfassung mit je ½ fest; ihre Anteile an der Umsatzsteuer bestimmt ein Bundesgesetz, das der Zustimmung des Bundesrats bedarf.

Die Bestimmungen des Grundgesetzes über die Verteilung des Steueraufkommens auf Bund, Länder und Gemeinden sind recht umfangreich und kompliziert. Nach Art. 106 Abs. 1 GG stehen dem Bund zu: die Zölle, die Verbrauchsteuern – soweit sie nicht den Ländern und Gemeinden vorbehalten sind –, die Straßen-Güterverkehrsteuer, die Kapitalverkehrsteuern, die Versicherungsteuer und die Wechselsteuer, die einmaligen Vermögensabgaben und die Lastenausgleichsabgaben und ggf. eine Ergänzungsabgabe zur Einkommensteuer und Körperschaftsteuer. Schließlich fließen dem Bund formal auch die Abgaben im Rahmen der Europäischen Gemeinschaften nach Art. 39 ff. EWGV zu, der sie an die Kasse der EWG weiterleitet. Den Ländern steht zu: die Vermögensteuer, die Erbschaftsteuer, die Kraftfahrzeugsteuer, die Verkehrssteuern – soweit sie nicht dem Bund oder Bund und Ländern gemeinsam zustehen –, die Biersteuer und die Abgaben von Spielbanken.

Die Verteilung des Aufkommens der Umsatzsteuer ist der einzige bewegliche Teil im System des Bund-Länder-Finanzausgleichs. Um sie möglichst bedarfsgerecht zu machen und um die Anteile von Bund und Ländern dem Wandel der Aufgaben und der Deckungsbedürfnisse von Zeit zu Zeit anzupassen, enthält Art. 106 Abs. 3 GG eine sogenannte Revisionsklausel. Danach haben Bund und Länder gleichmäßig Anspruch auf Deckung ihrer notwendigen Ausgaben. Ihre Deckungsbedürfnisse sind so aufeinander abzustimmen, daß ein billiger Ausgleich erzielt, eine Überbelastung der Steuerpflichtigen vermieden und die Einheitlichkeit der Lebensverhältnisse im Bundesgebiet gewahrt wird. Diese Klausel klingt vernünftig. Aber welche Ausgaben sind notwendig und welche nicht? Wann ist ein Ausgleich billig und wann wird er unbillig? Und wichtiger noch: Wer bestimmt in dem unvermeidlichen Konfliktfall, welche Anteile (Quoten) den Verfassungsleitsätzen am besten entsprechen? Die Neufestsetzung der Umsatzsteueranteile bleibt immer eine offene Frage, die nur von Fall zu Fall durch einen Bund-Länder-Kompromiß geregelt werden kann. Die Revisionsklausel der Finanzverfassung ist keine Friedensklausel und keine wirksame Entscheidungsrichtlinie geworden.

Den *Gemeinden* weist das Grundgesetz einen eigenen unmittelbaren Anteil am Aufkommen eines breiten Sockels der Einkommensteuer (15 Prozent) zu, der von den Ländern an ihre Gemeinden auf der Grundlage der Einkommensteuerleistungen ihrer Einwohner (örtliche Steuerkraft) weiterzuleiten ist. Das restliche Aufkommen fließt dem Bund und den Ländern je zur Hälfte zu. Daneben erhalten die Gemeinden die Realsteuern (Grundsteuer, Gewerbesteuer) sowie die örtlichen Verbrauch- und Aufwandsteuern.

Die *Verwaltung der Steuern* ist nach wie vor entsprechend der Anordnung der Besatzungsmächte für Bund und Länder getrennt. Immerhin ist im Zuge der Finanzreform von 1969 im Grundgesetz angeordnet worden, daß die Finanzämter, die Landesbehörden sind, alle Steuern, die ganz oder teilweise dem Bund zufließen, im Auftrag des Bundes erheben. Diese Bundesauftragsverwaltung der Landesfinanzbehörden umfaßt alle großen Steuern, vor allem die Einkommen- und Lohnsteuer, die Körperschaftsteuer und die Umsatzsteuer. Die Landesfinanzbehörden sind dabei an die Richtlinien und Weisungen der Bundesregierung und des Bundesfinanzministers gebunden. Dadurch ist verfassungsrechtlich eine gleichmäßige Anwendung der Steuergesetze im ganzen Bundesgebiet gesichert. Unbeschadet der Weisungsbefugnis des Bundesfinanzministers besteht eine enge Zusammenarbeit zwischen den Finanzbehörden des Bundes und der Länder. Auftretende Meinungsverschiedenheiten werden in einem bewährten Verfahren gemeinsam geklärt.

Die Zölle, Finanzmonopole und die Verbrauchsteuern (einschließlich der Einfuhrumsatzsteuer) werden durch Bundesfinanzbehörden (Zollverwaltung) erhoben. Die Leiter der Bundesmittelbehörden werden im Benehmen mit den Landesregierungen bestellt. Die übrigen Steuern werden durch Landesfinanzbehörden verwaltet; die Leiter der Mittelbehörden werden im Einvernehmen mit der Bundesregierung bestellt. Einzelheiten über die Organisation der Bundes- und Landesfinanzverwaltungen, ihre Organisation und ihre Zusammenarbeit regelt das Finanzverwaltungsgesetz.

Um eine gewisse Beweglichkeit in der Steuerverwaltung zu ermöglichen, können nach Art. 108 Abs. 4 GG durch Bundesgesetz besondere Formen des Zusammenwirkens von Bundes- und Landesfinanzbehörden vorgesehen werden, wenn und soweit dadurch der Vollzug der Steuergesetze erheblich verbessert wird. Schließlich kann durch Bundesgesetz mit Zustimmung des Bundesrats auch ein einheitliches Steuerverfahrensrecht für Bundes-, Landes- und Gemeindesteuern geschaffen werden. Das ist durch die Abgabenordnung 1977 umfassend geschehen. Zum Verfahrensrecht gehört auch die Finanzgerichtsbarkeit, die durch die Finanzgerichtsordnung vom 6. 10. 1965 (BGBl. I S. 1477) einheitlich zweistufig (Finanzgerichte, Bundesfinanzhof) geregelt ist.

Zur Finanzverfassung gehören auch Rahmenbestimmungen über die Einordnung der Finanzpolitik und Finanzwirtschaft der Gebietskörperschaften in die *gesamtwirtschaftlichen Zielsetzungen.* Dabei handelt es sich in erster Linie um die breite Auswirkung der öffentlichen Haushaltswirtschaft auf das gesamtwirtschaftliche Gleichgewicht und auf den Ablauf der Konjunktur. Einige Grundsätze zur Sicherung einer gleichgerichteten öffentlichen Haushaltswirtschaft wurden im sachlichen und zeitlichen Zusammenhang mit der Finanzreform von 1969 in das Grundgesetz aufgenommen.

Zur Erreichung dieses Zieles müssen zwei scheinbar widersprüchliche Verfassungsgrundsätze in Einklang gebracht werden: Einerseits sind Bund und Länder in ihrer Haushaltswirtschaft selbständig und voneinander unabhängig (Art. 109 Abs. 1 GG), andererseits haben Bund und Länder bei ihrer Haushaltswirtschaft den Erfordernissen des gesamtwirtschaftlichen Gleichgewichts Rechnung zu tragen (Art. 109 Abs. 2 GG). Nur der Bund kann und muß unter Mitwirkung der Länder die gesamtwirtschaftlichen Ziele und die Maßnahmen bestimmen, die eine Störung des gesamtwirtschaftlichen Gleichgewichts abwehren sollen. Diese Gesetze, die mit Zustimmung des Bundesrats ergehen, können die Aufnahme von Krediten durch die Gebietskörperschaften beschränken und die Ansammlung von Konjunkturausgleichsrücklagen bei der Bundesbank vorschreiben. Hier wird die Pflicht der Länder zum bundesfreundlichen Verhalten besonders deutlich.

Um die Einheit der öffentlichen Haushaltswirtschaft auch rechtlich zu sichern, können durch Bundesgesetz mit Zustimmung des Bundesrats Grundsätze für das Haushaltsrecht, für eine konjunkturgerechte Haushaltswirtschaft und für eine mehrjährige Finanzplanung aufgestellt werden. Das ist durch das Gesetz zur Förderung der Stabilität und des Wachstums der Wirtschaft vom 8. 6. 1968 – StabG – (BGBl. I S. 582) und durch das Gesetz über die Grundsätze des Haushaltsrechts des Bundes und der Länder – HGrG – vom 19. 8. 1969 (BGBl. I S. 1273) geschehen. Die großen Erwartungen, die an die verfassungsrechtliche Untermauerung eines «gleichzeitigen aufeinander abgestimmten Verhaltens» (§ 3 StabG) von Bund, Ländern und Gemeinden geknüpft wurden, sind von der zwischenzeitlichen Entwicklung enttäuscht worden. Auch der gemeinsame Finanzplanungsrat von Bund und Ländern und die mehrjährige Finanzplanung haben nicht zu einer wirksamen Koordinierung der gesamtstaatlichen Finanzwirtschaft geführt.

Die Grundsätze für die Aufstellung, Feststellung und Durchführung des *Bundeshaushaltsplans* sind 1969 im Rahmen der Finanzreform in Art. 110–115 GG neu geregelt worden. Sie werden durch die Bundeshaushaltsordnung vom 19. 8. 1969 (BGBl. I S. 1284) und durch weitere Rechtsverordnungen und Verwaltungsvorschriften ergänzt. In dieser Neuordnung des Haushaltsrechts drückt sich der Wandel der

Finanzpolitik von der reinen Bedarfsdeckung zur «Ordnungsfinanzpolitik» aus. Art. 110 GG erhebt einige klassische Haushaltsgrundsätze zu Verfassungsnormen, so den Grundsatz der Vorherigkeit, der Vollständigkeit und Einheit des Haushaltsplans, der Trennung von Einnahmen und Ausgaben (Bruttoprinzip) und der Gesamtdeckung.

Zur ordnungsgemäßen Finanzwirtschaft gehört grundsätzlich jederzeit ein durch das Haushaltsgesetz festgestellter Haushaltsplan. Da die rechtzeitige Verabschiedung des Haushaltsgesetzes vor Beginn eines neuen Rechnungsjahres aber tatsächlich nicht gesichert ist, muß die Verfassung Bestimmungen über einen «Nothaushalt» (Art. 111 GG) treffen. Während der haushaltsplanlosen Zeit muß die Bundesregierung alle auf Gesetz oder Vertrag beruhenden Ausgaben leisten können. Sie ist ermächtigt, alle Ausgaben zu leisten, um die gesetzlich bestehenden Einrichtungen zu erhalten und gesetzlich beschlossene Maßnahmen durchzuführen; Bauten und Beschaffungen können fortgesetzt werden, wenn durch den Haushaltsplan des Vorjahres bereits Beträge bewilligt sind.

Die Ausgabenansätze des Haushaltsplans sind eine Ermächtigung für die Bundesregierung; sie darf von den bezeichneten Zwecken nicht abweichen und die bewilligten Beträge nicht überschreiten. Da aber im Laufe eines Rechnungsjahres immer wieder neue Bedürfnisse auftreten können, die Abweichungen von den Ausgabensätzen des Haushaltsplans erfordern, gewährt Art. 112 GG dem Finanzminister ein bedeutendes Sonderrecht. Im Falle eines unvorhersehbaren und unabweisbaren Bedürfnisses kann er überplanmäßige und außerplanmäßige Ausgaben zulassen.

Nach Abschluß eines Rechnungsjahres muß der Bundesminister der Finanzen dem Bundestag und dem Bundesrat über alle Einnahmen und Ausgaben sowie über das Vermögen und die Schulden zur Entlastung der Bundesregierung Rechnung legen (Art. 114 GG; Finanzkontrolle). Der Bundesrechnungshof, dessen Mitglieder richterliche Unabhängigkeit besitzen, prüft die Jahresrechnung sowie die Wirtschaftlichkeit und Ordnungsmäßigkeit der Haushalts- und Wirtschaftsführung. Über das Ergebnis seiner Prüfung unterrichtet er die Bundesregierung, den Bundestag und den Bundesrat jährlich.

Die Finanzreform von 1969 hat ein altes Problem, die *Eigenverantwortung der Bundesregierung* gegenüber dem Parlament bei ausgabeerhöhenden oder einnahmesenkenden Gesetzesbeschlüssen, neu geregelt. Nach Art. 113 GG bedürfen derartige Beschlüsse der ausdrücklichen Zustimmung der Bundesregierung. Sie kann verlangen, daß der Bundestag die Beschlußfassung über solche Gesetze aussetzt oder daß der Bundestag darüber binnen vier Wochen nach dieser ersten Beschlußfassung noch einmal beschließt. Für diese Fälle enthält das

Grundgesetz einige Verfahrensgrundsätze. In der Verfassungswirklichkeit hat sich dieses Zustimmungsrecht der Bundesregierung bei finanzwirksamen Gesetzesbeschlüssen eines zu ausgabefreudigen Parlaments als wirkungslos erwiesen, weil die Bundesregierung sich praktisch nicht gegen eine Parlamentsmehrheit wenden kann, deren Vertrauen sie trägt.

Die Finanzverfassung des Grundgesetzes enthält schließlich noch eine Rahmenbestimmung über die *Aufnahme von Krediten.* Nach Art. 115 GG bedürfen die Aufnahme von Krediten, die Übernahme von Bürgschaften und Garantien sowie sonstiger Gewährleistungen, die zu Ausgaben in künftigen Rechnungsjahren führen können, einer Ermächtigung durch Gesetz. Die Ausgaben aus Krediten dürfen die Summe der im Haushaltsplan veranschlagten Ausgaben für Investitionen nicht überschreiten. Ausnahmen sind nur zulässig zur Abwehr einer Störung des gesamtwirtschaftlichen Gleichgewichts. Diese scheinbar strenge Verfassungsbestimmung soll die Neuverschuldung an engere Grenzen binden. Tatsächlich ist die Begrenzung bis zur Höhe der Investitionen, deren Anteil an den Gesamtausgaben des Bundes etwa 14 Prozent beträgt, keine wirksame Verschuldungsgrenze. Die Ausnahme zugunsten einer Finanzierung konjunkturpolitischer Maßnahmen durch zusätzliche Verschuldung läßt eine Neuverschuldung zu gesamtwirtschaftlichen Zwecken, z. B. ein Programm von Zukunftsinvestitionen, praktisch unbegrenzt zu. Hier wie bei anderen Grundsätzen der Finanzverfassung hat sich gezeigt, daß ein wohlgemeintes strenges Verfahrensrecht keineswegs immer eine unsparsame und leichtfertige Finanzpolitik verhindern kann.

Die Probleme der deutschen Finanzverfassung bei der Koordinierung von Bund und Ländern sind zu einem großen Teil typisch für jede bundesstaatliche Verfassung. Die beiderseitigen Aufgaben und deren Finanzierung müssen durch die Verfassung geklärt werden. Dabei führen geschichtliche und nationale Besonderheiten vielfach zu Lösungen, die nur aus der politischen Entwicklung des einzelnen Landes erklärt und die nicht modellhaft auf andere Staaten übertragen werden können. Die Unterschiede sind meist größer als die Gemeinsamkeiten.

Werfen wir einen kurzen Blick auf unsere Nachbarstaaten Österreich und die Schweiz. Beide haben eine alte föderale Tradition. In *Österreich* sind die neun Länder die Hauptträger der Verwaltungsaufgaben; sie führen die Bundesgesetze in eigener Verantwortung aus. Die Steuergesetzgebung ist wie bei uns stark beim Bund zentralisiert. Die Gesetze über die Steuerverteilung und den Finanzausgleich sind noch komplizierter als bei uns. Das Gesamtbild der österreichischen

Finanzverfassung weist eine gewisse Ähnlichkeit mit der deutschen auf. Eine gemeinschaftliche Finanztradition scheint noch wirksam zu sein.

Anders in der *Schweiz*. Die Schweizerische Eidgenossenschaft umfaßt 25 Kantone, ganz verschieden nach Bevölkerungszahl, Gebietsumfang und Wirtschaftskraft. Das Schwergewicht der gesamten Innen- und Finanzpolitik liegt seit altersher bei den Kantonen. Die Bundesverfassung von 1871, die heute noch gilt, überläßt dem Bund nur die notwendigen gesamtstaatlichen Aufgaben, wie die auswärtigen Angelegenheiten, die Verteidigung, die Außenwirtschaft und die Währung. Im Straßenwesen, das in der Regel eine zentrale Ordnung erfordert, steht dem Bund nur eine Gesetzgebung über die Nationalstraßen zu, die aber von den Kantonen gebaut und unterhalten werden; die Kosten werden je nach dem besonderen Interesse und der Finanzkraft zwischen beiden geteilt. Die Steuergesetzgebungsbefugnisse des Bundes sind enger als bei uns. Sie sind weitgehend auf die Zölle und die großen Verbrauchsabgaben beschränkt. Die Befugnis zur Erhebung einer Wehrsteuer, einer Warenumsatzsteuer und einer Biersteuer auf der Grundlage eines Bundesgesetzes ist durch die Verfassung zeitlich begrenzt. Über alle anderen Steuern, vor allem also auch über die Einkommen- und Körperschaftsteuer, die Grund- und Gewerbesteuer, sogar über die Erbschaftsteuer und die Kraftfahrzeugsteuer beschließen die Kantone. Wichtig ist, daß die Beschlüsse über die Einführung einer Steuer und über die Steuersätze in einigen Kantonen durch Volksentscheid, das sogenannte Referendum, getroffen werden. Dadurch wird die Ausgabengebarung dieser Gebietskörperschaften merklich gezügelt. Die Steuerverteilung und der Finanzausgleich zwischen Bund und Kantonen sind äußerst kompliziert und nicht an bestimmten Grundsätzen orientiert. Das meiste ist nur geschichtlich zu erklären. Das Finanzausgleichsbedürfnis ist wegen der großen Unterschiede der Wirtschafts- und Finanzkraft zwischen den Kantonen besonders groß. Dabei werden die Kantone in drei Gruppen eingeteilt mit schwacher, mittlerer und starker Finanzkraft. Für jede Gruppe werden Mindest- und Höchstbeträge einer Bundesfinanzhilfe festgesetzt.

Ganz andere Modelle einer bundesstaatlichen Finanzverfassung bieten die außereuropäischen Bundesstaaten wie die USA, Kanada und Australien, auf die hier aber nicht eingegangen werden kann.

Wirft man rückschauend einen Blick auf die *Entwicklung unserer Finanzverfassung* in den 37 Jahren seit der Verabschiedung des Grundgesetzes, so sind beachtliche Fortschritte in der Richtung auf ein aufgeschlossenes, bewegliches und an Grundsätzen orientiertes

Zusammenwirken von Bund und Ländern unverkennbar. Mancher alte Zopf der Verwaltungsgeschichte ist abgeschnitten worden. Die Fremdbestimmung durch die Besatzungsmächte ist formal ganz und inhaltlich in wichtigen Punkten beseitigt worden. Mit dieser Finanzverfassung kann unser Land ohne wesentliche Änderungen ein Jahrzehnt oder länger seine alten und neuen Bedürfnisse befriedigen. Änderungen in Politik und Verwaltung können zu Korrekturen führen. In der großen Linie ist die heutige Finanzverfassung ausgekeltert. Sie ist offen für Schwerpunktverschiebungen in den öffentlichen Aufgaben und ihrer Finanzierung.

Sicherlich wird mancher sich eine weniger komplizierte Grundordnung für die öffentlichen Finanzen wünschen. Kompliziertheit ist aber leider im Bereich von Finanzen und Steuern unvermeidlich. Die wirtschaftlichen und sozialen Verhältnisse sind so verschieden – örtlich, regional und nach Wirtschaftszweigen –, daß eine weniger komplizierte Regelung nur weniger angemessen und in der Besteuerung nur weniger gerecht sein könnte. Niemand darf von einer Verfassung, auch nicht von der Finanzverfassung, Vollkommenheit und Endgültigkeit erwarten.

Der Aufstieg der Einkommensteuer

Entstehung und Entwicklung der direkten Besteuerung

Von Fritz Neumark

Die Einteilung der Steuern in «direkte» und «indirekte» hat sich trotz der Kritik, die von zahlreichen Autoren mit freilich unterschiedlichen Argumenten gegen sie gerichtet wurde, bis auf den heutigen Tag erhalten. Allerdings besteht keineswegs eine Übereinstimmung von Theoretikern und Praktikern darüber, welches das beste Kriterium für die fragliche Unterscheidung ist. Man kann jedoch sagen, daß heute wie früher die Ansicht vorherrscht, dergemäß als «direkt» jene steuerlichen Abgaben anzusehen sind, bei denen Steuerzahler und Steuerträger dieselbe Person sind, die also von den Pflichtigen nicht auf andere Personen mittels des Marktpreismechanismus abgewälzt werden können, während «indirekte» Steuern abgewälzt werden sollen und in der Regel auch faktisch abgewälzt werden.

Wenn sich die «Abwälzbarkeit» in allen Fällen empirisch feststellen ließe, könnte man sich vielleicht mit dieser Definition abfinden, doch ist jene Voraussetzung so gut wie nie gegeben. Es ist daher vorzuziehen, den Unterschied zwischen den beiden Steuerarten darin zu erblicken, ob eine Abgabe entweder auf eine unmittelbare Erfassung sei es persönlicher, sei es sachlicher Leistungsfähigkeit gerichtet ist oder aber auf eine mittelbare Erfassung derselben abzielt. Auch wenn man diese Auffassung akzeptiert, verbleiben Zweifelsfälle, doch ist überwiegend anerkannt, daß zumindest Vermögen- und Einkommensteuern zu den «direkten», Umsatz- bzw. Mehrwertsteuern sowie spezielle Verbrauchsabgaben zu den «indirekten» zu rechnen sind.

Obgleich sich auch in früheren Zeiten Abgaben fanden, die man – mit gewissen Vorbehalten – als «direkte» bezeichnen könnte, beginnt die moderne direkte Besteuerung doch erst, von einigen vermögensteuerähnlichen Abgaben abgesehen, mit der britischen «Income tax» von 1799. Die (überwiegend nur partiellen) Vermögensteuern der früheren Zeiten haben zumindest ihre relative fiskalisch-budgetäre Bedeutung mit der Entwicklung der Einkommen- und der allgemeinen Umsatzsteuern weitgehend eingebüßt. Von ihnen wird daher nur kurz die Rede sein, zumal sie in so wichtigen Ländern wie den Vereinigten Staaten, Großbritannien und Frankreich nicht (bzw. nicht mehr) anzutreffen sind.

Es ist charakteristisch, daß die Einkommensteuer wie dann später auch die «indirekte» allgemeine Umsatzsteuer als Kriegsmaßnahme in Erscheinung trat – in Großbritannien ebenso wie in Deutschland (wo allerdings der ostpreußische Versuch von 1808 anders als der englische nicht als Vorläufer der modernen Einkommensbesteuerung angesehen werden kann). In Friedenszeiten abgeschafft, bahnte sie sich seit der Mitte des 19. Jahrhunderts von Großbritannien ausgehend allmählich den Weg in die meisten wirtschaftlich fortgeschrittenen Länder Europas. In Frankreich erfolgte ihre Einführung – überdies in unvollkommener Form – erst zu Beginn des 20. Jahrhunderts, und die übrigen romanischen Länder zögerten ebenfalls lange, sie einzuführen; sie behielten lieber ihr objektives Ertragsteuersystem bei. Dagegen hat in der zweiten Hälfte unseres Jahrhunderts eine ganze Reihe von Entwicklungsländern den Schritt zur Einführung von Einkommensteuern gewagt, einige davon mit unzweifelhaftem Erfolg, wie etwa die Türkei.

Betrachtet man die Entwicklung der Zusammensetzung der Gesamtsteuereinkünfte – also deren Struktur – im Laufe der letzten Jahrzehnte, so ist ein Vordringen der Einkommensteuern unverkennbar. Daß in entwickelten Volkswirtschaften mehr als die Hälfte aller jener Einkünfte heute auf «direkte» Steuern entfällt, hat mehrere Gründe. Einmal ist entsprechend dem allgemeinen Wirtschaftswachstum die Bemessungsgrundlage der Einkommensteuer ständig gewachsen, zweitens haben parallel zu den Wirtschaftsstrukturänderungen (stetige relative Abnahme der schwer erfaßbaren und/oder steuerbefreiten) Einkünfte aus Landwirtschaft fortschreitend an Bedeutung im Verhältnis zu Einkünften aus den anderen Wirtschaftssektoren verloren, drittens wurden die Steuersätze erhöht, viertens die Progression der Tarife verschärft, fünftens die Veranlagungs- und Erhebungstechniken immer effizienter gestaltet, und sechstens schließlich hat in neuerer Zeit die unvollständige und verspätete Anpassung der Steuerlasten an die tendenziell stetig fortschreitende Inflation zu «heimlichen» oder «kalten» progressionsbedingten Mehrerträgen geführt. Während einerseits bis zum Ersten Weltkrieg die meisten Arbeiter und Angestellten wegen ihrer unterhalb der (an sich bescheidenen) Freigrenzen liegenden geringen Einkünfte faktisch steuerfrei blieben und andererseits die Höchstsätze für die mittleren Einkommen fünf Prozent kaum überstiegen, ja selbst für die nach damaligen Maßstäben «Reichen» nur in seltenen Fällen zehn Prozent erreichten, ist heute die Einkommensteuer von der Pflichtigenzahl und vom Gesamtaufkommen her gesehen eine Massensteuer, die zu weit mehr als der Hälfte ihres Ertrags von Lohn- und Gehaltsbeziehern getragen wird und deren Grenzsteuersätze vielfach bereits für höhere mittlere

Einkommen, insbesondere bei Einrechnung auch der Kirchensteuer und der Sozialabgaben, 50 Prozent erreichen oder gar überschreiten. Demgegenüber spielen Höchstsätze von 70, 80 oder mehr Prozent, wie sie während des letzten Krieges, z. T. auch noch danach in Ländern wie Großbritannien, den Vereinigten Staaten und den skandinavischen Ländern bestanden, fiskalisch-budgetär keine ertragsmäßig entscheidende Rolle, ganz abgesehen davon, daß sie die Anreize zu Investitionen, Mehrarbeit und Mehrsparen negativ beeinflussen oder Steuerhinterziehungen fördern, was die seit ein, zwei Jahrzehnten zu beobachtende Ausdehnung der sogenannten Schattenwirtschaft großenteils erklärt.

Das Aufkommen an Einkommensteuer hängt im übrigen entscheidend von dem ab, was legal als steuerbares Einkommen gilt. Die Praxis der Gesetzgebung hat bisher überall davon Abstand genommen, dieses Einkommen zunächst einmal mittels eines umfassenden Begriffs eindeutig zu definieren. Sie begnügt sich vielmehr damit, einzelne Einkunftsarten aufzuzählen und dann kasuistisch festzulegen, inwieweit die darunter fallenden Einkünfte der Steuer unterliegen. Obwohl es auch Beispiele dafür gibt, daß im Zuge der Zeit eine Erweiterung des fiskalischen Einkommensbegriffs erfolgt ist, sind die Fälle, in denen dieser eingeschränkt wurde, häufiger und bedeutsamer. Formal geschieht das etwa dadurch, daß durch Sonderbestimmungen über totale oder partielle Steuerbefreiungen, ermäßigte Steuersätze, Abzüge von der Bemessungsgrundlage und dergleichen mehr die effektive Steuerbelastung für die betreffenden Einkünfte reduziert wird. Die Gründe für diese Politik, die zu dem geführt hat, was die Amerikaner eine *erosion of the tax base* nennen, sind unterschiedlich. Teilweise sind sie steuertechnischer Natur (die Verwaltung soll nicht durch zahlreiche Bagatellfälle zu stark belastet werden), jedoch überwiegen heute sozial- und wirtschaftspolitische Motive. Diese Entwicklung steht einmal mit dem Allgemeinheitsprinzip in Widerspruch, sie führt also zu Ungerechtigkeiten, sie hat ferner einen Dirigismus ermöglicht, der mit den Grundsätzen einer Marktwirtschaftsordnung unvereinbar ist, und sie erzwingt drittens höhere Steuersätze, als sie ohne jene Praktiken erforderlich wären, um ein bestimmtes Aufkommen zu erzielen. Darüber hinaus bewirkt sie eine empfindliche Beeinträchtigung der Steuertransparenz, da sie die Steuervorschriften derart kompliziert macht, daß sie für die Masse der Pflichtigen unverständlich sind, was ökonomisch, aber auch politisch bedenklich ist.

Grundsätzlich herrscht dennoch in der modernen Einkommenbesteuerung der Gedanke vor, daß sämtliche Einkommen, gleichviel aus welcher Quelle sie stammen mögen, der Steuer zu unterwerfen sind.

Das schließt nicht aus, daß das Einkommen in bestimmte Kategorien zerlegt und für diese besondere Ermittlungsprinzipien aufgestellt werden. Das war schon in der zweiten Form der britischen Einkommensteuer (1805) der Fall, in der es fünf solcher Kategorien *(schedules)* gab, für die je spezifische Veranlagungs- und Erhebungsmethoden vorgesehen waren, darunter der «Quellenabzug» von Zinsen und einigen ähnlichen Einkünften, noch nicht aber von Löhnen und Gehältern, wo er heute in den meisten Ländern einschließlich der Bundesrepublik mit Abstand die größte Rolle spielt. Das Gesamteinkommen wurde jedoch 1799 noch nicht als solches erfaßt, so daß eines der Merkmale fehlte, das heute mit Recht als Kennzeichen einer «echten» Einkommensteuer im Gegensatz zu einkommensteuerähnlichen Ertragsteuern gilt. Diese kommen, wenn auf (nahezu) alle Erträge einzeln gelegt, wie etwa in den süddeutschen Steuern der Mitte des vorigen Jahrhunderts, einer Einkommensteuer zwar nahe, sind mit ihr aber nicht voll identisch. Am längsten hat sich ein derartiges System in den romanischen Ländern, vor allem in Frankreich, erhalten, wo das zu Beginn dieses Jahrhunderts bestehende sogenannte «Schedulensteuersystem» sich einerseits weitgehend an dem britischen orientierte, andererseits durch Einführung eines ergänzenden, auf das Gesamteinkommen gelegten progressiven *impôt général sur le revenu* aber auch dem «germanischen» Typ der modernen Einkommensteuer annäherte, wie er u. a. durch Miquel 1891 in Preußen – und einige Jahre früher bereits in Sachsen – eingeführt worden war. In vieler Hinsicht ist damit eine Angleichung der französischen an die britische Einkommensteuer vollzogen worden, die 1910 als «Super tax» – später «Surtax» – die Schedulenbesteuerung durch eine progressive Zuschlagsteuer auf «hohe» Einkommen ergänzte.

Daß es nur das Gesamteinkommen, also die Summe aller steuerpflichtigen Einkommen sein kann, das Grundlage einer wirklichen Einkommensteuer bildet, ist heute theoretisch unbestritten und ergibt sich schon daraus, daß nur auf einen solchen Summenbegriff eine Progression sowie die verschiedenen Maßnahmen angewendet werden können, die der Einkommensteuer (im Gegensatz zu den realen oder objektiven Ertragsteuern: Grund- und Gebäudesteuer, Gewerbesteuer, Kapitalertragsteuer) den Charakter einer persönlichen Abgabe verleihen, also etwa die Berücksichtigung des Familienstandes, der Kinderzahl, der sogenannten außergewöhnlichen Belastungen und ähnliches mehr. Im Zuge der neueren Bestrebungen, Mängel der Einkommensbesteuerung zu beseitigen, ist kürzlich eine modernisierte Form der Schedulensteuern von dem österreichischen Finanzwissenschaftler Ch. Seidl vorgeschlagen worden, doch dürfte kaum Aussicht bestehen, daß sie verwirklicht werden wird.

In den Vereinigten Staaten ist – wegen verfassungsrechtlicher Schwierigkeiten – eine Bundeseinkommensteuer erst 1913 eingeführt worden. Sie wurde angesichts der Finanzprobleme des Ersten und später des Zweiten Weltkriegs rasch zur wichtigsten Steuer des Landes überhaupt, doch regen sich in jüngster Zeit lebhafte Widerstände gegen sie, hauptsächlich wegen ihrer Höhe und der scharfen Progression – also aus ähnlichen Gründen wie unter anderem auch in der Bundesrepublik Deutschland. Obwohl unter der Administration Reagan eine nicht unerhebliche Steuersenkung vollzogen wurde, hat jene Kritik immer mehr Anhänger gefunden, wobei speziell zur Abschwächung oder gar Beseitigung der (direkten) Progression der Übergang zu einer sogenannten «Flat Rate Tax», d. h. praktisch einer solchen angestrebt wird, die nur aus einem einzigen oder doch nur mehr aus ganz wenigen Steuersätzen (im Entwurf des Schatzamts von Ende 1984 z. B. drei) besteht und lediglich jene indirekte Progression beibehalten will, die aus dem Fortbestand der persönlichen Abzüge bzw. Freibeträge resultieren würde. Wenn auch viele Grundgedanken dieser Bewegung zu bejahen sind, da sie unter anderem die erwünschte Vereinfachung des Gesamtsystems ermöglichen würde, ist vermutlich lediglich eine gewisse Kompromißlösung zwischen ihr und der gegenwärtigen Besteuerungspraxis politisch durchsetzbar.

In Deutschland, wo zunächst die Einkommensbesteuerung – ähnlich wie in der Schweiz – den Einzelstaaten (Ländern) vorbehalten war, hat die Finanznot nach dem verlorenen Ersten Weltkrieg im Rahmen der Erzbergerschen Steuerreform dazu geführt, daß diese Abgabe verfassungsrechtlich dem Reich – heute: dem Bund – zugewiesen wurde. Das hat freilich nicht verhindert, daß im Zuge des Finanzausgleichs zwischen den drei politischen Ebenen die Länder und in neuerer Zeit auch die Gemeinden an dem Aufkommen der Bundeseinkommensteuer beteiligt wurden, die so zu einer der «gemeinschaftlichen Steuern» wurde. Es ist zu berücksichtigen, daß die Gesetzgebung nach wie vor beim Bund liegt und insbesondere die Kommunen – anders als zur Zeit des Kaiserreichs, als sie ein Zuschlagsrecht zur einzelstaatlichen Einkommensteuer hatten – auf diesem Gebiete keine Finanzautonomie besitzen. In den meisten anderen Staaten ist eine ähnliche Entwicklung zu beobachten, nicht allerdings in den Vereinigten Staaten, wo statt dessen die Einzelstaaten und die Gemeinden prinzipiell in der Lage sind, die Bundeseinkommensteuer durch eigene Einkommensteuern zu ergänzen, die aber meist im Vergleich zur Bundesabgabe nur eine geringe Bedeutung besitzen.

Drei große Probleme haben die Einkommensteuerpolitik im laufenden Jahrhundert besonders intensiv beschäftigt: Einmal handelt es sich um die Frage, ob die Einkommensteuer lediglich Individuen treffen solle oder auch juristische Personen (vor allem Kapitalgesellschaften) oder ob es vorzuziehen sei, für diese eine eigene Abgabe zu schaffen, für die in Deutschland die Bezeichnung «Körperschaftsteuer» üblich geworden ist. Das zweite Problem bezieht sich auf den zur Vermeidung der Belastung von Scheingewinnen für erforderlich erachteten sogenannten Inflationsausgleich. Dafür wird vielfach eine Indexierung vorgeschlagen, gegen die sich jedoch Regierung und Parlamente sträuben; statt dessen begnügen sie sich mit verzögerten und quantitativ unzulänglichen Anpassungen an die Geldentwertung. Eine dritte Frage schließlich betrifft das mit Leistungsfähigkeitsargumenten begründete Prinzip der von den Franzosen so genannten *discrimination fiscale des revenus*, worunter die unter sonst gleichen Umständen differenzierte Belastung von Einkünften unterschiedlicher Art, insbesondere zwischen sogenannten Arbeits- und Kapitaleinkünften, zu verstehen ist. Solange die Ertrags- oder Schedulenbesteuerung herrschte, war die Lösung technisch relativ einfach: Man wandte, wie namentlich in Frankreich und Italien, auf diese beiden Kategorien verschiedene Steuersätze an, und zwar zugunsten der Einkünfte aus abhängiger Arbeit, von denen behauptet wurde, sie besäßen bei gleicher Höhe, gleichem Familienstand der Pflichtigen usw. eine geringere Leistungsfähigkeit als Kapitaleinkünfte. In den Gesetzgebungen hingegen, in denen das Einheitssystem bestand, wurde überwiegend die Lösung vorgezogen, die Einkommen durch eine allgemeine persönliche Vermögensteuer zu ergänzen, wie das z. B. schon früher in der zweiten Etappe der Miquelschen Steuerreform (1893) in Preußen – später im Reich – geschah. Dabei herrschte der Gedanke vor, die Vermögensteuer nicht als Substanzabgabe auszugestalten, sondern sie so niedrig zu halten, daß sie in der Regel aus den Vermögenserträgen gezahlt werden konnte, die dann im Rahmen der Gesamteinkommensteuer von dieser ein zweites Mal belastet wurden. Die zweiterwähnte Praxis war und ist vor allem – außer in Deutschland – in Holland, der Schweiz und den skandinavischen Staaten verbreitet. Die Steuer wird außer von physischen auch von juristischen Personen eingefordert. Das führt in einer analogen Weise zu einer – partiellen – Doppelbelastung wie das Nebeneinander von Einkommen- und Körperschaftsteuern. Während aber in bezug auf die Körperschaftsteuern fortschreitend Lösungen gefunden worden sind, die diese Doppelbelastung beseitigen oder doch mildern, wie das sogenannte Anrechnungsverfahren, das seit etwa einem Jahrzehnt auch in Deutschland Anwendung findet, sind in den Staaten, wo

Einkommen- und Vermögensteuern zu finden sind, noch kaum Reformen vorgenommen worden, um die Doppelbesteuerung der juristischen Personen gehörenden Vermögensbestände auszuschalten.

Bevor noch die erwähnte Rechtfertigung einer «ergänzenden» Vermögensteuer eine Rolle spielte, gab es regelmäßige oder einmalige Vermögensabgaben großenteils deshalb, weil die damals überwiegend aus Immobiliarbesitz bestehenden Vermögen leichter erfaßbar waren als Einkommen. Natürlich war und ist auch hier wieder, wie bei der Einkommensbesteuerung, die Legaldefinition des steuerbaren Vermögens von großer Bedeutung. Faktisch waren allerdings die alten Vermögensteuern ganz überwiegend Abgaben von Grund und Boden, zu einem gewissen Teil auch den Gebäuden gewesen. Noch heute ist die sogenannte «Property Tax» in den Vereinigten Staaten zu weit mehr als 90 Prozent nichts anderes als eine Grund- und Gebäudesteuer, nur daß sie nicht Teil eines Ertragsteuersystems nach früheren französischen und deutschen Mustern bildet, sondern eben eine Wertabgabe ist. Daß sie dennoch in der Literatur wie in amtlichen – besonders auch internationalen – Statistiken als zu den Vermögensteuern gehörig betrachtet wird, ist eine Quelle von bedauerlichen Fehlurteilen. Überdies ist sie überwiegend objektiv gestaltet, gehört also nicht zu den persönlichen Steuern.

Der gerechtigkeitspolitisch motivierte Versuch, echte (persönliche) allgemeine Vermögensteuern mit der Notwendigkeit einer Höherbelastung sogenannter «fundierter Einkünfte» zu rechtfertigen, besitzt jedenfalls für die Gegenwart keine Gültigkeit. Die angebliche qualitative Unterlegenheit von Arbeitseinkünften vom Leistungsfähigkeitsprinzip aus existiert überwiegend nicht (mehr), und soweit sie bestehen sollte, kann man ihr im Rahmen der allgemeinen Einkommensteuer besser Rechnung tragen, indem man etwa einen Sonderfreibetrag für Arbeitseinkünfte statuiert oder auch nach früherem britischem Brauch im Tarif zwischen *earned income* und *unearned* oder *investment income* unterscheidet. Wohl aber kann nicht bestritten werden, daß dem Vermögen eine von der durch die Einkommensteuer unterschiedene (zusätzliche) sachliche Leistungsfähigkeit zukommt, ein Umstand, der namentlich in Zeiten einer anhaltenden Geldentwertung (Inflation) Gewicht hat. Überdies ist zu bedenken, daß mit zunehmendem Reichtum einer Gesellschaft die Bedeutung nichtertragbringender Vermögensgegenstände wie Kunstgegenstände, Juwelen, Gold usw. überproportional zunimmt, die, weil eben keinen (laufenden) Ertrag abwerfend, einkommen- (und damit bei Nichtexistenz einer Vermögensteuer vollkommen) steuerfrei bleiben. Freilich ist zuzugeben, daß die derzeitige Steuertechnik solche Gegenstände wenn überhaupt, so nur zu einem Bruchteil erfaßt, was aber die Grundsatzfrage nicht berührt. Im übrigen ist evident, daß die bedeutsamen Probleme einer effizienten Vermögensbesteuerung in der Bewertung der Vermögensobjekte liegen und daß hier wiederum die Bewertungen der bebauten und insbesondere der unbebauten Grundstücke schreiende, den Grundsätzen der Gerechtigkeit schroff widersprechende Vergünstigungen (Unterbewertungen) und allokations- und verteilungspolitisch bedenkliche Verzerrungen bewirken.

Die Technik der «direkten» Besteuerung hat jedoch im allgemeinen, wie schon angedeutet, im Laufe der Zeit erhebliche Änderungen erfahren, die sich durchweg, zumal bei der Einkommensbesteuerung, in einer Erhöhung der fiskalisch-budgetären Effizienz niedergeschlagen haben. Als ein besonders charakteristisches Beispiel sei hier kurz auf die Entwicklung in der Schweiz hingewiesen, bei der im übrigen noch heute Einkommen- und Vermögensteuern den Schwerpunkt der Gesamtsteuerbelastung darstellen. Man hat sich in den Schweizer Kantonen, in denen seit eh und je der ganz überwiegende Teil dieser Abgaben erhoben wird – also nicht auf Bundesebene –, anfänglich weitgehend mit freiwilligen bzw. nach der Selbsteinschätzung der Bürger gezahlten Abgaben begnügt, die von den Behörden nicht kontrolliert wurden. Die Erträge waren derart gering, daß nach und nach der Deklarationszwang und die Kontrolle eingeführt werden mußten, was nicht verhindert hat, daß dennoch hier wie überall die Steuerhinterziehung eine bedeutende Rolle spielte. So richtig es nun auf der einen Seite auch ist, daß eine als überhöht und/oder ungerecht verteilt empfundene Steuerbelastung die Steuerehrlichkeit der Pflichtigen empfindlich beeinträchtigt, so irrig wäre es zu meinen, daß es bei nach jeweilig vorherrschenden Standards als bescheiden anzusehenden Einkommen- und/oder Vermögensteuern Steuervermeidung und -hinterziehung nicht gäbe. Empirische Untersuchungen (Delbrück, Meisel) haben zu Beginn des Jahrhunderts für Preußen nachgewiesen, daß bei Einkommensteuersätzen, die höchstens zwischen fünf und zehn Prozent lagen, gerade bei Pflichtigen mit hohen Einkommen die Hinterziehungen ein ganz erhebliches Maß erreichten, und spätere Arbeiten tun dar – beispielsweise für Frankreich, aber keineswegs nur für dieses Land –, daß zumeist Angehörige der sogenannten freien Berufe zu den relativ größten «Steuersündern» gehören.

Eine der praktisch wichtigsten Verbesserungen des Steuereinziehungsapparates war zweifellos die Einführung des sogenannten Quellenabzugs, der zunächst im «Erfinderland» England auf Kapitalerträge und (Grund-)Renten beschränkt war, aber seit dem Ende des Ersten und noch mehr dem des Zweiten Weltkriegs – ausgehend von Deutschland – fast überall in immer stärkerem Maße auch auf andere dafür geeignete Einkunftsarten ausgedehnt wurde, vor allem auf

Löhne und Gehälter, die ja überdies einen steigenden Teil der steuerpflichtigen Einkünfte bilden. Daneben wurden die Erklärungen der Pflichtigen und die Kontrollen (Buch- und Betriebsprüfungsdienst) vervollkommnet, die Steuerstrafen verschärft und dergleichen mehr. Daß daneben auch die Reduzierung der Steuersätze, soweit diese als stark überhöht anzusehen sind und – eben deswegen – in steigendem Maße durch problematische Sondervergünstigungen (*loopholes* oder «Schlupflöcher») gemildert wurden, die Differenzen zwischen legal geschuldeten und faktisch entrichteten Steuern verkleinern könnte, ist kaum bestreitbar und aus fiskalischen, aber auch staatspolitischen und ethischen Gründen dringend erwünscht.

Seit einiger Zeit mehren sich in verschiedenen Ländern, wie insbesondere den Vereinigten Staaten und der Bundesrepublik Deutschland, die Stimmen, die wegen der immer stärker in Erscheinung tretenden Mängel der gegenwärtigen Einkommensteuer für deren partielle, wenn nicht gar totale Ersetzung durch eine andere Abgabe plädieren, was eine weitgehende Umstrukturierung des Gesamtsteuersystems implizieren würde. Als wichtigste Ersatzabgabe wird in diesem Zusammenhang eine allgemeine persönliche Ausgabensteuer, wie sie von N. Kaldor in seinem «Expenditure-Tax»-Vorschlag von 1955 dargestellt und begründet worden ist, diskutiert. Daneben wird in den Ländern (darunter vor allem den Vereinigten Staaten), in denen, anders als in den großen europäischen Industrieländern, die Einkommen- noch nicht durch eine allgemeine Umsatz-(Mehrwert-)Steuer ergänzt ist, die praktisch als allgemeine Verbrauchsteuer fungiert, die Einführung einer solchen empfohlen. Läßt man diese letzte Reformmöglichkeit beiseite, die ja unter anderem für die Bundesrepublik nicht eine prinzipielle Lösung der Schwierigkeiten bewirken würde, sondern allenfalls eine (weitere) Verschiebung des relativen Gewichts von «direkten» zu «indirekten» Steuern hin, so bleibt als Einkommensteuerersatz eben nur eine persönlich-allgemeine Ausgabensteuer, für die sich gewiß eine Reihe von beachtlichen Argumenten anführen läßt, die aber gewichtigen allokations- und verteilungspolitischen Bedenken unterläge und überdies schwierige steuertechnische Probleme aufwirft. Mit der Mehrzahl der in- und ausländischen Experten wird hier die Ansicht vertreten, daß auf absehbare Zeit hinaus zumindest eine vollkommene Ersetzung der Einkommendurch eine Ausgabensteuer kaum realisiert werden wird, zumal sie auch in sozialpolitischer Hinsicht Bedenken unterliegt. Die bessere Lösung der Probleme wäre eine gründliche Reform der gegenwärtigen Einkommensbesteuerung, die auf der einen Seite dringend geboten ist und auf der anderen zwar politisch – wegen der bestehenden

Vergünstigungen für bestimmte Einzelinteressengruppen – schwer durchsetzbar wäre, aus gerechtigkeitspolitischen und fiskalisch-budgetären Gründen aber den Vorzug verdient.

Werden derartige Reformen der Einkommensteuer verwirklicht, so würde dadurch zugleich die Bedeutung einer Eigenschaft dieser Abgabe verringert werden, die man lange Zeit als einen ihrer größten wirtschaftspolitischen Vorzüge gepriesen hat, von der die jüngeren Erfahrungen jedoch bewiesen haben, daß sie jedenfalls unter den Gegebenheiten der neueren politischen Entwicklung eher nachteilig ist. Angespielt wird auf die sogenannte «eingebaute Flexibilität» *(built-in flexibility)* der Einkommensteuer, worunter die Tatsache verstanden wird, daß sie konjunkturell, aber auch anders bedingte Veränderungen des Sozialprodukts überproportional widerspiegelt. Das hängt einerseits mit der starken Konjunkturempfindlichkeit ihrer Bemessungsgrundlage und andererseits mit ihrer Progressivität zusammen. Vor allem bei der Lohnsteuer hat sich gezeigt, daß ihre Erträge auf Wirtschafts- und damit Sozialproduktsschwankungen mit einer erheblich höheren Veränderungsrate als der gleichzeitig bei ihrer Bemessungsgrundlage zu beobachtenden reagieren. Da, wie erwähnt, die Einkommen- und insbesondere die Lohnsteuer heute die ertragsmäßig größte Abgabe darstellt, ist die skizzierte Eigenschaft der «eingebauten Flexibilität» zugleich zu einer solchen des Gesamtsteuersystems geworden, wenn natürlich auch in abgeschwächtem Maße. Solange die durch sie bewirkten überproportionalen Mehrerträge, wie gesamtwirtschaftlich geboten, durch entsprechende Rücklagen bei der Notenbank neutralisiert werden, vermag die betreffende Eigenschaft der Einkommensteuer in der Tat konjunkturell günstige Wirkungen zu erzeugen. Die Erfahrung hat jedoch gezeigt, daß Regierungen und Parlamente jene quasi automatisch, d. h. ohne Erhöhungen der Steuertarife zufließenden Mehrerträge nicht so wie angedeutet verwenden, sondern größtenteils zu der sonst politisch kaum durchsetzbaren Ausdehnung des öffentlichen Sektors benutzen, und zwar weitgehend zur Realisierung wirtschaftlich problematischer Mehrausgaben. Bei der hier vorgeschlagenen Reform der Einkommensteuer würden sich der Grad der «eingebauten Flexibilität» und damit auch die soeben angedeuteten ungünstigen Folgewirkungen verringern. In diesem Zusammenhang ist zu erwähnen, daß die Mehrwertsteuer nur eine annähernd proportionale, die meisten indirekten Einzelabgaben eine unterproportionale Aufkommenselastizität besitzen. Ein vernünftiger Ausgleich der verschiedenen Zielsetzungen ließe sich wahrscheinlich erreichen, wenn, wie vielfach verlangt, das gegenwärtige Übergewicht der «direkten» über die «indirekten» Steuern reduziert würde, wenn auch das angestrebte Ziel einer 50:50-

Relation willkürlich und zu starr ist. Generell dürfte vieles dafür sprechen, die «direkten» Steuern weiterhin einen gewissen, wenn auch nicht allzu großen Vorsprung vor den «indirekten» beibehalten zu lassen.

Abschließend ist noch mit einigen Bemerkungen auf diejenigen «direkten» Abgaben zurückzukommen, die neben der Einkommen- und der Körperschaftsteuer in modernen Steuersystemen anzutreffen sind.

Auf die sogenannten nominellen, d.h. grundsätzlich aus dem Ertrag zu zahlenden allgemeinen persönlichen Vermögensteuern wurde bereits kurz hingewiesen. Ergänzend sei hier hervorgehoben, daß sie aufkommensmäßig nur einen bescheidenen Bruchteil der Einkommensteuererträge erbringen und wesensmäßig zu erbringen vermögen, immerhin aber auch nicht als budgetär unerheblich oder gar als sogenannte Bagatellsteuern betrachtet werden können. (In der Schweiz beträgt das Vermögensteueraufkommen – gemessen als Anteil am Steueraufkommen aller Ebenen – noch rund fünfmal soviel wie das in der Bundesrepublik Deutschland.) Des weiteren ist zu erwähnen, daß es neben der fortlaufenden Vermögensbesteuerung auch einmalige Vermögensabgaben gibt, die im Gegensatz zu ersterer nicht überwiegend aus den Vermögenserträgen bezahlt werden können (und: sollen), sondern echte Substanzsteuern darstellen, d.h. Abgaben, deren Belastung im allgemeinen die Veräußerung eines Vermögensbestandteils erforderlich macht und die als «reale» den bisher erörterten «nominalen» Vermögensteuern gegenübergestellt werden. Sie tragen zur Betonung ihres «einmaligen» und besonderen Charakters meist spezielle Bezeichnungen, wie etwa das deutsche «Reichsnotopfer» von 1919, die Vermögensabgabe im Rahmen des bundesrepublikanischen «Lastenausgleichs» von 1952 oder der französische *impôt de solidarité*, der gleichfalls unmittelbar nach Beendigung des Zweiten Weltkriegs erhoben wurde. Sie haben offensichtlich aus steuertechnischen wie aus politisch-sozialen Gründen (darunter eine mehr oder minder starke Inflation) ihre Hauptziele nirgendwo erreichen können.

Die gelegentlich erwähnten sogenannten Ertragsteuern werden hier beiseite gelassen, da sie – im Gegensatz zu den eigentlichen persönlichen «direkten» Steuern – grundsätzlich rein objektiv ausgestaltet sind und der Charakter ihrer «Direktheit» zweifelhaft ist. Bis auf die Grundsteuer, die auf absehbare Zeit hinaus noch als Mittel zu einer gewissen Heranziehung der Landwirtschaft zur Finanzierung des Staates (speziell der Kommunen) unentbehrlich sein dürfte, werden sie wohl schließlich in der allgemeinen Einkommen- und vielleicht auch der Vermögensteuer aufgehen, zumal ihr wichtiges Glied, die Gewerbesteuer, von den meisten Experten als zum Absterben verurteilt angesehen wird und durch eine andere Abgabe, wie etwa eine neuerdings propagierte Wertschöpfungsteuer, ersetzt werden könnte.

So bleibt nur noch die Erbschaftsbesteuerung zu erörtern. Diese hat in der Vergangenheit, insbesondere in Großbritannien, eine große Bedeutung gehabt, und zwar nicht nur verteilungspolitisch, sondern auch fiskalisch-budgetär, während sie in den meisten anderen Ländern und ganz besonders in Deutschland stets nur eine bescheidene Rolle gespielt hat. Sie weist zwei Hauptformen auf: eine Erbanfall- und eine Nachlaßsteuer. Beide Abgabeformen wurden zeitweilig nebeneinander erhoben, doch hat sich inzwischen die Überzeugung international durchgesetzt, daß die Erbanfallsteuer die überlegenere und daher allein zu erhebende Abgabe darstellt. Bei ihr ist Bemessungsgrundlage der jeweils beim einzelnen Erben anfallende Teil des Nachlasses, während die Nachlaßsteuer (englisch: *estate duty*) das gesamte von einer Person hinterlassene Vermögen – vor der Aufteilung auf eine Erbenmehrzahl – bildet. Je nach der Höhe der Steuer und der Erhebungstechnik kann aber auch eine Erbanfallsteuer eine (unregelmäßig erhobene) nominelle oder aber eine (einmalige) reale Vermögensteuer darstellen, die als solche Umverteilungseffekte auszuüben vermag.

Erbanfallsteuern pflegen progressiv zu sein, und zwar zumindest in zweifacher Hinsicht: einmal in Rücksicht auf das Verwandtschaftsverhältnis zwischen Erben und Nachlasser, zum anderen in bezug auf die Höhe des Erbanfalls. Nur das zweitgenannte Kriterium hat offenbar unmittelbar etwas mit steuerlicher Leistungsfähigkeit zu tun, während für ersteres andere Erwägungen bestimmend sind. Ähnlich wie bei Vermögensteuern spielt auch für Erbschaftsteuern das Bewertungsproblem eine entscheidende Rolle. Neben ihm und den Steuersätzen kommen für die effektive Belastung im Einzelfalle die – ebenfalls nach persönlichen Momenten abgestuften – Freigrenzen bzw. -beträge in Betracht. Darüber hinaus spielt eine Rolle, ob, wie das früher üblich war, Ehegatten (und Kinder) gänzlich steuerbefreit sind oder, wie das heute überwiegend der Fall ist, lediglich höhere Abzugsbeträge geltend machen können bzw. den Sätzen der niedrigsten Tarifklasse unterliegen. Aus all diesen Gründen gibt es ein schiefes Bild, wenn man nur auf die Tarife blickt und diese intertemporal und/oder international miteinander vergleicht. Daß z. B. im deutschen Erbschaftsteuergesetz von 1974 für Angehörige der sogenannten Steuerklasse IV (im wesentlichen Nichtverwandte) ein Höchstsatz von 70 Prozent vorgesehen ist, mag auf den ersten Blick als außerordentlich schwerer Eingriff mit entsprechenden Redistributionseffekten betrachtet werden. Berücksichtigt man aber die Freibeträge, die Unterbewertungen sowie die Tatsache, daß jener Spitzensatz nur Einzelerwerbe von 100 Millionen DM und mehr trifft, so wird man zurückhaltender urteilen: Nur ganz wenige Indviduen (wenn überhaupt welche) dürften so reich und zugleich so «ungeschickt» sein, daß sie 70 Prozent faktisch zahlen werden.

Blickt man zurück, so zeigt sich, daß die «direkte» Besteuerung überall an Gewicht gegenüber den «indirekten» Abgaben gewonnen hat. Speziell die Einkommensteuer hat sich als absolut und relativ stärkste öffentliche Zwangsabgabe erwiesen und die weitgehende Ausdehnung der Staatswirtschaft in den letzten Jahrzehnten erst ermöglicht. Sie hat überdies eine stärkere Berücksichtigung der individuellen Leistungsfähigkeit gestattet und sich als geeignet zur Durchsetzung auch metafiskalischer, vor allem sozial- und wirtschaftspolitischer Ziele erwiesen. Dagegen mag es zweifelhaft erscheinen, ob sie ungeachtet der Einführung und starken Verschärfung der Progression auch ein effizientes Instrument der Redistribution ist, bzw. ob sie, wo das hier und da der Fall gewesen sein sollte, nicht eben dadurch im selben Maße auch den Grundprinzipien einer Marktwirtschaftsordnung und einer Steigerung des Wirtschaftswachstums entgegengewirkt hat. Darüber hinaus hat ihre neuere Entwicklung der Durchsichtigkeit der Besteuerung Abbruch getan, und von vielen wird bedauert, daß sie im Gegensatz zu «indirekten» Abgaben, wie nicht zuletzt der allgemeinen Mehrwert- bzw. Umsatzsteuer, die «Steuermerklichkeit» erhöht. Dagegen ist jedoch geltend zu machen, daß im Zeitalter einer «aufgeklärten Demokratie» die «Merklichkeit» öffentlicher Abgaben als ein Positivum anzusehen ist, da sie, insbesondere bei Überspannung der fiskalischen Anforderungen, die Bürger zu einer eingehenderen Überprüfung der gesamtwirtschaftlichen Nützlichkeit steuerlich finanzierter öffentlicher Ausgaben veranlassen kann.

Eine Mischung «direkter» und «indirekter» Steuern ist für den modernen Staat unerläßlich. Das Mischungsverhältnis wird freilich wie in der Vergangenheit, so auch in der Zukunft nach Ort und Zeit Schwankungen unterliegen, die ihrerseits nicht zuletzt Konsequenzen von Änderungen sein werden, die wirtschaftliche und politische Faktoren und Ideologien aufweisen.

Bart und Hochzeit, Fenster und Pelze – kein Ende der Steuerbelastung in Sicht

Kuriosa der Steuergeschichte

Von Günter Schmölders

Das größte Kuriosum ist eigentlich die Besteuerung selbst. Wie kommt es, daß die Menschen ihr redlich verdientes Einkommen bis zur Hälfte oder mehr dem steuerheischenden Fiskus zur Verfügung stellen, ohne Anspruch auf eine spezielle Gegenleistung dafür zu erheben, und daß es der Steuerbehörde gelingt, die Prozentsätze dieser Besteuerung ganz unterschiedlich zu gestalten und auch immer wieder einmal zu erhöhen und sei es auf dem heimlichen Wege gleichbleibender Steuersätze bei sich verschlechterndem Geldwert?

Thomas von Aquin nannte die Steuern erlaubte Fälle des Raubes; ein solcher Raub ist dann erlaubt, wenn es sich um eine «gerechte» Forderung eines dazu berechtigten Fürsten handelt, der einen guten und «gerechten Grund» für die Besteuerung hat und, wie wir heute hinzufügen würden, das Geld zum Wohle aller ausgibt und nicht für sich selbst verwendet. In diesem Fall kann ein «Raub ohne Sünde» geschehen, sagt der heilige Thomas, aber es bleibt für ihn natürlich ein Raub.

Andere Schriftsteller des Mittelalters haben zur Bedingung für die Besteuerung gemacht, daß die Steuer einen guten und gerechten Grund haben müsse, z. B. die Verheiratung einer Fürstentochter oder die Aufstellung der bewaffneten Macht für einen Feldzug, und noch Veit Ludwig von Säckendorf (1626–1696) gibt in seinem Hauptwerk «Teutscher Fürstenstaat» der Hoffnung Ausdruck, daß «durch christliches und rühmliches Bezeigen der alte Stand bald wieder erlangt werde, da man von so vielen Anlagen und Abgaben nicht gewußt».

Diese Hoffnung hat sich bekanntlich nicht erfüllt, aber kurios ist es schon, zu welchen Tricks und zu welchem Etikettenschwindel die Obrigkeit in der Geschichte der Besteuerung schon gegriffen hat, um den Steuerzugriff zu verharmlosen oder zu verniedlichen oder möglichst ganz hinter einer klingenden Bezeichnung verschwinden zu lassen. Besonders neue Steuern werden ungern mit dem harten Wort «Steuer» bezeichnet. Man nennt sie Notopfer, Beitrag, Kohlenpfennig, Berlinhilfe oder anders, unter peinlicher Vermeidung des Wortes «Steuer», um sich möglichst unbemerkt in das Vertrauen des Steuerzahlers einzuschleichen, auf dessen Geld man es abgesehen hat.

Was hat man nicht alles schon besteuert: Zu erwähnen sind hier Klavier-, Junggesellen-, Singvogel- und Hundesteuer. Wo immer der Fiskus sich Einnahmen davon versprach, war es sein Bestreben, den Steuerpflichtigen mit der Auferlegung einer Steuer an den Staatsausgaben zu beteiligen.

Sieht man vom biblischen «Gebet dem Kaiser, was des Kaisers ist» ab, so war die Bedeutung der Steuer im eigentlichen Sinne im Klassischen Altertum geringer, als sie es heute ist. Die öffentlichen Ausgaben wurden teils aus unmittelbaren Leistungen der Bürger, teils aus früher angehäuften Schätzen und teils aus den Tributen beglichen, die den besiegten Feinden auferlegt wurden. Ein römischer Vollbürger war steuerfrei, nur die Metöken, den ausländischen Gastarbeitern von heute vergleichbar, und die Sklaven wurden besteuert. So kam es immer wieder zur Auferlegung von indirekten Abgaben, und eines unserer ersten Steuerkuriosa war denn auch die Steuer auf öffentliche Bedürfnisanstalten, die Kaiser Vespasian ausschrieb. Von seinem Neffen deswegen getadelt, antwortete er mit dem berühmten Zitat: «pecunia non olet» (Geld stinkt nicht).

Später wurde die Zahl derjenigen, die zur direkten Besteuerung herangezogen wurden, erheblich erweitert. Es kam zur Einführung von Steuerklassen in dem wörtlichen Sinne von *classis,* die Klasse; ja das Wort Klasse, heute so vielfach verwendet, stammt ursprünglich aus der römischen Besteuerungspraxis, von jener «Klasse», die entweder Steuern zu zahlen hatte oder steuerfrei blieb wie der stolze Römer im Vollbesitz seiner Staatsangehörigkeit.

In der Erfindung von Aufwandsteuern aller Art war der Phantasie lange Zeit hindurch kaum eine Grenze gesetzt. Begnügte sich noch der Zar Peter der Große mit der Bartsteuer, die er allen Männern auferlegte, die sich der westlichen Mode des bartlosen Milchgesichts entziehen wollten und auf ihren langen Rauschebärten beharrten, so waren es von jeher die kosmetischen Schönheitsmittel der Damen, die gern zur Besteuerung herangezogen wurden. Die Vorschläge für weitere Aufwandsteuern aller Art, die im Lauf der Jahre gemacht wurden, sind Legion: Reitpferde und Equipagen, Samt und Spitzen, Pelze und andere aufwendige Kleidung, Schmuck und Zierat aller Art wurden besteuert, ebenso eine auffällige Art von Bauwerken, wie etwa vorspringende Erker und Balkone, die bis in unser Jahrhundert hinein der Besteuerung unterlagen. Diese sogenannte «Luftsäulensteuer» verdankte ihre Entstehung der Theorie, daß ein Erker oder ein Balkon in die Luftsäule hineinreicht, die zum städtischen Grundeigentum gehörte, und infolgedessen zu einer Besteuerung herangezogen werden konnte.

Der Mangel der meisten Aufwandsteuern ist es, daß es fast unmög-

Peter der Große führte 1699 in Rußland eine Bartsteuer ein, die jeder entrichten mußte, der seinen Bart nicht schneiden lassen wollte; Bartträger, die ohne die eigens geprägten Quittungsmarken in eine Kontrolle gerieten, sollten auf der Stelle geschoren werden.

lich ist, sie zu kontrollieren. Am leichtesten war dies noch bei der sogenannten Tür- und Fenstersteuer der Franzosen, die bis ins 19. Jahrhundert hinein Bestand hatte und dadurch einfach zu kontrollieren war, daß der Steuerprüfer lediglich die Zahl der Fenster und Türen zählen mußte, die zur Straße hinaus gingen. Daher stammt die merkwürdige Bauweise vieler französischer Häuser, die nach der

Straße hin kaum Öffnungen zeigen und deren Bewohner im wesentlichen zum Garten hin lebten und sich aufhielten.

Mit dem Verschwinden der meisten Aufwandsteuern, die durch ergiebigere und leichter zu kontrollierende Steuern anderer Art ersetzt wurden, verschwand aus der Steuerlandschaft viel von der Buntheit und Fülle, die es in älteren Zeiten gegeben hat. Lohnsteuer und Einkommensteuer, so hart sie den Steuerzahler treffen mögen, sind nicht nach außen hin sichtbar, wenigstens heute nicht mehr. Bis 1918 gab es in Preußen noch die Dreiklassensteuer, die insofern sichtbar war, als die größten Steuerzahler des Ortes bei allen öffentlichen Wahlen und Abstimmungen dreifaches Stimmrecht besaßen, darunter abgestuft eine mittlere Klasse mit dem doppelten Stimmrecht, während die große Masse der Wähler ohne Einkommen oder mit geringem Einkommen nur eine einzige Wahlstimme geltend machen konnte. In England war sogar die Einkommensteuer zu Anfang auf die Hausbesitzer begrenzt, deren Vermögen weithin sichtbar in der Straße zu erkennen war. Erst allmählich dehnte sich die Steuerpflicht auch auf die nicht hausbesitzenden «Klassen» aus.

Vom Standpunkt der Steuerpsychologie aus besitzen alle Verbrauch- und Aufwandsteuern den entscheidenden Vorteil, daß sie gewissermaßen unsichtbar im Preis der Ware enthalten sind, die der Käufer bezahlt, ohne peinlich genau an den Betrag der Steuer erinnert zu werden, den er im Preise mitbezahlt. Das macht die sogenannten indirekten Steuern, die besser als unmerkliche Steuern zu bezeichnen sind, bei den Regierungen so beliebt, während sie den Staats- oder Sozialreformern stets ein Dorn im Auge sind, da es sich für die öffentliche Verwaltung mit ihnen gut leben läßt, solange sie sich in gewissen Grenzen halten. Die größte unserer unmerklichen oder unsichtbaren Steuern ist heute die allgemeine Umsatzsteuer, zu der nur noch wenige größere oder kleinere Verbrauch- und Aufwandsteuern hinzutreten – zu nennen sind die Bier- und die Tabaksteuer, besonders die Zigarettensteuer, neuerdings auch die Mineralölsteuer und insbesondere die Heizölsteuer, die sogar ausdrücklich dazu bestimmt war, den Preis des Heizöls soweit zu verteuern, daß der Wettbewerb mit der Kohle in einem erträglichen Rahmen blieb. Daß dieser Ursprung der Heizölsteuer später schnell in Vergessenheit geriet und sie munter zu einer der größten Einnahmequellen des Bundes ausgestaltet wurde, ist dagegen kein Kuriosum, sondern eine altbekannte Erscheinung, die bei vielen Steuern zu beobachten ist: Aus aktuellem Anlaß eingeführt, sind sie später mit keiner Macht der Welt mehr abzuschaffen, mag auch der Anlaß ihrer Einführung längst verschwunden sein.

Eine Fundgrube für Steuerkuriosa ist das älteste Lehrbuch der Finanzwirtschaft, das Werk des Schatzmeisters Heinrichs II. von

Karikatur zur Aufhebung der Fenstersteuer in England im Jahr 1851; zuvor hatten die Ärmeren die Fenster ihrer Wohnungen vernageln oder zumauern müssen – jetzt kann wieder die Sonne hereinscheinen.

England, Richard von Ely, der sogenannte «Dialog über das Schatzamt». Hier sind aus der Frühzeit des Steuerwesens und vor der institutionellen Verselbständigung der Finanzen des Staates Anweisungen darüber enthalten, wie der König zu seinen Steuern kommt, indem er seinen Schatzmeister beauftragt, in halbjährlichen Abständen Landvögte und Lehensleute zu kontrollieren und die fälligen Steuern einzuziehen oder sie mit den legitim von den Untertanen geleisteten Staatsausgaben zu verrechnen. Dabei ist besonders die Begründung, die für das königliche Besteuerungsrecht gegeben wird, bemerkenswert. Es heißt hier z. B.: «Zwar mag es sein, daß den Königen diese Mittel meist nicht aufgrund eines gründlich überprüften Rechtes zufließen, sondern manchmal nach den Gesetzen der Vorgänger, manchmal nach den verborgenen Eingebungen ihres Herzens oder bisweilen auch allein aufgrund ihres freien Ermessens. Dennoch steht es den Untertanen nicht zu, ihr Tun zu erörtern oder gar zu verurteilen, denn wessen Herzensregungen in der Hand Gottes sind, dem Gott selbst die Sorgen für die Untergebenen anvertraut hat, dessen Sache steht und fällt allein nach göttlichem und nicht nach menschlichem Urteil.»

Damit ist also die Begründung für den Anspruch des Königs auf Steuern und Abgaben gegeben und zugleich die Steuermoral mit den

Anforderungen der Religion verknüpft. So kann es nicht verwundern, daß im Lehnsrecht dieser Zeit Abgaben und Steuern erhoben wurden, die in ihrem Charakter zwischen Steuern, Abgaben, Geldbußen und Strafen sowie privat erscheinenden Pachtzinsen und Waldzinsen variieren. Dem König gehört alles Land und aller Wald im Obereigentum; infolgedessen erhebt er nicht nur den Waldzins und den Pachtzins, vielmehr wird bei jeder Veränderung der Rechtsverhältnisse ein neues Abgabesystem akut; z. B. muß beim Wechsel des Pächters oder des Landvogts eine zusätzliche Abgabe geleistet werden, bei jeder ungebührlich hohen Waldnutzung der sogenannte Waldzins oder sogar die Steuer für Wüstungen. Wüstungen sind im Walde dann zu beanstanden, wenn ein Mann normaler Größe auf einem Baumstumpf stehend in der nächsten Umgebung noch fünf weitere Baumstümpfe sehen kann. Dann ist das Maß einer gedeihlichen Waldnutzung überschritten und eine Wüstung eingetreten, für die eine Strafsteuer zu bezahlen ist. Hält sich die Waldnutzung in einem engeren Rahmen, so ist immerhin neben dem Waldzins eine sogenannte Rodungstaxe zu erlegen, die gewissermaßen als Preis für das dabei gewonnene Holz oder auch für den gerodeten Waldteil anzusehen ist.

Zu diesen steuerlichen oder steuerähnlichen Lehnsrechten gehört auch das berühmte *ius primae noctis,* das Recht des Lehnsherrn auf eine Abgabe anläßlich der Vermählung eines seiner Untertanen. Das Wort «ius» für Steuer hat spätere und historisch ungeschulte Beobachter dazu verleitet, in dieser lehnsrechtlichen Abgabe ein Recht des Grundherrn auf die erste sexuelle Hingabe der jungen Frau zu sehen, was natürlich weder ein besonderes Vergnügen noch der historische Sinn dieser Abgabe ist. Aber die Phantasie der späteren Generationen ist durch dieses Wort vom Recht auf die erste Nacht ungemein beflügelt worden, wie allein schon die Mozart-Oper «Figaros Hochzeit» beweist.

Neben Waldzins und Rodungstaxe schildert Richard von Ely noch zahlreiche weitere Abgaben, die ihren Grund in der Oberhoheit des Lehnsherren über die Landvögte und Pächter besitzen. Eine der interessantesten ist die sogenannte «Mordsteuer», eine Abgabe, die dann zu zahlen war, wenn im letzten halben Jahr in der Gemarkung des betreffenden Landvogts ein unaufgeklärter Mord passiert war. Sie war ebenso als eine Art von Strafe dafür gedacht, daß derartige Dinge vorkommen konnten, wie auch als Erziehungsmittel, das zu verschärfter Aufmerksamkeit gegenüber etwaigen Raubmördern führen sollte. Dabei ist es versöhnlich zu erfahren, daß die Mordsteuer nur bei unaufgeklärten Mordfällen erhoben wurde, nicht aber dann, wenn der Mörder bekannt war, selbst wenn man seiner noch nicht habhaft geworden sein sollte.

Das Lehnsrecht enthält eine Fülle weiterer Abgabepflichten für die Landvögte und Pächter, etwa das sogenannte Schildgeld von den Rittern, die Gerichtsgefälle und Gebühren auch zur Verteidigung. Zur Deckung der Verteidigungsausgaben wurden besondere Steuern erhoben, als wichtigste das sogenannte Danegeld, das ursprünglich bei einem Einfall der Dänen 991 als Tribut eingeführt wurde, um die Dänen durch Zahlung dieses Geldes zum Abzug zu veranlassen. Das Danegeld stellt also eine echte erste Grundsteuer dar, da es unter Hinweis auf seinen Zweck als Wehropfer von allen Landbesitzern oder Landpächtern erhoben wurde, je nach der Zahl der Hufen, die zu ihrem Gut gehörten.

Einen besonderen Hintergrund hatte auch die Besteuerung des Wuchers, des Zinsnehmens durch christliche Kaufleute und Pächter. Der Exkurs über Wucherer ist einerseits aus Richards persönlichen Interessen heraus zu verstehen, andererseits aus der Aktualität des Problems in der Zeit des Dialoges. Das Zinsnehmen galt seit dem frühen Mittelalter, zumindest unter Christen, als verwerflich. Die unentbehrliche wirtschaftliche Aufgabe, die damit verbunden war, wies man den Juden zu. Das Konzil von 1163 erneuerte und verschärfte die Bestimmung gegen die Wucherer, vor allem gegen solche geistlichen Standes. Als verwerflich galt nicht nur das eigentliche Zinsnehmen, sondern auch die über die Vergütung der Unterhaltskosten hinausgehenden Nutzungen mittels Liegenschaften durch den Gläubiger sowohl im kanonischen als auch im weltlichen Recht.

Steuerkuriosa gibt es also seit Menschengedenken im kanonischen und im weltlichen Recht, im Lehnsrecht – und im staatlichen Recht bis heute. Immer wieder ist dabei der Etikettenschwindel anzutreffen, mit dem eine Besteuerung verniedlicht oder getarnt werden soll. Grotesk wurde dieser Etikettenschwindel in den letzten Monaten des Brüning-Regimes im Weimarer Reich, als es darum ging, den Beamten eine dritte Gehaltskürzung schmackhaft zu machen, nachdem bereits zweimal die Gehälter der Beamten um je zehn Prozent gekürzt worden waren. Um die dritte Kürzung etwas unauffälliger zu gestalten, wählte man die Bezeichnung «Reichshilfe der Personen des öffentlichen Dienstes», eine Besteuerung von zehn Prozent, die vom Gehalt einbehalten wurde, genau wie die beiden vorangegangenen Gehaltskürzungen auch. In der nächsten Gehaltsreform wurde natürlich diese «Reichshilfe» in die Gehaltslisten eingearbeitet, so daß diese Steuer nominell sang- und klanglos verschwand.

Unserer Zeit blieb es vorbehalten, die Besteuerung, die ursprünglich doch zur Erzielung von Einkünften und nur zur Erzielung von Einkünften bestimmt war, zu einem allgemeinen Instrument staatlicher Machtausübung und Wirtschaftsregulierung zu machen. In der

Abgabenordnung hat sich das in dem etwas schamvollen Bekenntnis niedergeschlagen, das in der neuen Definition der Steuer enthalten ist: «Die Erzielung von Einkünften kann ein Nebenzweck sein.»

Auch in diesem Bereich hat die Geschichte der Besteuerung eine lange Reihe von Kuriosa hervorgebracht, da die Obrigkeit sich sehr wohl bewußt ist, daß die Steuerzahler alles tun werden, um eine Steuer zu vermeiden, und infolgedessen Handlungen umgangen werden, die eine Besteuerung nach sich ziehen würden. So kam es auf Betreiben der Landwirtschaft vor vielen Jahrzehnten zur Margarinesteuer, mit deren Hilfe der Butterabsatz gefestigt werden sollte, zur Heizölsteuer, die den stockenden Kohleabsatz beleben sollte, zur Baulandsteuer, die die Bereitstellung von Bauland zu Bebauungszwecken fördern sollte, und zu mancherlei anderen Steuern, bei denen der Staat am glücklichsten war, wenn aus dieser Besteuerung überhaupt keine Einkünfte erzielt wurden, ein Zeichen, daß der Hauptzweck der Verhinderung eines Verhaltens, das nicht erwünscht erschien, erreicht war. Ungewollt gab man damit dem italienischen Finanzschriftsteller Amilcare Puviani recht, der die ganze Finanzwirtschaft als ein Geflecht von gegenseitigen Täuschungen und Illusionen beschrieb, wobei teils der Steuerzahler den Staat, teils wiederum der Staat den Steuerzahler zu täuschen versucht, jeweils, um zu seinen Einnahmen zu kommen oder sich vor dem Zugriff des Staates zu schützen. In Fällen, die Anlaß zur Freude geben, wie der Verheiratung einer Tochter im Hause, besteuert der Staat die Eheschließung, den Festschmaus oder den Weinverzehr bei diesem Anlaß; handelt es sich dagegen um Trauerfälle, ist alsbald der Fiskus mit der Erbschaftsteuer, der Totenscheingebühr und anderen Abgaben zur Stelle, da er nicht zu unrecht annimmt, daß die trauernden Hinterbliebenen entweder nicht geneigt sind, sich in diesem Moment mit Steuersorgen zu befassen, oder doch so reich dotiert sind, daß ihnen die Besteuerung nichts ausmacht. Daß in diesem schlitzohrigen Wechselspiel die stramme Steuerdisziplin, die in dem steuerheischenden Staat nichts als die personifizierte Gerechtigkeit sieht, daß also diese Illusion genauso auf der Strecke bleibt wie die Illusion vom freudig steuerzahlenden Bürger, ist schon nicht mehr als Kuriosum zu bezeichnen; eher erschiene das Gegenteil als kurios.

Damit ist die moderne Schattenwirtschaft erreicht, ein Wirtschaftssystem, das ganz von Ausweichhandlungen vor der steuerlichen und staatlichen Regelung wirtschaftlicher Tätigkeiten bestimmt ist. Es wäre in der Tat ein Kuriosum, wenn Millionen von Arbeitslosen, weitere Millionen von Kurzarbeitern und solchen, die sich eine längere Freizeit in der Woche erkämpft haben, daumendrehend zu Hause sitzen oder auf der Straße flanieren würden. Infolgedessen hat die Schattenwirtschaft heute in allen Ländern, diesseits und jenseits des eisernen Vorhangs, einen Umfang angenommen, der es berechtigt erscheinen läßt, von einem zweiten Wirtschaftssystem zu sprechen, dessen Beitrag zum Sozialprodukt längst mehr als zehn oder zwanzig Prozent ausmacht, in einigen Ländern bereits die 40-Prozent-Grenze erreicht (Italien). Hier ist nicht die Tatsache gehäufter Ausweichhandlungen das Kuriosum, sondern kurios erscheinen die Versuche, der Schwarzarbeit und der Schattenwirtschaft Herr zu werden, statt auf die übersteigerten Steuersätze und Regulierungen zu verzichten.

Als Kuriosum läßt sich wohl auch das unterschiedliche Menschenbild bezeichnen, das auf den verschiedenen Gesetzgebungsgebieten den Gesetzgeber beherrscht, wenn es sich darum handelt, Grenzen für das gerade noch Zumutbare an staatlicher Belastung zu ersinnen. Je nachdem, nach welchem Menschenbild man die Belastung austeilt, ändert sich nämlich die Grenze des Zumutbaren in Gesetzgebung und Verwaltungspraxis. Zumutbar ist für einen Arbeitslosen beispielsweise eine Entfernung von 50 Kilometern zwischen Wohnort und Arbeitsplatz, wenn ihm ein Arbeitsplatz außerhalb seines eigenen Wohnorts nachgewiesen wird. Nicht zumutbar ist für einen Schuldner, gegen den Zwangsvollstreckung ausgeübt wird, die Pfändung seines Radios oder Fernsehempfängers. Zumutbar ist dagegen für jeden Steuerpflichtigen eine erhöhte wirtschaftliche Belastung durch die Unterstützung eines bedürftigen Angehörigen, deren Grenze je nach Einkommenshöhe bis zu 20 oder 30 Prozent gestaffelt ist. Für den Wehrpflichtigen geht die Grenze der Zumutbarkeit bis zur Opferung seiner Gesundheit und seines Lebens, während die Mitglieder der Krankenkassen unter Umständen sogar die Kosten einer Abtreibung erstattet erhalten. Dem Gesetzgeber schwebt offenbar bei seinen Staatsbürgern ein Menschenbild vor, das zwischen einer subtilen Empfindlichkeit und einer heroischen Opferbereitschaft schwankt, je nachdem, um welches Rechtsgebiet es sich handelt.

Ein bezeichnendes Beispiel war im November 1983 die allgemeine Kritik und empörte Reaktion auf ein Urteil des Bundesfinanzhofs, der die Abzugsfähigkeit von bestimmten Bußgeldern und Strafbeträgen vom steuerpflichtigen Einkommen zugestanden hatte, wenn die Straftat in Verbindung mit der beruflichen oder gewerblichen Tätigkeit entstanden war, sie also als solche vom obersten deutschen Steuergericht gewissermaßen bagatellisiert worden war, so wie sie seit langem in der privaten Spesenregelung behandelt wird. Parkt ein Geschäftsreisender um eines eiligen Abschlusses willen an einer verbotenen Stelle oder macht er sich einer Geschwindigkeitsüberschreitung schuldig, um möglichst viele Abschlüsse in seinen Vormittag hineinzupressen, so erkennt der Arbeitgeber die dabei anfallenden

Bußgelder selbstverständlich als Spesen an, da sie im Dienste seines Geschäftsabschlusses erfolgt sind. Dem schloß sich der Bundesfinanzhof mit einer in Geschäftskreisen als längst fällig anerkannten Regelung an und löste damit ein vielstimmiges, kritisches Echo aus, da damit der Gleichheitsgrundsatz zwischen gesetzesfrommen und etwas leichtfertigen Kraftfahrern beseitigt oder doch eingeebnet wurde. Die Gleichheit bezog sich nunmehr unvermittelt nicht auf alle Steuerzahler, sondern auf alle von der Gefahr eines Bußgeldes bedrohten etwas zu eiligen oder in eigenen Angelegenheiten zu großzügigen Kraftfahrer. Der Gleichheitsgrundsatz, ursprünglich als Schutz vor der staatlichen Willkür gemeint, wird damit unversehens zu einem Sozialisierungsinstrument. Der Bürger, vom Staate ohnehin mit verkniffenen Augen wegen seines höheren Einkommens beobachtet, sollte sich nun auch noch ungestraft erlauben dürfen, staatlicher Regelungen zu spotten, wenn sie seinem Wunsch nach einer schnellverdienten Mark hemmend lästig im Wege stehen.

Das Beispiel macht auch eine bemerkenswerte Wandlung der öffentlichen – bzw. der veröffentlichten – Meinung deutlich: Noch vor 50 Jahren hätte ein höchstrichterliches Urteil, das dem Zugriff der Besteuerung Beträge vorenthält, die nachweislich im Dienst des höheren Zieles der betriebswirtschaftlich richtigen Gewinnermittlung dem Zugriff des Fiskus entzogen und richtigerweise als Unkosten verbucht worden sind, allgemeine Anerkennung gefunden. Wo immer es gelang, dem Fiskus ein Schnippchen zu schlagen, weil er seine Kompetenzen überschritten hatte, fand dies allgemeine Anerkennung und innere Bejahung, mochte auch damit eine Einbuße an Staatseinnahmen zu verzeichnen sein; der Mitbürger stand auf seiten des Mitbürgers, nicht auf der Seite des steuerheischenden Staates. Das hat sich heute bereits weitgehend geändert. In der großen Zahl der Pressestimmen, die zu dem erwähnten Urteil Stellung nahmen, war kaum eine Stimme zu vernehmen, die dem Bundesfinanzhof recht gab, wo er einmal den Eingriff des Fiskus hinter dem Ziel zurückstellte, betriebswirtschaftlich richtig zwischen privaten Ausgaben und Betriebsausgaben abzugrenzen. Es war, als lugte der große Bruder bereits hinter der Windschutzscheibe hervor, um auch die letzte Mark an fälliger Steuer sauber zu kassieren oder in der Kasse zu belassen, in die sie nun einmal geraten war.

Unschwer erkennt man bei dem Blick auf diese Kuriosität im Zumutbarkeitsrecht die Arbeit der Lobbys im Hintergrund, die bei der Gesetzgebung mitgewirkt haben. Unübertroffen erfolgreich ist die Soziallobby, hinter der die gewaltige politische Macht der Gewerkschaften steht.

In Steuersachen hört die Kuriosität auf, wo die zahlreichen Ungereimtheiten unseres Steuersystems in schwere Ungerechtigkeiten und einseitige Privilegien umzuschlagen drohen. Hier ist der Ruf nach einer Steuerreform berechtigt, selbst wenn es nur um die schleichende Steuererhöhung durch die Anwendung der Progressionsstaffel auf immer breitere Bevölkerungskreise geht, die am Wirtschaftswachstum mit höherem Einkommen partizipieren. Kurios erscheint hier höchstens die Geduld unserer Steuerzahler, die sich mit einem nachweislich ungerechten und übersteigerten Steuertarif gelassen so lange abfinden, bis die Bürokratie mit den neuen Tabellen zurechtkommt.

Eine weitere Kuriosität war die für April 1983 geplante und sodann verhinderte Volkszählung, die verschoben werden mußte, weil sich der Datenschutz gegen die bereits beschlossene und vorbereitete Volkszählung durchsetzen konnte.

Zu der Zeit, da Tyrenius Landpfleger in Syrien war, begab es sich, daß ein Gebot des Kaisers Augustus ausging, daß jeder Mann gezählt werden sollte – zweifellos aus steuerlichen Gründen, damit der Kaiser einen Überblick über die Zahl seiner steuerpflichtigen Untertanen bekommen konnte. Damals beschränkte sich die fiskalische Neugier nicht darauf, das Ausfüllen eines Fragebogens zu verlangen, dem freilich entsprechende Unterlagen beizufügen waren, sondern der zu zählende Bürger mußte sich an den Ort seiner Geburt begeben, so auch Josef mit seinem Weibe Maria, die schwanger war.

2000 Jahre später bestreitet die öffentliche Meinung den Behörden zwar nicht das Recht, das Volk zu zählen, wohl aber soll in dem Gesetz ausdrücklich sichergestellt werden, daß die Ergebnisse dieser Zählung, also die Daten, keinesfalls den Gerichten oder Finanzämtern zur Kenntnis gebracht werden dürfen. Der Sinn der Volkszählung ist es nicht mehr, Unterlagen für die Besteuerung zu liefern, sondern diese Unterlagen auf jeden Fall vor den Steuerbehörden geheimzuhalten, mögen sie auch sonst zu zahlreichen behördlichen Zwecken verwendet werden können.

«Wie haben wir es doch», würde Mephisto ausrufen, «so herrlich weit gebracht!» Die sogenannte Steuergerechtigkeit bestand seit 2000 Jahren vor allem in der Aufgabe, alle Steuerpflichtigen ausnahmslos zu ermitteln, um sie zur Besteuerung heranzuziehen. Heute gewinnt das neue Menschen- und Bürgerrecht Datenschutz die Oberhand über dieses jahrtausendalte Recht der Obrigkeit, die nicht einmal ihre Bestandslisten, das Melderegister der Einwohnerbehörde, anhand der Ergebnisse der Volkszählung berichtigen, geschweige denn die Steuerlisten vervollständigen darf. Offensichtlich vollzieht sich auch hier eine Art «Wende», diesmal zu Lasten der Neugier des Fiskus, der sich seine Besteuerungsunterlagen auf anderem Wege beschaffen muß als durch die Amtshilfe der Statistik. Auch hier tritt also der Gesichtspunkt der Steuergerechtigkeit hinter anderen Gesichtspunkten der Staatsräson zurück.

Mit den Steuerkuriosa, die der Staatsbürger in vielen Jahrhunderten erlebt hat, ließen sich ganze Bände füllen. In Siegburg gibt es sogar ein eigenes Steuermuseum. Bis freilich alle Ungereimtheiten, Täuschungen und Illusionen unseres Steuerwesens ins Museum kommen – wo sie längst hingehören –, wird wohl noch viel Zeit vergehen.

Grenzen der Besteuerung

Überlegungen eines Finanzpolitikers

Von Hansjörg Häfele

Das Thema «Grenzen der Besteuerung» betrifft nicht nur das Steuerzahlen an sich, welches den Menschen noch nie sonderlich gefallen hat. Es geht vielmehr auch um die grundsätzliche Frage des Zusammenhangs zwischen Steuerzahlen, Staatsverständnis und Einstellung des Bürgers zu seinem Staat.

Grenzen der Besteuerung im Spiegel der Geschichte

Abgaben, sei es in Form von Geldsteuern, wie wir sie heute haben, oder in Gestalt von Naturalabgaben, gibt es seit mehr als 5000 Jahren. Naturgemäß verlief die Erhebung der Steuern nicht glatt, sondern war immer wieder mit Schwierigkeiten verbunden, weil die Betroffenen mit der Abgabenforderung nicht einverstanden waren. In zahlreichen Fällen äußerte sich Protest in Gewalt und Aufruhr. Nicht selten hatten solche Aufstände den Umsturz des Staats- und Gesellschaftssystems zur Folge.

Im achtzehnten Jahrhundert etwa löste die verfehlte Steuerpolitik der englischen Regierung gegenüber den Kolonien in Nordamerika Protest und Widerstand der dortigen Bevölkerung aus. Bekannt sind die Vorfälle in Boston 1773, als die aufgebrachte Menge aus Erbitterung über den ihrer Meinung nach ungerechten Teezoll ganze Schiffsladungen von Tee in das Hafenbecken warf. Krieg und Abfall der amerikanischen Kolonien vom Mutterland waren 1776 die Folge. Auch für den Ausbruch und den heftigen Verlauf der Französischen Revolution von 1789 sind Gründe im steuerlichen Bereich zu suchen.

In der Geschichte unseres Landes haben sich Bürger und Bauern vielfach gegen Steuerforderungen gewehrt. Die Bauernaufstände des Mittelalters und der Neuzeit beweisen dies eindringlich. Ein solcher Aufstand, der von der Geschichtsschreibung nur am Rande erwähnt wird, wurde am 27. Mai 1234, also vor rund 750 Jahren, im Wesergebiet blutig niedergeschlagen. Es war der Aufstand der Stedinger Bauern, welcher sich gegen Erhöhungen der Zehntabgaben richtete, die der Erzbischof von Bremen verfügt hatte. Bekannter sind die Aufstände des Jahres 1525, die unter der Bezeichnung «Bauernkrieg» zusammengefaßt werden. Auch diese Aufstände wurden von den

Fürsten niedergeschlagen. Durch die Forderungen, welche die Bauern erhoben hatten, zieht sich wie ein roter Faden die Klage über zu hohe Geldsteuern, Zehntabgaben und Frondienste.

Die Geschichte gibt keine allgemeingültige Antwort

Die geschichtlichen Beispiele machen deutlich, daß es Grenzen der Besteuerung wirklich gibt. Allerdings kann man den Vorkommnissen aus vordemokratischen Zeiten nicht entnehmen, wo genau diese Grenzen verlaufen. Man kann nur sagen, daß sie jeweils bei weitem überschritten worden sind.

Mit der Frage, wo der kritische Bereich anfängt, haben sich Politiker und Wissenschaftler schon seit Jahrhunderten befaßt. Der französische Staatsphilosoph Montesquieu umschrieb dieses Bemühen im achtzehnten Jahrhundert mit der Formel: «Nichts erfordert mehr Weisheit und Klugheit als die Bestimmung desjenigen Teils, welchen man den Untertanen nimmt, und des Teils, welchen man ihnen läßt.» Politiker, Wissenschaftler und Philosophen mögen es bedauern, daß die Versuche der Grenzbestimmung bis heute ohne klares Ergebnis geblieben sind. Aber auch in Zukunft wird sich daran wohl kaum etwas ändern. Zu viele Umstände spielen eine Rolle, nicht nur die Höhe der Steuerlast, sondern auch Umstände wie Krieg und andere Notfälle sowie die Einstellung des Bürgers zu seinem Staatswesen. So nimmt das eine Volk eine hohe Abgabenlast klaglos hin, während in einem anderen Volk bei niedrigerer Belastung Steuerwiderstand entsteht. Jede Regierung, jedes Parlament muß also versuchen, bezogen auf seine Zeit und auf sein Volk die richtige Antwort zu finden.

Von der Verfassung gezogene Besteuerungsgrenzen

In einem demokratischen Rechtsstaat wie der Bundesrepublik Deutschland hat man sich zunächst an der Verfassung, dem Grundgesetz, auszurichten. Verfassungen sind aus dem Bemühen entstanden, dem Verhalten des absoluten Fürstenstaats Grenzen zu setzen. Ein gewaltiger Fortschritt, den die demokratischen Verfassungen gebracht haben, ist die Bestimmung, daß die Gesetze – und damit auch und besonders die Steuergesetze – durch ein vom Volk gewähltes Parlament beschlossen werden. So geschieht dies auch in der Bundesrepublik Deutschland, wo durch die Mitwirkung des Bundesrates, also der Vertretung der Länder, noch eine weitere Sicherung eingebaut ist.

Die vom Parlament erlassenen Steuergesetze müssen sich an verschiedenen grundgesetzlichen Grenzen messen lassen, besonders an den Grundrechten. So ist der Gleichheitssatz des Artikels 3 zu beachten. Artikel 6 spricht aus, daß Ehe und Familie unter dem besonderen

Schutz der staatlichen Ordnung stehen. Auch diese Vorschrift schlägt durch für die Bestimmung der Steuerlast. Unter Verfassungsjuristen ist es unbestritten, daß aus der Eigentumsgarantie des Grundgesetzes ebenfalls Grenzen für den steuerlichen Zugriff abzuleiten sind. Der Zweite Senat des Bundesverfassungsgerichts hat dazu im März 1983 ausgeführt: «Dem Steuerzugriff der deutschen Hoheitsgewalt ist durch Artikel 14 Absatz 1 Grundgesetz jedenfalls eine äußerste Grenze gesetzt: Zumindest die erdrosselnde, konfiskatorische Steuer ist verfassungswidrig, in jedem Fall dann, wenn die Auferlegung der Steuerpflicht den Pflichtigen übermäßig belasten und seine Vermögensverhältnisse grundlegend beeinträchtigen würde.»

Daß eine Überbelastung des Steuerpflichtigen zu vermeiden ist, ergibt sich auch aus Artikel 106 unserer Verfassung. Im Absatz 3 dieser Vorschrift heißt es im Zusammenhang mit der Verteilung der Umsatzsteuereinnahmen: «Die Deckungsbefugnisse des Bundes und der Länder sind so aufeinander abzustimmen, daß ein billiger Ausgleich erzielt, eine Überbelastung der Steuerpflichtigen vermieden und die Einheitlichkeit der Lebensverhältnisse im Bundesgebiet gewahrt wird.»

Letztlich läßt unsere Verfassung offen, bei welcher Belastung die bezeichneten Grenzen genau erreicht werden. Der Gesetzgeber hat Spielraum, die Abgabenlast zu bestimmen. Dabei kommt dem Gleichheitssatz des Artikels 3 unseres Grundgesetzes eine überragende Bedeutung zu. Aus diesem Gleichheitssatz folgt der Grundsatz der Gleichmäßigkeit der Besteuerung. Gleichmäßigkeit der Besteuerung bedeutet in erster Linie Allgemeinheit der Besteuerung. So ist nach § 3 der Abgabenordnung die Steuer allen aufzuerlegen, «bei denen der Tatbestand zutrifft, an den das Gesetz die Leistungspflicht knüpft». Sind zum Beispiel die Steuerpflichtigen natürliche Personen, wie es bei der Einkommensteuer oder der Lohnsteuer der Fall ist, bedeutet diese Regel, daß Bemessungsgrundlage und Steuersätze ohne Rücksicht auf persönliche Merkmale wie Geschlecht, Abstammung, Rasse oder Sprache allgemein gelten.

Anders als noch die Weimarer Reichsverfassung von 1919 enthält das Grundgesetz selbst keinen Maßstab, an dem die gleichmäßige Besteuerung auszurichten ist. In Artikel 134 der Reichsverfassung hieß es noch: «Alle Staatsbürger ohne Unterschied tragen im Verhältnis ihrer Mittel zu allen öffentlichen Lasten nach Maßgabe der Gesetze bei.»

Besteuerung nach der wirtschaftlichen Leistungsfähigkeit

Im Steuerrecht der Bundesrepublik Deutschland hat sich als Besteuerungsgrundsatz immer stärker das Leistungsfähigkeitsprinzip herausgebildet. Finanzwissenschaftler, Steuerrechtler, Gerichte und Steuerpolitiker sind sich mehr und mehr einig, daß sich die Besteuerung, insbesondere die Besteuerung vom Einkommen und Vermögen, nach der wirtschaftlichen Leistungsfähigkeit des einzelnen zu richten hat. Bei der Einkommen- und Lohnsteuer wird die Leistungsfähigkeit am erzielten Einkommen gemessen, am objektiv erzielten Einkommen abzüglich solcher privater Ausgaben, die die Leistungsfähigkeit notwendigerweise mindern. Zu den gesetzlich gestatteten Abzügen gehören zum Beispiel Versicherungsbeiträge, zwangsläufige Aufwendungen für den Unterhalt von Angehörigen und Aufwendungen für das eigene Existenzminimum. Für die Abzüge gibt es zahlreiche Pausch- und Höchstbetragsregelungen.

Das Bundesverfassungsgericht hat sich gerade in jüngster Zeit mehrfach mit dem Grundsatz der Besteuerung nach der wirtschaftlichen Leistungsfähigkeit auseinandergesetzt. Hiernach darf der Gesetzgeber eine Minderung der Leistungsfähigkeit nicht wirklichkeitsfremd außer Betracht lassen. Tut er das, unterstellt er eine zu hohe Leistungsfähigkeit, so wird eine Grenze der Besteuerung überschritten. Die Steuervorschrift ist dann verfassungswidrig. Zumeist verstößt sie dabei gegen den Gleichheitssatz des Artikels 3 unserer Verfassung. In einem Beschluß vom Februar 1984 hat das Gericht die Leistungsfähigkeitsregel sogar als ein «aus Artikel 3 Absatz 1 des Grundgesetzes folgendes Gebot der Besteuerung nach der wirtschaftlichen Leistungsfähigkeit» bezeichnet.

Hiernach wird künftig keine Steuerpolitik mehr daran vorbeikommen, die Leistungsfähigkeitsregel verstärkt zu beachten. Wir werden uns stärker nach der Leistungsfähigkeit des einzelnen auszurichten haben. Bei der Bestimmung der Bemessungsgrundlage werden wir weniger unterscheiden dürfen zwischen jung und alt oder zwischen verschiedenen Berufsgruppen. Andererseits werden wir stärker unterscheiden müssen zwischen Steuerpflichtigen, deren verfügbares Einkommen durch zwangsläufige Unterhaltsaufwendungen gemindert ist, und Steuerpflichtigen, die keine solchen Belastungen haben.

In diese steuerpolitische Landschaft paßt die Entscheidung des Gesetzgebers, den Kinderfreibetrag wieder einzuführen und ihn ab 1986 auf 2484 Mark anzuheben. Dies ist eine bedeutsame Weichenstellung. Denn die Besteuerung nach der durch den Kindesunterhalt geminderten Leistungsfähigkeit der Eltern, die mit der Steuerreform von 1975 verloren gegangen war, wird wiederhergestellt. Ergänzend erhalten Eltern, die aufgrund ihrer Einkommenslage steuerlich nicht oder nicht hinreichend entlastet werden können, einen Ausgleich über einen Zuschlag zum Kindergeld.

Belastungsgrenze «Steuersatz»
Eine andere Steuerbelastungsgrenze, die vielleicht weniger rechtlich als politisch von Bedeutung ist, wird berührt durch das Hineinwachsen von mehr und mehr Bürgern in die progressive Besteuerung bei der Lohn- und Einkommensteuer. Die Mehrheit der Steuerzahler wird heute von der progressiven Besteuerung erfaßt. Der Mehrverdienst unterliegt Grenzsteuersätzen, die früher den Reichen vorbehalten waren. Der lange Marsch der siebziger Jahre in den Versorgungsstaat hat Spuren hinterlassen. Die bequemste Art der Finanzierung gewaltiger öffentlicher Ausgabenprogramme war nämlich das Hineinwachsenlassen der Bürger in die Steuerprogression, in die Besteuerung mit steigenden Grenzsteuersätzen. Leistungsfähigkeit und Leistungswilligkeit des Bürgers werden überfordert. Vor noch gut 25 Jahren wurden nur rund fünf Prozent aller Einkommen- und Lohnsteuerzahler progressiv oder mit dem Spitzensteuersatz besteuert. Heute sind es gut 60 Prozent der Steuerzahler. Auch durchschnittlich oder gering Verdienende werden heute von der Steuerprogression erfaßt. Der Beitrag der Einkommen- und Lohnsteuerzahler zum gesamten Steueraufkommen hat sich in den letzten 15 Jahren von 40 auf rund 50 Prozent erhöht.

Dieser Entwicklung tritt die Bundesregierung entgegen. Auf ihren Vorschlag hin hat der Gesetzgeber die Senkung der Lohn- und Einkommensteuer in zwei Stufen beschlossen, ohne andere Steuern zu erhöhen. 1986 werden die Bürger um rund 11 Milliarden Mark entlastet. Ab 1988 beträgt das Entlastungsvolumen insgesamt rund 19 Milliarden Mark. Mehr als die Hälfte der Gesamtentlastung entfällt auf die Milderung der leistungsfeindlichen Steuerprogression. Die Abflachung der Steuerprogression ist ein bedeutender Schritt in Richtung eines leistungsfreundlicheren Steuerrechts. Dies alles geschieht, ohne den finanzpolitischen Sparkurs zu verlassen, ohne auf eine mittelfristige Rückführung der Neuverschuldung zu verzichten.

Unterschiedliche Erwartungen
So einfach, wie es vielleicht scheinen mag, ist es für den Finanzminister nicht, einen vernünftigen Kurs einzuhalten, Ausgabenwünsche zurückzudrängen und damit dem Bürger eine zu hohe Abgabenbelastung zu ersparen. Politiker, Wissenschaftler, Bürger, Verbandsvertreter, Journalisten – die Reihe ließe sich noch um einiges fortsetzen – tragen an den Finanzminister die unterschiedlichsten Wünsche, Forderungen oder auch nur gut gemeinte Ratschläge heran und erwarten von ihm eine Antwort. Die Antwort wäre einfach, wenn alle dasselbe wollten. Da dieses nicht so ist und die Standpunkte sich häufig widersprechen, ist es schwer, manchmal unmöglich, es allen Beteiligten

recht zu machen. So wird beispielsweise ein Sozialpolitiker in seinem Bemühen, das soziale Netz enger zu flechten, höhere staatliche Übertragungsleistungen fordern. Die Forderung mag leicht die Zustimmung derjenigen Bürger finden, die von den Leistungen etwas erwarten. Jene Steuerzahler aber, die vom Staat keine höheren Leistungen zu erwarten haben, sondern nur die Verminderung ihres Nettoeinkommens durch eine erhöhte Abgabenlast, werden ein Anwachsen der Sozialausgaben mit Besorgnis betrachten.

Der Finanzminister, der im Mittelpunkt dieser widerstreitenden Interessen steht, muß sich entscheiden. Es jedem recht zu machen, wird dabei kaum gelingen. Bismarck hat dies 1877 einmal ausgedrückt mit den Worten: «Ganz bequem sitzt der Steuerrock niemals.» Aber dennoch oder vielleicht gerade deswegen muß der Finanzminister wie jeder in der Verantwortung stehende Finanzpolitiker bemüht sein, den Steuerrock möglichst passend zu schneidern. So wie der Schneider, so muß auch der Steuerpolitiker sein Handwerk verstehen. Die überragende Persönlichkeit in der deutschen Steuergeschichte der ersten Hälfte dieses Jahrhunderts, Johannes Popitz, hat sogar von einer regelrechten «Kunst der Besteuerung» gesprochen.

Zur Kunst der Besteuerung

Auch der Steuerpolitiker muß gewisse Techniken beherrschen – wie jeder Maler, Bildhauer oder andere Künstler. Ein großer Teil dieser Techniken hat sich durch Jahrtausende der Finanzgeschichte bewährt. Ein anderer Teil muß angesichts einer sich ständig verändernden Welt jeweils neu entwickelt und den aktuellen finanzpolitischen Erfordernissen angepaßt werden. Zu den bewährten Regeln, die uns die Finanzgeschichte zur Verfügung gestellt hat, gehört das Swiftsche Steuereinmaleins. Der englische Schriftsteller und Satiriker Jonathan Swift warnte 1728 die Steuerpolitiker seiner Zeit, daß bei Steuererhöhungen zwei mal zwei nicht unbedingt vier, sondern ebensogut nur eins ergeben kann. Am Beispiel der Zölle auf Seide und Wein zeigte er die Gefahr auf, daß eine Erhöhung der Zolltarife voraussichtlich eine Verminderung der Zolleinnahmen herbeiführen werde, weil diese Güter zu teuer und damit von den Leuten nicht mehr gekauft würden. Daß diese Aussage stimmt, mußte eine frühere Bundesregierung vor einigen Jahren bei der Erhöhung von Verbrauchsteuern erfahren.

Technik allein genügt aber nicht. Wie ein Künstler muß der Finanzpolitiker Augenmaß besitzen. Er muß abschätzen können, welches Maß an Steuern erforderlich ist und welches Maß an Steuern dem Bürger zumutbar ist. Darauf hat der Steuerzahler einen Anspruch. Auch für den deutschen Steuerzahler gilt, was ein französischer

Finanzminister im Jahre 1792 festgestellt hat: «Niemals weigert sich das Volk, vernünftige Steuern zu zahlen; vernünftig in der Verwendung und vernünftig im Maß der Belastung.»

Anzeichen einer Überbesteuerung

Ein fähiger Politiker wird spüren, auch ohne die Verfassung zu befragen, wann das Maß überschritten ist, und sich dann dafür einsetzen, diesem Zustand ein Ende zu bereiten. Anzeichen einer ungesunden Überbelastung des Bürgers mit Steuern und Sozialabgaben gibt es heute genügend. Ich denke an die allmähliche Verschlechterung der Steuerehrlichkeit, die Zunahme der Schwarzarbeit, das Nachlassen von Leistungsbereitschaft in Beruf und Wirtschaft.

Zu den Anzeichen zählen auch die sogenannten Steuersparmodelle wie Abschreibungsgesellschaften und Bauherrenmodelle, die um die Jahrzehntwende nur so ins Kraut geschossen sind. Für den Kapitalanleger war der Anreiz, trotz hoher Anlagerisiken kurzfristig Steuern sparen zu können, oft stärker als die Aussicht, risikolos die Hälfte oder mehr seines Einkommens an den Staat abführen zu müssen. An den Krankheitserscheinungen hat man inzwischen herumkuriert. Man hat versucht, den Abschreibungsgesellschaften mit einer Begrenzung der Verlustverrechnung beizukommen. Den Teilnehmern an Bauherrenmodellen ist ab 1985 die Möglichkeit genommen worden, dem Finanzamt die Vorsteuer zur Umsatzsteuer in Rechnung zu stellen. Bei den Steuervorauszahlungen können Verluste aus Vermietung und Verpachtung seit Anfang 1984 nur noch beschränkt berücksichtigt werden. Gegen ausländische Betätigungen von Verlustzuweisungsgesellschaften wurden verschiedene gesetzliche Sperren errichtet.

Daß es sich bei all den Beschränkungen des Steuersparens letztlich nur um ein Kurieren am Symptom handelt, zeigt doch auch folgendes: Kaum wird einem Sparmodell der Riegel durch Änderung des Steuerrechts vorgeschoben, so hört man bereits von neuen Modellen. Ich nenne als Beispiel Überlegungen, den Vorteil des Vorsteuerabzugs beim Bauherrenmodell durch Bestellung eines Nießbrauchsrechts am Grundstück zu erlangen. Inzwischen ist ein Vorschlag der Regierung Gesetz geworden, welches dem einen Riegel vorschiebt.

Steuern und Staatsauffassung

Das Kurieren am Symptom wird auf Dauer wenig nützen. Das Übel muß an der Wurzel ergriffen werden. Wir müssen über einen ordnungspolitischen Wandel den Weg aus dem Steuerstaat finden. Das stetige Anwachsen der Abgabenlawine ist keine zwangsläufige Folge des modernen demokratischen Rechtsstaats, der man tatenlos zuzusehen hätte. Die richtige Einordnung und Beachtung der ordnungspolitischen Zusammenhänge bestimmt vielmehr, ob wir immer weiter in einen Abgabenstaat hineingeraten oder ob dem Bürger die Freiräume belassen werden, die der Mensch für eine gedeihliche Entwicklung nun einmal benötigt. Hier geht es um die Frage nach dem Zusammenhang von Steuern und Staatsverständnis, von Steuerstaat, Sozialstaat und Sozialer Marktwirtschaft.

Wer einen übertriebenen Sozialstaat, einen Versorgungsstaat will, erhält einen Abgabenstaat. Das ist der Punkt, an dem wir infolge der maßlosen Ausgabenpolitik früherer Bundesregierungen heute angelangt sind. Nichts kann wohl den in den siebziger Jahren geplanten Weg in den Versorgungsstaat und den politisch gewollten Steuer- und Abgabenstaat deutlicher beleuchten als die Ausführungen des Wissenschaftlichen Beirats beim Bundesminister für Wirtschaft und Finanzen des Jahres 1972. In dem 1972 erschienenen Gutachten «Finanzierung eines höheren Staatsanteils am Sozialprodukt» heißt es: «Aus Erklärungen der politischen Organe des Bundes und anderer Gebietskörperschaften, zum Teil auch aus bereits ausgearbeiteten Plänen, ist zu ersehen, daß in den nächsten zehn bis fünfzehn Jahren bestimmte öffentliche Ausgabenprogramme stark ausgedehnt werden sollen.» Weiter heißt es dort: «Hierzu gehören nicht nur öffentliche Investitionen im Sinne der volkswirtschaftlichen Gesamtrechnung, sondern auch als öffentlicher Konsum eingestufte, laufende Ausgaben vor allem auf dem Gebiet der Erziehung, der Ausbildung und der Wissenschaft, des Verkehrswesens, des Gesundheitswesens, der Versorgungswirtschaft, des Umweltschutzes, der Stadtsanierung und der Verbesserung der Regionalstruktur.» Es geht dann weiter: «Die vorliegenden Pläne zur Verbesserung der sozialen Sicherung können aber nur realisiert werden, wenn auch der Anteil der Ausgaben der Sozialversicherung am Sozialprodukt erhöht wird.»

Die Wissenschaftler kamen folgerichtig zu dem Ergebnis, daß angesichts der beabsichtigten staatlichen Ausgabenflut die Steuern zu erhöhen und die Staatsschuld zu vergrößern seien. Dies alles bescheinigten sie am 3. Juni 1972. Wir wissen heute, daß sie leider recht behalten haben. Staatsschulden und Abgaben haben eine früher unvorstellbare Größenordnung erreicht. Der Aufbruch in den Versorgungsstaat war nur mit Steuern und Schulden zu erkaufen, wie es die Wissenschaftler vorhergesehen haben. Inzwischen muß uns allen – bis auf einige Unbelehrbare, die das Heil nach wie vor in staatlichen Ausgabenprogrammen suchen – klar geworden sein: Wer den Versorgungsstaat will, erhält den Steuerstaat. Aufgrund von leidvollen Erfahrungen müssen heute fast alle Industriestaaten sich daran machen, die Überweitungen des Versorgungsstaates zurückzustutzen.

Wiedergewinnung von Freiräumen für den einzelnen
Wer den Steuerstaat nicht will, der muß dafür eintreten,
– daß der Staat weniger ausgibt, weniger umverteilt,
– daß die Staatsschuld begrenzt wird,
– daß überflüssige Staatstätigkeiten abgebaut werden.
Den Bürgern müssen mehr Freiräume zugestanden werden: wirtschaftliche, menschliche und geistige Freiräume und damit Verantwortlichkeiten.

Dies hat sich diese Bundesregierung zur Aufgabe gemacht. Sie setzt auf persönliche Freiheit, Leistungsbereitschaft der Bürger und staatliche Bescheidenheit. So heißt es in der Regierungserklärung: «Wir führen den Staat auf den Kern seiner Aufgaben zurück, damit er sie wirklich zuverlässig erfüllen kann. Ansprüche können nicht stärker wachsen als Leistungsfähigkeit und Leistungsbereitschaft der Bürger. Wer Rechte hat, hat auch Pflichten.»

Schlüsselrolle der Finanzpolitik
Bei der Verfolgung dieser Ziele nimmt die Finanzpolitik eine Schlüsselrolle ein. Es ist vorrangiges Ziel der Bundesregierung, sich bei den Staatsausgaben zurückzuhalten, um dadurch die Staatsschuld in den Griff zu bekommen und dem Bürger ein weiteres Anwachsen der Abgabenlast zu ersparen.

Im Durchschnitt der siebziger Jahre stiegen die Bundesausgaben um neun Prozent. 1980, 1981 und 1982 waren es sechs, acht und fünf Prozent. Unter der Verantwortung dieser Bundesregierung belaufen sich die Zuwachsraten 1983, 1984 und 1985 dagegen nur noch auf 0,9, 2,0 und 2,6 Prozent. 1986, dem Jahr des Inkrafttretens der ersten Stufe der Steuerentlastung 1986/88, sollen die Bundesausgaben lediglich um 2,2 Prozent steigen. Für die Jahre 1987 bis 1989 ist ein Ausgabenzuwachs von jeweils 2,9 Prozent geplant. Dabei ist 1988 die zweite Stufe der Steuerentlastung zu berücksichtigen. Diese Zahlen veranschaulichen das Ausmaß der Kursänderung in Richtung auf eine stetige, deutliche Verringerung des Staatsanteils am Bruttosozialprodukt.

Wir befinden uns in einem finanzpolitischen Wandel, einer grundlegenden Kursänderung, ohne die wir vollends in den Schulden- und Abgabenstaat hineingeschlingert wären. Der Staatsanteil war 1982 bei 50 Prozent angelangt. 1983 haben wir 49 Prozent erreicht. 1984 waren es 48,5 Prozent. Bei folgerichtiger Fortsetzung der Ausgaben-Disziplin können wir Ende der achtziger Jahre etwa 45 Prozent anpeilen. Damit lägen wir immer noch weit über den 38 Prozent des Jahres 1969.

Wir sehen also: Der Weg fort vom Ausgaben-, Schulden- und Steuerstaat ist lang und beschwerlich. Nur mit ausdauernden Anstrengungen werden wir es schaffen, das Schreckgespenst des Steuerstaats endgültig zu verbannen. Dabei geht es nicht bloß um finanzpolitische Notwendigkeiten. Es geht um mehr. Es geht um ein anderes Verständnis von der Verantwortlichkeit des Bürgers und des Staates. Der Dichter Hölderlin hat dies seherisch so ausgedrückt: «Immer hat das den Staat zur Hölle gemacht, daß ihn der Mensch zu seinem Himmel machen wollte.»

Anmerkungen und Literatur

Karl Häuser, Opfer und Steuer

1. Lukas 2, V. 1–3. Hier und in den folgenden Bibelzitaten nach der Ausgabe der Württembergischen Bibelanstalt, Stuttgart 1920.
2. Eine schonungslose Darstellung der Steuererhebung und der Methoden der Steuereintreibung durch die erwähnte «descriptio prima» gab der römische Schriftsteller Lactanius in seiner Schrift «De mortibus persecutorum» aus der frühchristlichen Sicht des 3. Jh. n. Chr.
   Vgl. ferner z. B. J. Marquardt: Römische Staatsverwaltung, Leipzig 1876, S. 211 sowie W. Goffart: Caput and Colonate, Toronto 1974, S. 7ff. und die dort angegebene Literatur.
3. Markus 12, V. 14–17.
4. Vgl. dazu K. Kraft: Der goldene Kranz Cäsars und der Kampf um die Entlarvung des Tyrannen, in: Jahrbuch für Numismatik und Geldgeschichte, Regensburg 1952, Vol. 3/4, S. 7–104.
5. Vgl. Abgabenordnung (Fassung vom 16. 3. 76), § 3 Abs. 1, Satz 1.
6. W. Gerloff: Die öffentliche Finanzwirtschaft, Frankfurt a. M. ^{2}1947, Bd. I, S. 15.
7. Z. B. Lukas, 18, V. 10–14 sowie Lukas 19, V. 7.
8. Vgl. W. Ronner: Als Kronberg hinter Mauern lag, Frankfurt a. M. o. J., S. 81 f.
9. Siehe dazu A. Erler: Bürgerrecht und Steuerpflicht im mittelalterlichen Städtewesen mit besonderer Untersuchung des Steuereides, Frankfurt a. M. 1963.
10. Markus 12, V. 41–44.

Christian Meier, Wie die Athener ihr Gemeinwesen finanzierten

A. Böckh: Die Staatshaushaltung der Athener, Bd. 1.2, hg. v. M. Fränkel, Berlin ^{3}1886.

H. Francotte: L'Administration Financière des Cités Grecques, Paris 1903.

A. Andreades: Geschichte der griechischen Staatswirtschaft, Bd. 1, München 1931.

W. Schwahn: Tele, in: Paulys Real-Encyclopädie der classischen Altertumswissenschaft, Bd. V A, 1934, Sp. 226–310.

V. Ehrenberg: Der Staat der Griechen, Zürich 1965.

J. K. Davies: Athenian Propertied Families 600–300 B. C., Oxford 1971.

S. Lauffer: Die Liturgien in der Krisenperiode Athens. Das Problem von Finanzsystem und Demokratie, in: E. Ch. Welskopf: Hellenische Poleis, Berlin 1974, S. 147–159.

Eine wichtige Korrektur zu den «steuerlichen Leistungen von Grund und Boden» bei A. Wilhelm in den Sitzungsberichten der Wiener Akademie 224, 1947, Heft 4.

Dietwulf Baatz, «Gebt dem Kaiser, was des Kaisers ist»

Es gibt keine neue zusammenfassende Darstellung des Steuerwesens im römischen Reich. Ältere Werke:

J. Marquardt/Th. Mommsen: Römisches Staatsrecht, Bd. 2.2, ³1887, S. 992 ff.

O. Hirschfeld: Die kaiserlichen Verwaltungsbeamten bis auf Diocletian, ²1905.

Paulys Real-Encyclopädie der classischen Altertumswissenschaft, Bd. VII A, 1939, Sp. 1 ff. (Artikel *Tributum* und *Tributus* von W. Schwahn).

Einige Arbeiten zu Spezialgebieten:

E. Stein: Die kaiserlichen Beamten und Truppenkörper im römischen Deutschland unter dem Prinzipat, 1932, S. 38 ff. (Steuerverwaltung in den germanischen Provinzen des Reichs).

P.A. Brunt: Charges of Provincial Maladministration in the Early Empire, in: Historia 10 (1961), S. 189 ff.

A. Piganiol: Les documents cadastraux de la colonie romaine d'Orange, Gallia Supplement 16, 1962.

Th. Pekary: Untersuchungen zu den römischen Reichsstraßen, 1968, S. 91 ff. (Finanzierung des Straßenbaus).

K. Hopkins: Taxes and Trade in the Roman Empire, in: Journal of Roman Studies 70 (1980), S. 101 ff.

J.F. Matthews: The Tax Law of Palmyra, in: Journal of Roman Studies 74 (1984), S. 157 ff. (Kommunalsteuern in einer römischen Stadt des Orients: Steuern auf Karawanen, eingeführte Waren, Ausübung der Prostitution usw.).

Zur Frage der Steuern und des Staatshaushaltes gibt es zahlreiche, verstreute Schriftquellen aus dem Altertum. Drei Beispiele:

Cicero: Oratio in Verrem II,3,6 (Steuerverhältnisse der Provinz Sizilien, späte römische Republik).

Augustus: Res gestae (Monumentum Ancyranum; Tatenbericht des Kaisers).

Cassius Dio: Römische Geschichte (52,28–29: zu den Reichssteuern, aus der fiktiven Rede des Maecenas an Kaiser Augustus; 56,33: Dokument über den Staatshaushalt im Testament des Augustus).

Klaus Bringmann, Steuern und Fremdherrschaft

1. Markus 12, V. 13–17; Matthäus 22, V. 15–22; Lukas 20, V. 20–26.
2. Jesaja 62, V. 8 f. (vgl. 65, V. 22); die Verheißung ist vermutlich erst im letzten Drittel des 6. Jhs. entstanden: vgl. O. Eissfeldt: Einleitung in das Alte Testament, Tübingen ⁴1976, S. 464 f.
3. Zur zelotischen Bewegung vgl. M. Hengel: Die Zeloten. Untersuchung zur jüdischen Freiheitsbewegung in der Zeit von Herodes I. bis 70 n. Chr., Leiden/Köln ²1976; ihr Verhältnis zu Jesus vgl. jetzt das Sammelwerk von E. Bammel und C. F. D. Moule (ed.): Jesus and the Politics of His Day, Cambridge 1984.
4. Lukas 2, V. 1 f.; zu den sachlichen und chronologischen Problemen, die der

Text aufwirft, vgl. E. Schürer: The History of the Jewish People in the Age of Jesus Christ (175 B.C.–A.D. 135), rev. and ed. by G. Vermes & F. Millar, Vol. I., Edinburgh 1973, S. 399–427 (mit Literatur).

5. Ulpian, in: Corpus Iuris Civilis. Digesta 50,15,4 pr.
6. Ebd., § 1.
7. Ebd., 50,15,3 pr.
8. Vgl. W. Schwahn: *Tributum* und *Tributus*, in: Real-Encyclopädie der classischen Altertumswissenschaft. Bd. VII A (1939), Sp. 44–47; E. Schürer (s. Anm. 4), S. 401–403; vgl. auch unten Anm. 10.
9. Josephus: Antiquitates Judaicae 14,10,6 (§ 203).
10. Appian: Syriake 8,50 (§ 253): «Und wegen dieser Aufstände [der Historiker bezieht sich vor allem auf die jüdischen Aufstände gegen die Römer, 66–70/74 und 132–135 n. Chr.] ist die allen Juden auferlegte Kopfsteuer höher als die der Nachbarn. Bei den Syrern und Kilikern wird sie jährlich in Höhe von 1 % des geschätzten Wertes bei jedem Einzelnen erhoben.» Zur Interpretation der umstrittenen Stelle vgl. E. Schürer (s. o. Anm. 4), S. 402 mit Anm. 9; anders L. Neesen: Untersuchungen zu den direkten Staatsabgaben der römischen Kaiserzeit (27 v. Chr.–284 n. Chr.), Antiquitas Reihe 1, Bd. 32, Bonn 1980, S. 119 f.
11. Vgl. E. Schürer (s. Anm. 4), S. 373–376.
12. Tacitus: Annales 2,42,5: «Und die Provinzen Syrien und Judäa baten, ermattet von den Lasten, um eine Verminderung des Tributs.»
13. Josephus: Antiquitates Judaicae 18,4,3 (§ 90): «Vitellius erließ den Einwohnern die auf den Verkauf landwirtschaftlicher Produkte erhobenen Verkaufsteuern.» Daß sie eine drückende Last waren, sagt derselbe Historiker, a. a. O., 17,8,4 (§ 205).
14. Vgl. hierzu E. Schürer (s. Anm. 4), Bd. II (1978), S. 257–274.
15. Die männliche Erstgeburt wurde mit der Zahlung von 5 Silberschekeln abgelöst: Numeri 8, V. 15 f.
16. Nehemia 10, V. 36–38.
17. Zu den Lebensverhältnissen in Palästina nach talmudischen Quellen vgl. A. Ben David: Talmudische Ökonomie, Bd. I, Hildesheim 1974, S. 291 ff.
18. Josephus, Bellum Judaicum 2,17,6 (§ 427).
19. Ebd., 2,16,5 (§§ 403 f.).
20. Vgl. W. Horbury: The Temple Tax, in: E. Bammel/C. D. F. Moule (s. o. Anm. 3), S. 280 f.
21. Samuel 2, V. 24; vgl. Numeri 1, V. 2 ff.
22. Hosea 2, V. 1; vgl. Genesis 15, V. 5; 22, V. 17; 32, V. 12; Makkabäer 2, V. 28–30; 3, V. 32.
23. Leviticus 25, V. 23; vgl. Samuel 1,26, V. 19; 2,14, V. 16; Jeremia 2, V. 7; 16, V. 18; Psalm 68, V. 10; 79, V. 1 (das Land als Erbe Gottes) sowie Josua 22, V. 19 und 25 (das Land als Besitz Gottes).
24. Josephus: Antiquitates Judaicae 18,1,1 (§§ 1–9).
25. Vgl. W.R. Farmer: Maccabees, Zealots and Josephus. An Inquiry into Jewish Nationalism in the Greco-Roman Period, New York 1957.
26. Bis zum Jahre 175 v. Chr. betrug der Tribut 300 Silbertalente (1 Talent = 6000 Drachmen, deren Gewicht um 4 g schwankte): Sulpicius Severus, Historia

sacra 2,7,15, dann wurde er auf 440 Talente erhöht: Makkabäer 2,4, V. 8 f. und schließlich im Jahre 172 v. Chr. auf 740 Talente: Makkabäer 2,4, V. 23.

27. Zur Besteuerung in seleukidischer Zeit vgl. E. Bikerman: Institution des Séleucides, Paris 1938, S. 106–132; vgl. K. Bringmann: Hellenistische Reform und Religionsverfolgung in Judäa, Göttingen 1983, S. 111–120.
28. Makkabäer 1,10, V. 29 f.
29. Vgl. A. Ben David (s. Anm. 17), S. 106.
30. Sein Angebot steigerte den Tribut von 440 auf 740 Talente: vgl. Anm. 26.
31. Makkabäer 1,13, V. 41.
32. Vgl. Makkabäer 1,2, V. 25–28 und Makkabäer 2,6, V. 12 ff.
33. Markus 12, V. 15–17.
34. Lukas 20, V. 26.
35. Matthäus 17, V. 24–27.
36. Zur Interpretation vgl. F.F. Bruce: Render to Caesar, in: E. Bammel/ C.F.D. Moule (s. Anm. 3), S. 249–263.
37. Hippolytos: Refutatio omnium haeresium 9,26. – Zu den Münzen, mit denen zur Zeit Jesu Kopfsteuer und Tempelsteuer entrichtet wurden, vgl. H. St. J. Hart: The Coin of ‹Render to Caesar . . .›, in: E. Bammel/C. F. D. Moule (s. Anm. 3), S. 241–248.

Peter Schreiner, Zentralmacht und Steuerhölle

1. R. S. Lopez: The dollar of the middle-ages, in: Journal of Economic Studies 11 (1951), S. 209–234. Ein gut verständlicher, zusammenfassender Überblick über Münzen und Währung in Byzanz findet sich bei T. Bertelè: Numismatique Byzantine . . ., édition française . . . par C. Morrisson, Wetteren 1978.
2. F. Dölger: Regesten der Kaiserurkunden des Oströmischen Reiches I, München 1924, Nr. 83. Ein Solidus hatte damals ein Gewicht von rund 4,50 g.
3. Angaben über den Geldwert bei G. Ostrogorsky: Löhne und Preise in Byzanz, in: Byzantinische Zeitschrift 32 (1932), S. 293–333.
4. Ostrogorsky (wie Anm. 3), S. 302.
5. A. A. Vasiliev: Justin the First. An Introduction to the Epoch of Justinian the Great, Cambridge (Mass.) 1950, S. 374 f.
6. Michael Psellos: Chronographie, Bd. II, Paris 1928, S. 19.
7. Genauere Angaben zur Finanzverwaltung, die hier nach der Struktur in mittelbyzantinischer Zeit skizziert wurde, sind in der unten (Anm. 50) genannten Literatur zu finden.
8. Für die grundbesitzlose Landbevölkerung ist dieser Sachverhalt klar bezeugt (vgl. Dölger: Finanzverwaltung, S. 48 A. 4), während für die «Armen» in der Stadt zumindest indirekte Steuern (etwa in Form von Gebühren) bekannt sind (Dölger: Gebührenwesen, S. 242).
9. Karayannopulos: Finanzwesen, S. 28–43; Dölger: Finanzverwaltung, S. 48–57.
10. Karayannopulos: Finanzwesen, S. 43–53; Dölger: Finanzverwaltung, S. 92–112. Ein umfangreiches Kataster hat N. Svoronos: Le catastre de Thèbes, in: Bulletin de Correspondance Hellénique 83 (1959), S. 1–166, veröffentlicht.
11. Die gemeinsame Steuerhaftung hat eine umfangreiche Literatur hervorgeru-

fen, bei der vor allem die Frage diskutiert wurde, inwieweit nur die Steuern oder auch Grund und Boden übertragen wurden (Dölger: Finanzverwaltung, S. 128–132; J. Karayannopulos: Die kollektive Steuerverantwortung in frühbyz. Zeit, in: Vierteljahresschrift für Sozial- und Wirtschaftsgeschichte 43, 1956, S. 289–322; P. Lemerle: The Agrarian History of Byzantium, Galway 1979, S. 46–47, S. 79–80).

12. G. Ostrogorsky: Pour l'histoire de la féodalité byzantine, Brüssel 1954. – A. Hohlweg: Zur Frage der Pronoia in Byzanz, in: Byzantinische Zeitschrift 60 (1967), S. 288–308.
13. E. Herman: Zum kirchlichen Benefizwesen im byzantinischen Reich, in: Studi Bizantini e Neoellenici 5 (1939), S. 657–671, bes. S. 668.
14. Für den mit Byzanz weniger vertrauten Leser ist anzumerken, daß mit solchen Schenkungen nicht die Verfügung über Land und Leute im Sinne eines Eigentums verbunden war, sondern nur der Verzicht des Staates auf alle oder einen Teil der Steuern zugunsten eines Dritten.
15. Karayannopulos: Finanzwesen, S. 94–168.
16. Ebd. S. 94–112.
17. *Canon vestium* oder *vestis collatio*; Karayannopulos, S. 112–117.
18. Sie hieß *equorum collatio*; Karayannopulos, S. 117–119.
19. Das *aurum tironicum*; Karayannopulos, S. 119–123.
20. H. Antoniadis-Bibicou: Recherches sur les douanes à Byzance, Paris 1963.
21. Karayannopulos, S. 177–178.
22. Prokop: Historia arcana (Anecdota), cap. 21, 1–2 (S. 128, 21–129, 1, ed. Haury).
23. F. Dölger: Das *aerikon*, in: Byzantinische Zeitschrift 30 (1929/30), S. 450–457.
24. H. F. Schmid: Byzantinisches Zehntwesen, in: Jahrbuch der Österreichischen Byzantinischen Gesellschaft 6 (1957), S. 45–110.
25. Blasius de Marcono: De differentiis inter ius Langobardorum et ius Romanorum tractatus, ed. J. Abignente, Neapel 1912, cap. 309, S. 379.
26. W. Ashburner: The Farmer's Law, in: The Journal of Hellenic Studies 30 (1910), cap. 10, S. 99.
27. Zu den Einzelheiten vgl. F. Dölger: Aus den Schatzkammern des Heiligen Berges, München 1948, S. 191.
28. Antoniadis-Bibicou (wie Anm. 20), S. 97–122.
29. Die entsprechenden Bestimmungen sind im sog. Eparchenbuch des 10. Jh. zusammengefaßt, da die Überwachung von Handel und Gewerbe dem Stadteparchen oblag. Der von J. Nicole 1893 herausgegebene Text ist jetzt zusammen mit verschiedenen neusprachlichen Übersetzungen am besten zugänglich in der von I. Dujčev unter dem Titel «To eparchikon biblion» besorgten Ausgabe, London 1970.
30. Erläuterung dieser zahlreichen Steuern bei P. Schreiner: Ein Prostagma Andronikos' III. für die Monembasioten in Pegai (1328) . . ., in: Jahrbuch der Österreichischen Byzantinistik 27 (1978), S. 203–228. Solche Nebensteuern konnten bis zu 40% der Hauptsteuern ausmachen (Dölger: Schatzkammern, S. 190–191).
31. Dölger, Finanzverwaltung, S. 52.

32. E. Schilbach: Byzantinische Metrologie, München 1970, S. 248–263.
33. Gemeint ist Crösus.
34. Nikephoros Patriarches: Antirrhetikos III, in: Patrologia Graeca Bd. 100, Sp. 513 D–516 A.
35. Theophylacti archiep. Bulgariae epistulae, in: Patrologia Graeca Bd. 126, Sp. 529 B. – Auswertung der Briefe bei D. A. Xanalatos: Beiträge zur Wirtschafts- und Sozialgeschichte Makedoniens im Mittelalter, hauptsächlich auf Grund der Briefe des Erzbischofs Theophylaktos von Achrida. Dissertation München 1937.
36. Theophylacti ... epistulae, in: Patr. Graeca, Bd. 126, Sp. 532 D.
37. G. Stadtmüller: Michael Choniates, Metropolit von Athen. Rom 1928, S. 283–286.
38. Dölger: Finanzverwaltung, S. 74–75.
39. Kekaumenos: Strategikon, cap. 95; deutsche Übersetzung bei H.-G. Beck, Vademecum des byzantinischen Aristokraten (= Byz. Geschichtsschreiber 5), Graz 1964, S. 76.
40. Theophylacti ... epistulae, in: Patr. Graeca, Bd. 126, Sp. 405 A.
41. Ebd. 313 C–D.
42. Xanalatos 69.
43. Dölger: Finanzverwaltung, S. 61 A. 10.
44. Xanalatos 54.
45. Kekaumenos (wie Anm. 39), cap. 50.
46. F. Tinnefeld: Die frühbyzantinische Gesellschaft, München 1977, S. 36–44.
47. P. Lemerle: The Agrarian History of Byzantium from the Origins to the Twelfth Century, Galway 1979, S. 90–108.
48. G. Weiß: Oströmische Beamte im Spiegel der Schriften des Michael Psellos (= Miscellanea Byzantina Monacensia 16), München 1973, S. 4f.
49. Jüngste Darstellung des Aufstandes bei H. Köpstein: Zur Erhebung des Thomas, in: Studien zum 8. und 9. Jahrhundert in Byzanz, Berlin 1983, S. 61–87.
50. Eine Darstellung der byzantinischen Steuern wie des gesamten Finanzwesens überhaupt stößt auf große Schwierigkeiten, da wir nur über eine unzureichende Anzahl an Quellen, vor allem Urkunden, verfügen und der rhetorische Sprachgebrauch der Byzantiner eine exakte Terminologie vermeidet. Es gibt wenig Einzeluntersuchungen und keine neuere Darstellung, die den gesamten Zeitraum (330–1453) abdeckt. Trotzdem seien hier einige Titel genannt: L. Bréhier: Les Institutions de l'Empire Byzantin, Bd. 2, Paris 1949, S. 248–280. – J. Karayannopulos: Das Finanzwesen des frühbyzantinischen Staates, München 1958. – F. Dölger: Beiträge zur Geschichte der byzantinischen Finanzverwaltung besonders des 10. und 11. Jahrhunderts, Leipzig 1927. – Ders.: Zum Gebührenwesen der Byzantiner, in: Byzanz und die Europäische Staatenwelt, Darmstadt 1964, S. 232–260.

Elsbet Orth, Vom Königsschatz und Kataster

1. Die Erzählung ist überliefert in: Die vier Bücher Chroniken des sogenannten Fredegar IV, cap. 24, Darmstadt 1982. – Dem anonym gebliebenen Autor wurde erst im 16. Jh. der Name Fredegar beigelegt.

2. Grundlegend Reinhard Schneider: Das Frankenreich, München/Wien 1982; dort auch weiterführende Literaturangaben.
3. Zu den Bevölkerungszahlen Eugen Ewig: Das Fortleben römischer Institutionen in Gallien und Germanien, in: Ders.: Spätantikes und fränkisches Gallien, München 1976, S. 429.
4. Ferdinand Lot: L'impôt foncier et la capitation personnelle sous le Bas-Empire et à l'époque franque, Paris 1928; Felix Dahn: Zum merowingischen Finanzrecht, in: Festschrift für K. v. Maurer, Göttingen 1893, S. 333 ff.; Georg Waitz: Deutsche Verfassungsgeschichte, Bd. 2/2 und 4 (1882 u. 1885), 3. bzw. 2. Aufl. Darmstadt 1953. – Eine neuere Darstellung des Steuerwesens im fränkischen Reich fehlt.
5. Gregor von Tours: Zehn Bücher Geschichten, 2 Bde., Darmstadt 1977 und 1974, hier: X, cap. 7.
6. Gregor von Tours, IV, 2 und V, 28.
7. Fredegar (wie Anm. 1), III, 11.
8. Gregor von Tours, VII, 15.
9. Waitz (wie Anm. 4), Bd. 2/2, S. 273.
10. Formulae Merowingici et Karolini Aevi, Hannover 1886, S. 55 f.
11. Monumenta Germaniae, Scriptores rerum Merovingicarum 2, Hannover 1888, S. 488.
12. Gregor von Tours, V, 28 und III, 36.
13. Ebd., IX, 30.
14. Ebd., V, 34.
15. Vgl. Schneider (wie Anm. 2), S. 77.
16. Waitz (wie Anm. 4), Bd. 2/2, S. 251 f. und Bd. 4, S. 115.
17. Diese Neuerungen wurden zu Beginn des 9. Jhs. eingeführt; Josef Fleckenstein: Grundlagen und Beginn der deutschen Geschichte, Göttingen 1974, S. 52 f.
18. In karolingischer Zeit haben die Geschenke den Charakter der Freiwilligkeit ganz verloren; *dona* sind nun regelmäßig zu leistende Abgaben von bestimmter Höhe, die vor allem von Klöstern gefordert werden.
19. In seinem Aufsatz «Die Ausbildung der Grundlagen des modernen deutschen Staates im hohen Mittelalter» charakterisierte Theodor Mayer den mittelalterlichen Staat als einen «Personenverbandsstaat» im Gegensatz zum modernen «institutionellen Flächenstaat» (Historische Zeitschrift 159, 1939, S. 457 ff.).

Hannes Möhring, Geld zum Kampf gegen Ungläubige

T. S. R. Boase: Boniface VIII, London 1933.
Jacques Boussard: Le gouvernement d'Henri II Plantegenêt, Paris 1956.
Alexander Cartellieri: Philipp II. August. König von Frankreich, Bd. 2: Der Kreuzzug (1187–1191), Leipzig/Paris 1906.
Christopher R. Cheney: Pope Innocent III and England, Stuttgart 1976.
Giles Constable: The Financing of the Crusades in the Twelfth Century, in: Outremer. Studies in the History of the Crusading Kingdom of Jerusalem. Presented to Joshua Prawer, ed. B. Z. Kedar, H. E. Mayer, R. C. Smail, Jerusalem 1982, S. 64–88.

Georges Digard: Philippe le Bel et le Saint-Siège de 1285 à 1304, 2 Bde., Paris 1936.

Jean Favier: Les finances pontificales à l'époque du Grand Schisme d'Occident 1378–1409, Paris 1966.

Ders.: Finance et fiscalité au bas moyen-âge, Paris 1971.

John Gillingham: Richard Löwenherz. Eine Biographie, Düsseldorf 1981.

Adolf Gottlob: Die päpstlichen Kreuzzugs-Steuern des 13. Jahrhunderts. Ihre rechtliche Grundlage, politische Geschichte und technische Verwaltung, Heiligenstadt (Eichsfeld) 1892. (Teilweise inzwischen von der Forschung überholt.)

John Bell Henneman: Royal Taxation in Fourteenth Century France. The Development of War Financing 1322–1356, Princeton 1971.

Ernst Hennig: Die päpstlichen Zehnten aus Deutschland im Zeitalter des avignonesischen Papsttums und während des großen Schismas, Halle 1909.

Walther Kienast: Der Kreuzkrieg Philipps des Schönen von Frankreich gegen Aragon, in: Historische Vierteljahrschrift 28 (1934), S. 673–698.

Wilhelm Koester: Der Kreuzablaß im Kampfe der Kurie mit Friedrich II., Diss. Münster 1913.

William E. Lunt: Papal Revenues in the Middle Ages, 2 Bde., New York 1934.

Ders.: Financial Relations of the Papacy with England to 1327, Cambridge (Mass.) 1939.

Giuseppe Martini: Innocenzo III ed il finanziamento delle crociate, in: Archivio della R. Deputazione romana di Storia patria 67 (1944), S. 309–335.

Hans Eberhard Mayer: Henry II of England and the Holy Land, in: The English Historical Review 97 (1982) S. 721–739.

Hannes Möhring: Saladin und der Dritte Kreuzzug. Wiesbaden 1980.

Nikolaus Paulus: Geschichte des Ablasses im Mittelalter, 3 Bde., Paderborn 1922–1923.

F. M. Powicke: King Henry III and the Lord Edward. The Community of the Realm in the Thirteenth Century, 2 Bde., Oxford 1947.

Helmut Roscher: Papst Innocenz III. und die Kreuzzüge, Göttingen 1969.

Ch. Samaran u. G. Mollat: La fiscalité pontificale en France au XIVe siècle, Paris 1905.

Achatz von Müller, Zwischen Verschuldung und Steuerrebellion

Die Thomas-Zitate finden sich in: De regimine Judaeorum ad ducissam Brabantiae, Opera omnia, Bd. XVI, opusc. XVII, Parma 1865. Die beste Zusammenfassung der spätmittelalterlichen Steuerethik bei J. Kirshner: The Moral Theology of Public Finance. A Study and Edition of Nicholas de Anglia's ‹Quaestio disputata› on the Public Debt of Venice, in: Archivum Fratrum Praedicatorum 40, 1970; dazu noch E. Kantorowicz: Christus-Fiscus, in: Synopsis, Festgabe f. A. Weber, Heidelberg 1948.

Florentiner Steuergeschichte: Zusammenfassend bereits für das 14. Jahrhundert A. Molho: Florentine Public Finances in the Early Renaissance, 1400–1433, Cambridge (Mass.) 1971; M. B. Becker: Problemi della finanza pubblica fiorentina della seconda metà del Trecento e dei primi del Quattrocento, in: Arch. Stor. Ital.

1965; Ch. M. de la Roncière: Indirect Taxes or «Gabelles» in the Fourteenth Century, in: Florentine Studies. Politics and Society in Renaissance Florence, ed. N. Rubinstein, London 1968. Zusammenfassende Analysen bietet ders.: Florence. Centre économique et sociale au XIVe siècle. Le marché des denrées de première nécessité à Florence et dans sa campagne et les conditions de vie des salariés (1320–1380), Avignon 1976 (Gekürzte Fassung Rom 1982). Die vorgestellten Zitate finden sich bei G. Brucker: The Society of Renaissance Florence. A Documentary Study, New York 1971; G. Villani: Historie Fiorentine (Cronica), Mailand 1729; G. Scaramella: Cronache e memorie sul tumulto dei Ciompi, in: Muratori, Rer. It. Script. XVIII, 3, Bologna 1934; N. Machiavelli: Istorie fiorentine, a cura di F. Gaeta, Mailand 1962.
Zu Köln: R. Knipping: Das Schuldenwesen der Stadt Köln im 14. und 15. Jahrhundert, in: Westdeutsche Zeitschrift XIII, Trier 1894; W. Schönfelder: Die wirtschaftliche Entwicklung Kölns von 1370 bis 1513, Köln/Wien 1970; Kurze Gesamtanalyse bei H. Kellenbenz: Die Finanzen der Stadt Köln 1513–1532, in: Wirtschaftliche und soziale Strukturen im saekularen Wandel. Festschrift f. W. Abel, Bd. II, 1974.

Barbara Suchy, Vom «Güldenen Opferpfennig» bis zur «Judenvermögensabgabe»

1. Hermann Greive: Geschichte des modernen Antisemitismus in Deutschland, Darmstadt 1983, S. 8f.
2. Hermann Greive: Die Juden. Grundzüge ihrer Geschichte im mittelalterlichen und neuzeitlichen Europa, Darmstadt 1980, S. 100.
3. Einhards Jahrbücher. Nach der Ausgabe der Monumenta Germaniae übersetzt von Otto Abel, hrsg. von W. Wattenbach, Leipzig [2]1888, S. 101f.
4. Guido Kisch: Forschungen zur Rechts- und Sozialgeschichte der Juden in Deutschland während des Mittelalters, Stuttgart 1955, S. 51; Johannes E. Scherer: Die Rechtsverhältnisse der Juden in den deutsch-österreichischen Ländern. Beiträge zur Geschichte der Juden im Mittelalter, Bd. 1, Leipzig 1901, S. 111; Hedwig Heider: Die Rechtsgeschichte des deutschen Judentums bis zum Ausgang des Absolutismus und die Judenordnungen in den Rheinischen Territorialstaaten, Diss. Bielefeld 1973, S. 4–9; Friedrich Battenberg: Zur Rechtsstellung der Juden am Mittelrhein in spätmittelalterlicher und früher Neuzeit, in: Zeitschrift für Historische Forschung, Band 6 (1979), S. 143ff.
5. Karl Zeumer: Quellensammlung zur Geschichte der Deutschen Reichsverfassung in Mittelalter und Neuzeit, 2. verm. Aufl. Tübingen 1913, S. 2; Guido Kisch (wie Anm. 4), S. 18.
6. Guido Kisch (wie Anm. 4), S. 20ff.
7. F. Liebermann (Hg.): Die Gesetze der Angelsachsen, Bd. 1, Tübingen 1903 (Neudruck 1960), S. 650; Georg Caro: Sozial- und Wirtschaftsgeschichte der Juden im Mittelalter und der Neuzeit, 2 Bde., Frankfurt am Main [2]1924 (Nachdruck 1964), Band 1, S. 317.
8. Georg Caro (wie Anm. 7), Bd. 1, S. 412ff.; Guido Kisch: Die Rechtsstellung der Wormser Juden im Mittelalter, in: Festschrift zur Wiedereinweihung der

Alten Synagoge zu Worms, hrsg. von Ernst Roth, Frankfurt am Main 1961, S. 174–176; Stefan Schwarz: Die Juden in Bayern im Wandel der Zeiten, München/Wien 1963, S. 29.

9. Georg Caro (wie Anm. 7), Bd. 2, S. 116; Raphael Straus: Die Juden in Wirtschaft und Gesellschaft. Untersuchungen zur Geschichte einer Minorität, Frankfurt am Main 1964, S. 61.
10. Georg Caro (wie Anm. 7), Bd. 2, S. 118; Hermann Kellenbenz: Die Juden in der Wirtschaftsgeschichte des rheinischen Raumes. Von der Spätantike bis zum Jahre 1648, in: Monumenta Judaica, 2000 Jahre Geschichte und Kultur der Juden am Rhein – Handbuch, hrsg. von Konrad Schilling, Köln 1963, S. 210.
11. Hermann Kellenbenz (wie Anm. 10), S. 209f; Georg Caro (wie Anm. 7), Bd. 2, S. 118.
12. Guido Kisch (wie Anm. 4), S. 41; Hedwig Heider (wie Anm. 4), S. 43.
13. Ismar Elbogen u. Eleonore Sterling: Die Geschichte der Juden in Deutschland, Frankfurt am Main 1966, S. 45ff.
14. Cecil Roth: A History of the Jews in England, Oxford [3]1978, S. 28ff.
15. Georg Caro (wie Anm. 7), Bd. 2, S. 327.
16. Ebd., S. 333.
17. Matthaei Parisiensis Monachi Sancti Albani Chronica Maiora, ed. by H. R. Luard, Vol. 2, London 1874, S. 528.
18. Nach: Handbuch der deutschen Geschichte, Band 1: Frühzeit und Mittelalter, hrsg. von Herbert Grundmann, Stuttgart [8]1959, S. 385.
19. Chronica Maiora, Vol. 5, S. 441, S. 487–488 (Übers. B. S.).
20. Die «Cahorsini» (aus Cahors in Südfrankreich), im Deutschen auch Kawertschen genannt, stammten ursprünglich aus Norditalien. Wie die «Lombarden» waren sie privilegierte christliche Kaufleute, die neben und in zunehmender Konkurrenz zu den Juden seit dem 13. Jahrhundert den Geld- und Kreditverkehr entwickelten.
21. Hermann Greive (wie Anm. 2), S. 82.
22. Guido Kisch (wie Anm. 4), S. 89.
23. Karl Zeumer (wie Anm. 5), S. 202.
24. Raphael Straus (wie Anm. 9), S. 56.
25. Ebd., S. 60.
26. Ebd., S. 61.
27. H. G. Adler: Die Juden in Deutschland. Von der Aufklärung bis zum Nationalsozialismus, München 1960, S. 33.
28. Der Überblick über die preußische Entwicklung basiert, soweit nicht andere Quellen angegeben werden, auf dem großen Werk von Selma Stern: Der preußische Staat und die Juden. Erster Teil: Die Zeit des Großen Kurfürsten und Friedrichs I. (Darstellung und Akten); Zweiter Teil: Die Zeit Friedrich Wilhelms I. (Darstellung und Akten), Tübingen 1962; Dritter Teil: Die Zeit Friedrichs des Großen (Darstellung und Akten), Tübingen 1971 (Schriftenreihe wissenschaftlicher Abhandlungen des Leo Baeck Instituts).
29. Revidirtes General-Privilegium und Reglement vor die Judenschaft im Königreiche Preussen, der Chur- und Marck Brandenburg ... vom 17ten April 1750. Der volle Wortlaut (28 folio-Seiten!) ist abgedruckt in Novum Corpus Consti-

tutionum Prussico-Brandenburgensum praecipue Marchicarum ... als der zweyte Tomus nebst ein supplement (1756–1760), No. LXV, S. 118–146.

30. Peter Baumgart: Absoluter Staat und Judenemanzipation in Brandenburg-Preussen, in: Jahrbuch für die Geschichte Mittel- und Ostdeutschlands 13/14 (1965), S. 80 f.; ders.: Die Stellung der jüdischen Minorität im Staat des aufgeklärten Absolutismus. Das friderizianische Preußen und das josephinische Österreich im Vergleich, in: Kairos, N. F. 22 (1980), S. 241 ff.
31. Antisemiten-Katechismus, Leipzig ^{25}1893, S. 24.
32. Die im folgenden zitierten Verordnungen und Gesetze nach Bruno Blau (Bearb.): Das Ausnahmerecht für die Juden in Deutschland 1933–1945, Düsseldorf ^{2}1954; vgl. auch: Das Sonderrecht für die Juden im NS-Staat. Eine Sammlung der gesetzlichen Maßnahmen und Richtlinien – Inhalt und Bedeutung, hrsg. von Joseph Walk u. a., Karlsruhe 1981.
33. Montesquieu: Vom Geist der Gesetze. In neuer Übertragung eingel. und hrsg. von E. Forsthoff, 1. Band, Tübingen 1951, S. 292.

Peter Moraw, Der «Gemeine Pfennig»

Heinz Angermeier: Die Reichsreform 1410–1555, München 1984.

Hans-Joachim Behr: Exemtionsprozesse des Reichsfiskus gegen westfälische Städte im 16. Jahrhundert, in: Westfälische Zeitschrift 131/132 (1982), S. 267–337.

Gerhard Benecke: Society and Politics in Germany 1500–1750, London 1974.

Peter Blickle: Gemeiner Pfennig und Obrigkeit (1495), in: Vierteljahrschrift für Sozial- und Wirtschaftsgeschichte 63 (1976), S. 180–193.

Eberhard Isenmann: Reichsfinanzen und Reichssteuern im 15. Jahrhundert, in: Zeitschrift für historische Forschung 7 (1980), S. 1–76, S. 129–218.

Kurt G. A. Jeserich, Hans Pohl, Georg-Christoph von Unruh (Hg.): Deutsche Verwaltungsgeschichte, Bd. 1, Stuttgart 1983.

Heinrich Lutz: Das Ringen um deutsche Einheit und kirchliche Erneuerung. Von Maximilian I. bis zum Westfälischen Frieden, 1490 bis 1648, Propyläen Geschichte Deutschlands Bd. 4, Berlin 1983.

Peter Moraw: Von offener Verfassung zu gestalteter Verdichtung. Das Reich im späten Mittelalter 1250 bis 1490, Propyläen Geschichte Deutschlands Bd. 3, Berlin 1985.

Volker Press: Steuern, Kredit und Repräsentation, in: Zeitschrift für historische Forschung 2 (1975), S. 59–93.

Steven Rowan: Imperial Taxes and German Politics in the Fifteenth Century. An Outline, in: Central European History 13 (1981), S. 203–217.

Peter Schmid: Reichssteuern, Reichsfinanzen und Reichsgewalt in der ersten Hälfte des 16. Jahrhunderts, in: Säkulare Aspekte der Reformationszeit, hg. v. Heinz Angermeier, München 1983, S. 153–198, S. 199–216.

Peter-Johannes Schuler: Reichssteuer und Landstände, in: Schau-ins-Land 97 (1978), S. 39–60.

Winfried Schulze: Reich und Türkengefahr im späten 16. Jahrhundert, München 1978.

Peter Blickle, «Der Stürn halb ist unser Beger, uns die zu ringren»

1. G. Franz (Hg.): Quellen zur Geschichte des Bauernkrieges. (Ausgewählte Quellen zur deutschen Geschichte der Neuzeit. Freiherr vom Stein-Gedächtnisausgabe 2), 1963, S. 133.
2. Ebd., S. 96.
3. Ebd., S. 164.
4. Ebd., S. 224f.
5. W. Schulze: Oberdeutsche Untertanenrevolten zwischen 1580 und 1620. Reichssteuer und bäuerlicher Widerstand, in: Bauer, Reich und Reformation. Festschrift zum 80. Geburtstag von Günther Franz, 1982, S. 120–145.
6. Vgl. H. Neveux: Die ideologische Dimension der französischen Bauernaufstände im 17. Jahrhundert, in: Historische Zeitschrift 238 (1984), S. 265–285.
7. M. Beloff: Public Order and Popular Disturbances 1660–1714, [2]1963.
8. Vgl. P. Blickle: Die Revolution von 1525, [2]1981, S. 68ff., S. 126ff.
9. G. Franz (wie Anm. 1), S. 25.
10. Ebd., S. 63.
11. Ebd.
12. Ich folge bei der Gesamtcharakterisierung meiner eigenen Interpretation (vgl. oben Anm. 8).
13. G. Franz (wie Anm. 1), S. 235.
14. H. Wopfner (Hg.): Quellen zur Geschichte des Bauernkrieges in Deutschtirol 1525, 1. Teil (Acta Tirolensia 3), 1908 (Neudruck 1973), S. 50.
15. Die folgenden Belege bei G. Franz (wie Anm. 1), S. 177ff.
16. Vgl. zuletzt U. Dirlmeier: Stadt und Bürgertum. Zur Steuerproblematik und zum Stadt-Land-Verhältnis, in: H. Buszello u. a. (Hg.): Der deutsche Bauernkrieg, 1984, S. 254–280.
17. Hauptstaatsarchiv Stuttgart, B 488 Büschel 207.
18. Hauptstaatsarchiv Stuttgart, B 486 Urkunde 821.
19. D. Sabean: Landbesitz und Gesellschaft am Vorabend des Bauernkriegs. Eine Studie der sozialen Verhältnisse im südlichen Oberschwaben in den Jahren vor 1525 (Quellen und Forschungen zur Agrargeschichte 26), 1972, S. 55.
20. Vgl. dazu allgemein P. Blickle: Landschaften im Alten Reich. Die staatliche Funktion des gemeinen Mannes in Oberdeutschland, 1973.
21. Ebd.
22. E. Gothein: Der Gemeine Pfennig, 1877.
23. Vgl. R. Endres: Der Bauernkrieg in Franken, in: Blätter für deutsche Landesgeschichte 109 (1971), S. 41ff.
24. W. Abel: Geschichte der deutschen Landwirtschaft vom frühen Mittelalter bis zum 19. Jahrhundert (Deutsche Agrargeschichte 2), [3]1978, S. 200.
25. G. Franz (wie Anm. 1), S. 378.
26. Ebd., S. 232.
27. G. Franz (Hg.): Thomas Müntzer. Schriften und Briefe (Quellen und Forschungen zur Reformationsgeschichte 33), 1968.
28. G. Franz (wie Anm. 1), S. 285–290.
29. A. Laube u. H.-W. Seiffert: Flugschriften der Bauernkriegszeit, 1975, S. 547–557.

Johannes Kunisch, Wallenstein als Kriegsunternehmer

1. Zum Grundsätzlichen: C. M. Cipolla u. K. Borchardt (Hg.): Europäische Wirtschaftsgeschichte, Bd. 2: Sechzehntes und Siebzehntes Jahrhundert, Stuttgart/New York 1979, darin vor allem: G. Parker: Die Entstehung des modernen Geld- und Finanzwesens in Europa, 1500–1730, S. 335–379; Hermann Aubin/Wolfgang Zorm (Hg.): Handbuch der Deutschen Wirtschafts- und Sozialgeschichte, Bd. 1: Von der Frühzeit bis zum Ende des 18. Jahrhunderts, Stuttgart 1971; Friedrich-Wilhelm Henning: Wirtschafts- und Sozialgeschichte, Bd. 1: Das vorindustrielle Deutschland, 800–1800, Paderborn 1974.
2. Fritz Hartung: Deutsche Verfassungsgeschichte vom 15. Jahrhundert bis zur Gegenwart, Stuttgart [9]1969, S. 18 ff.; Gerhard Oestreich: Die verfassungspolitische Situation der Monarchie in Deutschland vom 16. bis 18. Jahrhundert, zuletzt in: ders.: Geist und Gestalt des frühmodernen Staates. Ausgewählte Aufsätze, Berlin 1969, S. 253–276; ders.: Ständetum und Staatsbildung in Deutschland, ebd., S. 277–289.
3. Ernst Klein: Die öffentlichen Finanzen in Deutschland (1500–1870), Wiesbaden 1974; Michael Stolleis: Pecunia nervus rerum. Zur Staatsfinanzierung der frühen Neuzeit, Frankfurt 1983; Wolfgang Reinhard: Staatsmacht als Kreditproblem. Zur Struktur und Funktion des frühneuzeitlichen Ämterhandels, in: Vierteljahrschrift für Sozial- und Wirtschaftsgeschichte 61 (1974), S. 289–319.
4. Otto Hintze: Staatsverfassung und Heeresverfassung, in: ders.: Staat und Verfassung. Gesammelte Abhandlungen zur allgemeinen Verfassungsgeschichte, hrsg. von G. Oestreich, Göttingen [3]1970, S. 52–83; Gerhard Oestreich: Zur Heeresverfassung der deutschen Territorien von 1500 bis 1800, in: ders.: Geist und Gestalt des frühmodernen Staates (wie Anm. 2), S. 290–310; Handbuch zur deutschen Militärgeschichte, 1648–1939, Bd. 1, München 1979, S. 114 ff.
5. Handbuch zur deutschen Militärgeschichte (wie Anm. 4), S. 154 ff.; Samuel E. Finer: State- and Nation-Building in Europe. The Role of the Military, in: The Formation of National States in Western Europe, hrsg. von Ch. Tilly, Princeton N. Y. 1975, S. 84–163; Michael Howard: Der Krieg in der europäischen Geschichte. Vom Ritterheer zur Atomstreitmacht, München 1981, S. 76 ff.
6. Wilhelm Treue: Das Verhältnis von Fürst, Staat und Unternehmer in der Zeit des Merkantilismus, in: Vierteljahrschrift für Sozial- und Wirtschaftsgeschichte 44 (1957), S. 26–56, hier bes. S. 34–36.
7. Helmut G. Koenigsberger: Die Krise des 17. Jahrhunderts, in: Zeitschrift für Historische Forschung 9 (1982), S. 143–165.
8. Vgl. im Überblick Heinrich Lutz: Das Ringen um deutsche Einheit und kirchliche Erneuerung. Von Maximilian I. bis zum Westfälischen Frieden, 1490–1648 (Propyläen Geschichte Deutschlands Bd. 4), Berlin 1983, S. 393 ff.; Theodore K. Rabb: The Thirty Years' War. Problems of Motive, Extent and Effect, Lexington Mass./Toronto/London 1964; C. V. Wedgwood: Der Dreißigjährige Krieg, München 1967; Herbert Langer: Der Dreißigjährige Krieg. Eine Kulturgeschichte, Leipzig/Stuttgart 1978.
9. Fritz Redlich: The German Military Enterpriser and his Work Force. A Study in European Economic and Social History (Vierteljahrschrift für Sozial- und Wirtschaftsgeschichte, Beihefte 47 und 48), 2 Bde., Wiesbaden 1964.

10. Vgl. etwa Klaus-Richard Böhme: Schwedische Finanzbürokratie und Kriegführung 1611–1721, in: Europe and Scandinavia. Aspects of the Process of Integration in the 17th Century, hrsg. von G. Rystad, Lund 1983, S. 51–58; ders.: Geld für die schwedische Armee nach 1640, in: Scandia 33 (1967), S. 54–95; Bernhard Kroener: Les Routes et les Étapes. Die Versorgung der französischen Armeen in Nordostfrankreich (1635–1661). Ein Beitrag zur Verwaltungsgeschichte des Ancien Régime, Münster 1980.
11. H. Lutz (wie Anm. 8), S. 415 f.
12. Ebd., S. 416.
13. Sven Lundquist: Schwedische Kriegsfinanzierung 1630–1635, in: Der Dreißigjährige Krieg. Perspektiven und Strukturen, hrsg. von H. U. Rudolf (Wege der Forschung Bd. 451), Darmstadt 1977, S. 298–303.
14. Dieter Albrecht: Zur Finanzierung des Dreißigjährigen Krieges. Die Subsidien der Kurie für Kaiser und Liga 1618–1635, zuletzt in: Der Dreißigjährige Krieg (wie Anm. 13), S. 368–412.
15. Zum Grundsätzlichen: Golo Mann: Wallenstein, Frankfurt 1971. Zu Wallensteins Wirtschafts- und Finanzpolitik im besonderen: Anton Ernstberger: Wallenstein als Volkswirt im Herzogtum Friedland, Reichenberg 1929; ders.: Hans de Witte, Finanzmann Wallensteins (Vierteljahrschrift für Sozial- und Wirtschaftsgeschichte, Beiheft 38), Wiesbaden 1954; eine Zusammenfassung dieser Forschungsergebnisse in dem Aufsatz: Wallenstein als Volkswirt, in: A. Ernstberger: Franken – Böhmen – Europa. Gesammelte Aufsätze, 2 Bde., Kallmünz 1959, hier Bd. 1, S. 269–285. Vgl. ferner: Friedrich Hermann Schubert: Wallenstein und der Staat des 17. Jahrhunderts, zuletzt in: Der Dreißigjährige Krieg (wie Anm. 13), S. 185–207; Friedrich Prinz: Wallenstein, das Reich und Europa, in: Land und Reich, Stamm und Nation. Probleme und Perspektiven bayerischer Geschichte. Festgabe für M. Spindler zum 90. Geburtstag, hrsg. von A. Kraus, Bd. 2: Frühe Neuzeit, München 1984, S. 81–90.
16. Georg Lutz: Wallenstein, Ferdinand II. und der Wiener Hof, in: Quellen und Forschungen aus italienischen Archiven und Bibliotheken 48 (1968), S. 207–243.
17. Handbuch zur deutschen Militärgeschichte (wie Anm. 4), S. 142 f.
18. Dieter Albrecht: Die auswärtige Politik Maximilians von Bayern 1618–1635, Göttingen 1962; ders.: Der Regensburger Kurfürstentag 1630 und die Entlassung Wallensteins, in: ders. (Hg.): Regensburg – Stadt der Reichstage, Regensburg 1980, S. 51–71.
19. Dazu neuerdings Hans Schmidt: Wallenstein als Feldherr, in: Mitteilungen des Oberösterreichischen Landesarchivs 14 (1984) (Festschrift Hans Sturmberger), S. 241–260.
20. Moriz Ritter: Das Kontributionssystem Wallensteins, in: Historische Zeitschrift 90 (1903), S. 193–249; Martin von Crefeld: Supplying War. Logistics from Wallenstein to Patton, Cambridge/London/New York/Melbourne 1977, S. 5–17; Fritz Redlich: De Praeda Militari. Looting and Booty 1500–1815 (Vierteljahrschrift für Sozial- und Wirtschaftsgeschichte, Beiheft 39), Wiesbaden 1956.
21. Handbuch zur deutschen Militärgeschichte (wie Anm. 4), S. 139 ff.
22. Dazu grundsätzlich: Jacob van Klaveren: Die historische Erscheinung der

Korruption, in ihrem Zusammenhang mit der Staats- und Gesellschaftsstruktur betrachtet, in: Vierteljahrschrift für Sozial- und Wirtschaftsgeschichte 44 (1957), S. 289–324.

23. Handbuch zur deutschen Militärgeschichte (wie Anm. 4), S. 141 f.
24. Ebd., S. 142.
25. Alfred Weitnauer: Reparationen vor dreihundert Jahren. Der Reichsstadt Kempten Kriegslasten und deren Aufbringung während des Dreißigjährigen Krieges, Kempten 1931.
26. Vgl. dazu im einzelnen die oben zitierten Untersuchungen von F. Redlich und A. Ernstberger und das Handbuch zur deutschen Militärgeschichte (wie Anm. 4), S. 138–150.
27. Günther Franz: Der Dreißigjährige Krieg und das deutsche Volk. Untersuchungen zur Bevölkerungs- und Agrargeschichte, Stuttgart [4]1978; Heiner Haan: Prosperität und Dreißigjähriger Krieg, in: Geschichte und Gesellschaft 7 (1981), S. 91–118; Wolfgang von Hippel: Bevölkerung und Wirtschaft im Zeitalter des Dreißigjährigen Krieges. Das Beispiel Württemberg, in: Zeitschrift für Historische Forschung 5 (1978), S. 413–448.
28. F. H. Schubert (wie Anm. 15), S. 205 ff.

Jürgen Rainer Wolf, «... zu Einführung einer Gott wohlgefälligen Gleichheit auf ewig ...»

1. Denkschrift von ca. 1683 im Archiwum Pánstwowe in Wrocław, A. Wroc. Hs. A 78.
2. Vgl. Gerhard Oestreich: Verfassungsgeschichte vom Ende des Mittelalters bis zum Ende des Alten Reiches, Stuttgart 1970, S. 63.
3. Zum Gesamtkomplex vgl. Kersten Krüger: Finanzstaat Hessen 1500–1567. Staatsbildung im Übergang vom Domänenstaat zum Steuerstaat, Marburg 1980.
4. Vgl. Wilhelm Abel: Agrarkrisen und Agrarkonjunktur, Hamburg/Berlin [2]1966, v. a. S. 150 f.
5. HStAD R 1 Höpfner Nr. 38/65, Nr. 38/85, wiederholt am 1. Juni 1653, ebd.
6. Vgl. Verordnungen vom 20. Juni 1653 (ebd. Nr. 38/87), 24. Aug. 1653 (ebd. Nr. 38/88), 12. Nov. 1654 (ebd. Nr. 38/94), 3. Nov. 1655 (ebd. Nr. 38/98), 10. Nov. (ebd. Nr. 38/102), 23. Okt. 1663 (ebd. Nr. 39/17).
7. Abel (wie Anm. 4), S. 150.
8. Vgl. Jürgen Rainer Wolf: Steuerpolitik im schlesischen Ständestaat, Marburg 1978, v. a. S. 32 ff.
9. HStAD R 1 Höpfner Nr. 2/46.
10. Ebd. Nr. 2/50.
11. Vgl. Willi A. Boelcke: «Die sanftmütige Akzise», in: Jahrbuch für die Geschichte Mittel- und Ostdeutschlands 21, 1972, S. 93–139.
12. So in Pommern und Württemberg.
13. Vgl. Otto Bösch: Militärsystem und Sozialleben im alten Preußen 1713–1807, Berlin 1962.
14. HStAD E 2 Nr. 26/4.
15. Vgl.: Von der Ständeversammlung zum demokratischen Parlament, hrsg. v. d.

Landeszentrale für politische Bildung Baden-Württemberg, Redaktion Günther Bradler und Franz Quarthal, Stuttgart 1982.

16. Vgl. Jürgen Rainer Wolf: Joseph Süß Oppenheimer («Jud Süß») und die Darmstädter Goldmünze, in: Neunhundert Jahre Geschichte der Juden in Hessen, Wiesbaden 1983, S. 215–261.

17. Vgl. Jürgen Rainer Wolf: Zwischen Hof und Stadt, in: Juden als Darmstädter Bürger, Darmstadt 1984, S. 50–79, v. a. S. 57.

Ausgewählte weiterführende Literatur

Wilhelm Abel: Agrarkrisen und Agrarkonjunktur. Eine Geschichte der Land- und Ernährungswirtschaft Mitteleuropas seit dem hohen Mittelalter, Hamburg/Berlin ²1966.

Willi A. Boelcke: «Die sanftmütige Akzise». Zur Bedeutung und Problematik der «indirekten Verbrauchsbesteuerung» in der Finanzwirtschaft der deutschen Territorialstaaten während der frühen Neuzeit, in: Jahrbuch für die Geschichte Mittel- und Ostdeutschlands 21, 1972, S. 93–139.

Ingomar Bog: Der Reichsmerkantilismus. Studien zur Wirtschaftspolitik des Heiligen Römischen Reiches im 17. und 18. Jahrhundert (Forschungen zur Sozial- und Wirtschaftsgeschichte I), Stuttgart 1959.

Otto Büsch: Militärsystem und Sozialleben im alten Preußen 1713–1807. Die Anfänge der sozialen Militarisierung der preußisch-deutschen Gesellschaft (Veröffentlichungen der Berliner Historischen Kommission beim Friedrich-Meinecke-Institut der Freien Universität Berlin Bd. 7), Berlin 1962.

Eckhart G. Franz/Jürgen Rainer Wolf: Landstände und Landtage in Hessen. Von der Einung des Mittelalters zur demokratischen Volksvertretung, Darmstadt 1983.

Peter Claus Hartmann: Das Steuersystem der europäischen Staaten am Ende des Ancien Régime. Eine offizielle französische Enquete (1763–1768). Dokumente, Analysen und Auswertung. England und die Staaten Nord- und Mitteleuropas (Beihefte der Francia Bd. 7), München 1979.

Kurt Hinze: Die Arbeiterfrage zu Beginn des modernen Kapitalismus in Brandenburg-Preußen 1685–1806 (Veröffentlichungen der Historischen Kommission zu Berlin beim Friedrich-Meinecke-Institut der Freien Universität Berlin Bd. 9) Berlin ²1963.

Kersten Krüger: Finanzstaat Hessen 1500–1567. Staatsbildung im Übergang vom Domänenstaat zum Steuerstaat (Veröffentlichungen der Historischen Kommission für Hessen 24,5), Marburg 1980.

Franz Freiherr v. Mensi: Die Finanzen Österreichs von 1701 bis 1740, Wien 1890.

Diens Leo Mikoletzky: Die große Anleihe von 1706. Ein Beitrag zur österreichischen Finanzgeschichte, in: Mitteilungen des Österreichischen Staatsarchivs 7, 1954, S. 268–293.

Gerhard Oestreich: Verfassungsgeschichte vom Ende des Mittelalters bis zum Ende des Alten Reiches, Stuttgart 1970.

Winfried Schulze: Landesdefension und Staatsbildung. Studien zum Kriegswesen des innerösterreichischen Territorialstaates (1564–1619), (Veröffentlichungen der Kommission für neuere Geschichte Österreichs 60), Wien/Köln/Graz 1973.

Ständetum und Staatsbildung in Brandenburg-Preussen. Ergebnisse einer internationalen Fachtagung, hrsg. v. Peter Baumgart (Veröffentlichungen der Historischen Kommission Berlin Bd. 55), Berlin/New York 1983.

Ständische Vertretungen in Europa im 17. und 18. Jahrhundert, hrsg. v. Dietrich Gerhard (Veröffentlichungen des Max-Planck-Instituts für Geschichte 27), Göttingen ²1974.

Klaus Vetter: Kurmärkischer Adel und preußische Reform, Weimar 1979.

Von der Ständeversammlung zum demokratischen Parlament. Die Geschichte der Volksvertretungen in Baden-Württemberg, hrsg. v. der Landeszentrale für politische Bildung Baden-Württemberg, Redaktion Günther Bradler und Franz Quarthal, Stuttgart 1982.

Jürgen Rainer Wolf: Joseph Süß Oppenheimer («Jud Süß») und die Darmstädter Goldmünze. Ein Beitrag zur hessen-darmstädtischen Finanzpolitik unter Landgraf Ernst Ludwig, in: Neunhundert Jahre Geschichte der Juden in Hessen. Beiträge zum politischen, wirtschaftlichen und kulturellen Leben, Wiesbaden 1983.

Ders.: Steuerpolitik im schlesischen Ständestaat. Untersuchungen zur Sozial- und Wirtschaftsstruktur Schlesiens im 17. und 18. Jahrhundert (Wissenschaftliche Beiträge zur Geschichte und Landeskunde Ostmitteleuropas 108), Marburg 1978.

Ders.: Zwischen Hof und Stadt. Die Juden in der landgräflichen Residenzstadt des 18. Jahrhunderts, in: Juden als Darmstädter Bürger, hrsg. v. Eckhart G. Franz, Darmstadt 1984, S. 50–79.

V. A. Zakrzewski: Die wichtigeren preußischen Reformen der direkten ländlichen Steuern im achtzehnten Jahrhundert (Staats- und socialwissenschaftliche Forschungen VII, 2) Leipzig 1887.

Michael Stürmer, Hungriger Fiskus – schwacher Staat

J. F. Bosher: French finances 1770–1795. From business to bureaucracy, Cambridge 1970.

Daniel Dessert: Argent, pouvoir et société au Grand Siècle, Paris 1984.

Yves Durand: Les fermiers généraux au 18e s., Paris 1970.

Peter C. Hartmann: Das Steuersystem der europäischen Staaten am Ende des Ancien Régime, München 1979.

F. Hincker: Les Français devant l'impôt sous l'Ancien Régime, Paris 1971.

J. C. Hirsch: Des Teutschen Reiches Münz-Archiv, 9 Bde., 1756–1768.

L. Hoffmann: Geschichte der direkten Steuer in Baiern vom Ende des 13. bis zum Beginn des 19. Jhs., 1883.

E. Klein: Geschichte der öffentlichen Finanzen in Deutschland, 1500–1870, Wiesbaden 1974.

Herbert Lüthy: La banque protestante en France de la Révocation de l'Edit de Nantes à la Révolution, 2 Bde., Paris ²1970.

Marcel Marion: L'impôt sur le revenu au 18e s., 1901.

Ders.: Les impôts directs sous l'Ancien Régime, 1910.

Michel Morineau: Budgets de l'état et gestion des finances royales en France au 18e s., in: E. Schmitt u. R. Reichardt (Hg.): Die Französische Revolution – Zufälliges oder notwendiges Ereignis, 3 Bde., München/Wien 1983, Bd. 1.

K. O. Müller: Die Finanzwirtschaft in Württemberg unter Herzog Karl Alexander 1733–1737, in: Württembergische Vierteljahreshefte für Landesgeschichte 38 (1932).

Jacques Necker: De l'administration des finances de la France, 3 Bde., o. O. 1784.

J. Sauer: Finanzgeschäfte der Landgrafen von Hessen Kassel, 1930.

H. Schmelzle: Der Staatshaushalt des Herzogtums Bayern im 18. Jh., Stuttgart 1900.

Gustav Schmoller u. Friedrich Frhr. v. Schrötter: Das Preußische Münzwesen im 18. Jh. Münzgeschichtlicher Teil, 4 Bde., Berlin 1904–1913 (Acta Borussica. Denkmäler der Preußischen Staatsverwaltung im 18. Jh., Abt. B, a, 1–4).

Heinrich Schnee: Die Hoffinanz und der moderne Staat. Geschichte und System der Hoffaktoren an deutschen Fürstenhöfen im Zeitalter des Absolutismus, 6 Bde., Berlin 1953–1967.

Werner Sombart: Der moderne Kapitalismus, 2 Bde. in 3, München/Leipzig [2]1916–1917.

P. Sundheimer: Die jüdische Hochfinanz und der bayrische Staat im 18. Jh., in: Finanzarchiv 41 (1924).

Peter-Christian Witt, «Patriotische Gabe» und «Brotwucher»

1. Joseph Alois Schumpeter: Die Krise des Steuerstaates, in: Zeitfragen aus dem Gebiet der Soziologie, H. 4, 1918, S. 7 (wiederabgedruckt in: ders., Aufsätze zur Soziologie, Tübingen 1953, S. 5).
2. Rudolf Goldscheid: Staatssozialismus oder Staatskapitalismus, Jena 1917, S. 3; vgl. auch ders.: Staat, öffentlicher Haushalt und Gesellschaft, in: Handbuch der Finanzwissenschaft, Bd. 1, Tübingen 1926, S. 146–184. Dort erläutert Goldscheid seine Auffassung: «Ausgaben und Einnahmen eines Gemeinwesens sind nicht Phänomene, die dauernd gesondert voneinander betrachtet werden können; sie stehen vielmehr in einem so innigen wechselseitigen Funktionalzusammenhang, daß man direkt erklären kann: Sage mir, wie und von wem du dir deine Einnahmen beschaffst, und ich werde dir sagen, wie dein Ausgabenetat zusammengesetzt sein muß. Und dieser Satz gilt auch in seiner Umkehrung: Sage mir, wofür du Ausgaben machen willst, und ich werde dir sagen, mit welchen Mitteln, durch Belastung welcher Volksschichten, mit einem wie großen und wie gearteten Beamtenapparat du dir die hierfür erforderlichen Einnahmen beschaffen wirst» (S. 147).
3. Für einen Überblick über die Finanzgeschichte des deutschen Kaiserreichs noch immer unentbehrlich: Wilhelm Gerloff: Die Finanz- und Zollpolitik des Deutschen Reiches nebst ihren Beziehungen zu Landes- und Gemeindefinanzen von der Gründung des Norddeutschen Bundes bis zur Gegenwart, Jena 1913; ders.: Der Staatshaushalt und das Finanzsystem Deutschlands, in: Handbuch der Finanzwissenschaft, Bd. 3, Tübingen 1929, S. 1–69. Eine die archivalischen Quellen ausschöpfende Untersuchung der Finanzgeschichte des Kaiserreichs gibt es bisher nur für eine Teilepoche, vgl. Peter-Christian Witt: Die Finanzpolitik des Deutschen Reiches von 1903 bis 1913. Eine Studie zur Innenpolitik des Wilhelminischen Deutschland, Lübeck/Hamburg 1970.

4. Hans Teschemacher: Reichsfinanzreform und innere Reichspolitik 1906–1913. Ein geschichtliches Vorspiel zu den Ideen von 1914, Berlin 1915, S. 1.
5. Rudolf Smend: Ungeschriebenes Verfassungsrecht im monarchischen Bundesstaat, in: ders.: Staatsrechtliche Abhandlungen und andere Aufsätze, Berlin 1955, S. 58 f.
6. Schon sprachgeschichtlich ist dies deutlich: *état* ist eben Haushalt und Staat gleichermaßen. Max Weber brachte diesen Zusammenhang in seinem Aufsatz «Parlament und Regierung im neugeordneten Deutschland» (wiederabgedruckt in ders.: Gesammelte politische Schriften, 2. erw. Aufl. Tübingen 1958, S. 294–431) lapidar auf den Punkt: «Heute wie seit der Entstehung der Ständerechte ist die Verfügung über die Art der Mittelbeschaffung des Staates: Das Budgetrecht, das entscheidende parlamentarische Machtmittel» (S. 327).
7. Vgl. Ivor Jennings: Das britische Regierungssystem, Köln/Opladen 1958, S. 84, S. 95 ff.
8. Paul Laband: Das Staatsrecht des Deutschen Reiches, Bd. 4, Tübingen [5]1914, S. 524. In dieser letzten Ausgabe seines autoritativen «Staatsrechts» nahm Laband allerdings nur seine schon 1871 in «Das Budgetrecht nach den Bestimmungen der preußischen Verfassungsurkunde» (Berlin 1871) vertretene Auffassung auf.
9. Vgl. dazu Lothar Gall: Bismarck. Der weiße Revolutionär, Frankfurt a. M./Berlin/Wien 1980, S. 383 ff. Tatsächlich war die Entscheidung für dieses Wahlrecht ja auch schon für den Reichstag des Norddeutschen Bundes durchgesetzt worden.
10. Peter-Christian Witt (wie Anm. 3), S. 380 f. (Tab. XIV). Der Anteil der Rüstungsausgaben ist hier, wie das allein korrekt ist, unter Berücksichtigung aller in anderen als den beiden Wehretats versteckten Ausgaben sowie der Kosten der für Rüstungszwecke aufgenommenen Reichsanleihen auf der Grundlage der Nettoausgaben (also der um sich gegenseitig aufhebende Positionen und um die Ausgaben der Betriebsverwaltungen bereinigten Reichsausgaben) berechnet worden.
11. Über die unterschiedlichen Wirkungen des Reichstagswahlrechts und der Klassenwahlrechte wenigstens der größeren Bundesstaaten hinsichtlich Zahl der Wahlberechtigten, Wahlbeteiligung, der für die Gewinnung eines Mandates ganz unterschiedlich hohen Urwählerstimmen bei den einzelnen Parteien informiert ganz vorzüglich: Gerhard A. Ritter unter Mitarbeit von Merith Niehuss: Wahlgeschichtliches Arbeitsbuch. Materialien zur Statistik des Kaiserreichs 1871–1918, München 1980. – Viel diffuser ist die Situation für die Beurteilung der kommunalen Wahlrechte; nur eines läßt sich mit ziemlicher Sicherheit sagen: Zu den kommunalen Parlamenten durften in der Regel noch viel weniger Männer wählen als zu den einzelstaatlichen Parlamenten. So konnten beispielhaft in München im Jahre 1907 bei den Reichstagswahlen rd. 130 000 Männer ihre Stimme abgeben, bei den Landtagswahlen des gleichen Jahres dagegen nur etwa 90 000, während für die Kommunalwahlen des Jahres 1905 nur etwa 31 000 wahlberechtigt waren; vgl. Hermann Remmele: Zur Einführung der bayerischen Magistratsverfassung in den rheinpfälzischen Stadt- und Marktgemeinden, in: Die Neue Zeit 27,2 (1909), S. 337–343. Eine besondere Nuance erhielt das Gemeindewahlrecht in den preußischen Provin-

zen wie Westfalen, wo das Dreiklassenwahlrecht noch dadurch verschärft wurde, daß auch juristische Personen das aktive Wahlrecht besaßen; vgl. dazu Helmuth Croon: Die gesellschaftlichen Auswirkungen des Gemeindewahlrechts in den Gemeinden und Kreisen des Rheinlands und Westfalens im 19. Jahrhundert (Forschungsberichte des Landes Nordrhein-Westfalen Nr. 564), Köln/Opladen 1960, S. 1–61.

12. Bundesgesetzblatt des Deutschen Bundes 1871, Nr. 16, S. 63 ff.; durch die lex Stengel v. 14. 5. 1904 (RGBl. 1904, S. 169) erhielt Art. 70 eine leicht geänderte Fassung, die aber materiell keine grundsätzliche Veränderung bedeutete. Art. 70 lautete nun: «Zur Bestreitung aller gemeinschaftlichen Ausgaben dienen zunächst die aus den Zöllen und gemeinsamen Steuern, aus dem Eisenbahn-, Post- und Telegraphenwesen sowie aus den übrigen Verwaltungszweigen fließenden gemeinschaftlichen Einnahmen. Insoweit die Ausgaben durch diese Einnahmen nicht gedeckt werden, sind sie durch Beiträge der einzelnen Bundesstaaten nach Maßgabe ihrer Bevölkerung aufzubringen, welche in Höhe des budgetmäßigen Betrages durch den Reichskanzler ausgeschrieben werden. Insoweit diese Beiträge in den Überweisungen keine Deckung finden, sind sie den Bundesstaaten am Jahresschluß in dem Maße zu erstatten, als die übrigen ordentlichen Einnahmen des Reiches dessen Bedarf übersteigen. – Etwaige Überschüsse aus den Vorjahren dienen, insoweit durch das Gesetz über den Reichshaushaltsetat nicht ein anderes bestimmt wird, zur Deckung gemeinschaftlicher, außerordentlicher Ausgaben.»
13. Ebd.
14. Vgl. Wilhelm Gerloff: Die Finanz- und Zollpolitik des Deutschen Reiches, S. 103 ff.
15. Einen Gesamtüberblick über diese Finanzierungsquellen von einzelstaatlichen und kommunalen Haushalten gibt es leider nur für das Stichjahr 1913, vgl. dazu: Die Ausgaben und Einnahmen der öffentlichen Verwaltung im Deutschen Reich für die Rechnungsjahre 1913/14, 1925/26 und 1926/27 (Einzelschriften zur Statistik des Deutschen Reichs Nr. 10), Berlin 1930. Vgl. aber auch Wilhelm Gerloff: Die Finanz- und Zollpolitik des Deutschen Reiches, passim.
16. Selbst der preußische Finanzminister von der Heydt hatte bei der inhaltlich gleichartigen Bestimmung in der Bundesverfassung des norddeutschen Bundes zunächst die Auffassung vertreten, in ihr werde förmlich «eine direkte Besteuerung» durch das Reich verlangt; Verhandlungen des konstituierenden Reichstags des Norddeutschen Bundes, 9. 4. 1867, S. 639.
17. Zu Johannes v. Miquel vgl. die vorzügliche Biographie von Hans Herzfeld: Johannes v. Miquel. Sein Anteil am Ausbau des Deutschen Reiches bis zur Jahrhundertwende, 2 Bde., Detmold 1938.
18. Stenographische Berichte über die Verhandlungen des Reichstags, 1. Leg.-Per., IV. Session, 1873, S. 842.
19. Sehr anschaulich berichtet Hellmut v. Gerlach, der als Regierungsassessor mit den Bismarckschen Steuererklärungen dienstlich befaßt war, daß ihn sein Landrat anwies, die Steuererklärungen Bismarcks, so unrichtig sie auch bei bloßem Augenschein sein mochten, in keinem Falle zu beanstanden: «Das würde ihn (Bismarck) entsetzlich aufregen. Sie wissen, wie er über Steuerzah-

len denkt. Warum soll man auf einen Mann wie ihn nicht diese Rücksicht nehmen. ‹Oben› ist man damit übrigens auch einverstanden» (in: Das Freie Volk, Juni 1910, S. 96). Zur landrätlichen Steuerveranlagung in Preußen vgl. insgesamt: Peter-Christian Witt: Der preußische Landrat als Steuerbeamter 1891–1918, in: Imanuel Geiss/Bernd-Jürgen Wendt (Hrsg.): Deutschland in der Weltpolitik des 19. und 20. Jahrhunderts. Festschrift für Fritz Fischer, Düsseldorf 1973, S. 205–219.

20. Rede im Reichstag, 2. 5. 1879, zit. nach Th. Eilers: Beitrag zur Geschichte der Steuer-Reform im Reiche und in Preußen unter Benutzung amtlicher Materialien, Berlin 1881, S. 36.
21. Diese Schätzung beruht auf einer Auswertung der in den Akten des Preußischen Finanzministeriums gesammelten Materialien, ZStA Merseburg, Rep. 151 II Nr. 1865–1867, 1925–1943.
22. Vgl. Wilhelm Gerloff: Die Finanz- und Zollpolitik des Deutschen Reiches, S. 172 ff., S. 255 ff., S. 366 ff., S. 522 f.
23. Ebd., S. 255 ff.
24. Hans Herzfeld: Johannes v. Miquel, Bd. 2, S. 203–286.
25. Peter-Christian Witt (wie Anm. 3), S. 380 f., S. 386.
26. Ebd., S. 56.
27. Ebd., S. 49–51.
28. Ebd., S. 46–49.
29. Vgl. Hans-Jürgen Puhle: Agrarische Interessenpolitik und preußischer Konservatismus im wilhelminischen Reich 1893–1914, Bonn-Bad Godesberg ²1975, insbes. S. 143 ff.; Jens Flemming: Landwirtschaftliche Interessen und Demokratie, Bonn 1978, S. 18–75.
30. Die Reichszuschüsse zur Sozialversicherung haben vor 1914 im Höchstfall ganze 90 Mill. Mark betragen, ihr Anteil an den Nettoausgaben des Reichs schwankte bei rd. 3,5 %. Verglichen mit den Hunderten von Millionen, die den Landwirten und insbesondere den Großagrariern zugeschanzt wurden, waren dies wirklich unbedeutende Summen.
31. Vgl. Walther G. Hoffmann u. a.: Das Wachstum der deutschen Wirtschaft seit der Mitte des 19. Jahrhunderts, Berlin/Heidelberg/New York 1965, S. 109 ff., S. 574 ff.
32. Peter-Christian Witt (wie Anm. 3), S. 386.
33. Ebd., S. 55–58.
34. Vgl. hierzu ebd., S. 80 ff., S. 94 ff., S. 172 ff., S. 199 ff.
35. Stenographische Berichte über die Verhandlungen des Reichstags, Bd. 237, S. 8585–8589, 16. 6. 1909.
36. Heydebrand, 10. 7. 1909; ebd. Bd. 237, S. 9322.
37. So der bayerische Finanzminister v. Breunig in der Sitzung des Bundesrats v. 11. 3. 1913, zit. nach dem Protokoll des lübischen Finanzsenators Ferdinand Fehling: Aus meinem Leben. Erinnerungen und Aktenstücke, Lübeck/Berlin/Leipzig 1929, S. 155.
38. Vortragsaufzeichnung Südekums vom Januar 1914, Bundesarchiv Koblenz, Nachlaß Südekum Nr. 101/I.
39. Stenographische Berichte über die Verhandlungen des Preußischen Hauses der Abgeordneten 1914, Bd. 1, Sp. 260 f., 15. 1. 1914.

Carl-Ludwig Holtfrerich, Rüstung, Reparationen und Sozialstaat

1. Fritz Terhalle: Geschichte der deutschen öffentlichen Finanzwirtschaft vom Beginn des 19. Jahrhunderts bis zum Schlusse des Zweiten Weltkrieges, in: Handbuch der Finanzwirtschaft, Bd. 1, Tübingen [2]1952, S. 280.
2. Zu den Arten und zur relativen Bedeutung der Reichseinnahmen: Wilhelm Gerloff: Der Staatshaushalt und das Finanzsystem Deutschlands, in: Handbuch der Finanzwissenschaft, Bd. 3, Tübingen 1929, S. 26–31; Terhalle (wie Anm. 1), S. 279–282; Peter-Christian Witt: Die Finanzpolitik des Deutschen Reiches von 1903 bis 1913, Lübeck 1970, S. 18f., S. 378f.
3. Witt, S. 380.
4. Errechnet aus Witt, S. 380 (Militärausgaben) und Walther G. Hoffmann: Das Wachstum der deutschen Wirtschaft seit der Mitte des 19. Jahrhunderts, Berlin 1965, S. 509 (Volkseinkommen).
5. So Reichskanzler Bismarck.
6. Witt (wie Anm. 2), S. 22.
7. Hubert Leidel: Die Begründung der Reichsfinanzverwaltung, Bonn 1964, S. 35.
8. Witt (wie Anm. 2), S. 379.
9. Errechnet aus: Statistisches Jahrbuch 1983 für die Bundesrepublik Deutschland, Wiesbaden 1983, S. 428, 528.
10. Zitiert nach Gerloff (wie Anm. 2), S. 25.
11. Ebd.
12. Weitere Einzelheiten dazu in Terhalle (Anm. 1), S. 286; Hubert Rohmann: Die Entwicklungstendenzen des Finanzsystems im Deutschen Reich und in der Bundesrepublik Deutschland von 1871 bis zur Gegenwart, Diss. Bonn 1955, S. 64–72. Auch wurde eine Gesellschaftsstempelsteuer auf die Gründung bzw. Kapitalerhöhung von AGs und auf die Errichtung von GmbHs sowie eine Versicherungsstempelsteuer auf Versicherungsprämien eingeführt. Ausführlich: Witt (wie Anm. 2), S. 356–376.
13. Zum Aufkommen aus dem Wehrbeitrag Konrad Roesler: Die Finanzpolitik des Deutschen Reiches im Ersten Weltkrieg, Berlin 1967, S. 68. Zu den Reichseinnahmen von 1912: Witt (wie Anm. 2), S. 379.
14. Fritz Neumark: Die Finanzpolitik in der Zeit vor dem Ersten Weltkrieg, in: Deutsche Bundesbank (Hg.): Währung und Wirtschaft in Deutschland 1876–1975, Frankfurt/M. 1976, S. 91.
15. Daten zu den Reichseinnahmen und -ausgaben während des Ersten Weltkrieges: Roesler (wie Anm. 13), S. 196–201.
16. Ebd., S. 197.
17. Zu den steuerlichen Maßnahmen von 1916–1918: Terhalle (s. Anm. 1), S. 293f.; Roesler (wie Anm. 13), S. 105–119, S. 189–194; Walther Lotz: Die deutsche Staatsfinanzwirtschaft im Kriege, Stuttgart 1927; Horst Jecht: Kriegsfinanzen, Jena 1938.
18. Robert Knauss: Die deutsche, englische und französische Kriegsfinanzierung, Berlin 1923, S. 175. Er schätzte den steuerfinanzierten Anteil der Kriegskosten für Deutschland auf 6%, für Großbritannien auf 20%. Demgegenüber wurden Anteile von 0% für Deutschland und 28% für Großbritannien geschätzt

von Rudolf Will: Die schwebenden Schulden der europäischen Großstaaten, Tübingen 1921, S. 28 und S. 109. Vgl. auch Gerd Hardach: Der Erste Weltkrieg, München 1973, S. 162–182.
19. Roesler (wie Anm. 13), S. 196.
20. Leidel (wie Anm. 7), S. 54f.
21. Zitiert in: ebd., S. 64.
22. Johannes Popitz: Die deutschen Finanzen 1918–1928, in: Zehn Jahre deutsche Geschichte 1918–1928, Berlin 1928, S. 187.
23. Klaus Epstein: Matthias Erzberger und das Dilemma der deutschen Demokratie, Berlin 1962, S. 377f.
24. Leidel (wie Anm. 7), S. 66f.
25. Deutscher Reichsanzeiger vom 31. Dez. 1918, Nr. 307, zitiert nach: Leidel, S. 69.
26. Zum finanzpolitischen Wirken Erzbergers vgl. Epstein (wie Anm. 23), S. 381–391; Franz Menges: Reichsreform und Finanzpolitik. Die Aushöhlung der Eigenstaatlichkeit Bayerns auf finanzpolitischem Wege in der Zeit der Weimarer Republik, Berlin 1977, S. 184–228; Rohmann (wie Anm. 12), S. 98–118; Karl Bräuer: Die Neuordnung der deutschen Finanzwirtschaft und das neue Reichssteuersystem, Stuttgart 1920; Erwin Respondek: Die Reichsfinanzen aufgrund der Reform von 1919/20, Berlin 1921. Gerloff (wie Anm. 2), S. 59–64; Terhalle (wie Anm. 1), S. 297–301.
27. Epstein (wie Anm. 23), S. 387; Gerloff (wie Anm. 1), S. 62 gibt demgegenüber für 1920 eine Erhöhung auf 1% (und für 1922 auf 2%) an.
28. Terhalle (wie Anm. 1), S. 301. Ausführlicher: Hans-Erich Hornschu: Die Entwicklung des Finanzausgleichs im Deutschen Reich und in Preußen von 1919 bis 1944, Kiel 1950; Hans Thierauf: Der Finanzausgleich in der Weimarer Republik, Diss. Würzburg 1961; Hans Stumpp: Die Entwicklung des Finanzausgleichs in Deutschland von 1871 bis zur Gegenwart, Diss. Würzburg 1964, S. 49–62.
29. Vgl. Carl-Ludwig Holtfrerich: Die deutsche Inflation 1914–1923. Ursachen und Folgen in internationaler Perspektive, Berlin 1980.
30. Errechnet aus Hoffmann (wie Anm. 4), S. 509 und S. 801. Einen detaillierten Vergleich des Finanzsystems enthält: Statistisches Reichsamt (Hg.): Die deutsche Finanzwirtschaft vor und nach dem Kriege (Einzelschriften zur Statistik des Deutschen Reichs, Nr. 14), Berlin 1930.

Hagen Schulze, Die keineswegs Goldenen Zwanziger Jahre

1. Klaus Epstein: Matthias Erzberger und das Dilemma der deutschen Demokratie, Berlin/Frankfurt 1962; Theodor Eschenburg: Matthias Erzberger – Der große Mann des Parlamentarismus und der Finanzreform, München 1973; Alex Möller: Reichsfinanzminister Matthias Erzberger und sein Reformwerk, Bonn 1971.
2. Besprechung des Reichsfinanzministers mit Vertretern der Länder, 13. 7. 1919, in: Akten der Reichskanzlei. Das Kabinett Bauer, bearb. v. Anton Golecki, Boppard 1980, S. 105ff.
3. RGBl. 1919, S. 1393.

4. Besprechung des Reichsfinanzministers mit Vertretern der Länder, 20. 11. 1919, in: Akten der Reichskanzlei. Das Kabinett Bauer, S. 390.
5. Knut Borchardt: Wirtschaftliche Ursachen des Scheiterns der Weimarer Republik, in: K.D. Erdmann/H. Schulze (Hg.): Weimar. Selbstpreisgabe einer Demokratie, Düsseldorf 1980, S. 211 ff.
6. Friedrich Hesse: Die deutsche Wirtschaftslage von 1914 bis 1923, Leipzig 1938; Peter Czada: Ursachen und Folgen der großen Inflation, in: Harald Winkel (Hg.): Finanz- und wirtschaftspolitische Fragen der Zwischenkriegszeit, Berlin 1973, S. 9 ff.; Peter-Christian Witt: Finanzpolitik und sozialer Wandel in Krieg und Inflation, in: Hans Mommsen u. a. (Hg.): Industrielles System und politische Entwicklung in der Weimarer Republik, Düsseldorf 1974, S. 395 ff.
7. Karl-Ludwig Holtfrerich: Die deutsche Inflation 1914–1923. Ursachen und Folgen in internationaler Perspektive, Berlin 1980.
8. Claus-Dieter Krohn: Stabilisierung und ökonomische Interessen. Die Finanzpolitik des Deutschen Reiches 1923–1927, Düsseldorf 1974; Dietrich Baumgarten: Deutsche Finanzpolitik 1924–1928, Berlin 1965.
9. Deutschland unter dem Dawes-Plan. Der Bericht des Generalagenten vom 22. Dezember 1928, Berlin 1929, S. 53.
10. Werner Conze/Helmut Raupach (Hg.): Die Staats- und Wirtschaftskrise des Deutschen Reiches 1929/1933, Stuttgart 1967; Charles P. Kindleberger: Die Wirtschaftskrise 1929–1939, München 1973; Knut Borchardt: Zwangslagen und Handlungsspielräume in der großen Wirtschaftskrise der frühen dreißiger Jahre, in: Bayerische Akademie der Wissenschaften, Jahrbuch 1979, München 1979, S. 85 ff.

Karl M. Hettlage, Das Zusammenwirken von Bund und Ländern

J. Popitz: Der künftige Finanzausgleich zwischen Reich, Ländern und Gemeinden, Berlin 1932.
W. Gerloff: Die Finanzgewalt im Bundesstaat, Frankfurt 1948.
H. Höpker-Aschoff: Das Finanz- und Steuersystem des Bonner Grundgesetzes, in: AöR 75 (1949), S. 306 ff.
K. M. Hettlage/Th. Maunz: Die Finanzverfassung im Rahmen der Staatsverfassung, VVDStL 14 (1956), S. 2 ff.
K. M. Hettlage: Die Neuordnung der deutschen Finanzverfassung, in: FinA NF 14 (1958), S. 405 ff.
R. Dahlgrün: Die Problematik der haushaltswirtschaftlichen Unabhängigkeit von Bund und Ländern, in: Festschrift E. Schöttle, Tübingen 1964.
H. Fischer-Menshausen: Kommentar zu Art. 104a–115 GG, in: J. v. Münch: Grundgesetzkommentar, 3. Bd., S. 615 ff., München 1978.
K. H. Friauf: Die Finanzverfassung in der Rechtsprechung des Bundesverfassungsgerichts, in: Festschrift zum 25jährigen Bestehen des Bundesverfassungsgerichts, Bd. II, 1976, S. 300 ff.
K. M. Hettlage: Die Revisionsklausel in der Finanzverfassung, in: Festschrift Th. Maunz, München 1981, S. 119 ff.

F. Klein: Kommentar zu Art. 104a115 GG, in: Schmidt-Bleibtreu/Klein: Kommentar zum Grundgesetz, Neuwied 1977.

G. Kisker: Die Neuordnung des Bundesstaatlichen Kompetenzgefüges und Bund-Länder-Planung, in: Der Staat 14 (1975), S. 169 ff.

P. Kirchhof: Besteuerungsgewalt und Grundgesetz, 1973.

Kommission für die Finanzreform: Gutachten, Stuttgart 1966.

Lerche: Über Finanzreform und Bundesstaat, in: Festschrift Berber, 1973.

Maunz/Dürig: Kommentar zu Art. 104a–115 GG, [6]1983.

W. Patzig: Soll und Haben der Finanzreform, DVBl. 1969, S. 429 ff.

Ch. Sasse: Verfassungsrechtliche Problematik von Steuerreformen, in: AöR 85 (1960), S. 423 ff.

H. Spanner: Über Finanzreform und Bundesstaat, in: Festschrift Th. Maunz, 1971, S. 357 ff.

F. J. Strauss: Die Finanzreform, München 1969.

Ulsenheimer: Untersuchungen zum Begriff der Finanzreform, Diss. Bonn 1967.

K. Vogel: Finanzreform und politisches Ermessen, Karlsruhe 1972.

Vogel/Kirchhof: Kommentar zu Art. 104a und 107 GG, in: Bonner Kommentar.

Vogel/Walter: Kommentar zu Art. 105 und 106 GG, in: Bonner Kommentar.

Fritz Neumark, Der Aufstieg der Einkommensteuer

W. Albers: Einkommensteuer, in: Wörterbuch der Wirtschaftswissenschaften, Bd. II, Stuttgart/Tübingen/Göttingen 1980, S. 189 ff.

Norbert Andel: Einkommensteuer, in: Handbuch der Finanzwissenschaft, Bd. II, Tübingen [3]1980, S. 331 ff.

Ders.: Finanzwissenschaft, Tübingen 1983, S. 314 ff., S. 336 ff.

R. Fecht: Körperschaftsteuer, in: Wörterbuch der Wirtschaftswissenschaften, Bd. II, Stuttgart/Tübingen/Göttingen 1979, S. 218 ff.

R. Goode: The Individual Income Tax, Washington [2]1976.

R. Goode: The Corporation Income Tax, New York/London 1951.

H. Haller: Die Steuern, Tübingen [2]1971, S. 67 ff.

H. Kolms: Vermögensteuern, in: Handwörterbuch der Sozialwissenschaften, Bd. XI, Stuttgart/Tübingen/Göttingen 1961, S. 153 ff.

R. A. Musgrave, P. B. Musgrave u. L. Kullmer: Die öffentlichen Finanzen, in: Theorie und Praxis, Tübingen [2]1979, Bd. II, S. 43 ff.

Fritz Neumark: Theorie und Praxis der modernen Einkommensbesteuerung, Bern 1947.

Ders.: Einkommensteuer, in: Handwörterbuch der Sozialwissenschaften, Bd. III, Stuttgart/Tübingen/Göttingen 1961, S. 67 ff.

Ders.: Steuern (I), in: Handwörterbuch der Wirtschaftswissenschaften, Bd. VII, Stuttgart/Tübingen/Göttingen 1977, S. 294 ff.

Günter Schmölders: Finanzpolitik, Berlin/Heidelberg/New York [3]1970, S. 311 ff.

D. Schneider: Körperschaftsteuer, in: Handbuch der Finanzwissenschaften, Tübingen [3]1980, S. 509 ff.

W. Steden: Erbschaft- und Schenkungsteuern, in: Wörterbuch der Wirtschaftswissenschaft, Bd. II, Stuttgart/Tübingen/Göttingen 1979, S. 439 ff.

Die Autoren

Dietwulf Baatz, geb. 1928, Archäologe, Direktor des Saalburgmuseums, Honorarprofessor an der Universität Frankfurt a. M.

Peter Blickle, geb. 1938, o. Professor für Neuere Geschichte an der Universität Bern.

Klaus Bringmann, geb. 1936, Professor für Alte Geschichte an der Universität Frankfurt a. M.

Hansjörg Häfele, geb. 1932, Dr. jur., MdB, Parlamentarischer Staatssekretär beim Bundesminister der Finanzen.

Karl Häuser, geb. 1920, o. Professor für Wirtschaftliche Staatswissenschaften an der Universität Frankfurt a. M.

Karl M. Hettlage, geb. 1902, Staatssekretär a. D. des Bundesfinanzministeriums, emerit. o. Professor für öffentliches Recht der Universität Mainz, Honorarprofessor an der Universität Bonn.

Carl-Ludwig Holtfrerich, geb. 1942, o. Professor für Volkswirtschaftslehre und Wirtschaftsgeschichte an der Freien Universität Berlin.

Johannes Kunisch, geb. 1937, o. Professor für Mittlere und Neuere Geschichte an der Universität Köln.

Christian Meier, geb. 1929, Professor für Alte Geschichte an der Universität München.

Hannes Möhring, geb. 1949, Dr. phil., Akademischer Rat an der Abteilung für Mittelalterliche Geschichte der Universität Bayreuth.

Peter Moraw, geb. 1935, Professor für Mittelalterliche Geschichte, Deutsche Landesgeschichte und Wirtschafts- und Sozialgeschichte an der Universität Gießen.

Achatz Frhr. von Müller, geb. 1943, Wissenschaftlicher Assistent am Historischen Seminar der Universität Hamburg.

Fritz Neumark, geb. 1900, emerit. o. Professor und Ehrensenator der Universität Frankfurt a. M., Mitglied des Wissenschaftlichen Beirats beim Bundesministerium der Finanzen; lebt in Baden-Baden.

Elsbet Orth, geb. 1937, Dr. phil., Akademische Oberrätin am Historischen Seminar der Universität Frankfurt a. M.

Peter Schreiner, geb. 1940, o. Professor für Byzantinistik an der Universität Köln.

Günter Schmölders, geb. 1903, emerit. o. Professor für Wirtschaftliche Staatswissenschaften der Universität Köln; lebt in München.

Uwe Schultz (Hrsg.), geb. 1936, Dr. phil., Leiter der Hauptabteilung Kulturelles Wort beim Hessischen Runkfunk in Frankfurt a. M.

Hagen Schulze, geb. 1943, Professor für Neuere Geschichte sowie Theorie und Methodologie der Geschichtswissenschaft an der Freien Universität Berlin.

Michael Stürmer, geb. 1938, o. Professor für Mittlere und Neuere Geschichte der Universität Erlangen-Nürnberg.

Barbara Suchy, geb. 1941, Dr. phil., Historikerin, wissenschaftliche Mitarbeiterin des Kulturamtes der Stadt Düsseldorf.

Peter-Christian Witt, geb. 1943, o. Professor für Sozial- und Wirtschaftsgeschichte an der Gesamthochschule Kassel, Universität des Landes Hessen.

Jürgen Rainer Wolf, geb. 1947, Dr. phil., Archivoberrat am Hessischen Staatsarchiv in Darmstadt.

Bildnachweis

21, 53, 113, 121, 147, 159, 173, 213, 247, 249: Bundesfinanzakademie – Finanzgeschichtliche Sammlung, Siegburg. – *23:* Germanisches Nationalmuseum, Nürnberg. – *41:* Landesmuseum Trier, Foto: H. Thörnig. – *45:* Aus: R. Bianchi Bandinelli, Rom. Das Zentrum der Macht. München 1970, S. 149. – *49:* Aus: R. Bianchi Bandinelli, Rom. Das Ende der Antike. München 1971, S. 127. – *63:* Münzen und Medaillen AG, Basel. – *105, 109:* Archivi Alinari, Firenze. – *127, 191:* Bildarchiv Preußischer Kulturbesitz, Berlin. – *167:* Bildarchiv Foto Marburg. – *177:* Aus: Jerome Blum (Hrsg.), Die bäuerliche Welt. Geschichte und Kultur in sieben Jahrhunderten. München 1982, S. 74. – *187:* Aus: Das Geld. Eine Kulturgeschichte von Ernst Samhaber. München 1964, S. 157.

Register

Buchanzeigen